parís

Barcelona • Bogotá • Buenos Aires • Caracas • Madrid • México D. F.
Montevideo • Quito • Santiago de Chile

sumario

la verdad sobre los mejores restaurantes, cafés, bares y tiendas de cada zona

Los colaboradores de Virgin sobre el terreno han seleccionado los mejores lugares donde comprar, comer, visitar, descansar o explorar. Esta guía de París presenta la ciudad desde dentro, subrayando en especial lo nuevo, la última moda y lo divertido.

champs élysées
[→26–29]

campo de sueños
cursi/estridente/elegante

madeleine-palais royal
[→30–34]

primera clase
caro/con clase/tranquilo

montorgueil-les halles
[→35–39]

la mezcla
agitado/encantador/contradictorio

barrio latino
[→40–43]

estilo latino
cultural/estudiantil/bohemio

st germain des prés
[→44–50]

sexto sentido
extravagante/intelectual/chic

rue du bac
[→51–53]

séptimo cielo
elegante/de diseño/burguesa

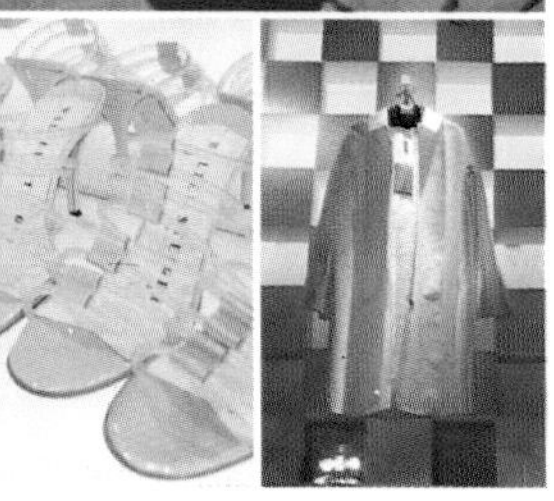

para orientarse

restaurantes y cafés [→102–113]

a la mesa

bares y clubes [→114–120]

¡salud!

noche de marcha

espectáculos [→121–131]

bis

hoteles [→132–139]

en su casa

áreas clave

batignolles

la défense

étoile

champs élysées

trocadéro

invalides

opéra

madeleine–palais royal

rue du bac

st germain des prés

rive

montparnasse

Parc de Monceau

Gare St Lazare

Cimetière de Montmartre

Jardin des Tuileries

Jardins du Trocadéro

Esplanade des Invalides

Jardin du Luxembourg

Gare Montparnasse

Sena

kilómetros 0 1

El sistema de *arrondissements*

Tras un periodo de exilio en la progresista Londres de mediados del XIX, Napoleón III regresó a Paris dispuesto a levantar una ciudad más grande y moderna. Ésta apenas había cambiado desde la Edad Media y se limitaba a una pequeña área en torno al Sena. La nueva idea de Napoleón partía de los muchos pueblos pequeños que rodeaban la ciudad. En el presente, el sistema administrativo se basa en aquellos «pueblos», hoy conocidos como distritos *(arrondissements)*, cada uno de los cuales tiene un ayuntamiento o *mairie* (donde también es posible pedir información sobre actos locales), y que, a lo largo de las décadas, han conservado su identidad característica. El centro de Paris está dividido en 20 *arrondissements* numerados, que se extienden en espiral en el sentido de las agujas del reloj desde el 1.º (también conocido como el 1er/1arr., asi como el 2ème/2arr.) en torno al Louvre y la Rive Droite, y que se usan, con más frecuencia que los nombres reales, para indicar cualquier dirección.

directorio

Batignolles *B1:* Este barrio *(quartier)* popular que bordea la plaza de garitos de Clichy es muy tranquilo. Emplazamiento habitual de músicos, es uno de los mejores lugares de la ciudad para comprar un acordeón.

Bercy *fuera del mapa*: Durante siglos el vino francés destinado al consumo en la capital llegaba por Bercy. En la actualidad, este barrio ribereño cuenta con un gran parque, el Palais Omnisports cubierto de césped (imagine el patinaje sobre hielo y en Céline Dion) y el Ministère des Finances.

Butte aux Cailles *fuera del mapa*: Un barrio definitivamente singular, poco corriente. Calles estrechas y serpenteantes y casas parecidas a las de los pueblos conforman un escenario casi rural.

Canal St Martin *F2:* El estrecho cauce conocido como Le Canal culebrea por este barrio del este de París, bordeado de árboles y atravesado por elegantes puentes. En su tramo más bonito dobla cerca del Hotal du Nord.

La Défense *fuera del mapa*: ¿Monstruosidad u obra de arte? Enorme jardín de cemento atestado de hombres de negocios y patinadores, dominado por un impecable cajón, el Grande Arche [→56].

Étoile *A2:* En la hora punta alrededor de este cruce en forma de estrella –alimentado por 12 avenidas–, uno no para de mirar a un lado y a otro ni de dar frenazos. En el centro está el impresionante Arc de Triomphe [→56], que por suerte está conectado a las calles adyacentes por un pasaje para peatones.

La Goutte d'Or *F1:* No nos fiemos del nombre: este barrio de inmigrantes del norte de la ciudad (inmortalizado por Zola como arquetipo de la pobreza) es aún muy pobre, y nada recomendable para ir a pasear de noche. De día, no obstante, es una animada mezcolanza de culturas.

Grands Boulevards *D2–E2:* los bulevares construidos por Haussmann eran los lugares donde la alta sociedad parisina del siglo XIX iba a ver y dejarse ver. En la actualidad, hay tiendas, grandes almacenes y pasajes cubiertos [→97], que datan de la época de esplendor de la zona.

Île de la Cité *E4:* El original

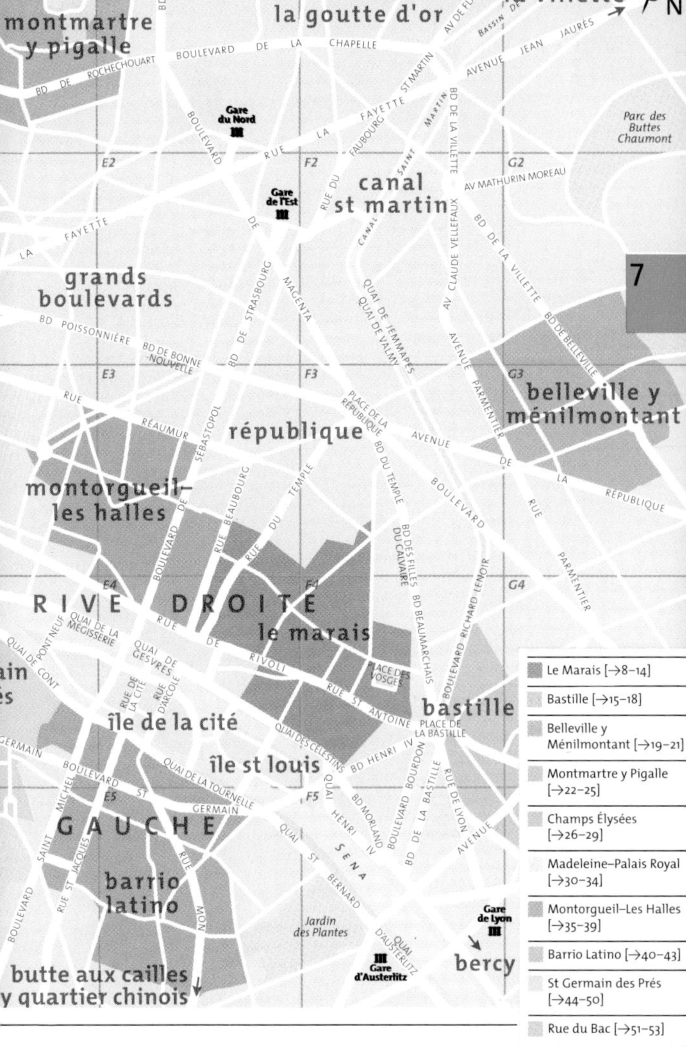

asentamiento galo de Lutecia contiene hoy los inmensos edificios de Notre Dame y Sainte Chapelle y otras pequeñas maravillas (como el mercado de flores y pájaros [→97] y la plazoleta de Vert-Galant).

Île St Louis *E4:* Seguramente uno de los lugares más románticos de París. Salones de té y acogedores bistrots se amontonan a lo largo de la calle principal; desde todas partes se disfruta de magníficas vistas del Sena y la ciudad.

Montparnasse *C5:* Hemingway se emborrachó en La Coupole y otros bares que hay en al amplio boulevard Montparnasse, y Jean Paul Sartre está enterrado en el cementerio local. Pero esta zona de la ciudad ha perdido parte de su brillo y está dominada por la fea Tour Montparnasse [→59].

Quartier Chinois *fuera del mapa:* Escondido entre unos cuantos bloques rectangulares en el extremo sureste de la ciudad, a la sombra de edificios de viviendas protegidas, el barrio chino de París es un lugar sorprendentemente agradable: la comida es buena y barata, y el supermercado Tang Frères, ideal para exotismos.

Trocadéro *A3:* La enorme plaza de Trocadéro ofrece el mejor encuadre de la Torre Eiffel y asombrosas vistas de los jardines simétricos de los Champs de Mars. Está dominada por el magnífico Palais de Chaillot, que alberga dos museos y está rodeado por una elegante y algo aburrida zona residencial.

La Villette *fuera del mapa:* Donde en otro tiempo estaban los mataderos, hay ahora un parque científico futurista [→64] y una amplia extensión de verdor [→74].

Rive Droite *D4–E4:* En el siglo XIX, el norte del Banco de París era la máxima expresión de la vida burguesa. Aunque hoy algunos rincones son igual de aristocráticos, casi todas las áreas más modernas de la ciudad también han surgido aquí.

Rive Gauche *D5–E5:* Mirando hacia el sur, la orilla izquierda del Sena fue sinónimo de la vida estudiantil e intelectual de St Germain de Prés y el Barrio Latino. Aunque, los alquileres altos y la vida lujosa impregnan ambas orillas, los bohemios aún se inclinan a la izquierda.

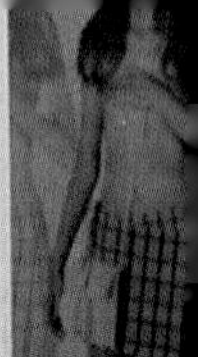

tutti frutti

A todo el mundo le encanta Le Marais. Sus estrechas calles están bordeadas de restaurantes informales, bares y clubes nocturnos, modernísimas boutiques y *hôtels particuliers* del siglo XVII. Hay museos excelentes, jardines secretos y la espléndida plaza de los Vosges. En su población se mezclan los judíos asquenazis y sefarditas y los gays, pero también familias yuppies, y viejos y sencillos parisinos que comprueban satisfechos el creciente valor de su propiedad inmobiliaria.

Este antiguo pantano *(marais)*, aunque desecado en la década de 1100, siguió siendo tierra de nadie hasta 1602, cuando Enrique IV construyó la place des Vosges, y la zona se convirtió en uno de los lugares favoritos de la nobleza. Sin embargo, desde que Luis XIV se decidiera por Versalles, el Marais cayó en decadencia hasta la década de los sesenta, cuando el ministro de cultura André Malraux se propuso proteger el *quartier*. Se dice que el Marais se ha vuelto demasiado popular. En el Marais hay sitio –y cosas– para todos.

de día

Montones de elegantes boutiques de ropa, calzado y diseño de interiores; muchas abren y permanecen abiertas hasta la noche; algunas incluso los domingos por la tarde.

Visita a los Jardins du Marais [→74]; Maison Européenne de la Photographie [→67]; Maison de Victor Hugo [→69]; Musée d'Art et d'Histoire du Judaïsme [→63]; Musée Carnavalet [→64]; Musée Cognacq-Jay [→65]; Musée Picasso [→67] y place des Vosges [→58].

de noche

Mezcla de cafés y restaurantes modernos y tradicionales; algunos de los mejores falafels de la ciudad se encuentran en rue de Rosiers.

☆ Montones de pequeños y acogedores bares (sobre todo en rue Vielle du Temple y rue des Archives); la mayoría abiertos hasta tarde.

transporte

Ⓜ Arts et Métiers; Pont Marie; Rambuteau; St Paul; St Sébastien Froissart.

29; 69; 76; 96 todos van a la place des Vosges.

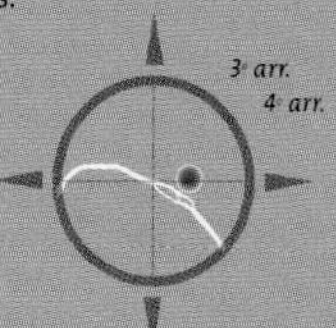

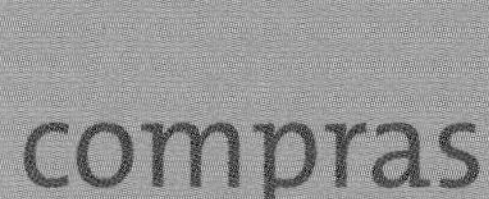

compras

moda

Los que necesiten una dosis rápida de tiendas al por menor no han de ir muy lejos: este animado barrio tiene algunas de las mejores de la ciudad. Todas las compras empiezan y terminan en torno a rue des Francs Bourgeois, un goteo intravenoso (aparte de los Champs Elysées) único en París que no cierra los domingos. **Antik Batik** es una pequeña tienda de moda donde lo gitano-hippie alcanza elegancia étnica: saris de colores ácidos, bikinis de ganchillo y complementos bordados a mano. Los estilos y colores están más limitados en ***Et Vous**, una tienda con escaparates de alta tecnología dominados por criterios minimalistas y tonos

* = incluido en la sección de direcciones útiles [→84–120]

neutrales. Los diseñadores de la casa combinan comodidad con un buen tino, y elegantes *mademoiselles* confían ciegamente en el corte de sus abrigos y chaquetas. **Abou Dhabi**, a pesar de su nombre, no es un zoco caótico de chilabas y alheña, sino una espaciosa boutique en cuyas vitrinas se observa una mezcla asequible de marcas francesas con diseñadores jóvenes como Paul et Joe. Pero sólo los que tengan una tarjeta de crédito generosa pueden ir a **Plein Sud**, una de las preferidas entre las modelos: hay que tener sus medidas para embutirse en la mayoría de esos fabulosos y ceñidos diseños; para chicas con mucho glamour.
Las que busquen un aspecto menos juvenil preferirán el estilo más racional de **Barbara Bui** (todo cuero, telas hi-tech y botas con cremallera).

Rue de Sévigné tiene su propio y floreciente escenario de boutiques. La más fabulosa es la del joven diseñador francés ***Christophe Lemaire**, que crea el estilo ocioso *(lounge-lizard)* para chicos, y bonitos vestidos para chicas. Tiene DJ propio, salas cambiantes de estilo japonés y un fantástico pequeño «rincón» para deambular. Para algo elegante y más atrevido se debe ir a **Atsuro Tayama**. El anterior ayudante de Yohji Yamamoto goza de renombre por sus originales colecciones y sus vanguardistas géneros de punto. Innovadores artículos de punto en *chez* **Kyungmee J.**, diseñadora joven y prometedora de origen norteamericano y coreano que se sienta ante su máquina de coser, en la trastienda de su boutique, mientras los clientes compran en la parte delantera. Ropa estrafalaria, pero fácil de llevar, y complementos preciosos. Su colega coreana Il-Kwon Park está especializada en estilo futurista y en tejidos de la era espacial en **iRoo**, y Oriente también se encuentra con Occidente en la nueva tienda **Pleats Please**, de Issey Miyake. Vestidos esculturales, plisados al calor, atraen la atención rivalizando con los modernos escaparates que cambian de claro a opaco cuando pasamos por delante. Las vitrinas de la boutique de ***Martin Grant's** ↗ crean una atmósfera fascinante. Este carismático diseñador australiano confecciona elegantes vestidos y trajes impecablemente cortados, que encandilan a las supermodelos. Estilo más vanguardista en ***L'Éclaireur**, ideal para los que viven en el filo de la moda, con las últimas creaciones de Martin Margiela, Ann Demeulemeester, Dries Van Noten, además de bolsos y complementos de Prada, Y's y

Haliburton. ***Espace Paola Frani** ↓ es más discreto. Paola, una estrella en alza de la escena italiana, tiene buena mano para entrelazar tendencias estacionales en sus colecciones, pero también abastece de accesorios creados por nuevos y prometedores diseñadores del país. Las fans de grupos musicales que quieran adquirir estilo *Parisienne* –cazadoras cortas y elegantes, género de punto fino y en perfecta armonía con ropa y complementos– deberían aparecer por **Paule Ka**; por su parte, a las chicas que prefieren un estilo más cómodo les encantarán los vestidos largos y livianos y los pantalones de pata ancha.
Los chicos que quieren ir a la moda disfrutarán de lo lindo en la elegante boutique ***José Levy's** (que también tiene una pequeña sección para chicas), pero los que buscan gangas deberían ir derechos a ***Alternatives**, una boutique de ropa de diseño de segunda mano que ofrece descuentos de hasta el 70% en las colecciones del año anterior.

Boutiques llamativas con artículos de moda y tiendas de diseño con elegantes artículos para el hogar en Le Marais...

calzado

Le Marais es un destino para los fetichistas del calzado, atraídos sobre todo por el apetitoso escaparate de ***Mare**. Esta marca italiana es importante en París, y los esclavos del estilo suspiran por hacerse con unas botas de piel sexy, sandalias de correas o talones vertiginosos. La zapatería unisex **Camper** ofrece una imagen menos frívolamente juvenil: lo más vendido suelen ser las robustas *pelotas* de piel (botas inspiradas en el béisbol) y los zapatos «Gemelos», con diseños diferentes pero complementarios para cada pie. Sólo los chicos realmente osados se abastecen en **Free Lance pour Hommes**, Jean-Baptiste Rautúreau da rienda suelta a su imaginación para calzar a chicos con el ante coloreado, los talones gruesos o la piel de poney.

Joyas, belleza y complementos

Rue de Sévigné brilla con una ecléctica mezcla de joyerías. La moderna ***Devana** exhibe lo último y más elegante del diseñador danés Jacob Taga-Jorgensen: gruesos anillos de plata y cadenas con piedras preciosas enhebradas; además hay una serpiente pitón que vive en una caja de cristal en el suelo. **La Licorne** ofrece productos muy distintos: es un tesoro escondido muy peculiar, abarrotado de jade, azabache y bisutería de las décadas de 1920 a 1960. Por otra parte, en **Matière Première** es posible mezclar y armonizar los

más tiendas | restaurantes

propios abalorios, pero los que quieran brillar *tout de suite* deberían acercarse a **Delphine Charlotte Parmentier**. Esta joven e imaginativa diseñadora francesa, que ha hecho trabajos para Chanel y Lacroix, expone sus colecciones artísticas en una magnífica boutique junto con cerámicas y vistosas sandalias hechas a mano. ***Alain Mikli** tiene un buen surtido de gafas, pero si busca lo último en complementos, entre en ***Sisso's**, que tiene de todo, desde zapatos Pierre Hardy y bolsos Sequoia hasta exquisitas joyas de la favorita de *Vogue*, Kathy Korvin.

Los fanáticos de la lencería se entusiasmarán en **L'Amatchi**, una pequeña y discreta boutique llena de nuevos estilos en seductora ropa interior para hombres y mujeres. Para chicas, delicias de lujosa seda de Hanro, André Sardà y Capucine Puerari, y para ellos, bonitos calzoncillos y camisetas cortesía de John Crummay y Paul Smith. **Les Dessous du Marais** es sólo para chicas: una acogedora tienda de lencería cuyos precios son sorprendentemente asequibles. Aquí es posible abastecerse de prendas básicas de colores, ropa sexy con encajes y camisetas de la marca francesa de culto Petit Bateau. Si buscamos ropa interior femenina y lindos bañadores a buenos precios, vayamos a la sucursal local de la cadena ***Princesse Tam Tam**.

Lujosos albornoces, aceites de baño provenzales y útiles de afeitado para hombres son las delicias disponibles en **Bains Plus**; para jabones deliciosos de fabricación casera, **L'Atelier du Savon**; y para lociones, perfumes y jabón a granel, la más fría **Lora Lune**. Permitíos el lujo (quizá pensando en el hombre especial de vuestra vida) de ir a **Nickel**, un «salón de belleza» masculino que también vende productos en envases de cromo.

Música, libros y objetos de escritorio

Creado por los Freds –el dúo que está detrás de lo último en bandas sonoras en pasarelas de moda–, ***Frédéric Sanchez Shop** ▲ presume de una selección insuperablemente ecléctica de sus sonidos favoritos. En **La Belle Hortense**, bar librería, es otro sitio importante donde uno se siente impulsado a charlar, curiosear, gandulear... Hay productos más notables en **Robin des Bois**, un distribuidor famoso por las joyas recicladas y por los *cadeaux* ecológicos. Para adictos a los objetos de escritorio, ***Calligrane** vende un fantástico papel, tintas y libretas de artesanía, mientras ***Paris-Musées** es un buen sitio para objetos para el hogar inspirados en las colecciones de los museos.

Interiores y antigüedades

Inicie la ruta del diseño local en **Autour du Monde**, una boutique de dos plantas que vende desde radios Stark a teteras orientales y aceite de baño de higos. En **La *Chaise Longe** se encuentran complementos para el hogar en colores chillones. Más chillonas son las cosas en **Why**, una discoteca kitsch y luminosa donde se escucha tecno y los asistentes bailan alrededor de regalos envueltos, como agendas de piel falsas o tulipanes que brillan en la oscuridad. Un estilo más sofisticado y exótico (cojines bordados a mano, hamacas y cortinas de organdí) es el de **Le Monde Sauvage**. **Caravane**, con un ambiente étnico y elegante, presenta un gran surtido de magníficas alfombras marroquíes, linternas chinas y cortinas de seda vietnamitas, mientras que **Lal Moti** es como un tesoro oculto de telas tornasoladas y colchas indias de colores. **Bô**, una tienda de ambiente pulcro y minimalista, es estupenda por sus originales vajillas y lámparas. Los fanáticos del diseño holandés se hallarán en el cielo en **Studi Quatre**. Para mejores artículos coleccionables de diseño, ***Sentou Galerie** es una buena boutique que contiene una interesante selección de diseño contemporáneo: desde lámparas Noguchi a vajillas del peculiar dúo francés Tsé Tsé. Los nombres más controvertidos del mobiliario francés de hoy pueden encontrarse en ***Écart**. ***Village St Paul** es un semillero de fascinantes tiendas francesas de antigüedades (con muchos otros lugares interesantes en rue St Paul). Muebles americanos modernos y recuerdos de los treinta-sesenta en la ultramoderna **Fiesta Galerie**. **Les Mille Feuilles** resplandece con las flores más frescas y todos los tipos imaginables de jarrones y recipientes.

comida y bebida

restaurantes

Aparte de ser un lugar fantástico para las compras, el Marais ofrece una excelente mezcla de lugares para comer. Los domingos es casi una tradición comprar un falafel picante en uno de los locales de rue des Rosiers, o sentarse en **Chez Marianne** (para un fabuloso *meze* vegetariano) o en *****Jo Goldenberg**, donde sabrosos y exquisitos platos van acompañados de un trozo de historia, cortesía de los agujeros de bala conservados desde un ataque terrorista perpetrado en 1982. Del mismo estilo y también popular, sobre todo por las noches, es **Café des Psaumes ✓**, con sus bonitos mosaicos y grandes raciones. **Le Petit Gavroche** ofrece una similar relación calidad-precio a costa de la sutileza. Estaréis sentados hombro con hombro con familias y gente a la moda que disfrutan de las abundantes raciones de comida francesa sencilla. La antítesis es **Le Pamphlet**, con sus mesas espaciadas y su atención al detalle. El chef, Alain Carrère, prepara platos de los Pirineos con un delicioso toque moderno; las escalopas con chorizo, el pescado asado y el menú de precio fijo son una delicia. **Le Réconfort** tiene precios actualizados de bistrot. Estilo lujoso y cómodo, y la comida muy atractiva, sobre todo el conejo con romero y bizcocho de ron con helado de vainilla. Otro lugar afable es **Camille**, quizá la comida no sea demasiado original –filete o el abundante *pot au feu*–, pero el servicio es atento y los precios razonables. *****Les Fous d'en Face**, un ruidoso garito con manteles a cuadros rojos y unos platos dignos de elogio, como el cordero a la salvia, es agradable y con precios bajos. En **Le Colimaçon**, con su acogedor interior del siglo XVIII, también se respira amabilidad. La comida es francesa tradicional: caracoles, ancas de rana, *gigot d'agneau* y *crème brulée*. Por encima de **La Bouledoque** (con su decoración aparatosa) aparecen locales elegantes con buena comida de bistrot, como la codorniz asada con Armagnac. No encontraréis ningún animal en **Piccolo Teatro**, un bonito vegetariano con un menú sencillo que comprende desde sopas a consistentes *gratins* y *tempeh* guisados con curry, además de vinos orgánicos y saké. Sin embargo, no hay ninguna verdura que iguale a la ostra empapada de yodo de **Le Bar à Huîtres**, que, tras una reciente decoración, es un lugar incluso más agradable para tomar algunos Belons o Fines de Claires, junto a un vaso o dos de *vin blanc* frío.

En este quartier hay desde cafés y restaurantes artísticos a viejas delicatessen judías... será difícil

A los que siguen la moda les encanta chismorrear en **Chez Gisèle** mientras toman unas alcachofas con vinagre balsámico o cordero con salsa picante. **L'Osteria** es otro lugar de moda al que se va a propósito, seguramente porque no hay ningún rótulo y unas cortinas de encaje lo ocultan de los ojos curiosos. Pero la comida, como el risotto con trufas blancas, es maravillosa. De hecho, en esta área hay comida italiana realmente buena. *****L'Énotéca**, con sus modernas arañas de cristal veneciano, su bodega con 300 vinos italianos y sus tagliatelle con cualquier cosa, es un buen sitio para empaparse de cordialidad latina. En **Gli Angeli** todo es bueno y de calidad. No es italiano, pero **l'Alivi** se le acerca: un fragmento de Córcega en París, donde un pedazo de cabrito asado o un bocado de tortilla a la menta fresca son tan buenos que uno siente que va rumbo a la isla. El orgullosamente provincial **Auberge de Jarente** resiste la marea de menús modernos con sólidas especialidades vascas, además de una paella valenciana (encargarla con 24 h de antelación).

No hay nada modesto en **L'Ambroisie**, instalado en una soberbia casa del siglo XVII con tapices de Aubusson, con un chef con tres estrellas Michelin y precios a juego. Esenciales las reservas, la corbata y la ropa distinguida. Más barato es **Coconnas**, un anexo de la Tour d'Argent [→41]. Es informal, con clase, más asequible, y vistas de la romántica place des Vosges. **Le Dôme du Marais** es otro restaurante pintoresco. La decoración tiene el encanto de lo viejo, y la comida, como las algas y la ensalada de jaramago, el tartar de salmón y los raviolis con foie-gras, brilla con luz propia. Podrá cenar oyendo ópera en **Amadeo**, un bistrot elegante y gay

más restaurantes | cafés y salones de té | bares | directorio donde se pueden comer carrileras de cerdo cocidas a fuego lento mientras una soprano canta serenatas. Recitales en vivo el primer jueves de cada mes (verificarlo antes) y siempre está lleno. **Le Détour**, con sus sofás rojos, luz tenue y paredes de un verde pálido, sirve comida moderna e internacional, y abajo tiene un sofisticado bar con música y cócteles. **Aux 7 Lézards** es informal, con un fragante patio para cenar fuera en verano y ensaladas buenas y baratas o gordos gnocchis con gorgonzola. En el sótano de terciopelo rojo se puede escuchar cada noche excelente jazz o música disco. Más luminoso y bullicioso es **La Perla Marais**, lo que tendrá algo que ver con su gran selección de tequilas. Por otra parte, **Thanksgiving** es un garito americano. Los desayunos tardíos son excelentes, y la nostalgia –o una predilección por algo completamente diferente– puede aliviarse con un cuenco de palomitas o un puñado de oreos o fritos de la tienda de al lado.

cafés y salones de té

Con una decoración caprichosa ***Le Loir dans la Théière** (el lirón en la tetera) rebosa de gente extravagante que toma té o chocolate caliente, mordisquea pegajosas *patisseries* y evalúa toda clase de dilemas para eruditos. La contemplación prosigue en **Les Enfants Gâtés**, de estilo años treinta, donde una multitud come saludables ensaladas y *gratins* (con numerosas opciones para los vegetarianos) y se queda toda la tarde. Otros fingen estar en casa en ***L'Apparemment Café**, un café poco iluminado en el que la norma es la vagancia. Objetos de segunda mano y habitaciones como «salón» y «biblioteca» contribuyen a esta sensación hogareña. En ***Mariage Frères**, donde camareros vestidos de blanco sirven cientos de tipos de té en porcelana auténtica. Desde 1854, es un lugar donde se puede pedir ingenuamente un «elixir de amor». **Le Pain Quotidien** es la alegre alternativa belga al café de París. Los conversos toman un desayuno de bollos, pan integral y mermeladas sentados a una mesa grande y sociable, o sopa, ensalada y tarta, si es la comida del mediodía.

Los domingos por la mañana, los filósofos se reúnen en **Les Philosophes** para ejercitar la mente (aprox. a las 11). Entretanto, gente recién levantada y ávida de café atesta la soleada terraza; el diminuto comedor es perfecto para una cena invernal de ternera guisada con risotto. Los fanáticos del café y los cigarrillos también se encuentran en **Piment Café**, un agujero en la pared pintado con colores vivos. La comida oscila entre pizzas y quiches y un abundante *plat du jour*, como estofado cremoso de pollo; la música es divertida; y las exposiciones son temporales.

bares

Morada parisina de la bandera del arco iris, en el Marais abundan los bares modernos llenos de gente tranquila y feliz. Los puntos más calientes son invariablemente los más afeminados. ***Le Cox**, con su nombre descarado, atrae a jóvenes guapos y musculosos. Más travesuras y diversión alimentadas por testosterona en ***L'Open Bar**, tan elegante y hermoso como su multitud sólo masculina. Siempre está lleno; es un importante punto de reunión antes de la disco. Pinchan lo último de Girl's Night Club en ***Les Scandaleuses** ✓, que atrae a una manada de lesbianas. Por otra parte, los chicos y chicas heterosexuales que busquen un poco de acción deberían ir calle abajo, a **Le Cactus**, el único bar «hetero» decente de las cercanías.

El área también contiene gran número de bares «tradicionales». El más destacado es **Au Petit Fer à Cheval**, típico parisino. Es pequeño y siempre está lleno, pero vale la pena apuntalarse en la barra y tomar unos *kirs*. Una institución de Le Marais es el ***Café du Trésor**, que está menos de moda que antes, pero todavía atrae a una muchedumbre joven y atractiva que no vibra con la música fuerte. Es más fácil conversar en **La Belle Hortense**, un bar con librería para no fumadores que atrae a una fauna más intelectual. También es elevado el CI que se deja caer por **La Chope des Vosges**, un sitio estupendo en un escenario perfecto para absorber la atmósfera o revelar sentimientos profundos en el taller psicoanalítico semanal [→78]. Una multitud parecida de depresivos de diseño tiende a congregarse en **La Chaise au Plafond**, un lugar pseudoartístico con un interior caótico, sencillo, siempre está atestado de gente que se lo pasa bien sin que lo parezca demasiado. En **Les Étages** hay gente despreocupada. Puede parecer un poco deteriorado, pero el ambiente del salón estimula a grupos dispares a romper barreras exclusivistas, y está siempre hasta los topes. También de moda pero mucho más saludable, el ***Chez Richard** de al lado es un lugar relajante y acogedor. Antes de ir a la disco, un grupo se reúne aquí para escuchar música ecléctica y apurar bebidas fuertes: la lista de cócteles es amplia y excéntrica y, lo que es más importante, a mitad de precio antes de las 8.30 h. Aunque los clásicos siempre son buenos, atención con el «Malcolm», de nombre espantoso y sabor horrible. Hay que dar también un premio a la hospitalidad a **L'Étoile Manquante** ✓, un lugar elegantísimo y modernísimo, perfecto para zanganear con estilo. Si nos quedamos el tiempo suficiente, podremos visitar sus asombrosos retretes de alta tecnología. Hay otros lavabos interesantes en ***The Lizard Lounge**, un *music-hall* inglés de moda con cócteles buenos y baratos. La misma tribu suele ir a **Stolly's**, que está abarrotado, es pequeño, acogedor... y un poco ruidoso. Unas puertas más abajo, ***Le Coude Fou** es un encantador restaurante con una carta excelente de vinos y un jovial patrón que acompaña al cliente dentro si detecta su calidad *y* su cantidad. ¿Demasiado francés? Después llega el momento de **Little Havana**, con ambiente cubano temático y bastante agradable. O podemos ir al norte, al frío bar holandés **Café Klein Holland**. No os llevéis a engaño, no es Amsterdam, y Disque Bleu es lo más fuerte que os dejarán fumar. Sirven cerveza por metros. ***Les Chimères**, una tasca agradable abierta las 24 horas (aunque a veces

es difícil entrar pasadas las tres de la mañana), y que tiene un karaoke para esos momentos en que uno (o todos) descubre que no ha seguido su vocación en la vida. Si no atrae la idea de «cantar» en público (o escuchar a los demás), **The Low Rider** es otra opción para altas horas de la noche. Café algo monótono de día, se llena de clientes escandalosos, antecesores de Betty Ford, en cuanto los otros bares avisan que van a cerrar.

directorio *3º y 4º arr.*

Abou Dhabi C3–D3
10 rue des Francs Bourgeois
01.42.77.96.98

Alain Mikli C3
1 rue des Rosiers
01.42.71.01.56

LAlivi B3
27 rue du Roi de Sicile
01.48.87.90.20 FF–FFF

Alternatives C3
18 rue du Roi de Sicile
01.42.78.31.50

Amadeo B4
19 rue François Miron
01.48.87.01.02 FF

L'Amatchi B3
13 rue du Roi de Sicile
01.40.29.97.14

L'Ambroisie D4
9 pl des Vosges
01.42.78.51.45 FFF

Antik Batik D3
18 rue de Turenne
01.48.87.95.95

L'Apparemment Café C2
18 rue Coutures St Gervais
01.48.87.12.22 FF

L'Atelier du Savon B3
29 rue Vieille du Temple
01.44.54.06.10

Atsuro Tayama C3
40 rue de Sévigné
01.42.78.40.99

Autour du Monde D3
8 rue des Francs Bourgeois
01.42.77.16.18

Auberge de Jarente C4
7 rue de Jarente
01.42.77.49.35 FF

Bains Plus B2
51 rue des Francs Bourgeois
01.48.87.83.07

Le Bar à Huîtres D4
33 bd Beaumarchais
01.48.87.98.92 FFF

Barbara Bui C3
43 rue des Francs Bourgeois
01.53.01.88.05

La Belle Hortense B3
31 rue Vieille du Temple
01.48.04.71.60

Bô A2
8 rue St Merri
01.42.72.84.64

Le Bouledogue A1
20 rue Rambuteau
01.40.27.90.90 F–FF

Le Cactus A3
30 rue des Archives
01.42.78.56.66 F

Café Klein Holland B3
36 rue du Roi de Sicile
01.42.71.43.13 F–FF

Café des Psaumes C3
14 rue des Rosiers
01.48.04.74.77 FF

Café du Trésor B3
5 rue du Trésor
01.44.78.06.60

Calligrane B4
4–6 rue du Pont Louis Philippe
01.48. 04.31.89

Camille C3
24 rue des Francs Bourgeois
01.42.72.20.50 FF

Camper C3
9 rue des Francs Bourgeois
01.48.87.09.09

Caravane C3–C4
6 rue Pavée
01.44.61.04.20

La Chaise Longue C3
20 rue des Francs Bourgeois
01.48.04.36.37

La Chaise au Plafond B3
10 rue du Trésor
01.44.76.03.22

Chez Gisèle C2
72 rue Vieille du Temple
01.42.78.21.22 F–FF

Chez Marianne B3
2 rue des Hospitalières St Gervais
01.42.72.18.86 FF

Chez Richard B3
37 rue Vieille du Temple
01.42.74.31.65

Les Chimères C4
133 rue St Antoine
01.42.72.71.97

La Chope des Vosges D4
22 place des Vosges
01.42.72.64.04 FF–FFF

Christophe Lemaire C3
36 rue de Sévigné
01.42.74.54.90

Cocconnas D4
2bis place des Vosges
01.42.78.58.16 FF–FFF

Le Colimaçon B3
44 rue Vieille du Temple
01.48.87.12.01 FF

Le Coude Fou N8
12 rue du Bourg Tibourg
01.42.77.15.16 FF

Le Cox A3
15 rue des Archives
01.42.72.08.00

Delphine Charlotte Parmentier B3
26 rue du Bourg Tibourg
01.44.54.51.72

Les Dessous du Marais C3
24 rue de Sévigné
01.42.78.71.80

Le Détour C3
5 rue Elzévir
01.40.29.44.04 FF–FFF

Devana C3
30 rue de Sévigné
01.42.78.69.76

Le Dôme du Marais B2
53bis rue des Francs Bourgeois
01.42.74.54.17 FFF

Écart C4
111 rue St Antoine
01.42.78.79.11

L'Éclaireur C3
3ter rue des Rosiers
01.48.87.10.22

Les Enfants Gâtés C3
43 rue des Francs Bourgeois
01.42.77.07.63 F–FF

L'Énotéca C5
25 rue Charles V
01.42.78.91.44 FF

Espace Paola Frani C3
3bis rue des Rosiers
01.42.74.65.66

Les Étages B3
35 rue Vieille du Temple
01.42.72.81.34 FF

más directorio y plano

L'Étoile Manquante B3
34 rue Vieille du Temple
01.42.72.48.34 FF

Et Vous D3
6 rue des Francs Bourgeois
01.42.71.75.11

Fiesta Galerie B3
45 rue Vieille du Temple
01.42.71.53.34

Les Fous d'en Face B3
3 rue du Bourg Tibourg
01.48.87.03.75 FF–FFF

Frédéric Sanchez Shop D2
5 rue Sainte Anastase
01.44.54.89.54

Free Lance pour Hommes B3
16 rue du Bourg Tibourg
01.42.77.01.55

Gli Angeli P8
5 rue St Gilles
01.42.71.05.80 FF

Irena Gregori C3
11 rue Ferdinand Duval
01.44.59.33.98

iRoo C3
14 rue des Rosiers
01.40.27.80.90

Jo Goldenberg C3
7 rue des Rosiers
01.48.87.20.16 FF

José Lévy C2
70 rue Vieille du Temple
01.48.04.39.16

Kyungmee J B3
38 rue du Roi du Sicile
01.42.74.33.85

Lal Moti C4
12 rue de Sévigné
01.40.27.01.72

La Licorne C3
38 rue de Sévigné
01.48.87.84.43

Little Havana C4
5 rue de Sévigné
01.42.74.75.90

Le Loir dans la Théière C3
3 rue des Rosiers
01.42.72.68.12 F–FF

Lora Lune B3
22 rue du Bourg Tibourg
01.48.04.00.30

Mare C3
23 rue des Francs Bourgeois
01.48.04.74.63

Mariage Frères B3
30–32 rue du Bourg Tibourg
01.42.72.28.11 FF–FFF

Martin Grant C3
32 rue des Rosiers
01.42.71.39.49

Matière Première C4
12 rue de Sévigné
01.42.78.40.87

Les Mille Feuilles B2
2 rue Rambuteau
01.42.78.32.93

Le Monde Sauvage C3
21 rue de Sévigné
01.44.61.02.61

Nickel B2
48 rue des Francs Bourgeois
01.42.77.41.10

À L'Olivier B3
23 rue de Rivoli
01.48.04.86.59

L'Open Bar N8
17 rue des Archives
01.42.72.26.18

L'Osteria C4
10 rue de Sévigné
01.42.71.37.08 FF–FFF

Le Pain Quotidien A2
18 rue des Archives
01.44.54.03.07 F–FF

Le Pamphlet D2
38 rue Debelleyme
01.42.72.39.24 FFF

Paris-Musées C3
29bis rue des Francs Bourgeois
01.42.74.13.02

Paule Ka C3
20 rue Malher
01.40.29.96.03

La Perla Marais B4
26 rue François Miron
01.42.77.59.40 F–FF

Au Petit Fer à Cheval B3
30 rue Vieille du Temple
01.42.72.47.47 FF–FFF

Le Petit Gavroche B3
15 rue Ste Croix de la Bretonnerie
01.48.87.74.26 F

Les Philosophes B3
28 rue Vieille du Temple
01.48.87.54.91 F–FF

Piccolo Teatro B3
6 rue des Écouffes
01.42.72.17.79 FF

Piment Café C4
15 rue de Sévigné
01.42.74.33.75 F

Pleats Please C3
3bis rue des Rosiers
01.40.29.99.66

Plein Sud C3
21 rue des Francs Bourgeois
01.42.72.10.60

Princesse Tam Tam D4
20 rue Saint Antoine
01.42.77.32.27

Le Réconfort C1
37 rue Poitou
01.42.76.06.36 FF

Robin des Bois C3
15 rue Ferdinand Duval
01.48.04.09.36

Les Scandaleuses B3
8 rue des Écouffes
01.48.87.39.26

Sentou Galerie B4
18 & 24 rue du Pont Louis Philippe
01.42.71.00.01

Aux 7 Lézards C3
10 rue des Rosiers
01.48.87.08.97 F–FF

Sisso's C3
20 rue Mahler
01.44.61.99.50

Stolly's B3
16 rue Cloche Perce
01.42.76.06.76

Studi Quatre B4
76 rue François Miron
no hay teléfono

Thanksgiving C5
20 rue St Paul
01.42.77.68.28 FF–FFF

The Lizard Lounge B3
18 rue Bourg Tibourg
01.42.72.81.34 FF

The Low Rider B3
42bis rue de Rivoli
01.42.72.09.76

Village St Paul C5
rue St Paul
el número de teléfono varía

Why C3
41 rue des Francs Bourgeois
01.44.61.72.75

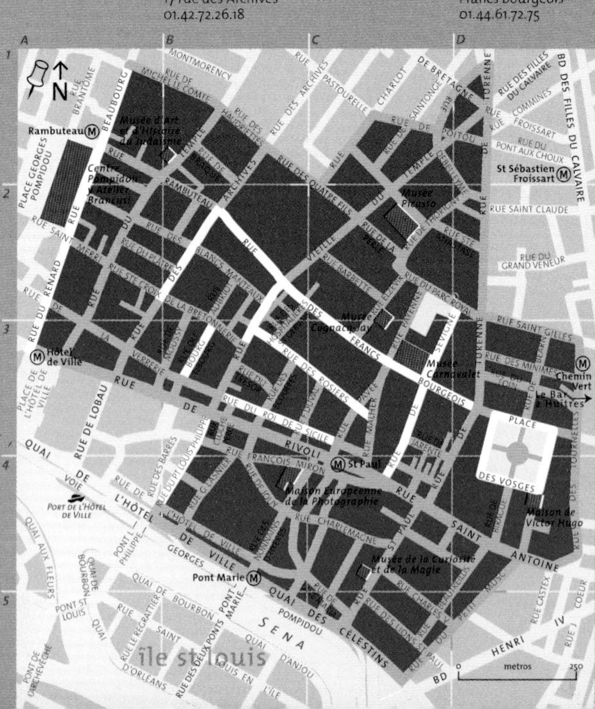

¡viva la revolución!

Desde la Toma de la Bastilla en 1789, este barrio popular, con sus bulliciosos mercados y sus *passages* de adoquín, que alberga talleres de artistas y jardines encantadores, ha sido escenario de revoluciones. Manifestantes de todas clases desfilan al grito de «¡Basta de racismo!», «¡Semana laboral de 35 horas!», «¡Lo que sea!». Pero hace unos años la zona se convirtió en lo último en vida nocturna de París. Los promotores quizá digan que ha perdido algo de interés, pero la Bastille aún atrae a una gran mezcla de gente, desde adolescentes *grunge* a sus padres burgueses, cautivados por la modernísima Opéra National de Paris-Bastille.

Por la noche, el *quartier* es un imán para una multitud de jóvenes con ganas de pasarlo bien, con innumerables tascas informales, bares, discotecas, y restaurantes tranquilos. A altas horas todo el mundo está de juerga, sobre todo por rue de Lappe, que era también la zona preferida de los gays y lesbianas norteamericanos de los cuarenta.

de día

Un buen surtido de fabulosas tiendas, sobre todo de música, moda e interiores, que suelen cerrar tarde.

Opéra National de París – Bastille, y place de la Bastille [→58]; Promenade Plantée [→74].

de noche

La comida rápida parece ser el rey... pero también se pueden encontrar sitios para comer bien.

☆ Bares principales: sobre todo bajando rue de Lappe y rue de la Roquette.

transporte

Ⓜ Bastille; Bréguet-Sabin; Ledru-Rollin.

20, 29, 65, 86, 87, 91, Balabus a place de la Bastille.

11° arr.
12° arr.

más compras | restaurantes y cafés | bares y clubes

compras

moda

El espíritu revolucionario se conserva, y un tropel de jóvenes empresarios y artistas han tomado posesión de la zona con sus fabulosas boutiques. La más chula es ***Jean Paul Gaultier** ✓. El interior (submarino y cápsula espacial) dispone de un selecto surtido de costura clásica *Cage aux Folles* de JP para hombres y mujeres. Las señoras que sólo necesitan un toque de color deberían buscar las camisetas y complementos de hermoso mohair de **Gaëlle Barné**, mientras que la colección de **Anne Willi** se distingue por tejidos clásicos y sencillos y cortes elegantes. Las mujeres que prefieren ropas con una pizca de extravagancia quizá se inclinen por **Catherine Magnan** (que también ofrece vestidos de segunda mano a los que ha dado un nuevo y

*** = incluido en la sección de direcciones útiles [→84–120]**

moderno período de vida). *Isabel Marant lleva lo chic algo más lejos con sus vestidos de colores, su suave género de punto, sus conjuntos largos y sus camisetas elásticas de algodón. **Accostages** vende cortinas y ropa de primavera/verano de algodón indio a escoger entre 40 colores; la ropa de invierno se inspira en lo japonés, con diseños sencillos y sobrios. Los cadetes del patín hallarán en **Jelly Pot** holgados atavíos unisex, calzado de Birkenstock y Adidas... e incluso bicis de montaña. **Mod'Emploi** está llena de modernas maravillas, como camisetas psicodélicas o vestidos Shantung de seda. **Le 30 Carol'in** es encantadora, con una pequeña selección y bonitos conjuntos y complementos para mujeres y niños a cargo de jóvenes diseñadores europeos. La tienda de la hermana mayor de Carlone, **Le 18 Carol'in**, es mucho más pseudoartística, con modelos únicos y extravagantes, y complementos para el hogar poco habituales. Para fans de los animales, **La Maison de la Fausse Fourrure** pone bichos por todas partes: en abrigos, ropa de bebé, bolsos y sombreros.

Música, libros y mercados

Los amantes de la música encontrarán variedad en rue Keller: ***Black Label** se especializa en breakbeat y jungle; en **Bastille Vinyl** hay R&B, rap, tecno y house. Los que tienen buen oído deberían encaminarse a **Arts Sonores** con más de 80.000 discos desde los cincuenta hasta los noventa de todos los géneros, incluidos ídolos franceses como Serge Gainsbourg y Johnny Hallyday. Maravillas underground inusuales, incluidas letras, vídeos y CD experimentales en **Bimbo Tower**, donde también hay artilugios japoneses de plástico. Para una dosis pura de Manga, **Tonkam** exhibe una enorme colección de cómics, así como libros y camisetas. Para entusiastas de la comida es el **Marché Bastille** (jue. y dom. por la mañana), interesante los domingos. **Marché Beauvau St Antoine** (mar. y dom. por la mañana) es una anárquica mezcla de ropas y alimentos frescos.

Complementos e interiores

Las mujeres que les gusta llevar joyas de oro y macizas deberían ir a **Cécicle et Jeanne**, una de las muchas tiendas del Viaduc des Arts. También hay aquí fantásticas tiendas de muebles y diseño de interiores: una de las mejores es **N'O**, que rebosa de objetos exóticos para el hogar, entre los que se incluyen quemadores de incienso, flores y capullos secos, velas y cerámica oriental. En **Couleur Syracuse** la especialidad son las colchas italianas bordadas (se hace el pedido a partir de las muestras o se elige entre lo que hay). En **Édition Limitée**, especializada en series cortas de objetos contemporáneos de reputados diseñadores (como Olivier Gagnère, que trabaja para el fabricante de porcelana francesa Bernardaud, o Ettore Sottsass), se venden cerámica, muebles y lámparas ultraelegantes. **Emery & Cie** ofrece tres plantas de decoración de interiores de lujo. Organizada como si fuera una mansión, la tienda dispone de suntuosas telas y muebles de hierro forjado dignos de un rey.

comida y bebida

restaurantes y cafés

Cenas sofisticadas, tentempiés a medianoche, comida francesa tradicional o exótica, atracones en *brasseries*, de todo puede disfrutarse en este *quartier*. Los fans de la Marsellesa deberían dirigirse a **Le Passage ✓**, lugar rústico especializado en un *andouillete* deliciosamente proletario. **Les Portes** ofrece un menú tradicional similar, y es una buena opción cuando **Chez Paul**, gestionado por las mismas personas, está lleno. Institución parisina de largo abolengo, Chez Paul sigue atrayendo a una multitud ecléctica ávida de sabrosos platos tradicionales, que suelen incluir conejo, filete o cordero. Gente del cine constituye la fauna del más elegante **Le Square Trousseau**, el favorito de Jean Paul Gaultier. La menos agitada (pero igual de distinguida) **Bofinger**, la *brasserie* más antigua de París, da la bienvenida a señoras con elegantes vestidos y peinados (acompañadas de los obligatorios perritos). Se consumen inmensas fuentes de mariscos, acres de *choucroute* y steak tartar. No se hacen reservas, y cuando llega, se le da una tarjeta con el nombre de un personaje famoso y ha de esperar a que lo llamen por ese nombre. Ideal para celebridades de segunda o gente con delirios de grandeza. Para un poco de acción latina, la **Olé Bodega** es un lugar espacioso tipo «hacienda» con tapas dignas y paella a altas horas de la noche. Por su parte, ***Le Souk** es un precioso garito marroquí cuya espléndida exhibición de especias es suficiente para provocar un orgasmo olfatorio. Igual de sensual, ***Blue Elephant** es el lugar donde sobrevivir a cualquier secreta fantasía siamesa y devorar comida tailandesa perfectamente cocinada. Caro, pero vale la pena; Polanski lo inmortalizó como paraíso de las citas en la película *Lunas de hiel*. En **Morry's**, se toman muy en serio los *bagels*, bollos con forma de rosquilla. Saltémonos la dieta comiendo un trozo del estupendo pastel de queso. Para comida francesa tradicional, **L'An Vert du Décor** ofrece una combinación clásica de *croque monsieur* y servicio malhumorado. Comidas ligeras en el maravilloso y extraño ***Café de l'Industrie**. El **Mix Café**, que no es ningún santuario farisaico dedicado a la *santé*, sirve deliciosas y frescas mezclas de zumos y apetitosas ensaladas en un entorno luminoso y alegre.

bares y clubes

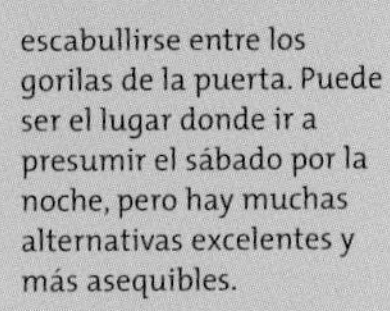

La Bastille ha perdido parte de su antiguo sabor, y una noche en la ciudad puede muy bien terminar en la calle de bares rue de Lappe. El **Bar Bat** es un sitio bastante sensual, atiborrado de terciopelo, R&B y bebedores y camareros fríos, sexy y alegres. En cambio, en el **Bar des Ferrailleurs** se agolpa una gran multitud en un espacio pequeño, lleno de chatarra extravagante y bebedores entusiastas. Decoración melancólica en el oculto **Bar Sans Nom**. En el **Bar des Familles**, con espléndido ambiente y precios de bazar, podemos abandonarnos por completo a la bebida. **Le Lèche Vin** ofrece más *joie de vivre* en medio de un mar kitsch: evoca al grunge Pierre et Gilles. Siguiendo por rue de la Roquette está el pequeño y encantador **Objectif Lune**... es cuestión de evitar el lavabo turco, demasiado «auténtico» para ciertos gustos. Cerca de allí, Le **Syndicat** sirve una espléndida cerveza de trigo *(bière blanche)* con música de los ochenta a precios que no provocan enfado. Algo más ostentosa pero todavía asequible, ***La Fabrique** es una mini*brasserie* bastante de moda cuya happy hour dura hasta las nueve de la noche. Los enófilos preferirán ***Le Baron Rouge**, tradicional vinatería con precios razonables, mientras que los juerguistas en busca de *la vie en rose* deberán ir a ***L'Écluse**, de una cadena de vinaterías.

El vino y la cerveza están muy bien, pero los cócteles hacen que el mundo gire alrededor del **Iguana Café**, donde se agitan y mezclan brebajes potentes como el Amanda (fresas y champán) o el Bloody Mary, aunque el servicio es angustiosamente lento. ***912** brinda una parecida combinación de ambiente y alcohol en un entorno chillón y divertido y con un servicio más sonriente. El **Bali Bar**, relativamente nuevo, es un lugar de inspiración asiática donde abunda la madera oscura, la luz tenue y los cócteles buenos y baratos. De hecho, en la zona hay muchos bares temáticos: el no va más en exploración en el lejano Oriente se halla en el ***China Club**. Parece un club de caballeros coloniales con precios acordes. También puede encontrarse gente guapa en el **Barrio Latino**. De moda incluso antes de que se inaugurara, es un lugar latino grande y desmesurado, dirigido por el equipo que está detrás del Barfly (→ 28) y el Buddha Bar (→ 114). Pese a su gran capacidad, hay una permanente cola de víctimas de la moda que andan desesperadas por escabullirse entre los gorilas de la puerta. Puede ser el lugar donde ir a presumir el sábado por la noche, pero hay muchas alternativas excelentes y más asequibles.

***Sans Sanz ♪** sigue siendo un claro favorito de aquellos que recuerdan la época en que la Bastille era un secreto nocturno bien guardado, y se ha convertido en el lugar más frecuentado desde la desaparición del infame What's Up bar. L'**OPA** es un reciente bar restaurante situado en un antiguo edificio industrial, con una colección de mariposas, playstations, DJ y VI los fines de semana... y reconfortantes buenos precios. **Boca Chica** sirve sangría desde hace siglos y no presenta señal alguna de decadencia, así como el más que fabuloso y legendario **Pause Café**, aún de obligada visita para cualquiera vagamente chic. También de moda, el **Viaduc Café**, entre los talleres y tiendas de artesanía del Viaduc des Arts, es ideal para las tardes perezosas o el aperitivo de primera hora de la noche.

→ directorio y plano

directorio 11º y 12º arr.

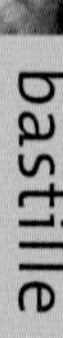

Accostages B4
4 rue Saint Nicolas
01.44.87.03.36

L'An Vert du Décor A2
32 rue de la Roquette
01.47.00.72.08 F–FF

Anne Willi C2
13 rue Keller
01.48.06.74.06

Arts Sonores B2
8 rue des Taillandiers
01.47.00.58.04

Bali Bar Q10
9 rue Saint Sabin
01.47.00.25.47

Bar Bat B2
23 rue de Lappe
01.43.14.26.06

Bar des Familles A2
68 rue de la Roquette
01.48.05.34.57

Bar des Ferrailleurs B2
18 rue de Lappe
01.48.07.89.12

Le Bar Sans Nom B3
49 rue de Lappe
01.48.05.59.36

Le Baron Rouge C4
1 rue Théophile Roussel
01.43.43.14.32

Barrio Latino B3
46 rue du Faubourg St Antoine
01.55.78.84.75

Bastille Vinyl A2
4 rue Sedaine
01.43.55.81.45

Bimbo Tower C3
5 passage St Antoine
01.49.29.98.88

Black Label B2
25 rue Keller
01.40.21.92.44

Blue Elephant B2
43–45 rue de la Roquette
01.47.00.42.00 FFF

Boca Chica C3
58 rue de Charonne
01.43.57.93.13

Bofinger A2
3 rue de la Bastille
01.42.72.87.82 FFF

Café de l'Industrie A2
16 rue Saint Sabin
01.47.00.13.53 F–FF

Catherine Magnan C3
39 rue de Charonne
01.43.55.56.57

Cécile et Jeanne B5
Viaduc des Arts
49 av Daumesnil
01.43.41.24.24

Chez Paul B3
13 rue de Charonne
01.47.00.34.57 FF–FFF

China Club B4
50 rue de Charenton
01.43.43.82.02

Couleur Syracuse B4
14 rue Saint Nicolas
01.46.28.40.48

Le 18 Carol'in C2
18 rue Keller
01.48.05.55.62

L'Écluse A2
13 rue de la Roquette
01.47.00.72.08

Édition Limitée A1
7 rue Bréguet
01.48.06.52.11

Emery & Cie A3
29 rue du Faubourg St Antoine
01.44.87.02.02

La Fabrique B3
53 rue du Faubourg St Antoine
01.43.07.67.07

Gaëlle Barné B2
17 rue Keller
01.43.14.63.02

Iguana Café A2–B2
15 rue de la Roquette
01.40.21.39.99

Isabel Marant B3
16 rue de Charonne
01.49.29.71.55

Jean Paul Gaultier A3
30 rue du Faubourg St Antoine
01.44.68.85.00

Jelly Pot B3
30 rue de Charonne
01.48.06.55.66

Le Lèche Vin A2
13 rue Daval
01.43.55.98.91

La Maison de la Fausse Fourrure A1
34 bd Beaumarchais
01.43.55.24.21

Marché Bastille A2
bd Richard Lenoir

Marché Beauvau St Antoine C4
place d'Aligre

Mix Café B3
34 rue de Lappe
01.40.21.34.05 F–FF

Mod'Emploi B3
30 rue de Charonne
01.43.14.06.39

Morry's B3
1 rue de Charonne
01.48.07.03.03 F

912 A2
20 rue de la Roquette
01.49.23.41.41

N'O B5
Viaduc des Arts
21 av Daumesnil
01.43.46.26.26

Objectif Lune A2
19 rue de la Roquette
01.48.06.46.05

Olé Bodega A3
16 rue du Faubourg St Antoine
01.43.47.30.27 FF

L'OPA A4
9 rue Biscornet
01.49.28.97.16

Le Passage C3
18 passage de la Bonne Graine
01.47.00.73.30 FF–FFF

Pause Café C3
41 rue de Charonne
01.48.06.80.33

Les Portes B3
15 rue de Charonne
01.40.21.70.61 FF

Sans Sanz B3
49 rue du Faubourg St Antoine
01.44.75.78.78

Le Souk C3
1 rue Keller
01.49.29.05.08 FF–FFF

Le Square Trousseau C4
1 rue Antoine Vollon
01.43.43.06.00 FF–FFF

Le Syndicat B2
21 rue Keller
01.43.14.24.44

Tonkam B2
29 rue Keller
01.47.00.78.38

Le Carol'in 30 C3
30 rue de Charonne
01.43.38.81.16

Viaduc Café B5
43 av Daumesnil
01.44.74.70.70

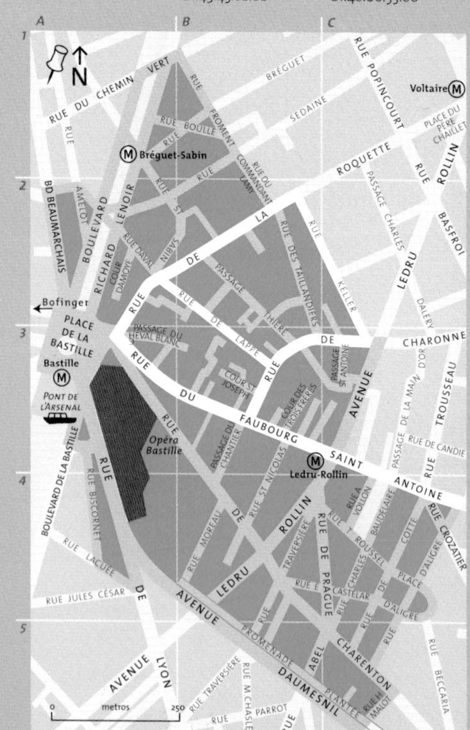

amalgama de gente

Esta parte del este de París se describe a menudo como *populaire*, una forma más educada de decir «de clase obrera». En los últimos años, no obstante, los *quartiers* colindantes de Belleville y Ménilmontant se han vuelto muy populares y han atraído a una activa comunidad artística, intelectual y yuppie. Al vivir ahí una mezcla de asiáticos, africanos y árabes, la zona parece a veces un bazar al aire libre, sobre todo en torno al Marché de Belleville, y no es sorprendente que tenga algunos de los mejores –y más baratos– restaurantes étnicos de la ciudad. En un largo tramo de rue Oberkampf, estilo y tranquilidad son la norma en los bares de moda, restaurantes esparcidos al azar o tiendas extravagantes. Detrás, y lejos del bulevar de Belleville (a menudo atascado de gente y tráfico), hay un laberinto de calles encantadoras y discretamente decadentes que apenas han cambiado desde 1940. Aparte de la bulliciosa rue Oberkampf, esta área no suele ser visitada por los turistas, ni por muchos parisinos, así que vale la pena ir.

de día

Unas cuantas boutiques excelentes; muchas abren y están abiertas hasta tarde.

No hay mucho que ver, salvo el cercano Cimetière du Père Lachaise [→71] y el peculiar Musée Édith Piaf [→69].

de noche

Restaurantes y cafés con originales cocinas de todas las procedencias.

☆ La bulliciosa vida nocturna atrae a multitudes, sobre todo los fines de semana.

transporte

Ⓜ Couronnes; Ménilmontant; St Maur.

96 a rue Oberkampf y rue Jean-Pierre Timbaud.

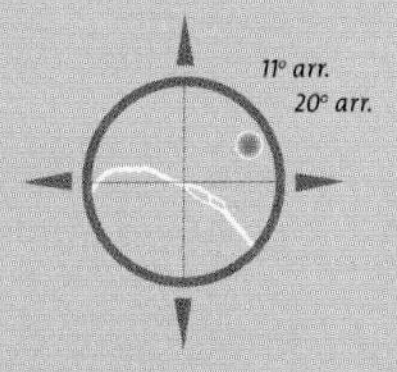

más tiendas | restaurantes y cafés | bares | directorio y mapa

compras

moda, complementos e interiores

Belleville no es famoso por sus refinamientos y tiende a ajustarse a una fórmula que excluye los excesivos adornos. Más conocida por sus restaurantes orientales y sus agitados bares, el área también tiene unas cuantas boutiques de interés. **Africouleur** ✓ vende brillantes telas *tiedye*, ropa africana estampada, joyas y singulares sombreros. Unas puertas más abajo, jóvenes diseñadores exhiben su material en **Botica**, desde ropa hasta espejos tipo ameba. **Marius** es sólo moda: busque la pana del diseñador parisino Xuly Bët, tejanos lavados a la piedra o modernos zapatos de W<. **La Ruelle** (abierta hasta 24 h en verano y hasta 22 h en invierno) es para señoras atractivas con una inclinación hacia contrastes de color,

✓ = incluido en la sección de direcciones útiles [→84–120]

lentejuelas y licra. Hay también una selección de segunda mano procedente de desfiles de moda. **Raya San System** vende a buenos precios ropa divertida: vestidos con volantes, jerséis elásticos sin mangas y camisetas transparentes con un sutil toque punk-rock.

Pruébese la centelleante joyería de **À la Boule Magique**. Para zapatos, entre en **Sagone**, cuyos números llegan al 47; marcas como Camper, Clarks o Timberland. Por encima de **Maison Georges**, la atracción son los complementos de cuero a precios razonables: lo mejor, las billeteras de todos los colores para satisfacer todos los gustos.

Belleville no es especialmente conocido por sus anticuarios, pero **Brocante Entre Temps** y **Trolls et Puces** son dos grandes anticuarios en Belleville, que rebosan de objetos, desde muebles *belle époque* a cristal Art Déco y chismes de los sesenta.

mercados y comida

El enorme **Marché de Belleville**, parecido a un zoco (7 a 14.30 h, jue. y vier.), es el menos típico y más sonoro de los mercados parisinos. Pirámides de productos frescos, montañas de ropa y montones de quincallería. **La Bague de Kenza** se especializa en pasteles argelinos caseros y galletas: golosinas de almendras y delicias maravillosamente empalagosas.

comida y bebida

restaurantes y cafés

Ménilmontant y su vecino Belleville ofrecen no sólo excelente comida oriental sino también una gran variedad de otras cocinas. En el epicentro de Belleville, el cursi y vibrante **Royal Belleville** dispone de un menú panasiático que, aun sin pecar de magnífico, es siempre fresco y apetitoso. Para comer bien de verdad, en el poco pretencioso, atestado y lleno de humo **Dong Huong** hacen un *phô* perfecto, la deliciosa sopa vietnamita que es una comida completa. Cerca, el **New Nioullaville** ✔ es un lugar enorme (500 sillas) con un menú a juego y platos de toda Asia. Dos opciones más son ***Lao Siam**, un sitio barato y alegre, aunque caótico, con una refinada cocina china y tailandesa, y el animado **Krung Thep**, el restaurante tailandés más refinado y auténtico.

Uno de los mejores lugares para observar el espectáculo de Belleville es la terraza de **Chez Lalou**., con vistas excepcionales; la comida (norteafricana genuina, sobre todo cuscús y carnes a la brasa) decepciona un poco. **Chez Jean et Brassac** es una fantástica tienda antillana notable por la calidad de sus productos, que aparecen en el menú del pequeño restaurante contiguo (sólo abierto al mediodía). Para un tentempié ya a altas horas, **La Cueva**, un agitado bar de tapas, será la solución; pero si se prefiere cocina india vegetariana en un lugar exótico, vaya a **La Ville de Jagannath** (abierto sólo noches).

Sin embargo, no toda la cocina es internacional: **Chez Justine** es un café/restaurante con dignos platos franceses para una multitud básicamente local. Más destacado por la comida es **L'Estaminet**, con su ambiente hogareño y platos de un restaurante de la lejana región de Aubrac. **Aux Tables de la Fontaine** es un bistrot tradicional con un interior encantador, comida excelente y precios moderados. Por su parte, un sabor más heterodoxo (el francoamericano) puede degustarse en **Le Blue Bayou**, un bar/restaurante *cajun* con un gran ambiente musical y la atracción añadida de juegos como el ajedrez, el billar o el backgammon.

bares y clubes

Cuna de lo chic bohemio parisino, Belleville alberga una buena parte de los bares prósperos de la ciudad, en especial a lo largo de rue Oberkampf, rue Jean Pierre Timbaud, y rue St Maur, que une a ambas. ***Café Charbon** es uno de los locales predilectos: cabaré parisino tradicional, gente guapa tras la barra, y muchísimo ambiente. Aunque sea casi imposible conseguir una mesa, es una visita obligada. Si no hay sitio para estar siquiera de pie, vaya a ***Les Cimes**, al lado, o a **La Mercerie**. Del mismo dueño que los otros dos, La Mercerie es también bastante más tranquilo y casi garantiza una mesa a la luz de una vela. Los tres son habituales entre el gentío que se apresta a llenar las discos de moda: *Le Cithéa o *La Java. Un poco más lejos, **La Forge** es un ejemplo de gótico urbano, lleno de hierro forjado y madera oscura. Más heavy metal en **Le Mécano**, adornado como un opulento garaje. Todo se vuelve más grunge en rue St Maur. Tómese una cerveza en **Les Couleurs**, o en el abarrotado **L'Électron Libre**, un diminuto local tecno. Conservando el ambiente de barrio que rue Oberkampf ha perdido casi del todo, rue Jean Pierre **Timbaud** da fe de que en Belleville *la vie est belle*. Le Timbaud encarna el espíritu de amalgama local cuando vemos allí a argelinos viejos, artistas jóvenes y hippies elegantes que toman un excelente té a la menta (también hay alcohol). Hospitalidad similar en **Café Bleu**, que ofrece jazz, noches de narración de historias y cuscús gratis los fines de semana (hay que reservar con antelación). **Café Cannibale**, calle arriba, es popular en todo, desde desayunos tardíos hasta noches provocadoras de grandes resacas. Pueden satisfacerse los antojos de kitsch en **Le robinet Mélangeur** o, como alternativa, optar por la sencilla terraza del siempre popular ***Le Soleil**.

directorio — *11º y 20º arr.*

Africouleur B2
108–110 rue St Maur
01.56.98.15.36

La Bague de Kenza B3
106 rue St Maur
01.43.14.93.15

Le Blue Bayou B3
111–113 rue St Maur
01.43.55.87.21 FF–FFF

La Botica B2
116 rue St Maur
01.43.55.55.16

À la Boule Magique B3
98 rue Oberkampf
01.43.14.25.75

Brocante Entre Temps A3
1 rue du Marché Popincourt
01.43.38.45.54

Café Bleu C2
83 rue J P Timbaud
06.87.92.66.31

Café Cannibale C2
93 rue J P Timbaud
01.49.29.95.59

Café Charbon B3
109 rue Oberkampf
01.43.57.55.13

Chez Jean et Brassac C2
14–16 bd de Belleville
01.43.58.31.30 FF

Chez Justine B3
96 rue Oberkampf
01.43.57.44.03

Chez Lalou C1
78 bd de Belleville
01.43.58.35.28 F–FF

Les Cimes B3
105 rue Oberkampf
01.43.57.34.10

Le Cithéa C3
112 rue Oberkampf
01.40.21.70.95

Les Couleurs B2
117 rue St Maur
01.43.57.95.61

La Cueva B3
104 rue St Maur
01.43.57.16.02 FF

Dong Huong B1
14 rue Louis Bonnet
01.43.57.42.81 F

L'Électron Libre B3
103 rue St Maur
01.48.06.50.82

L'Estaminet C3
116 rue Oberkampf
01.43.57.34.29 F–FF

La Forge B3
123 rue Oberkampf
01.48.07.86.49

La Java A1
105 rue du Faubourg du Temple
01.42.02.20.52

Krung Thep C1
93 rue Julien Lacroix
01.43.66.83.74 F–FFF

Lao Siam B1
49 rue de Belleville
01.40.40.09.68 FF–FFF

Marius B3
92 rue Oberkampf
01.49.29.04.47

Maison Georges B3
104 rue St Maur
01.43.57.21.59

Marché de Belleville C2
bd de Belleville

Le Mécano B3
99 rue Oberkampf
01.40.21.35.28

La Mercerie B3
98 rue Oberkampf
01.43.38.81.30

New Nioullaville B1
32 rue de l'Orillon
01.40.21.96.18 F–FF

Raya San System A3
14 rue Ternaux
01.40.21.74.29

Le Robinet Mélangeur C3
123 boulevard de Ménilmontant
01.47.00.63.68

Royal Belleville B1
124 rue du Faubourg du Temple
01.43.38.22.72 FF

La Ruelle C3
130 rue Oberkampf
01.48.06.71.50

Sagone A3
46 av de la République
01.49.29.92.83

Le Soleil D3
132 boulevard de Ménilmontant
01.46.36.47.44

Aux Tables de la Fontaine A2
2 rue des Trois Bornes
01.43.57.26.00 FF–FFF

Le Timbaud C2
99 rue J P Timbaud
no hay teléfono

Trolls et Puces A3
1 rue du Marché Popincourt
01.43.14.60.00

La Ville de Jagannath B3
101 rue St Maur
01.43.55.80.81 FF

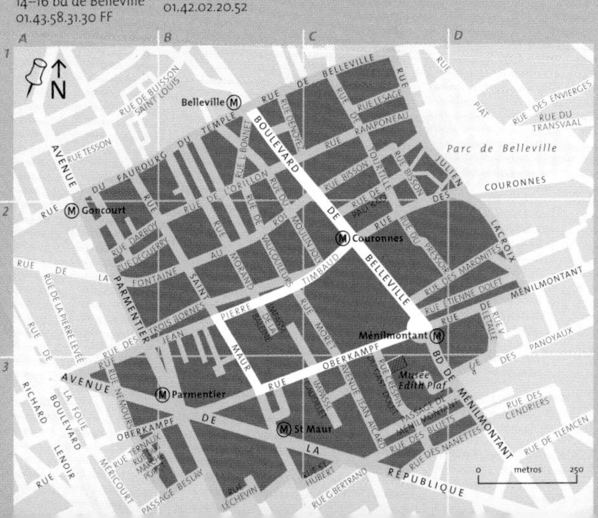

placeres verticales

Aunque bordea lo hortera cuando lo invaden los turistas, Montmartre nunca pierde su aura romántica. Con sus calles adoquinadas, sus escalinatas empinadas y sus jardines y miradores sobre la ciudad, sobre todo el Sacré Coeur (el punto más alto de París), este *quartier* es hermoso. Aparte de la place du Tertre, donde artistas de segunda fila presumen de retratos de muestra de Cindy Crawford, y de los sórdidos clubes de *strip-tease* y cabarés de Pigalle, no es una trampa para turistas: las calles son demasiado estrechas y empinadas para aventurarse por ellas. Durante siglos el barrio fue un pueblo separado de París, uno de los atractivos para artistas como Toulouse-Lautrec y Picasso hace unos 100 años. Montmartre todavía parece disociado de la gran ciudad: por la noche, y lejos de Pigalle, conserva sus raíces. Allí la vida parece ir más despacio, incluso en torno a la animada place des Abbesses, donde bares y bistrots se alternan con recién llegados más modernos e interesantes boutiques. *Très sympa...*

de día

Un abigarrado conjunto de boutiques, además de tiendas de rebajas en el boulevard Rochechouart.

Basilique Sacré Coeur [→59]; Espace Montmartre Dali [→69]; Musée d'Art Naïf Max Fourny [→66]; Musée de l'Erotisme [→65]. Están cerca los museos de La Vie Romantique y Gustave Moreau [→70].

de noche

☆ Gran número de pequeños bares y restaurantes con ambiente, atestados los fines de semana. Están aquí los clubes El Divan du Monde y Les Folies, así como otros antros de *strip-tease* y cabarés.

transporte

Ⓜ Abbesses; Anvers; Barbès-Rochechouart; Lamarck-Caulaincourt; Pigalle.

El Funicular Montmartre enlaza la base de la colina del Sacré Coeur y la basílica en lo alto.

Montmartrobus sale diariamente desde place Pigalle, y pasa por Abbesses y Sacré Coeur.

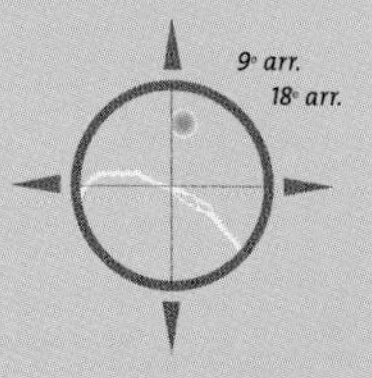

compras

moda y complementos

La imagen pseudoartística de Montmartre quizás se haya desvanecido, pero la zona hierve con una nueva generación de jóvenes creadores que abastecen a la misma clientela. Los hippies elegantes acaban abrumados de ofertas a lo largo de rue des Abbesses, aunque la mayoría van directamente a **Antoine et Lili** ✓. La tienda es un oasis de color, rebosante de géneros de punto radiante y vaporoso, camisetas en technicolor, complementos de abalorios y baratijas. **Omiz** tiene para las chicas toda clase de efectos y pedrería falsa con la que todos volverán la cabeza. En ropa más de diario **Bonnie Cox** ofrece género de punto ceñido y dril sexy. En **Patricia Louisor**, prendas informales como camisetas ajustadas y pantalones sueltos tienen precios asequibles. Segunda mano en **Tandem**, especializada en ropa de los sesenta y setenta. Lo más exquisito son talones de aguja para ellas y cazadoras retro de cuero para ellos. **L'Inconnu du 45** retrocede en el tiempo hasta los años treinta, cuarenta y cincuenta con una pequeña selección de primorosos vestidos y complementos de mujer, junto a artículos modernos. **Fanche et Flo** es conocida por sus telas naturales, aunque los colores suelen ser extravagantes. Colecciones (para hombres y mujeres) reducidas pero muy originales. Diseños asimétricos de Tatiana Lebedev en su **Futurware Lab**. Muchos artículos son únicos, por lo que no es raro que los precios tengan cuatro dígitos. Hay joyas de plata y bolsos inspirados en la rafia en la bonita boutique **Emmanuelle Zysman**.

El dúo Jean Christophe Peyrieux y Lea Anne Wallis, marido y mujer, han unido estudio y tienda en **Heaven**: ella se dedica a elegantes diseños femeninos, mientras él fabrica joyas y llamativas lámparas de alambre. **Amaya Equizabal** hace hermosos y finos dibujos en sus chales y fulares de seda de precios asequibles. Sombreros hechos a medida en **Têtes en l'Air**. Aunque la moda de los hombres no está muy representada en la zona, hay tiendas unisex como **Le 6ème Élément** para conseguir pantalones holgados o tops de surfista, o **Le Red Corner**, con ropa de calle de Pepe Jeans, Vans y Carhutt.

antigüedades, interiores, libros y música

Los anticuarios están dispersos en torno a Montmartre, y localizarlos es tan divertido como la busca de un tesoro; no obstante, hay que asegurarse de encontrar **Belle du Jour**, especializado en frascos de perfume barato de finales del siglo pasado a mediados del actual. La tienda está abarrotada de muestras primorosas y cristal Baccarat y Lalique. **Le Nartex** es un viejo conocido del sector, en el que lleva casi 100 años. El secreto de su éxito es la variedad: la tienda vende objetos europeos de los siglos XIX y XX. **Pages 50/70** se concentra en muebles del hogar de épocas más recientes, incluyendo sillas Charles Earnes y creaciones post Bauhaus Breuer. **Novitas** dispone de complementos nuevos y modernos para la casa realizados por vanguardistas diseñadores europeos. **Do you Speak Martien?** conserva su atmósfera irónica, mientras sus estantes están llenos de monadas Hello Kitty y juguetes como pegatinas de ciencia ficción o yoyós. **L'Oeil du Silence** es una encantadora tienda con una buena colección de música experimental y jazz de los cincuenta en adelante, así como literatura clásica erótica y de arte. **Rumba Record** está atestada de ritmos latinos nuevos y viejos: vale la pena comprar las cubiertas de los discos por sí mismas, ya no digamos por la música. No debemos abandonar la zona sin echar un vistazo en el ***Marché St Pierre**, enorme mercado interior con todas las telas bajo el sol, así como en una mercería en la puerta de al lado, que atrae a tintoreros de todas partes.

comida y bebida

restaurantes

Si busca tomates secados al sol o productos tropicales, Montmartre no es el lugar más adecuado. La *butte* (colina) es en su mayor parte un barrio de obreros que consumen comida sencilla y litros de vino tinto. Por tanto, en los restaurantes locales predominan la carne y las patatas. ***Moulin à Vins ✓**, un divertido y barato bistrot/vinatería de estilo familiar, sirve comida sabrosa como salchichas de Lyon con lentejas. **À la Pomponette**, otra institución de Montmartre, saca a la luz el carnívoro que llevamos dentro: *tête de veau*, manitas de cerdo y pato glaseado son algunas especialidades de la casa. El interior es anticuado, y con el buen tiempo abren una diminuta terraza. Refugio del tumulto de la place du Tertre, **Au Virage Lepic** ofrece platos estándar como *steak frites* en un marco y tranquilo. El ***Au Grain de Folie** vegetariano consigue atraer a una clientela leal; sus platos de

más restaurantes y cafés | bares y clubes | directorio y plano verduras estofadas y quiche llenan mucho y son apetitosos. **Le Dépanneur** sirve deliciosa comida de *brasserie* (pero hay que probar las hamburguesas). Los que prefieren el pescado pueden probar en **La Galerie**, uno de los mejores restaurantes de la zona; perfecto para *dîner à deux*, sirve un menú en que predomina el pescado. Otra buena opción para una cena romántica es **Piccola Strada**. Este acogedor y cómodo restaurante italiano prepara estupendos ñoquis, y sus fetuccini caseros son sensacionales. Las raciones del minúsculo garito de curry **Le Chatrale** son más que generosas, y la pakora y el nan, de primera calidad. Para una dosis de África está el **Restaurant Créole Armelle et Henry** (abierto sólo noches), un lugar delicioso y caótico en el que sirven platos como Kalaloo en una sala decorada con murales kitsch y donde los fines de semana hay música en vivo. O vayamos al **Restaurant Taroudant**, con sus hermosos azulejos, especializado en cuscús especiado y tajines picantes. Colina arriba, tenemos una alternativa más sociable en **Le Refuge des Fondues**: con su menú de precio fijo que incluye una botella pequeña de vino tinto, este pequeñísimo y siempre concurrido lugar atrae a una muchedumbre joven. Sigmund Freud se lo habría pasado en grande...

cafés y salones de té

A la hora de comer, en el **Café Lux Bar**, quizá nos sirvan antes si pedimos en el mostrador. Si no, nos podemos sentar a una de las mesas de la acera, avisar a un *garçon* y contemplar el mundo que pasa mientras esperamos el humeante plato de *boeuf bourguignon* o un crujiente *croque monsieur*. El café del espacioso y luminoso **Halle St Pierre**, que también alberga un excelente museo de arte popular [→66], es un poco menos bullicioso y un lugar ideal para descansar las piernas ante un adorable plato de quiche y ensalada. Hay periódicos gratis, y el personal es muy amable. **L'Instant Gourmand** es un *salon de thé* en que también se preparan ensaladas junto con media docena de *tartes* y pasteles. Tras ascender los empinados escalones que llevan a la place du Tertre, puede tomar un helado casero en **La Butte Glacée**.

bares y clubes

Tome las tortuosas calles y suba la empinada colina, lejos de las enfervorecidas masas de turistas, y únase a artistas locales errantes que buscan la inspiración en el fondo de un vaso. Si quiere entrar en algunos de los bares del barrio, la experiencia será menos penosa si empieza por arriba y va bajando. El **Coin de Rue** está bastante alto pero la ascensión vale la pena. Es un lugar pequeño y acogedor en el que se respira hospitalidad. Casi nunca está lleno. Más accesible es el **Relais de la Butte**, fantástico los días soleados, cuando el interior queda eclipsado por la terraza, llena de tranquilos parroquianos. Los días lluviosos es mejor ir a **Chez Camille**, donde la iluminación es muy suave, las flores bonitas y la gente fría. Todavía sin explotar, Chez Camille es casi el paraíso de los bares.

un primer destino por pleno derecho. Si buscamos un marco nocturno más tranquilo, debemos dirigirnos al **Café Lux Bar ▲**, donde los clientes son mayores y están más interesados en sus *demis* (cañas de cerveza de 25 cl) que en los demagogos que pululan por los otros bares. Pero si preferimos un panorama más arquitectónico y queremos rendir homenaje al Sacré Coeur evitando la vorágine de turistas, **Le Progrés** ofrece una perspectiva de lo más dulce: la mayoría de las mesas de la terraza garantizan un buen trozo del «Pastel de Bodas».

Elegantes, acogedores, tradicionales o modernos: la variedad de bares es la auténtica sal de la vida en Montmartre...

Aunque el Sacré Coeur domina visualmente el área, la place des Abbesses es el epicentro de la vida de Montmartre. Justo en la plaza, **Au Baroudeur** se esfuerza demasiado por estar de moda, pero es un bar acogedor y un magnífico punto de partida para explorar. ***Le Sancerre** está siempre lleno de alegres criaturas y hippies de cierta edad emborrachándose. Entre los bares abarrotados se incluyen **Le Chinon**, parecido a Le Sancerre, y **Le Saint Jean**, que desde hace poco se ha convertido en

Dada la proximidad de Pigalle, no sorprende que el 18° *arrondissement* tenga su propia cuota de sitios para ligar: **Bistrot 82** es un bar de obreros, cursi y alegre, con un ambiente algo sórdido. Sin embargo, si estamos buscando nuestro propio Picasso, podemos encontrar tipos extravagantes que intentan ligar en **La Fourmi**, lugar «previo» al ***Divan du Monde**, al otro lado de la calle. Hay una alternativa más temeraria en el **Chao-Ba Café**. Aquí se combinan cócteles psicodélicos, de lo más fuertes, y una decoración colonial francesa para brindar un ambiente digno de su sórdida ubicación: perfecto precalentamiento para el agobiante «Folies» **Pigalle**. Una mezcla musical más variada (house, reggae, salsa y garage) nos sacude de pronto en ***Le Moloko**, una disco bar magnífica, llena de tipos a la moda ¡contentos de quedarse todo el rato en el mismo sitio!

directorio — *9º y 18º arr.*

Amaya Equizabal A1
45 rue Lepic
01.44.92.91.46

Antoine et Lilli C2
90 rue des Martyrs
01.42.58.10.22

Au Baroudeur C2
place des Abbesses
01.46.06.00.79

Belle du Jour C2
7 rue Tardieu
01.46.06.15.28

Bistrot 82 C2
82 rue des Martyrs
01.46.06.91.17

Bonnie Cox B2
38 rue des Abbesses
01.42.54.95.68

La Butte Glacée C1
14 rue Norvins
01.42.23.91.58 F–FF

Café Lux Bar A2
12 rue Lepic
01.46.06.05.15

Chao-Ba Café B3
22 bd de Clichy
01.46.06.72.90

Le Chatrale B2
42 rue Veron
01.42.52.93.23 FF

Chez Camille B1
8 rue Ravignan
01.46.06.05.78

Le Chinon B2
49 rue des Abbesses
01.42.62.07.17

Coin de Rue A1
88 rue Lepic
01.42.23.51.81

Le Dépanneur A3
27 rue Fontaine
01.40.16.40.20

Divan du Monde B3
75 rue des Martyrs
01.44.92.77.66

Do you Speak Martien? C2
8 rue des Trois Frères
01.42.52.89.72

Emmanuelle Zysman B3
81 rue des Martyrs
01.42.52.01.00

Fanche et Flo B1
19 rue Durantin
01.42.51.24.18

Les Folies' Pigalle B3
11 pl Pigalle
01.48.78.25.56

La Fourmi C3
74 rue des Martyrs
01.42.64.70.35

Futurware Lab B2
2 rue Piémontési
01.42.23.66.08

La Galerie B1
16 rue Tholozé
01.42.59.25.76 FF

Au Grain de Folie D2
24 rue de La Vieuville
01.42.58.15.57 FF

Halle St Pierre D2
2 rue Charles Nodier
01.46.06.92.25 F–FF

Heaven C2
83 rue des Martyrs
01.44.92.92.92

L'Inconnue du 45 A1
45 rue Lepic
01.42.54.12.85

L'Instant Gourmand D2
4 rue Yvonne Le Tac
no hay teléfono FF

Marché St Pierre D2
2 rue Charles Nodier
01.46.06.92.25

Le Moloko A3
26 rue Fontaine
01.48.74.50.26

Moulin à Vins B1
6 rue Burq
01.42.52.81.27 F–FF

Le Nartex B2
91 rue des Martyrs
01.42.54.59.93

Novitas C2
33 rue des Trois Frères
01.42.23.22.87

L'Oeil du Silence C2
94 rue des Martyrs
01.42.64.45.40

Omiz B2
8 rue des Abbesses
01.42.52.13.30

Pages 50/70 C2
15 rue Yvonne le Tac
01.42.52.48.59

Patricia Louisor B3
16 rue Houdon
01.42.62.10.42

Piccola Strada C2
6 rue Yvonne Le Tac
01.42.54.83.39 FF–FFF

À la Pomponette A2
42 rue Lepic
01.46.06.08.36 F–FF

Le Progrès C2
1 rue Yvonne Le Tac
01.42.51.33.33

Le Red Corner B2
21 rue Houdon
01.42.58.19.19

Le Refuge des Fondues C2
17 rue des Trois Frères
01.42.55.22.65 FF

Relais de la Butte B1
12 rue Ravignan
01.42.23.94.64

Restaurant Créole Armelle et Henri A2
3 rue Audran
01.42.52.36.97

Restaurant Taroudant A2
8 rue Aristide Bruant
01.42.64.95.81

Rumba Records A1
45 rue Lepic
01.63.28.10.40

Le Saint Jean B2
23 rue des Abbesses
01.46.06.13.78

Le Sancerre B2
35 rue des Abesses
01.42.58.08.20

Le 6ème Élément B1
30 rue Durantin
01.42.58.33.19

Tandem B2
20 rue Houdon
01.44.92.97.60

Têtes en l'Air A2
65 rue des Abbesses
01.46.06.71.19

Au Virage Lepic A1
61 rue Lepic
01.42.52.46.79 FF

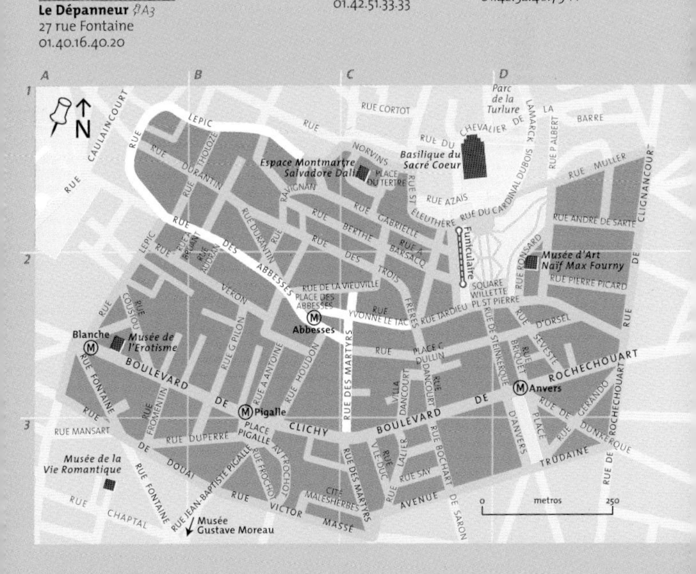

campo de sueños

Quejarse de los Champs Élysées ha acabado siendo un pasatiempo habitual: hay demasiada gente, es demasiado comercial... Todo esto es verdad, pero el amplio bulevar bordeado de árboles aún atrae incluso a los parisinos más excéntricos en ocasiones especiales como Nochevieja o el 14 de julio. Los gigantes del mundo, McDonald's, Disney, Virgin, Planet Hollywood, todos están ahí, y casi todos los cines se especializan en grandes estrenos. Sin embargo, existen lugares parisinos destacados, como la espléndida boutique Guerlain y el antiguo Lido. Esta área recibe el nombre de «Triángulo de Oro»: en la avenue Montaigne se encuentran las marcas más famosas de la alta costura, y en las inmediaciones también tienen la sede muchas estrellas de la alta cocina y algunos de los hoteles «palacio» más antiguos de la ciudad. Hace unos años se ensancharon las aceras para volver a ser la elegante vía pública que fue en otro tiempo. Éste es el lado descarado y estridente de París, y una parte vital de su impresionante atractivo.

de día

Numerosas tiendas de calidad en las elegantes avenues Montaigne y George V.

Arc de Triomphe [→56]; Grand Palais [→68]; Musée d'Art Moderne de la Ville de Paris [→61]; Musée National des Arts Asiatiques-Guimet [→63]; Palais de la Découverte [→76]; Panthéon Bouddhique [→63]; Petit Palais [→67].

de noche

Los restaurantes tiran a distinguidos... sea en la categoría o en la actitud.

☆ Fantástico para los amantes del cine; algunos de los bares y clubes elegantes más conocidos de la ciudad están en esta zona.

transporte

Ⓜ Alma Marceau; Champs Élysées-Clémenceau; Franklin D Roosevelt
RER Charles-de-Gaulle Étoile.

Balabus, 28, 32, 42, 49, 52, 73, 80, 83, 93 a la avenue des Champs Élysées

8e arr.
16e arr.

compras

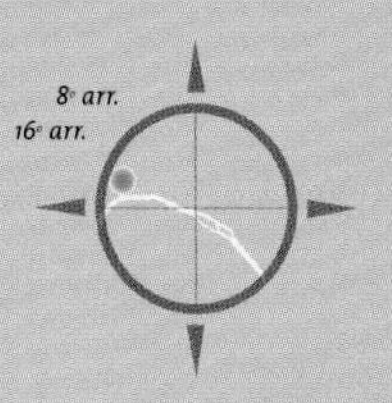

moda

Antaño sagrado dominio de las señoras con lifting que iban a almorzar, avenue Montaigne ha elevado sus credenciales con la llegada de Miuccia, Calvin y John. La brigada de la alta costura todavía está vigente luciendo pieles, perros en miniatura y grandes logotipos, pero nada impide al común de los mortales entrar en zapatillas como si nada en boutiques de lujo, sobre todo si su tarjeta de crédito es de «platino»; en todo caso, pueden *lècher vitrine* (chupar escaparate). ***En Louis Vuitton**, todo son tarjetas de crédito y guardias de seguridad. En el sótano, los amantes de la moda miran la maravillosa confección de Marc Jacobs y los carísimos zapatos. La planta baja está llena de complementos y de turistas japoneses. El suntuoso buque insignia de ***Christian Dior** condensa la idea de que «la aristocracia confluye con la calle», algo acentuado por la extravagancia de Galliano. Aunque dio un gran empujón a la moda francesa con la elegancia de la heroína y la alta costura masai, el excéntrico británico Alexander McQueen ha introducido las hechuras agudas y el diseño innovador en la antes seria ***Givenchy**. Otra casa de modas renovada es **Céline**: con el moderno neoyorquino Michael Kors al timón, esta marca ha hecho repuntar el barómetro del estilo. Nicolas Ghesquière, adopta una perspectiva más vanguardista en **Balenciaga**, al redefinir la silueta femenina para el siglo XXI. Los diseños de **Thierry Mugler** están firmemente arraigados en los ochenta. Sigue sacando colecciones que ciñen la figura de divas y dominadoras, siendo su ropa de hombre más sumisa, algo de lo que nunca podría acusarse al dúo italiano **Dolce & Gabbana**. Su boutique estrepitosamente latina está llena de lencería sexy, zapatos y trajes de hombre de corte impecable. **Malo** quizá parezca una simple tienda de jerséis, pero las chicas pueden gastarse el sueldo de un par de meses en lujosos conjuntos italianos de cachemira y provocativos géneros de punto de verano, mientras que los chicos derrocharán el suyo en los clásicos jerséis de cuello vuelto. **Calvin Klein** es la primera de las tiendas CK para hombres en París diseñada por el arquitecto londinense John Pawson. Surtido de trajes, camisas, zapatos, complementos y los últimos calzoncillos inmortalizados por Marky Mark. Moda femenina hay que buscarla en la megatienda CK del otro lado de la calle. Los toques minimalistas y los rasgos esbeltos son también muy visibles en la elegante tienda de ***Barbara Bui**, y predominan en los escaparates de la boutique de cuatro plantas de la gran diseñadora alemana **Jil Sander**. ***Zara**, la cadena española de moda, tiene precios realmente asequibles... sin excesivo compromiso con la calidad.

música y comida

Los Champs son una parada esencial para los entusiastas de la música desde la llegada de ***Virgin Megastore** y ***Fnac**. Ambas, enormes y a menudo atestadas, organizan conciertos y cierran tarde. A finales de los ochenta también inició la moda de abrir los domingos. Los gourmets golosos pueden tener una dosis rápida de calorías en ***Dalloyau**, con sus deliciosos pasteles, o en **La Maison du Chocolat**. Las trufas magníficamente envueltas son regalos perfectos... ¡pero es más caritativo dilapidar los últimos francos en una masa de espeso helado de chocolate negro!

calzado, belleza y complementos

Artículos de piel caros en **Loewe**, una tienda de dos plantas que vende elegantes bolsos y maletas de jet set (además de espléndidos vestidos). La fiebre **Prada** ha bajado unos cuantos grados desde mediados de los noventa, pero la famosa boutique de color aguacate (que tiene ropa de mujer y de hombre así como zapatos y bolsos) está aún llena de esclavos del estilo que se revuelcan en el Maravilloso Mundo de Miuccia. Otra marca predilecta de los fans de la moda es **Charles Jourdan**, una zapatería francesa chic que abarca todas las tendencias (desde refinadas botas de piel de cocodrilo a caras babuchas suaves como un gatito), además de bolsos de piel de colores subidos. A los compradores más jóvenes y con menos dinero les encantará la moderna –y bastante barata– segunda mano de Charles Jourdan Bis. La palabra «barato» no existe en el diccionario del diseñador austríaco ***Walter Steiger** ✓, fabrica un calzado de piel de alta calidad (para ambos sexos). ***Berluti** es una tienda cara especializada en zapatos de piel para chico hechos a mano.

No hay que desanimarse por la decoración clínica de ***Grand Optical**, con una fabulosa selección de gafas de sol y monturas de diseño: Armani y clásicos de CK en un extremo de la escala, y otras modernas y monísimas de Gaultier y Agnès b en el otro. **Swatch Megastore** está llena de relojes y artefactos (supuestamente divertidos). ***Séphora** es una experiencia más hedonista: una especie de hipermercado de la era espacial donde el jabón, el polvo y el muesli han sido sustituidos por hileras de crema hidratante Lancôme, lápiz de labios Chanel y perfumes dispuestos en orden alfabético. La selección es algo menos completa en ***Guerlain** (sólo perfumes y cosméticos de su propia marca), pero sólo por la elegante araña del interior ya vale la pena visitar la boutique. En **Aghata** se vuelve a lo esencial, y en ella se encuentra bisutería «divertida» para todas las ocasiones. Montones de brazaletes, macizas baratijas y perlas falsas... pero, ojo, ¡los precios no siempre son tan «divertidos»!

comida y bebida

restaurantes y cafés

En esta zona hay de todo, desde alta cocina a comida rápida; el único denominador común es el brillo. El área está siendo testigo de un importante renacimiento, y si es un restaurante, seguro que es temático. Al abrir *****Spoon, Food & Wine**, el chef megaestrella Alain Ducasse provocó una conmoción. El menú es una mezcla internacional, y se lo hace uno mismo, lo que permite crear aventuradas combinaciones... ¡que funcionan! En un nivel algo más formal, la comida internacional servida en el chic ***Café Mosaïc** incluye sopa indonesia de rabo de buey, risotto italiano y altos vuelos de pura fantasía culinaria como *wontons* (bola de carne de cerdo) rellenos de naranjas chinas y crema de avellanas. Respaldado por Johnny Depp, Sean Penn y Mick Hucknall, el colosal ***Man Ray** tiene 250 sillas para gente guapa en su comedor zen-barroco, y unas cuantas más en su bar. Menú con tono asiático: sushi *temaki*, pero también buena comida europea como hígado de ternera con higos asados. El menos pretencioso ***L'Asian** tiene una digna cocina panasiática, el gorjeo de un pájaro como banda sonora y una selección de buenos cócteles. ***Homéro** hace hincapié en las tapas y platos como risotto con gambas o riñones con comino. ***Pierre Gagnaire**, el iconoclasta de tres estrellas y tejanos, tiene listas de espera de un mes debido a su inspirado concepto de la alta cocina. Jean-Yves Bath, otro chef con estrellas Michelin, anima platos tradicionales de Auvergnat, como los raviolis con queso Cantal, condimentándolos con hierbas aromáticas en ***Bath's**. En ***Le Cinq**, el famoso Philippe Legendre, antes en ***Taillevent**, presenta manjares caros y con clase, como la sopa cremosa de berros rematada con caviar. En el elegante ***Les Élysées**, de dos estrellas, los comensales cenan comida provenzal bajo una cúpula de vidrios de colores diseñada por Gustave Eiffel. En ***L'Appart**, la comida francesa casera está muy representada en su menú. Otra opción de cena íntima es **Stella Maris**, un innovador restaurante en el que el chef Tateru Yoshino da un sutil efecto asiático a los clásicos platos franceses de marisco. Los espagueti y la sambuca se sirven con gran estilo en **Stresa**, una tratoria discreta en una callejuela, que atrae a una clientela incondicional de estrellas del cine y los deportes.

También hay numerosos lugares informales. ***Lô Sushi** ⅰ da un nuevo sentido a la comida rápida desde que los sabrosos platos japoneses zigzaguean en una minúscula cinta transportadora. Menos a la moda que en los ochenta, **Le Drugstore des Champs Élysées** (abierto hasta las 2 h) es una bendición para personas solas que pueden pedir el bocadillo de la casa con un vaso de Mouton-Cadet. El burdeos destaca en **L'Écluse**, una vinatería cuyo menú sugiere los vinos adecuados para acompañar sus platos tradicionales. Con algo más de encanto, **Laduréé**, famoso por sus macarrones celestiales, también sirve meriendas-cenas y comidas ligeras al mediodía en su comedor joyero, de estilo Napoleón III.

Bares y clubes

Tal vez ya no sea la más hermosa de las avenidas, pero los Champs Élysées pueden reivindicar que buena parte de la gente más guapa del mundo anda pululando por sus bares. **Barfly** es uno de los de más relumbrón, y los persistentes rumores de que está pasado de moda no hacen que disminuyan las larguísimas colas. El ***Bar des Théatres**, con su encantadora barra de zinc, es mucho más relajado. El **Montechristo**, que ofrece su mezcla de salsa sudorosa y cócteles desde siempre, no muestra señales de flaquear, ni siquiera ante la reciente competencia del cercano **Latina Café**, un lugar para encontrarse con afables *latin lovers* que bailan hasta la madrugada. Una opción para altas horas de la noche es ***Doobies**, entre cuya clientela se cuentan los muy jóvenes y los muy viejos. Es una alternativa segura para la última copa, animadas partidas de *pool* y ruidosa nostalgia de los ochenta. Podemos acabar la noche con estilo rodeados de yuppies de todas las nacionalidades en el **Villa Barclay**, o dar media vuelta y dirigirnos al ***Queen**, culminación del ambiente amanerado de la capital y también uno de los mejores clubes de la ciudad.

Agatha D2
26 av des Champs Élysées
01.43.59.68.68

L'Appart D2
9 rue du Colisée
01.53.75.16.34 FFF

L'Asian B3
30 av George V
01.56.89.11.00 FF–FFF

Balenciaga B4
10 av George V
01.47.20.21.11

Bar des Théâtres C4
6 av Montaigne
01.47.23.34.63

Barbara Bui D3
50 av Montaigne
01.42.25.05.25

Barfly B2
49 av George V
01.53.67.84.60

Bath's C3
9 rue de la Trémoille
01.40.70.01.09 FFF

Berluti C3
26 rue Marbeuf
01.53.93.97.97

Café Mosaïc B2
46 av George V
01.47.20.18.09 FFF

Calvin Klein D3
(ropa de caballero) 56 av Montaigne
01.43.59.10.10
(ropa de señora) 45 av Montaigne
01.47.23.62.22

Céline D3
36 av Montaigne
01.56.89.07.92

Charles Jourdan B2
86 av des Champs Élysées
01.45.62.29.28

Christian Dior D3
30 av Montaigne
01.40.73.54.44

Le Cinq B3
Hôtel George V
31 av George V
01.49.52.70.00 FFF

Dalloyau *off the map*
101 rue du Faubourg St Honoré
01.42.99.90.00

Dolce & Gabbana C4
2 av Montaigne
01.47.20.42.43

Doobies C3
2 rue Robert Estienne
01.53.76.10.76

Le Drugstore des Champs Élysées A1
133 av des Champs Élysées
01.47.20.14.91 FF–FFF

L'Écluse B2
64 rue François 1er
01.47.20.77.09 FF

Les Élysées B2
Hôtel Vernet
25 rue Vernet
01.44.31.98.98 FFF

Fnac C2
74 av des Champs Élysées
01.53.53.64.64

Givenchy B4
3 av George V
01.47.20.70.36

Grand Optical B1
138 av des Champs Élysées
01.40.76.00.13

Guerlain C2
68 av des Champs Élysées
01.45.62.52.67

Homéro B1
37 av Friedland
01.42.89.99.60 FFF

Jil Sander D3
52 av Montaigne
01.44.95.06.70

Ladurée C2
75 av des Champs Élysées
01.40.75.08.75 F–FF

Latina Café B1
114 av des Champs Élysées
01.42.89.98.89

Loewe D3
46 avenue Montaigne
01.53.57.92.50

Lô Sushi C1
8 rue de Berri
01.45.62.01.00 F–FF

Louis Vuitton B2
101 av des Champs Élysées
01.45.49.62.32

La Maison du Chocolat C3
56 rue Pierre Charron
01.47.23.38.25

Malo C4
12 av Montaigne
01.47.20.26.08

Man Ray C2
34 rue Marbeuf
01.56.88.36.36 FF–FFF

Montecristo C2
68 av des Champs Élysées
01.45.62.30.86

Pierre Gagnaire B1
6 rue Balzac
01.44.35.18.25 FFF

Prada C4
10 av Montaigne
01.53.23.99.40

Queen B1–B2
102 av des Champs Élysées
01.53.89.08.90

Séphora C2
70–72 av des Champs Élysées
01.53.93.22.50

Spoon, Food & Wine C3
14 rue de Marignan
01.40.76.34.44 FFF

Stella Maris A1
4 rue Arsène Houssaye
01.42.89.16.22 FFF

Stresa C3
7 rue Chambiges
01.47.23.51.62 FFF

Swatch Megastore B1
104 av des Champs Élysées
01.56.69.17.00

Thierry Mugler D3
49 av Montaigne
01.47.23.77.62

Villa Barclay *off the map*
3 av Matignon
01.53.89.18.91

Virgin Megastore C2
52 av des Champs Élysées
01.49.53.50.00

Walter Steiger *fuera del plano*
83 rue du Faubourg St Honoré
01.49.53.50.00

Zara D2
44 av des Champs Élysées
01.45.61.52.80

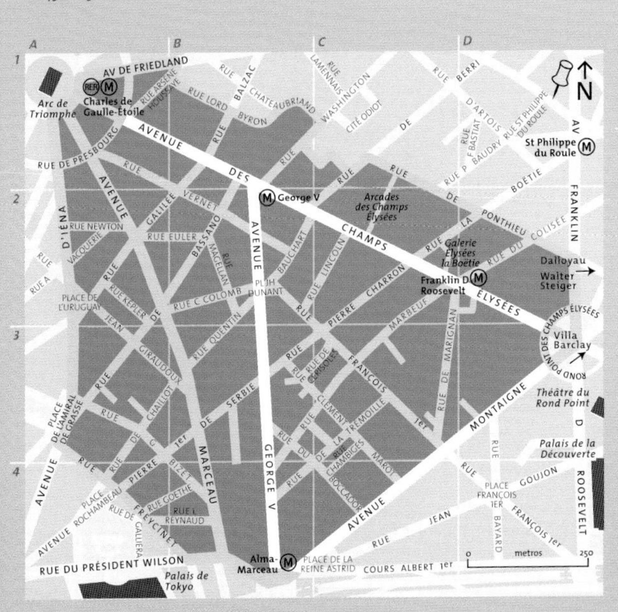

primera clase

Las compras y las artes son la clave de esta zona aristocrática de París. Señoras delgadísimas con gruesas gafas de sol y perros minúsculos pasean por rue St Honoré, abasteciéndose de la última moda de diseño, mientras los billetes usados acaban en las joyerías de precios imposibles que bordean la elegante place Vendôme, que también alberga el Ritz de París. El carácter del cercano Palais Royal es más culto, siguiendo la pauta de la Comédie Française, de 300 años de antigüedad, que ocupa un rincón de este elegante palacio. Punto comercial neurálgico, esta área también presume de un cierto número de cafés con ambiente esparcidos por la acera cuando hace buen tiempo, y unas hermosas *galeries* cubiertas del siglo XIX. El Jardin du Palais Royal exhibe columnas a rayas blancas y negras de Daniel Buren en una yuxtaposición inverosímil, pero lograda, de lo nuevo y lo viejo, así como encantadores paseos bordeados de árboles, que cobijan hileras de bancos. Es un oasis de tranquilidad, a sólo unos pasos del alboroto del Louvre y del bullicio de rue St Honoré.

de día

Hay una inmensa lista de opciones de elegantes boutiques de diseño. Es el barrio de las joyerías.

BNP-Richelieu [→68]; Galerie Nationale du Jeu de Paume [→68]; Jardin des Tulleries [→74]; La Madeleine [→57]; Musée des Arts Décoratifs [→67]; Musée du Louvre [→61]; Musée de la Mode et du Textile & Musée de la Publicité [→65]; Obélisque/Place de la Concorde [→58]; Opéra National de Paris-Palais Garnier [→57]; Place Vendôme [→58].

de noche

Brasseries populares y tradicionales y restaurantes caros definen el escenario.

☆ No es la mejor zona para la vida nocturna, pero está la Comédie Française.

transporte

Ⓜ Concorde; Madeleine; Opéra; Palais Royal-Musée du Louvre; Pyramide; Quatre-Septembre.

24, 42, 52, 84, 94 a Madeleine; Balabus, 21, 27, 39, 48, 67, 68, 72, 81, 95 a Le Louvre y Palais Royal.

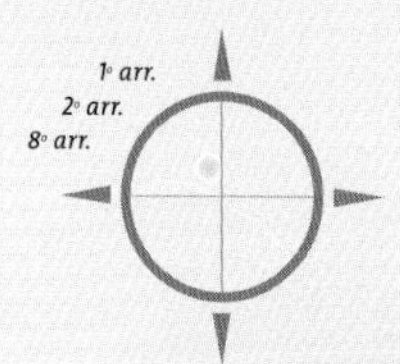

compras

moda femenina y unisex

Menos esnob que avenue Montaigne, es un lugar fabuloso para comprar moda y diseño. ***Gucci** tiene hileras de imprescindibles zapatos, ropa, bolsos y el no va más en mobiliario de buen gusto del dios de la moda Tom Ford. Las iniciales entrelazadas son también muy visibles en el *quartier*, pues rue Cambon es la sede de la tienda de ***Chanel** original y más grande, con ropa de confección, bolsos, zapatos y cosméticos. Nacida en Venezuela pero ahora parisina comprometida, ***Maria Luisa** es una gurú del estilo. Enfocando su innato radar para la moda en las tendencias de cada temporada, Mme. Luisa reúne una selección de diseñadores vanguardistas en su elegante e impresionante tienda: ropa, zapatos y complementos sublimes. Su tienda para hombres es igual de vanguardista. Elegancia parisina *à la* Catherine Deneuve en **Yves Saint Laurent**. El estilo hecho en casa es más relajado en **Max Mara**, donde chicas bien acicaladas compran ropa elegante natural y sofisticada. La empresa italiana, famosa por sus trajes y vestidos, diseña una asombrosa cantidad de estilos distintos, incluyendo una colección más joven, moderna y barata calle abajo, en **Pennyblack**.

La megaboutique de **Jean Paul Gaultier** está situada en una de las *galeries* más famosas de la ciudad (del siglo XIX). Los compradores van tanto para pasar el rato como para ver las colecciones y los complementos futuristas. Por otra parte, en las lujosas boutiques de ***Didier Ludot** ↗ de la Galerie Montpensier retrocedemos en el tiempo. Aquí babearemos entre tanta alta costura antigua (Dior, Chanel, Balenciaga, etc.) en el nº 20, o nos dedicaremos al saqueo de complementos Prada y bolsos Hermès de segunda mano en el nº 24. Esta tienda es el no va más de la moda... entre sus clientes habituales se cuentan Demi Moore y Su Alteza Real de la Moda Miuccia Prada. Los que buscan desesperadamente marcas de diseño a precios moderados deberían echar un vistazo en **WK Accessories** (Chanel y Armani de segunda mano, etc.) o ***Stocklux** (40-70 % de descuento en Prada, Versace, Dior y Lacroix de la temporada anterior).

calzado y complementos

A las mujeres con recursos les encantará ***Cerize** ►, en cuyo pequeño y elegante tocador puede probarse sombreros, bolsos y joyas de un elenco de diseñadores internacionales, como el bordador francés de alta costura Lesage y la extravagante sombrerera Marie Mercié. **Philippe Model**, otro sombrerero estrafalario, tiene su multicolor tienda justo subiendo la calle. Más conocido por crear sombreros para las carreras, Model suaviza el estilo (un poco) para las bodas y actos sociales. Las señoras de la alta sociedad todavía están en plena forma en **Hermès**, comprando pañuelos y bolsos caros. No obstante, la legendaria tienda francesa ha atraído a una multitud más joven y moderna desde que el belga Martin Margiela se hiciera cargo de la colección «listo para llevar». Si no podemos permitirnos un bolso Kelly (unos 20.000 F), nos podemos consolar en **Zadig et Voltaire**: hay fantásticos bolsos de moda

desde 500 F, y ropa de Z&V y otras marcas. En **La Perla** puede derrochar dinero en lencería italiana sexy o en elegantes botas de **Karena Schuessler** o modernos zuecos (hombres y mujeres). Para comprar artículos de piel, vaya a la boutique de **Longchamp**, situada en un magnífico edificio del siglo XVIII que había sido un convento. No tan a la moda pero con productos de calidad, **Goyard** es otro lugar fiable para bolsos, maletas y complementos para viajes. En realidad, **Il Pour L'Homme** es más una tienda de regalos para hombre que de complementos, pero si miramos bien encontraremos los viejos gemelos de diseño ocultos entre los relojes y los despertadores de alta tecnología.

moda de hombre

***Madélios** es el primer *grand espace pour homme* de París, con el café interior, la peluquería y el salón de belleza masculino, por no mencionar la impresionante selección de trajes, ropa informal y moda contemporánea de las grandes marcas. Estilo más pulcro y conservador en ***Façonnable**, tienda abarrotada de hombres BCBG (*Bon Chic Bon Genre*) que compran camisas, chaquetas y trajes clásicos. ***Charvet** tiene camisas de corte impecable. Los más arriesgados deberían ir a **L'Escalier d'Argent**, especializado en chalecos que también pueden hacerse a medida.

joyas y belleza

Place Vendôme reluce con las chucherías de muchos quilates que sólo los muy ricos se pueden permitir. Si los diamantes son su mejor (imaginario) amigo vaya al suntuoso escaparate de **Cartier** e imagínese con su propia diadema. Como alternativa, podemos seguir los pasos de Marlene Dietrich y dirigirnos a **Van Cleef & Arpels** para alegrarnos la vista con imponentes gemas a precios más imponentes aún. Diamantes con un toque de diseño en la boutique **Chanel Joaillerie**. **Tati Or** ha abierto una joyería de precios reducidos justo al doblar la esquina.

El lujoso *atelier de beauté* de ***Anne Sémonin** es uno de los salones más conocidos de la ciudad: la gurú francesa de la belleza hace por encargo productos vegetales y crea pociones para todos los tipos de piel. Para algo más oriental, vaya a *Shiseido, el asombroso templo de la cosmética. La que parece una *parfumerie* antigua. También hay perfumes en la elegante boutique de ***Annick Goutal**. Goutal, uno de los pocos «olfatos» femeninos en el negocio de la belleza, también crea jabones y colonias sublimemente perfumados. En ***Beauty By Et Vous** también tenemos belleza pero con un rasgo peculiar: no sólo hay lo último en cosméticos sino también complementos y ropa de moda.

estilo de vida e interiores

El lugar más moderno de la ciudad, ***Colette**, es un templo de metal y vidrio de tres plantas con la última moda en arte, ropa y diseño. Elija entre más de 100 marcas de agua mineral en el café del sótano. ***Muriel Grateau**, diseñadora francesa de modas reconvertida en decoradora de interiores, tiene un estilo más clásico y minimalista. En su boutique hay de todo, desde vasos de cristal hasta lujosas toallas. ***Maison de Famille** presenta un similar toque de distinción (aunque no es tan cara) con sus codiciados complementos para el hogar, regalos inusuales y ropa clásica pero elegante para todos. Interiores con más color en **Art et Sud**, una pequeña y fabulosa boutique marroquí que vende magníficas mesas de mosaico y hermosos azulejos pintados a mano. En **Baccarat**, sus arañas y copas de champán distan mucho de ser baratas. **Lalique**, el otro especialista francés en cristal, tiene un buen surtido de joyas y artículos de piel estilo Art Déco, así como sus famosos vasos de cristal blanco opaco.

libros

Puede disfrutar de una tarde agradable en ***Galignani**, que pretende ser la más antigua librería de Europa en inglés y dispone de estupendas secciones de moda, arte, fotografía y diseño de interiores, así como de literatura francesa e inglesa. ***WH Smith** es también buena para curiosear, además de interesante por la ficción en libro de bolsillo.

tiendas de alimentación

El arte no vive sólo en las galerías, como se demuestra en el escaparate de ***Fauchon's**. Hay montones de frutas exóticas, verduras y pasteles, y se pueden probar sus divinos productos (y sus diabólicos precios) en el salón de al lado. ***Hédiard**, con una similar selección de lujos y un restaurante interior, ocupa el segundo lugar en la aventura del gourmet. Más barato pero igualmente delicioso es **Verlet**, donde puede comprar café recién molido y tés exóticos. Su diminuto salón de té de los treinta es el sitio ideal para saborear exquisitos pasteles. En ***La Maison de la Truffe**, encontrará trufas frescas desde nov. hasta mediados de marzo; el resto del año, hay trufas en conserva así como de salsas y aceites.

comida y bebida

restaurantes

Los restaurantes de esta zona –desde el Ritz hasta el bar de vinos más sencillo– rezuman ambiente por todos lados. **Le Grand Véfour** saluda desde el Segundo Imperio; todos los fantasmas, desde Victor Hugo a Colette, se confunden en el impresionante comedor donde el chef de dos estrellas Guy Martin sirve invenciones suyas como los famosos raviolis de foie gras con crema de trufas. En el **Restaurant Opéra**, François Rodolphe crea su cocina burguesa contemporánea con ingredientes sorpresa, como el foie gras de pato con piña. Puede visitar el más hermoso comedor Art Nouveau de la ciudad **Lucas Carton**, mientras saborea la cocina de tres estrellas del erudito Alain Senderens, que en su espléndido *menu dégustation* resucita recetas de los antiguos romanos. En el chic y subvalorado **Carré des Feuillants**, el chef de dos estrellas Alain Dutournier da un toque suave y urbano a las potentes cacerolas de alubias y otros platos típicos del suroeste, su región natal. Nuevas influencias culinarias gasconas en el ***Café Fauburg**, decorado con viejos dibujos de Vogue.

Marcel Proust y Coco Chanel preferían el servicio de habitaciones en el Ritz-Espadon, pero quien quiere dejarse ver elige mesas cercanas al jardín de invierno del hotel. La cocina, aunque clásica, siempre es primorosa, con un fuerte énfasis en el foie gras. La moda se ha trasladado al opulento *Hôtel Costes**, de estilo victoriano, donde el menú «de régimen» incluye caviar Petrosian, verduras al vapor y ensalada de tomate y mozzarella. Hay ambiente bullicioso y oportunidades de ver a famosos. Un poco más discreto pero igual de bueno es **Tante Louise**, donde el chef de tres estrellas Bernard Loiseau anima la tradicional comida burgundia complementada con vinos de la casa a precios razonables. Vinos de todo el mundo en el muy británico ***Willi's Wine Bar**, aunque la sorpresa está en la sofisticada cocina francesa: la crema de espárragos verdes con estragón o la ensalada de codorniz son un festín. El subproducto vecino de Willi, ***Maceo ↗**, tiene una excelente oferta de platos de verduras y una decoración más acogedora.

París no sería París sin las grandes y ruidosas *brasseries*. **Le Grand Colbert**, con sus palmas en tiestos y sus espejos dorados, es una de las mejores. El lustroso pato en conserva y el foie gras y las ensaladas de judías verdes son algunas de sus ofertas. **Vaudeville**, una joya de los años treinta, hace hincapié en el marisco y sirve hasta la 1 h un menú barato para después del teatro siete noches a la semana.

cafés y salones de té

Barato no equivale a sencillo. Una de las mejores gangas de la zona es el menú de tres platos del bar del ultramoderno **Hôtel de Vendôme**. Intente reducir calorías y pida la ensalada de judías verdes y gambas en **Angelina**, pero será en vano después del primer mordisco al Mont Blanc, una pecaminosa golosina llena de merengue, crema batida y mousse de castaña. Después de echar un vistazo a las tiendas de la Galerie Vivienne puede dirigirse al encantador salón de **A *Priori Thé** para tomar una porción de quiche o de tarta. Si no, en la informal vinatería **Aux Bons Crus Fabre** es posible comer cualquier cosa siempre que lleve jamón y queso... ¡y cuidado con los techos bajos! Hay más opciones en el bar ***Le Rubis**: el menú consiste en tradicionales platos campesinos como *tête de veau* y salchicha *andouillette* a la parrilla, y cuando hace buen tiempo se utilizan los barriles de vino de la acera como improvisadas mesas.

bares

Se podría esperar que una zona que incluye la Comédie Française y la place Vendôme sería un lugar ideal para mezclarse con la crème de la crème, pero hay pocas experiencias más excitantes que tomar cócteles en el ***Bar Hemingway**: carísimo y megachic, vale la pena el derroche. Aunque está muy de moda, el **Café Ruc** de los hermanos Costes es bastante más sobrio y un poco esnob. El ***Buddha Bar**, ha madurado con el tiempo y es mucho más tranquilo que antes: la música es fría, la iluminación, tenue, y hay un enorme buda que vigila a las masas. Tanto en **Le Nemours ✔** como en el ***Café Marly** (y más Costes) puede tomar una copa en un marco espléndido. El **Café Ness** tiene una fantástica terraza para un refrigerio después del Louvre, pero por la noche se vuelve un ostentoso y cutre antro europeo donde se beben litros y litros de

champán. Se puede disfrutar de más placeres de la vid en **Juveniles**, una vinatería amable y tranquila; y el **Bar de l'Entracte** es el lugar ideal para seguir la fiesta: acogedor, ruidoso y con precios aceptables. Bajando la calle, **Le Caveau de Montpensier**, con su amistoso personal, es otra buena alternativa. **Molly Malone** rebosa de auténtico espíritu irlandés (whisky y ambiente) y Guinnes a gogó. Los puristas deberían ir a por la primera copa para combatir la resaca a ***Harry's bar**, donde un bloody mary antes de las 10 h es casi *de rigeur*. Al menos hará que nos lo pensemos dos veces antes de reincidir.

directorio *1º, 2º y 8º arr.*

Angelina B2
226 rue de Rivoli
01.42.60.82.00 F

Anne Sémonin D2
2 rue des Petits Champs
01.42.60.94.66

Annick Goutal B2
14 rue de Castiglione
01.42.60.52.82

A Priori Thé D2
35–37 Galerie Vivienne
01.42.97.48.75 FF

Art et Sud B2
52 pl du Marché St Honoré
01.42.86.95.76

Baccarat A1
11 pl de la Madeleine
01.42.65.36.26

Bar de l'Entracte D2
47 rue de Montpensier
01.42.97.57.76

Bar Hemingway B2
Hôtel Ritz
15 pl Vendôme
01.43.16.33.65

Beauty By Et Vous A1
25 rue Royale
01.47.42.31.00

Aux Bons Crus Fabre D2
7 rue des Petits Champs
01.42.60.06.45 FF

Buddha Bar A2
8 rue Boissy d'Anglas
01.53.05.90.00

Café Faubourg A2
Sofitel le Faubourg,
15 rue Boissy d'Anglas
01.44.94.14.24 FFF

Café Marly C3
palais du Louvre
93 rue de Rivoli
01.49.26.06.60

Café Ness D3
2 pl du Palais Royal
01.42.92.04.04

Café Ruc C3
159 rue St Honoré
01.42.60.97.54

Carré des Feuillants B2
14 rue de Castiglione
01.42.86.82.82 FFF

Cartier B1
13 rue de la Paix
01.42.18.53.70

Le Caveau de Montpensier C3
15 rue de Montpensier
01.47.03.33.78

Cerize B2
380 rue St Honoré
01.42.60.84.84

Chanel B1
31 rue Cambon
01.42.86.28.00

Chanel Joaillerie B2
7 place Vendôme
01.42.86.28.00

Charvet B2
28 pl Vendôme
01.42.60.30.70

Colette B2
213 rue St Honoré
01.55.35.33.90

Didier Ludot C3–D3
20–24 Galerie de Montpensier
01.42.96.06.56

L'Escalier d'Argent D2
42 Galerie de Montpensier
01.40.20.05.33

Façonnable A2
9 rue du Fg St Honoré
01.47.42.72.60

Fauchon A1
26 pl de la Madeleine
01 47 42 60 11

Galignani B2–B3
224 rue de Rivoli
01.42.60.76.07

Goyard B2
233 rue St Honoré
01.42.60.57.04

Le Grand Colbert D2
2 rue Vivienne
01.42.86.87.88 FF–FFF

Le Grand Véfour D2
17 rue Beaujolais
01.42.96.56.27 FFF

Gucci A1
23 rue Royale
01.44.94.14.70

Harry's Bar C1
5 rue Daunou
01.42.61.71.14

Hédiard A1
21 pl de la Madeleine
01.43.12.88.88

Hermès A1
24 rue du Fg St Honoré
01.40.17.47.17

Hôtel Costes A2
239 rue St Honoré
01.42.44.50.00 FF–FFF

Hôtel de Vendôme B2
1 place Vendôme
01.55.04.55.55 FF

Il pour L'Homme B3
209 rue St Honoré
01.42.60.43.56

Jean Paul Gaultier D2
2 rue Vivienne
01.42.86.05.05

Juveniles C2
13 rue Molière
01.44.50.10.07

Karena Schuessler C3
264 rue St Honoré
01.53.29.93.93

Lalique B2
11 rue Royale
01.53.05.12.12

Longchamp B2
404 rue St Honoré
01.43.16.00.16

Lucas Carton A1
9 pl de la Madeleine
01.42.65.22.90 FF–FFF

Macéo D2
15 rue des Petits Champs
01.42.96.98.89 FFF

Madélios A1
23 bd de la Madeleine
01.42.60.39.30

Maison de Famille A1
10 pl de la Madeleine
01.49.53.45.82.00

La Maison de la Truffe A1
19 pl de la Madeleine
01.42.65.53.22

Maria Luisa
(ropa de caballero) B2
38 rue du Mont Thabor
01.42.60.89.83}
(ropa de señora) A2
2 rue Cambon
01.47.03.96.15

Max Mara A2
265 rue St Honoré
01.40.20.04.58

Molly Malone's B1
21 rue Godot de Mauroy
01.47.42.07.77

Muriel Grateau D2
29 rue de Valois
01.40.20.90.30

Le Nemours C3
Galerie de Nemours
01.42.61.34.14

Pennyblack A2
269 rue St Honoré
01.42.60.93.42

La Perla A1
20 rue du Fg St Honoré
01.43.12.33.60

Philippe Model C2
33 pl du Marché St Honoré
01.42.96.89.02

Restaurant Opéra C1
5 pl de l'Opéra
01.40.07.30.10 FFF

Ritz-Espadon B2
15 pl Vendôme
01.42.16.30.80 FFF

Le Rubis C2
10 rue du Marché St Honoré
01.42.61.03.34 FF

Shiseido D2
142 Galerie de Valois
01.49.27.09.09

Stocklux B2
8 pl Vendôme
01.49.27.09.31

Tante Louise A1
41 rue Boissy d'Anglas
01.42.65.06.85 FFF

Tati Or C1
19 rue de la Paix
01.40.07.06.76

Van Cleef & Arpels B2
22 pl Vendôme
01.53.45.45.45

Vaudeville D2
29 rue Vivienne
01.40.20.04.62 FF–FFF

Verlet C3
256 rue St Honoré
01.42.60.67.39

WH Smith A2
248 rue de Rivoli
01.44.77.88.99

WK Accessoires B2
5 rue du Marché St Honoré
01 40 20 99 76

Willi's Wine Bar D2
13 rue des Petits Champs
01.42.61.05.09 FF–FFF

Yves Saint Laurent A1
38 rue du Fg St Honoré
01.42.65.74.59

Zadig et Voltaire B2
9 rue du 29 Juillet
01.42.92.00.80

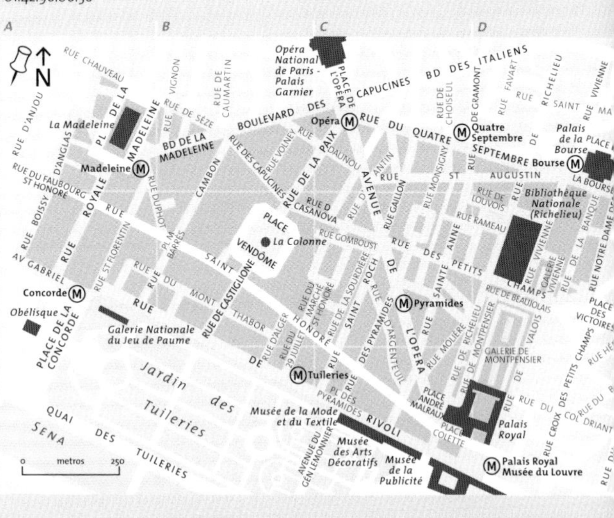

la mezcla

¿Es elegante o carece de estilo? ¿De buen gusto u hortera? Cuando se trata de Les Halles, todo es cuestión de perspectiva. Durante siglos, la zona fue el mercado al por mayor de la ciudad, que en 1969 fue reubicado en las afueras y sustituido por el Forum des Halles, un enorme centro comercial subterráneo y eje de transportes que todo el mundo detesta. La atracción estelar es el centro Georges Pompidou: una «fortaleza» posmoderna de buen gusto rodeada por un foso de baratijas turísticas. Unas calles más allá están los antiguos atractivos del Quartier Montorgueil: bonito, con calles peatonales, un encantador mercado al aire libre y cafés y bistrots tradicionales. El área circundante es uno de los mejores destinos para comprar: boutiques elegantes y vanguardistas a lo largo de rue Étienne Marcel hasta la place des Victoires. Intercalados en ese revoltijo hay banqueros de la Bolsa y tipos desastrados de la sórdida rue Saint Denis. No hay lugar en París que se parezca a Les Halles.

de día

Una serie de fabulosas boutiques de diseño de ropa, complementos e interiores, además de tiendas de rebajas: especialmente concurridas el domingo.

El Atelier Brancusi [→69]; Centro Georges Pompidou [→60]; St Eustache [→71]. Mejor evitar el Jardin des Halles; la gente que deambula por allí puede ser agresiva.

de noche

Numerosos bistrots y *brasseries* y también restaurantes elegantes.

☆ Tradicionales o modernos, hay bares donde se puede estar de fiesta toda la noche.

transporte

Ⓜ Châtelet; Étienne Marcel; Les Halles; Hôtel de Ville; Rambuteau; Réaumur Sébastopol (RER) Châtelet-Les Halles.

29, 38, 47, 75 al Centre Pompidou. También el balabús y todos los servicios nocturnos que salen de place du Châtelet.

más compras | restaurantes | cafés

compras

moda

El centro de la industria del vestido (Le Sentier) está muy animado, y si buscamos el estilo de la temporada, éstas son las aceras que hay que patearse. Pero evitemos la zona que rodea el Forum des Halles: pensado inicialmente como un centro comercial distinguido, en la actualidad tiene poco que ofrecer al comprador perspicaz, y las bandas de chicos hostiles de los *banlieus* (suburbios) que pululan por allí pueden intimidar. La calle principal de la ruta es rue Étienne Marcel, y la intelectualidad de la moda va derecha hacia la ropa arquitectónica de ***Comme**

*** = incluido en la sección de direcciones útiles [→84–120]**

des Garçons. Tejidos creados especialmente para cada colección y precios altos; el servicio puede ser tan fabuloso como la ropa. Los amores francojaponeses prosiguen con **Yohji Yamamoto** y sus insuperables abrigos, sus vestidos sobrios y sus trajes de hombre impecables. Igual de impresionante es la ropa masculina de vanguardia de ***Panoplie**, con trajes, camisas, abrigos y zapatos de diseñadores como Helmut Lang y Ann Demeulemeester. ***Kabuki** también tiene un buen surtido de ropa para hombre y mujer (además de zapatos y complementos en la tienda de al lado), de Prada a Paul Smith, mientras que **Marithé & François Girbaud** hace ropa masculina y femenina furiosamente moderna en la que abunda color negro. Trapitos más elegantes y contemporáneos para ambos sexos en la distinguida ***Bill Tornade's**. ***Agnès b**, tiene dos tiendas en la rue du Jour: estilo francés clásico, pero con un guiño a lo moderno. ***Claudie Pierlot**, también típicamente francesa, es algo retro y con estilo, aunque bastante menos cara. La contigua Mon Ami Pierlot exhibe una línea más barata, rompedora e informal; aún más razonable es ***Et Vous Stock**, con lo esencial de la moda con descuentos del 50 %. Las existencias cambian cada par de semanas.

Marthe Desmoulins prefiere ropa y joyas que reflejen su estilo retro. En su tienda ***Absinthe** predominan los diseños actuales con estilo y colores de otras épocas. Más vanguardista pero apta para llevar es la moda de ***Victoire's**, en la place des Victoires. Indumentaria romántica moderna en ***Fifi Chachnil**, con lencería y camisones atractivos y coloreadas picardías. Las chicas más descaradas van a **Paul & Joe** a adquirir género de punto coqueto, bolsos, y faldas y vestidos hippies y alegres: las que quieran más sustancia (y tela) quizá prefieran los provocativos pantalones y los modernos chalecos lanudos de **Erotokritos**, la

línea epónima de un antiguo ayudante de Martine Sitbon y Thierry Mugler. Otros diseñadores jóvenes están ingeniosamente dispuestos en ***Zampa**, donde hileras de prendas con nombres como Quinta Colonna, Wowo y Kaos, cosméticos Nuxe y unos cuantos objetos decorativos orientales invitan a curiosear por todo lo alto. Es muy chula y actual... como ***Le Shop**, pero en ésta hay dos plantas de mercadillo, con DJ pinchando discos mientras los clientes miran bolsos, patines y ropa, toman café o se hacen un piercing. Otro lugar de moda es ***Kiliwatch**, con su estilo disco y sus filas de increíble ropa de segunda mano (toda lavada y planchada industrialmente), elegante, descarada y de moda.

joyas y complementos

***Johanna Braitbart** fabrica bonitos bolsos y cuellos peludos, guantes con adornos y pañuelos, así como joyas con abalorios. **Un Aprés-Midi de Chien** tiene el esencial bolso de mano de París en piel, vinilo y tela. Joyas realmente hermosas en **Éric et Lydie**, con primorosas gargantillas de flores, sartas y bolsos adornados con piedras preciosas. Los pétalos hacen otra aparición en **Néreides**, en una variedad de brazaletes, collares y anillos floreados; y en ***Gas** más de un bohemio se encontrará con que hay cola para las joyas barrocas: las zapatillas con lentejuelas y los vestidos de satén de la puerta de al lado son perfectos telones de fondo para las *bijoux*. Los hombres pueden comprar un sombrero de fieltro, tirolés o de copa en ***Anthony Péto** ✓ y combinarlo con gruesos y futuristas zapatos de **Orb**.

comida

Rue Montorgueil (en otro tiempo sede del mercado de ostras de la ciudad) tiene innumerables puestos de frutas, verduras, mariscos y quesos del maravilloso y bullicioso **Marché Montorgueil** (7-13 h, mar.-sáb.). **Le Comptoir du Foie Gras** es una de las tiendas de alimentación más interesantes de la zona, donde se puede probar lo crudo y lo cocinado, o incluso tomar el plato de terrina y el termómetro si quiere hacérselo uno mismo.

interiores y estilo de vida

Dadas las asociaciones gastronómicas del área, no sorprende descubrir que alberga el mejor material de cocina. Encontrará cacerolas de cobre y utensilios básicos en ***Dehillerin** (desde 1820): está atestado, lleno de polvo, y el personal es jovial. Por contraste, ***Laguiole** es chic hasta el extremo... los cuchillos Laguiole con denominación de origen se encuentran en una elegante tienda diseñada por Philippe Starck.

***PM & Co** tiene de todo para los fans de lo asiático: magníficas vajillas, muebles y complementos, como incienso, papel, lámparas y litografías. Está organizada como una casa, con dormitorio, jardín, templo (recordemos que es asiática) y una sala de estar tipo buhardilla que puede alquilarse para *soirées* totalmente en armonía con el Lejano Oriente. La distinguida boutique de *Dominique Kieffer* es hermosa y tranquila, con discretos accesorios como mantas de color lila y cojines a juego. Para borlas tradicionales, impecable e indiscutiblemente francesas, ***Passemanterie Nouvelle Declerq** para que podamos recrear Versalles en nuestra sala de estar. **La Droguerie** sigue la misma línea, una verdadera lámpara de Aladino llena de baratijas, botones, trenzas y toda clase de brillantes abalorios con los que adornar algo. Con ellos se puede cubrir todo, desde la decoración hasta el escote. En **la Corbeille**, con su alijo de sillas y vajillas de los cincuenta y sesenta, el tono es más estrafalario. No obstante, si le gustan las lámparas de lava o los pantalones a rayas de cebra, no se pierda la maravillosa tienda de **Tim Bargeot**, basada en una revisión de los setenta.

restaurantes

Hasta que desapareció el mercado, Les Halles era conocido como el «vientre» de París. Con todo, aún se puede comer bien (sobre todo los amantes de la carne). **Chez Georges** es un antiguo bistrot de cocina francesa clásica, donde los ejecutivos degustan jugosos filetes con salsa bearnesa, riñones de ternera asados o profiteroles con chocolate. **Le Grizzli** tiene un acogedor interior *belle époque* y comida sencilla y consistente. Pruebe el salmón o el buey asado a la pizarra *(sur l'ardoise)* a fuego vivo. **La Grille Montorgueil** sigue la misma línea, aunque es más frío. El cercano **Aux Crus de Bourgogne** es un bistrot antiguo con manteles a cuadros rojos que atrae a los clientes con la langosta barata, el pato a la miel o el buey guisado. ***Benoît** es el súmmum del bistrot parisino... y uno de los más caros. Abierto desde 1912, presume de banquetas de terciopelo, una destellante barra de zinc y un jovial patrón. ***Au Pied de Cochon**, otra referencia gastronómica, ha servido a lo largo de su historia ingentes cantidades de sus afamadas manitas de cerdo y sigue atrayendo multitudes (abierto las 24 h). También hay excelentes fuentes de mariscos y sopa de cebolla. Menos bullicioso y más barato, en **Fish & Fun** el pescado cocinado deprisa se acompaña de puré o verduras al vapor. Para paladares más exquisitos está ***Le Georges**, en lo alto del Centre Pompidou. Aquí hay gente guapa y a tono con las obras de arte, la comida es deliciosa y, al subir, la vista es espectacular, aunque ya no gratuita. El café-restaurante de **Barbara Bui**, que es, como su ropa, impecable, minimalista y muy moderno...

Los apetitos voraces quedarán saciados en ***L'Ambassade d'Auvergne**, un «chalé» rústico que alardea de su auténtica comida *auvergnat*, que incluye *aligot* (una masa viscosa de queso, ajo y patatas) y potentes estofados de cerdo. Los comensales del portugués ***Restaurant Saudade** también es saciante (sobre todo después del bacalao con patatas). Los carnívoros nocturnos deberían saber que ***La Tour de Montlhéry** (por otro nombre Chez Denise) abre las 24 horas (un vestigio de los estridentes días de mercado de Les Halles), y que sus filetes, sus estofados de cordero o su col rellena pasan muy bien. **La Potée des Halles** también evoca el pasado de la zona con su *potée* picante: una mezcla de cerdo, salchichas, col y alubias en un caldo de ajo. El combustible ideal para una tarde de compras.

cafés

En la zona hay cafés para satisfacer todas las necesidades: ver, dejarse ver, tomar un tentempié o saborear un café. **Le Café** tiene un largo interior con luz tenue, ensaladas frescas, y un cómodo salón abajo. **Méli Mélo** es un batiburrillo artístico, más o menos como la sala de estar de los residentes en el modernísimo Passage du Grand Cerf, mientras que en **Au Vide Gousset** (abierto de 8 a 20 h) hay montones de espejos, muebles livianos Art Nouveau y señoras que

más cafés | bares | directorio y plano

comen fuentes de queso y carnes frías.

Otras buenas opciones son **Le Centre Ville**, parada para repostar (la *bruschetta* tostada se sirve todo el día), y **Le Petit Marcel**, un bonito café antiguo, de sólo ocho mesas, que ofrece una esponjosa tortilla parisina de primera. También es pequeño y acogedor **Le Cochon à l'Oreille**, otro viejo café con sólo unos cuantos platos sencillos servidos hasta las 3 h. El pastel de carne y patatas de **Le Bosco,** que cierra temprano, pasa de maravilla en invierno, mientras que la pasta de **Little Italy Caffe** es deliciosa. El café también es exquisito. Embriagadores tés orientales y pan especiado en **Le Quincampe**.

bares

Durante largo tiempo preferida por los *flâneurs* (gente que le gusta salir), en esta zona hay una gran combinación de bares para todos los gustos y estilos: la bonita rue Montorgueil y sus calles circundantes albergan cafés tradicionales, y todo se vuelve más moderno cuanto más cerca se está del Centre Pompidou. En concreto, ***Café Beaubourg** ◄, propiedad de los máximos impulsores de la moda, los hermanos Costes, se bebe con estilo. Está lleno de gente que lleva las ultimísimas iBooks y pasea su mirada glacial en el ultramoderno interior o en la *terrasse* que hay frente a su homónimo. ***Café Oz** es otro lugar muy de moda. En **Le Comptoir** puede encontrarse una definición más tranquila de glamour. En él se sirve un mediocre té a la menta y algunos cócteles aún más mediocres (y comida en el restaurante). Una multitud similar pulula por el relativamente nuevo **L'Onix Café**, la decoración acogedora y afable, la magnífica iluminación y las generosas medidas hablan en su favor. Si toda esta modernidad abruma demasiado, las opciones más tradicionales incluyen **Au Père Tranquille**, con otra vista del Pompidou desde la bulliciosa terraza (mucho más tranquila y menos pagada de sí misma que *chez* Café Beaubourg), y **Les Petits Carreaux**, un lugar ultraparisino para contemplar a la gente que va de compras. Por otro lado, **Quigley's Point** es un «pub» que parece una reminiscencia del Queen Vic de *Eastenders* pese al predominio francés en su clientela. El **Merry Fiddler** ofrece un estímulo más intelectual en forma de lecturas y veladas con tertulia... sólo la entrada por una pinta y un poco de poesía. También pueden encontrarse tipos extravagantes de estilo frío en ***L'Imprévu Café** o **L'Art Brut**. Ambos están decorados con un estilo eco-art reciclado y *zeitgeist*, y son lugares ideales para pasar la tarde o la noche. (L'Imprevu también tiene un teatro-bodega del siglo XIII donde se representan obras, se lee poesía o se pasan filmes.) En **La Traverse** hay un arte más interactivo, pues ofrece un espacio-estudio junto a un excelente café y montones de tipos creativos que lo pasan bien en un ambiente cargado y lleno de humo. Para los más partidarios de Montecristo que de Marlboro está **La Bodeguita del Medio**. Teórica réplica del bar favorito de Hemingway en la Habana, es muy divertido, aunque bastante extravagante. Igual de surrealista es ***Le Tambour**. Abundan los bichos raros y tiende a reinar el caos, pero está abierto las 24 horas y siempre hay algún entretenimiento excéntrico. Otras opciones para altas horas son **Le César Café**, un sórdido bar lleno de muebles hechos polvo, fantástica música africana, baile (en la pequeña pista) e inofensivos ligones *(dragueurs)*, y ***Le Banana Café**, que justifica del todo su infame reputación como after hours. Por lo general está lleno de trajes de marinero, clones de Divine luciendo tutús, y tipos que no desentonarían en una banda como Village People.

directorio — *1º, 2º, 3º y 4º arr.*

Absinthe B2
71 rue JJ Rousseau
01.42.33.54.44

Agnès b B2
(ropa de hombre) 3 rue du Jour 01.42.33.04.13
(ropa de señora) 6 rue du Jour 01.45.08.56.56

L'Ambassade d'Auvergne D3
22 rue du Grenier St Lazare
01.42.72.31.22 FF–FFF

Anthony Péto B2
56 rue Tiquetonne
01.40.26.60.68

Un Après-Midi de Chien B2
32 rue Étienne Marcel
01.40.39.00.07

L'Art Brut D3
78 rue Quincampoix
01.42.72.17.36

Le Banana Café C3
13 rue de la Ferronnerie
01.42.33.35.31

Barbara Bui B2–C2
27 rue Étienne Marcel
01.45.08.04.04 FF–FFF

Benoît C4
20 rue St Martin
01.42.72.25.76 FFF

Bill Tornade B2
44 rue Étienne Marcel
01.42.33.20.30

La Bodeguita del Medio C4
10 rue des Lombards
01.44.59.66.90

Le Bosco B1
97 rue Montmartre
01.40.41.09.62 FF–FFF

Le Café B2
62 rue Tiquetonne
01.40.39.08.00 F

Café Beaubourg C4
43 rue St Merri
01.48.87.63.96

Café Oz C4
18 rue St Denis
01.40.39.00.18

Le Centre Ville B2
57 rue Montorgueil
01.42.33.20.40 F

Le César Café C3
1 rue de la Truanderie
01.45.08.85.20

Chez Georges *A1*
1 rue du Mail
01.42.60.07.11 FFF

Claudie Pierlot (& Mon Ami Pierlot) *B2*
1 & 3 rue Montmartre
01.40.28.45.55

Le Cochon à l'Oreille *B2*
15 rue Montmartre
01.42.36.07.56 FF

Comme des Garçons *B2*
(ropa de caballero) 40 rue Étienne Marcel
01.42.36.91.54
(ropa de señora) 42 rue Étienne Marcel
01.42.33.05.21

Le Comptoir *B3*
37 rue Berger
01.40.26.26.66

Le Comptoir du Foie Gras *B3*
6 rue des Prouvaires
01.42.36.26.27

La Corbeille *C2*
5 passage du Grand Cerf
01.53.40.78.77

Aux Crus de Bourgogne *B1*
3 rue Bachaumont
01.42.33.48.24 FF–FFF

Dehillerin *A2*
18-20 rue Coquillière
01.42.36.53.13

Dominique Kieffer *A2*
8 rue Hérold
01.42.21.32.44

La Droguerie *B2*
9–11 rue du Jour
01.45.08.93.27

Éric & Lydie *C2*
7 passage du Grand Cerf
01.40.26.52.59

Erotokritos *B1*
58 rue d'Argout
01.42.21.44.60

Et Vous Stock *C2*
17 rue de Turbigo
01.40.13.04.12

Fifi Chachnil *B2*
68 rue JJ Rousseau
01.42.21.19.93

Fish & Fun *C3*
55 bd de Sébastopol
01.42.21.10.10 F

Gas *B2*
44 rue Étienne Marcel
01.45.08.49.46

Le Georges *D3*
Centre Pompidou
19 rue Beaubourg
01.44.78.47.99 FFF

Le Grizzli *C4*
7 rue St Martin
01.48.87.77.56 FF–FFF

La Grille Montorgueil *B2*
50 rue Montorgueil
01.42.33.21.21 FF–FFF

L'Imprévu Café *C4*
7-9 rue Quincampoix
01.42.78.23.50

Johanna Braitbart *C2*
8 passage du Grand Cerf
01.44.82.09.29

Kabuki *B2*
21 & 25 rue Étienne Marcel
01.42.33.55.65

Kiliwatch *B2*
64 rue Tiquetonne
01.42.21.17.37

Laguiole *C4*
1 pl Ste Opportune
01.40.28.09.42

Little Italy Caffe *C1*
92 rue Montorgueil
01.42.36.36.25 FF

Marché Montorgueil *B2*
rue Montorgueil

Marithé & François Girbaud *B2*
38 rue Étienne Marcel
01.53.40.74.20

Méli Mélo *C2*
145 rue St Denis
no hay teléfono

Merry Fiddler *B1*
5 rue Montorgueil
no phone

Néréides *C2*
40 rue Tiquetonne
01.42.33.52.00

L'Onix Café *C4*
9 rue Nicolas Flamel
01.42.72.37.72

Orb *B2*
39 rue Étienne Marcel
01.40.28.09.33

Panoplie *A1*
7 rue d'Argout
01.40.28.90.35

Passementerie Nouvelle Declerq *B2*
15 rue Étienne Marcel
01.44.76.90.70

Paul & Joe *A1*
46 rue Étienne Marcel
01.42.74.24.68

Au Père Tranquille *C3*
16 rue Pierre Lescot
01.45.08.00.34

Les Petits Carreaux
fuera del plano
46 rue de Cléry
01.42.33.59.07

Le Petit Marcel *D3*
65 rue Rambuteau
01.48.87.10.20 F–FF

Au Pied de Cochon *B2*
6 rue Coquillière
01.40.13.77.00 F–FF

PM & Co *C2*
5 passage du Grand Cerf
01.55.80.71.06

La Potée des Halles *C2*
3 rue Étienne Marcel
01.40.41.98.15 FF

Quigley's Point *B2*
5 rue du Jour
01.45.08.17.04

Le Quincampe *D3*
78 rue Quincampoix
01.40.27.01.45 F–FF

Restaurant Saudade *B3*
34 rue des Bourdonnais
01.42.36.03.65 FFF

Le Shop *B1*
3 rue d'Argout
01.40.28.95.94

Le Tambour *B2*
41 rue Montmartre
01.42.33.06.90

Tim Bargeot *B2*
3 rue de Turbigo
01.42.21.09.69

La Tour de Montlhéry *B3*
5 rue des Prouvaires
01.42.36.21.82 FF–FFF

La Traverse *C3–D3*
62 rue Quincampoix
01.42.71.76.00

Victoire *A1*
12 pl des Victoires
01.42.61.09.02

Au Vide Gousset *A1*
1 rue Vide Gousset
01.42.60.02.78

Yohji Yamamoto *A2*
47 rue Étienne Marcel
01.45.08.82.45

Zampa *A2*
10 rue Hérold
01.40.41.11.24

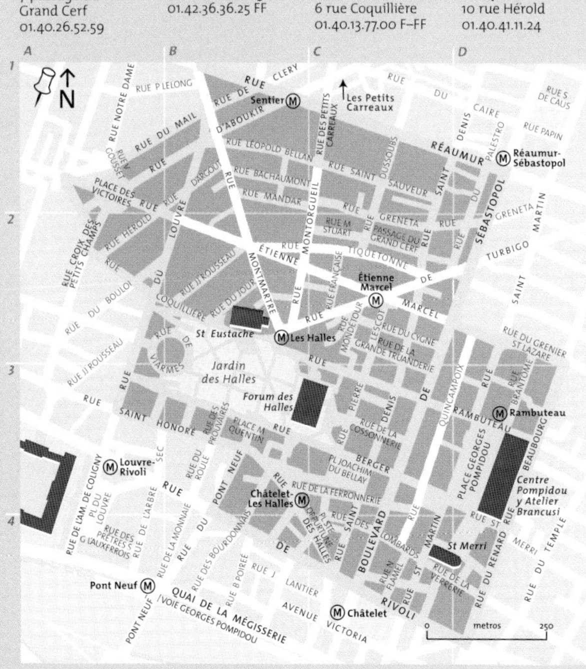

estilo latino

En el siglo XIII, cuando se fundó la Sorbonne, los estudiantes que hablaban latín vagaban por las estrechas calles de este *quartier*. Desde entonces ha cambiado mucho pero sigue siendo un centro de actividad intelectual. Algunos cambios han sido para bien: el modernísimo Institut du Monde Arabe, así como la cercana mezquita, ofrecen una tregua al ajetreo y se incorporan al paisaje multicultural. También el espacioso Jardin du Luxembourg es un oasis para la contemplación. Aunque no es nada sórdido, el Barrio Latino de hoy día no tiene pretensiones elegantes: predominan los cafés, bares y restaurantes baratos (con tiendas a juego, sobre todo del popular boulevard St Michel), y buena parte del lugar exhibe una especie de mentalidad de comida rápida. Es cuestión de evitar las cenas en «Kebablandia», en rue de la Huchette, y optar por los buenos *restos* que hay, en especial, cerca de rue Mouffetard, donde en otro tiempo Ernest Hemingway bebió mucho y escribió bien, y en el que legiones de estudiantes (y de jóvenes de espíritu) siguen hoy sus pasos, al menos cuando se trata de beber.

de día

Fantásticos mercados, además de librerías y tiendas de música y de artículos originales.

Grande Galerie de l'Evolution [→76–77]; Grande Mosquée de Paris [→71]; Jardin des Plantes [→74]; Musée National du Moyen Âge [→67]; St Étienne du Mont [→71]; St Séverin [→71]; La Sorbonne [→59]. Cerca están La Conciergerie [→64]; Jardin du Luxembourg [→73]; Notre Dame [→70]; Ste Chapelle [→72].

de noche

Montones de bares y restaurantes íntimos, sobre todo en torno a rue Mouffetard.

☆ Las principales atracciones son los cines en las galerías de arte, y los clubes de jazz.

transporte

Ⓜ St Michel; Cluny-La Sorbonne; Maubert-Mutualité RER Luxemburgo; St Michel-Notre Dame.

21, 27, 38, 85 a Luxemburgo; 47 a Maubert-Mutualité

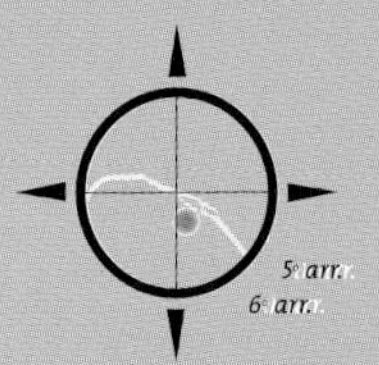

compras

comida y bebida

Éste es el barrio estudiantil por antonomasia, así que para encontrar moda, ¡mire por todas partes! Hay dos mercados elegantes. ***Marché rue Mouffetard** ✓ (lun.-vier., mañana) es la arteria culinaria del Barrio Latino. Sus puestos están llenos de rezumantes quesos, enormes ostras, aceitunas aliñadas, panes espolvoreados de harina, pollos asándose y, en invierno, humeantes ollas de *boeuf bourguignon*. Cuando el mercado cierra, las maravillosas tiendas del barrio son más visibles. **Facchetti** seduce con su fachada cubierta de

*** = incluido en la sección de direcciones útiles [→84–120]**

espléndidos azulejos, sus cestas con pasta fresca y su comida italiana. **Les Délices de Daubenton** ofrece golosinas de gastrónomo y vinos de toda Francia. **Les Caves du Panthéon** es una tienda de vinos regionales y orgánicos, maravillosos armagnacs e hidromiel. **Marché place Monge** (miér., vier. y dom. mañana), aunque pequeño, tiene un gran grado de calidad, con estupendos quesos y foie gras, así como estupendos pasteles y mermeladas caseros.

anticuarios y tiendas originales

Ocultas en calles laterales hay tiendas raras. **Bleu Verre** tiene jarrones, vasijas y vasos de vidrio soplados a mano en tonos muy elegantes. Los jarrones de Murano son tan espléndidos que las flores parecen innecesarias. Los estantes de la diminuta **La Tuile à Loup** están atestados de cerámicas francesas. Hay numerosas fuentes de color terroso, espléndidas jarras verdes y copas de sidra, botes y cazuelas. ***Vivement Jeudi** (sólo abierta jue.) es más tranquila, y exhibe bandejas, telas, lámparas y muebles antiguos en una tienda-casa con un frondoso patio. Al menos hemos de llevarnos de ***Diptyque** una vela perfumada. Con 40 fragancias, preparémonos para estar una mañana oliendo y saboreando.

Resultan regalos divertidos los hermosos ramos de flores y plantas y los espléndidos candelabros de ramitas de **Nakiji**, así como los insectos raros, las mariposas y conchas y los fósiles y minerales de **Nérée Boubée**. Juegos y juguetes antiguos (bolos de madera deteriorada, juegos de pesca magnéticos y absurdos chismes accionados por monedas) se venden en **Tortue Électrique**. **Games in Blue** tiene juegos de ajedrez o personajes de *La Guerra de las Galaxias* o *Star Trek*, faraones egipcios, guerreros samuráis ¡y una multitud de cascanueces!

Au Vieux Campeur es más adecuado para actividades al aire libre; sus 18 tiendas ofrecen desde patines a material de espeleología.

libros y discos

La presencia de la ilustre Sorbonne garantiza varias tiendas de libros y música. Las de **Gibert Jeune** tienen de todo. Sin embargo, para curiosear no hay mejor sitio que los más o menos 350 ***Bouquinistes**, los verdes puestos de libros que bordean el Sena, donde se puede encontrar partituras, viejos catálogos y revistas, libros, grabados, postales y personajes a porrillo. Los cinéfilos suelen entretenerse con guiones, filmografías, revistas de cine y pósteres en **Album**, mientras los adictos al jazz en vinilo se afanan en los estantes de LPs y CDs de importación en ***Crocojazz**. Otros músicos suelen revolver en las inmensas selecciones de CDs de segunda mano de las cinco tiendas especializadas de **Jussieu Musik**.

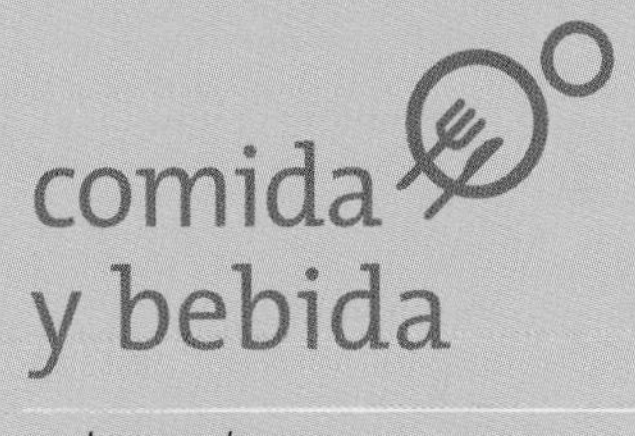

comida y bebida

restaurantes

El Barrio Latino es el hogar del *gauche caviar*, a cuyos integrantes les gusta comer bien. Evite las avalanchas turísticas en torno a St Séverin y rue de la Huchette, y vaya por rue Montaigne, Sainte Geneviève, Fossés St Jacques o Mouffetard.

***Le Buisson Ardent** es muy agradable, pero en la hora punta del mediodía puede estar atestado de gente. El pollo asado con lentejas o el cerdo con foie gras son opciones excelentes; hay que reservar mesa siempre, pues el barato menú es un secreto a voces. En este *quartier* la comida tradicional francesa no escasea. **Chez Pento** es un lugar antiguo y sencillo, afamado por su comida de bistrot a precios razonables. El salmón a la parrilla con salsa de mantequilla siempre es bueno. Asimismo, el filete o el cordero asado con vino tinto en **Chez Henri** son muy dignos. La sopa de cebolla *gratinée* no resulta mucho mejor que la de **Le Balzar**; la sirven camareros con el tradicional delantal blanco y largo. El personal es más ostentoso en **La Tour d'Argent**, un restaurante de verdadera categoría. La comida (sobre todo la especialidad de la casa: pato con salsa de

más restaurantes y cafés | bares y clubes | directorio y plano sangre), es muy buena, aunque cara; merece un aplauso la vista sobre el Sena. Insista en tener una mesa junto a una ventana.

Para gustos menos refinados está la potente comida de Auvergne (col rellena, gratinado de patatas e hidromiel) en **Chantairelle.** En verano, su patio lleno de plantas le da un ambiente muy campestre. Desde la terraza de **Caves de Bourgogne** el ritmo es más rápido debido al cercano mercado de rue Mouffetard. No obstante, el asequible precio de los tres platos y los dos o tres vasos de borgoña ambrosíaco ayudarán a enlentecerlo todo. Igual de soleado es el minúsculo **Fogon Saint Julien**, donde se toman excelentes tapas españolas y una sustanciosa paella hecha con arroz del Ebro y aromatizada con tinta de calamar y azafrán (hay una opción vegetariana). El restaurante tibetano **Pema Thang** también es bueno para vegetarianos por su selección de budines rellenos, tofu y verduras al vapor. Encontrará los más asequibles cuscús de la ciudad en el tunecino **Chez Hamadi**, un lugar diminuto rescatado por un ex trabajador de la Sorbonne que no podía soportar la idea de que su restaurante preferido desapareciera. Una vez se ha comido allí, es fácil de entender.

cafés

La zona es un hervidero de cafés de estudiantes. En el ***Grande Mosquée ↗** puede tomar té a la menta y comer baklava en el soleado patio o en salones con cojines y azulejos. Los cuscús y los olorosos tajines deberían satisfacer a los apetitos más exigentes. Los partidarios del té prefieren el **Tea Caddy**, donde se aprecian las tostadas con canela, sacher-torte y toda clase de tés. **Le Mouffetard** tiene brioches caseros y expresos. Durante la semana se pueden aumentar los niveles de azúcar a base de café y tarta casera de pera en **Café de la Nouvelle Mairie**.

bares

El Barrio Latino está lleno de lugares para beber, desde ruidosos cafés de estudiantes y baratas tascas para turistas a concurridas *terrasses*. Las calles de alrededor de la Sorbonne y rue Mouffetard atraen a estudiantes, y el área que bordea el Jardin du Luxembourg es la elegida por una multitud más mayor y elegante. El **Tabac de la Sorbonne**, delante de la universidad, está atestado de inteligentes criaturas que tienen «importantes» y sesudas discusiones. Un estropeado ejemplar de Sartre, Lucky Strikes y una expresión seria son *de rigueur* para completar la escena: «He sido visto, luego existo.» Los entusiastas de la pantalla deberían dirigirse a **Le Reflet**, un sueño para los cinéfilos delante de una sala que siempre exhibe filmes de directores de culto.

El Barrio Latino tiene algo más que su cuota de locales con tono anglófono. **Charly's Bar** recuerda el escenario de una peli de Vietnam de Oliver Stone; parece un burdel de Saigón. Cócteles fuertes y baratos y un ambiente muy sudoroso contribuyen al efecto de conjunto. Otro sitio de reconocida mala fama es ***Polly Magoo**, inexcusable si queremos una noche entera de juerga: con paredes que parecen los pulmones de un fumador de dos paquetes diarios y un revoltillo de clientes sin esperanza, es el Hotel California de los bares parisinos. Si todo resulta demasiado sórdido, **La Guillotine** es mucho más civilizado. Abajo, en el sótano de jazz, de paredes de piedra ennegrecida por el humo, podemos escondernos del espantoso aparato cortacabezas de arriba. El personal es serio y amable, aunque quizá demasiado ansioso por señalar que el artefacto del Dr Guillotine aún funciona. **Le Piano Vache ✓** es otro bar con ocasionales elementos alarmantes, esta vez en forma de clientes. A menudo lleno de «godos» que se divierten todo lo que pueden sin sonreír, el bar también organiza juegos de tarot esporádicos aunque serios. Una realidad más jovial la tenemos en las cartas de ***Les Pipos**, donde los entusiastas del vino tragan litros y litros de buen tinto mientras cantan a voz en

grito unas cuantas piezas improvisadas de Piaf; ***La Chope**, por otro lado, es un lugar clásico para tomar un café antes de recorrer el mercado de rue Mouffetard. Justo saliendo de esta calle, **The Hideout**, pequeño y lleno de anglófonos achispados, es un sitio fantástico si vuestro francés no está a la altura. La versión francesa es **Le Pantalon**, un café de estudiantes tradicional en que sirven cerveza muy barata a franceses (a menudo) muy borrachos. Igual de tradicional pero menos alcohólico, **Le Luxembourg** es una buena opción para disfrutar de un chocolate caliente y unos camareros relativamente amables. Una elegante pastelería conecta Le Luxembourg y **Le Rostand**, donde puede quedarse a contemplar a ricos y famosos: lugar al que Catherine Deneuve iría a tomar una crema de café; su clientela es muy distinguida.

Album B2
7 rue Dante
01.43.25.54.76

Le Balzar A2
49 rue des Écoles
01.43.54.13.67 FF–FFF

Bleu Verre A3
11 rue Malebranche
01.40.51.83.93

Bouquinistes C1–C2
quai de Montebello

Le Buisson Ardent D3
25 rue Jussieu
01.43.54.93.02 FF

Café de la Nouvelle Mairie B4
19 rue des Fossés St Jacques
01.44.07.04.41 F–FF

Caves de Bourgogne
fuera del plano
144 rue Mouffetard
01.47.07.82.80 F–FF

Les Caves du Panthéon A3
174 rue St Jacques
01.46.33.90.35

Charly's Bar B2
26 rue de la Parcheminerie
01.43.26.61.23

Chantairelle B3
17 rue Laplace
01.46.33.18.59 FF

Chez Hamadi B2
12 rue Boutebrie
01.43.54.03.30 FF

Chez Henri C3
9 rue de la Montagne Ste Geneviève
01.43.29.12.12 FF

Chez Pento A3
9 rue Cujas
01.43.26.81.54 FFF

La Chope C4
2 pl de la Contrescarpe
01.43.26.51.26

Crocojazz B3
64 rue de la Montagne Ste Geneviève
01.46.34.78.38

Les Délices de Daubenton C5
35 rue Daubenton
01.47.01.53.13

Diptyque C2
34 bd St Germain
01.43.26.45.27

Facchetti *fuera del plano* 134 rue Mouffetard
01.43.31.40.00

Fogon St Julien B1
10 rue St Julien le Pauvre
01.43.54.31.33 F–FFF

Games in Blue C3
24 rue Monge
01.43.25.96.73

Gibert Jeune B1
5 place St Michel
01.56.81.22.22

Grande Mosquée D5
39 rue Geoffroy St Hilaire
01.43.31.38.20 FF–FFF

La Guillotine B1–B2
52 rue Galande
01.44.07.06.51

The Hideout B5
11 rue du Pot de Fer
01.45.35.13.17

Jussieu Music D4
19 rue Linné
01.43.31.14.18

Le Luxembourg A3
58 bd St Michel
01.43.54.20.03

Marché place Monge C5
place Monge

Marché rue Mouffetard C4
rue Mouffetard

Le Mouffetard C5
116 rue Mouffetard
01.43.31.42.50 F–FF

Nakiji A4
6 rue des Fossés St Jacques
01.46.33.94.95

Nérée Boubée C5
87 rue Monge
01.47.07.53.70

Le Pantalon A4
7 rue Royer-Collard
01.40.51.85.85

Pema Thang C3
13 rue de la Montagne Ste Geneviève
01.43.54.34.34 FF

Le Piano Vache B3
8 rue Laplace
01.46.33.75.03

Les Pipos B3
2 rue de l'École Polytechnique
01.43.54.11.40

Polly Magoo B2
11 rue St Jacques
01.46.33.33.64

Le Reflet A2
6 rue Champollion
01.43.29.97.27

Le Rostand A3
6 pl Edmond Rostand
01.43.54.61.58

Tabac de la Sorbonne A3
7 pl de la Sorbonne
01.43.54.52.04

Tea Caddy B1
14 rue St Julien le Pauvre
01.43.54.15.56 F–FF

Tortue Électrique C2
7 rue Frédéric Sauton
01.43.29.37.08

La Tour d'Argent D2
15 quai de la Tournelle
01.43.54.23.31 FFF

La Tuile à Loup C5
35 rue Daubenton
01.47.07.28.90

Au Vieux Campeur B2
48 rue des Écoles
01.53.10.48.48

Vivement Jeudi C5
52 rue Mouffetard
01.43.31.44.52

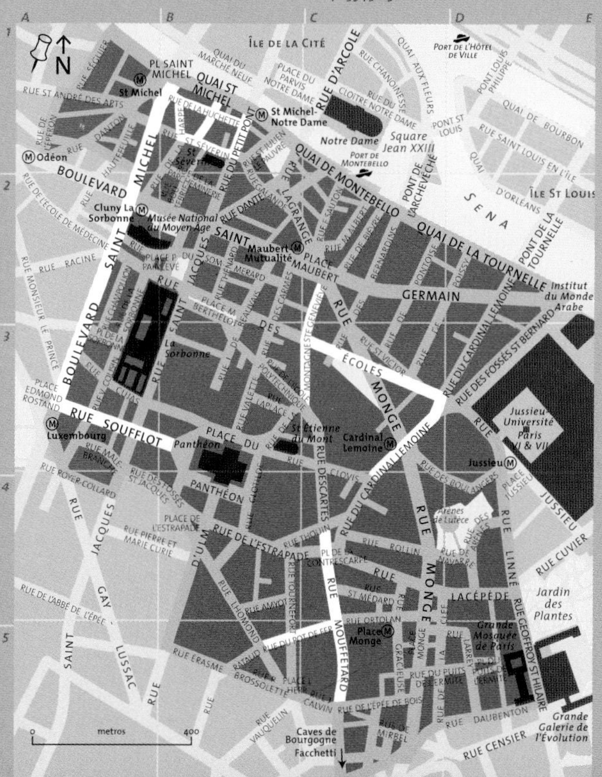

sexto sentido

¿Nacemos con un alma? Ésta era la pregunta controvertida cuando de Beauvoir, Sartre y Camus se hallaban en St Germain des Prés bebiendo y fumándose el tiempo en los cafés del barrio. En esta zona que cambia a marchas forzadas, las cuestiones existenciales han dado paso a otras más prácticas: «¿Tienen este vestido en la talla ocho?» Puede que St Germain haya perdido algo de su caché intelectual, y la *résistance* local ya no se enfrenta a los alemanes sino a una invasora marea de comercialismo. De todas formas, sigue siendo uno de los distritos más atractivos y elegantes, con numerosas boutiques, restaurantes, bares y cafés. Las sinuosas calles del norte del boulevard St Germain están bordeadas por estupendas galerías, y el Jardin du Luxembourg sirve como refugio de la rutina diaria. Oscar Wilde, Delacroix y Molière lo consideraron su hogar, y sigue siendo el preferido de las clases artísticas (triunfadoras) y ociosas.

de día

Importante en cuanto a la moda y los interiores, la zona ofrece una mezcla perfecta de instituciones de diseño y boutiques únicas más pequeñas.

Jardin du Luxembourg [→73]; Musée Eugène Delacroix [→70]; St Germain des Prés [→71]; St Sulpice [→72].

de noche

Numerosos cafés y fabulosas terrazas junto a elegantes restaurantes, así como tascas de precios más asequibles.

☆ Un buen conjunto de bares (y pubes de estilo británico); muchos abiertos hasta pasadas las 2 h. Numerosos cines en torno al Odéon, que es también la sede del Théatre de l'Europe.

transporte

Ⓜ Mabillon; Odéon; St-Germain-des-Prés; St-Sulpice.

48, 58, 63, 70, 84, 86, 87, 94, 95, 96 a St Germain des Prés (iglesia y plaza).

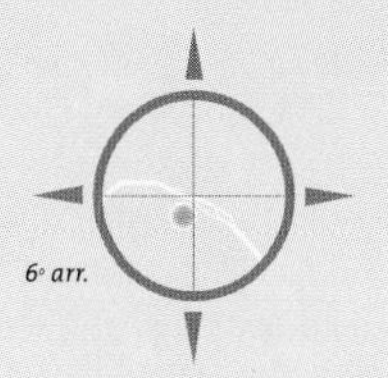

compras

moda femenina y unisex

Con la llegada del lujo a la Rive Droite, en vez de los intelectuales, son los esclavos de la moda quienes se pavonean por los bulevares de la zona. En la Rive Gauche, ***Onward Kashiyama** tiene tres llamativas plantas de moda vanguardista y zapatos de Lang, Gaultier, Choo y compañía. Tiene algo poco frecuente en París: ¡El personal atiende al cliente con una sonrisa! En **APC** también se advierte una actitud positiva. Las colecciones de culto de Jean Touitou están presentes en lo esencial de los cortes, las telas y los vestidos. La joven diseñadora francesa **Vanessa Bruno** ♟ presenta

*** = incluido en la sección de direcciones útiles [→84–120]**

un estilo relajado y femenino más que a la moda, así como colecciones para veinteañeros y treintañeros modernos a precios razonables. **Tara Jarmon** tiene ropa femenina y moderna sin volantes ni adornos. **Sinéquanone** vende muchas prendas de temporada a chicas urbanas a precios más baratos. **Burberry**, algo más caro, ha emprendido una importante renovación. El tartán símbolo de estatus, aspira a alcanzar una imagen más joven y moderna en una nueva boutique. Entretanto, el control de *Yves Laurent Rive Gauche** ha pasado a Major Tom (Ford). Más animación en **Miu Miu**. La segunda línea de Prada, pensada para las jóvenes reinas de la moda con poco dinero, vende ropa, zapatos y bolsos fabulosos un 30-40 % más baratos que la línea principal. Los que buscan gangas deberían visitar **Le Mouton à Cinq Pattes**, una boutique de venta por liquidación que ofrece una selección al azar de ropas de diseño a precios reducidos, o **Rag Time**, especializada en atuendos de segunda mano sobre todo de los años veinte-cincuenta.

comida y libros

Los adictos al chocolate se derretirán en **Debauve & Gallais**. Esta elegante boutique, abierta en 1800, cura todas las enfermedades conocidas con *pralines* de avellana para chuparse los dedos y trufas magníficamente envueltas. Los amantes de las golosinas deberían dar una vuelta por rue de Buci, repleta de apetitosas *delicatessen*, tentadoras pastelerías y maravillosas charcuterías, como ***Aux Vrais Produits d'Auvergne** así como el famoso ***Marché de Buci** (todo el día, mar.-dom.). **La Hune** es la legendaria librería de la Rive Gauche con una amplia selección de libros de arte y diseño y literatura francesa. ***Village Voice** es excelente en ficción en lengua inglesa.

estilo de vida e interiores

La llegada de ***Emporio Armani** a la Rive Gauche provocó una gran controversia, pues los demás sostenían que la jauría de la moda hacía bajar el tono intelectual del *quartier*. Hoy día llegan todos en manada a comprar estilo minimalista de Armani y tomar *lattes* en el impecable café interior. **Muji**, la marca japonesa minimalista, está tomando París por asalto: jóvenes modernos sin gran presupuesto se llevan utensilios de cocina, muebles y complementos del hogar, así como material de escritorio y ropa de moda. Si le gusta el gris oscuro, el gris claro y el marfil, le encantará la elegante (aunque muy cara) gama de muebles, la ropa de cama y los *objets pour la maison* de ***Catherine Memmi's** ✓. La ***Castelbajac Concept Store** es una refinada boutique posmoderna que vende ropa, complementos y artículos ecologistas para la casa, mientras que **Assistants** exhibe diseños de los jóvenes ayudantes de Castelbajac. **Axis**, paraíso de los amantes del plástico, también encarga trabajos a jóvenes desconocidos. Si le interesan jarrones, lámparas y accesorios de mesa inhabituales, hay que entrar en **Xanadou**, una fascinante y pequeña boutique en la que se encuentran creaciones de diseñadores y arquitectos internacionales. ***Christian Tortu**, el más importante florista francés, también ha lanzado su propia línea de decoración, y ha alcanzado un gran éxito con sus jarrones de fino perfil y sus cerámicas en tonos pastel.

En la casa de telas francesa ***Patrick Frey**, hay un lujoso surtido de pantallas para lámparas, colchas y otros codiciados complementos del hogar. Los fanáticos de las antigüedades descubrirán verdaderas maravillas en torno a rue Bonaparte y rue de Seine, sobre todo en ***Félix Marcilhac**, experto en Lalique, y ***Alexandre Biaggi**, un joven comerciante que mezcla tesoros Art Déco con exquisitas piezas de los siglos XVIII y XIX.

moda masculina

A diferencia de sus tiendas hermanas de ropa femenina, **Victoire Homme** sólo vende su propia marca. Esta elegante tienda está siempre llena de ropa masculina chic y a la moda, con camisas en colores de todo el arco iris. **Sonia Rykiel** ofrece un estilo más clásico. **Yves Saint Laurent Rive Gauche** le tiene bien tomado el pulso a la moda. Las prendas son absurdamente caras, ¡pero al menos no nos dará vergüenza ir embutidos en ellas! Los partidarios de lo informal deben ir a **Loft Design By**, en esencia un Gap que ha cuajado pero con precios más altos y una obsesiva cantidad de blanco, negro y gris. **Dooble**, que abastece tanto de ropa informal como de trajes estilo oficinista, ofrece una variedad algo mayor y precios más agradecidos.

más tiendas | restaurantes

complementos

El último grito en complementos está en **Shadé**, una pequeña y elegante boutique que desde bolsos bordados de Lesage a gargantillas de plumas. Las joyas minimalistas de ***Kathy Korvin** también han tomado el mundo de la moda por asalto. También acuden clientes famosos (por ejemplo, Isabelle Adjani y el artista antes conocido como Prince) a **Réminiscence** a llevarse codiciados accesorios y joyas de plata. Puede comprar joyas en **Satellite** o comprar kitsch extravagante en **Scooter**, una moderna boutique especializada en bolsos y bisutería para chicas urbanas. Más clásico es el **Au Fil des Perles**, una tienda diminuta y de aspecto antiguo con un gran surtido de perlas. En comparación, la impecable y minimalista boutique ***Séquoia** es rotundamente futurista. La marca francesa, conocida por sus bolsos modernos pero funcionales, dispone de todas las tendencias de la temporada a precios razonables. **Mandarina Duck** es otro lugar fantástico para bolsos funcionales, billeteras y mochilas de nailon ligero. Las preciosas maletas de viaje modulares de la tienda se están convirtiendo deprisa en artículos de culto. Para algo más *extraordinaire*, es cuestión de visitar **Les Trois Marches**, una boutique minúscula llena hasta su techo medieval de complementos Hermès y Chanel de segunda mano.

Complete su atuendo con un sombrero de ***Marie Mercié** ▲ y tendrá el éxito garantizado. Los estilos van desde desenvueltas vainas de fieltro a llamativas monadas de alto copete. El extravagante sombrerero belga **Elvis Pompilio** sugiere ideas aún más disparatadas.

calzado

Las modernas botas hasta el tobillo y los zapatos de talón de aguja que llegan a media pantorrilla de **Bootshop** ¡no están hechos para andar! Tampoco iremos muy lejos con los tacones de ***Free Lance**: el extravagante y magnífico calzado de los hermanos Rautureau se ha diseñado para chicas modernas y ociosas (y a ser posible ricas). También es cara **Mona**, una diminuta tienda llena de creaciones vanguardistas de Marc Jacocbs, Patrick Cox y Sergio Rossi. Los zapatos de mujer de ***Maud Frizon** són más clásicos, igual que los diseños de ***Robert Clergerie**, cuyo impecable estilo angular es uno de los favoritos de las burguesas y las seguidoras de la moda. La línea Clergerie ***J Fenestrier** para hombres es todo piel de alta calidad cosida a mano y elegancia comedida. **La Guardia**, no obstante, tiene una fabulosa selección de zapatillas deportivas y Birkenstocks, y si el presupuesto es más ajustado hallaremos lo último en *chez* **Shoe Bizz**.

belleza y lencería

Las reinas del maquillaje encuentran en St Germain opciones buenísimas. ***MAC** es como un imán para las *parisiennes* conscientes del estilo, que acuden a la tienda en manada atraídas por precios seductores, envoltorios impecables y más de 150 tonos distintos de labios. **Shu Uemera**, lugar de culto de supermodelos y artistas del maquillaje, ofrece una gama igualmente asombrosa de colores para ojos y labios así como personal con buena preparación profesional. La gurú británica del maquillaje **Mary Quant** aún extrae de los sesenta su inspiración para los colores: su deliciosa y pequeña boutique está repleta de esmalte de uñas en diferentes tonos psicodélicos y bonitos bolsos y jerséis. El espacio de olor sublime de **Amin Kader** se inspira en el siglo XIII, y vende perfumes y productos para piel de la legendaria farmacia Santa Maria Novella de Florencia. Prosigamos nuestra experiencia sensorial en **Saponifère**, una pequeña y elegante boutique dedicada a productos de baño, jabones perfumados ¡e incluso velas que huelen a nieve! En cuanto a la lencería, las esclavas del estilo suspirarán cuando vean la maravillosa ropa interior de seda y con encajes de ***Sabbia Rosa**, el lugar donde Madonna, Naomi y compañía se abastecen de picardías... a precios de famoso. Si buscamos algo más (ligeramente) barato vayamos a **Capucine Puerari** y rebusquemos en su colección de lencería fina, trajes de baño sexys y ropa de confección muy femenina.

comida y bebida

restaurantes

Este entramado de calles alberga restaurantes para todos los bolsillos. Es imposible pasar por delante de **Marie et Fils** a la hora de comer y no tener ganas de entrar: siempre huele de maravilla, ya se sirva estofado provenzal o chuletas de ternera. El **Bistrot de la Grille St Germain** es más tradicional, y el costillar de cordero o el buey guisado, sabrosos y con precios asequibles, garantizan que el acogedor comedor o la soleada terraza estén siempre llenos. **Bistrot Mazarin**, con comida sencilla como pollo asado, salmón a la parrilla y pasta, rebosa de estudiantes de arte y galeristas al mediodía, y es casi imposible encontrar sitio en la terraza en verano. **La Petit Saint Benoît** tiene ambiente, interior antiguo, comida tradicional (no muy cara) y montones de entusiastas.

un alegre y soleado *resto* que sirve una excelente lasaña de *brucciu* (queso de cabra u oveja) y berenjena. Más comida mediterránea en **Chez Albert**. Este restaurante portugués tipo taberna ofrece el plato favorito de Portugal, el bacalao, así como litros de vinho verde. En el italiano **Casa Bini** se pueden degustar unos tagliolini con limón. Pizzas como Dios manda en el bullicioso **Chez Bartolo**. Los que suspiran por lo español disfrutarán del murmullo de **La Catalogne**. Los antojos de tapas se pueden atemperar en la moderna barra de la planta baja, mientras que en el comedor de arriba se ofrece un menú más amplio y artístico. La

Taylor, Jackie Kennedy y Orson Welles en los sesenta. Los murales son magníficos, la comida buena (sobre todo el steak tartar y los pescados a la parrilla) y la clientela, elegante.

Sir Terence Conran transformó un majestuoso y viejo club nocturno en la *brasserie* ultramoderna ***L'Alcazar**, con su comida tradicional francesa *à l'anglais*. **Les Brézolles** también goza de las preferencias de los que visten a la moda y buscan calidad a precios correctos. El interior es marfil luminoso, y el pastel de carne de pato y patatas y el brioche de cangrejo son muy satisfactorios. En **L'Espadon Bleu**, el menú

Hoy en día St Germain des Prés encarna la buena vida, y eso incluye la comida...

Los amantes de la cocina del suroeste se congregan en **Hélène Darroze** para comer delicias como foie gras al horno de leña preparadas por su chef con estrellas Michelin. Especialidades vascas en el minúsculo y original **Le Chipiron**. Los burócratas del cercano Senado son habituales al mediodía, y allí devoran *axoa* (cazuela de ternera, cebollas y pimientos) y pequeños tarros de flan de vainilla. Provenza está representada por **La Bastide Odéon**, con una multitud variopinta y comida moderna y ligera, como el pollo con limón confitado o pescado con *tapenade* de aceitunas negras. El sabor de Córcega es cortesía de **Casa Corsa**,

cocina es más local en **Vagenende**, con un maravilloso interior Art Nouveau: platos de *brasserie* clásicos, como fuentes de mariscos, *choucroute garnie* y parrilladas sencillas. La **Brasserie Lipp** quizá sea más famosa y sus clientes más ilustres, pero Vagenende es menos ostentoso y más barato. **Lapérouse**, abierto en 1766, con sus rayados espejos de cristal veneciano, es realmente encantador, y la comida, como los raviolis de liebre asada o el pato salvaje con peras, no desmerece del lugar. ***Le Bouillon Racine**, en un marco Art Nouveau, sirve comida belga moderna; **La Méditerranée** era el lugar que frecuentaban Liz

del chef Jacques Cagna incluye pez espada a la parrilla y otras delicias. El marisco también es interesante en **Brasserie Lutétia**, que exhibe la decoración de diseño de Sonia Rykiel y Slavik, el gurú de los interiores de París. **FISH la Boissonnerie**, con sus azulejos de colores en la fachada y su personal alegre, es más irreverente: una opción mediterránea de moda –verduras a la parrilla de carbón, atún con alioli, risotto con marisco– con precios asequibles. Otros sitios aún más económicos son **Japatori**, que ofrece sopa de *miso*, *yakatori* y *sushi*, e **Indonesia**, con su modesto y auténtico menú, y bailarines balineses los viernes noche.

➔ cafés y salones de té | bares | directorio y plano

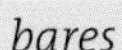

cafés y salones de té

Después de atravesar las galerías de la rue de Seine, déjese caer en **La Palette**, un café de artistas de finales del siglo XIX, para tomar un café y un trozo de gruesa *tarte au citron*, o una comida sencilla. En el **Bar du Marché**, en la esquina del bullicioso mercado Buci, puede gozar tanto de las vistas (de St Sulpice o de la elegante muchedumbre) como de la vinagreta de la generosa ensalada niçoise del ***Café de la Mairie**. Al otro lado de los Jardines de Luxemburgo, **Au Petit Suisse** es un lugar fantástico para una parada (prolongada) en platea desde donde observar a los residentes del 6° *arrondissement* en acción, aunque una de las mejores terrazas para mirar a la gente es la del **Café de Flore**; sentarse en ella no sale barato. Los lugares predilectos de los surrealistas de los veinte y treinta todavía atraen a vecinos y franceses famosos; sin embargo, en la actualidad el histórico y también caro **Les Deux Magots** ✔ congrega más bien a turistas y víctimas locales de la moda que a intelectuales del país, si bien el café y el chocolate caliente hacen honor a su leyenda. Cerca, **Le Bonaparte** es otro importante observatorio, con ensaladas sustanciosas. La terraza del **Café Mabillon** permite un espionaje de primera. Por la noche, las multitudes atestan el interior, y la música y las actitudes se aceleran. El volumen está mucho más bajo en **Clara**, de colores cremosos, donde se puede desayunar a cualquier hora. Un restaurante económico es **Coffee Parisien**. Pese al nombre, sólo el gentío es *très français*; el menú (bocadillos vegetales de pollo y beicon, hamburguesas, etc.) es muy americano. Típicamente francés –bretón–, es el dulce crêpe o la sabrosa *galette* (tortita de alforfón) en la

***Crêperie St André des Arts**. En el frío pero acogedor **Cuisine de Bar** para repostar con unas pastas tostadas rematadas de forma estupenda. El fabuloso pan es del famoso panadero Lionel Poilâne, justo al lado. Por otra parte, **Au Vieux Colombier** es el sitio ideal para un descanso tan pronto baje el ímpetu comprador y sea hora de recomponer la lista. Si ésta se perfila excesiva para el bolsillo, levante el ánimo con un té de lavanda y un *millefeuille* de melocotón en **Le Feuille Thé** y finja que algunas de las abultadas bolsas que llenan el lugar son suyas.

bares

En la zona aún hay cierta actividad intelectual, pero ahora el *quartier* tiene más que ver con la moda. Hay una gran oferta de bares de copas donde parecer elegante, muy inteligente, o ambas cosas. No desesperemos, pues también existen varios bares franceses normales, aunque el barrio está atiborrado de americanos y británicos ricos que se inspiran para su novela o su álbum. Aunque para los franceses, hace un par de años, ir a estos lugares estaba *en vogue*, ahora se ha convertido en costumbre. **The Frog and Princess**, el más conocido de los bares para expatriados, es una diminuta fábrica de cerveza, una barra grande y espaciosa, y un sitio para ligar. La Princess sin duda se siente parte de una cadena (lo cual es cierto), pero aun así es un magnífico sitio para tomar una pinta y leer los periódicos. En otros lugares donde las pintas no se consideran una señal del buen beber se incluye **Coolin'**, un bar irlandés contemporáneo y elegante que se aparta del habitual kitsch patriótico, pero conservando el ambiente esencial tradicional. Por su parte, **Leeson St** parece pequeño y acogedor, pero las apariencias engañan: música fuerte y mucho beodo (prácticamente las 24 h). **Le Mazet** suena francés pero es uno de los mejores pubes de París; el personal y los clientes son de lo más tranquilo y permiten huir del bullicio turístico de los vecinos. **Le Cavern** quizá esté basado en el famoso santuario de Liverpool de los Beatles, pero resulta ser cien por cien francés y a menudo hay allí excelentes actuaciones musicales. Otro bar temático que vale la pena es **The Moosehead**, aunque su carácter canadiense, aparte de los Labatts y esporádicos arranques de Alanis Morrissette, se reduce a que es un poco oscuro. Es una preciosidad de bar con unos simpáticos clientes y un personal amable. La opción anglófona más chic es, con mucho, el *AZ Bar del restaurante Comran's L'Alcazar, donde es posible sentarse en una *banquette* de terciopelo, quedarse pasmado ante las DJ más seductoras de París y maravillarse por los extravagantes tacones del travesti que vende cigarrillos... y por los precios también extravagantes. Igual de ostentoso, ***La Casa del Habano** está lleno de derrochadores que fuman enormes cigarros con los que Clinton se lo habría pasado en grande. Otro sitio deliciosamente lleno de humo es **Purdeys**, con una atmósfera de glamour indefinible. Es el tipo de sitio donde uno espera encontrarse con todo un mundo de perdición, rubias voluptuosas fumando Soberanies negros en largas boquillas... La expectativa es una excusa para tomar uno de sus cócteles. Bebidas igual de fuertes y jazz excelente en **La Paillote**, adornado como una choza de playa y abierto hasta el amanecer. Calle abajo, Le **10 Bar** es un lugar deslumbrante para pasar la noche. En un par de sórdidas salas logra satisfacer todas las eventualidades, desde el romántico tête a tête hasta la sesión de copas más estridente. Lo que más se sirve son jarras de sangría: fantástica si se toma sin pensar, pero mil veces maldita a la mañana siguiente. También hay barra libre para las resacas en ***Chez Georges**. Los jóvenes beben en la planta de arriba hasta caer redondos, mientras que los más maduros se emborrachan más despacio en la de abajo.

Pueden encontrarse bares más moderados, y buenos momentos sin alcohol, en el gran número de cafés-bares esparcidos por la zona: **La Palette** y el **Bar du Marché** (ambos ya mencionados), o el algo más frío **Les Étages** ↗, que es la pareja del más moderno y desvencijado que hay en Le Marais [→12], con un similar interior.

directorio 6º arr.

L'Alcazar C2
62 rue Mazarine
01.53.10.19.99 FF–FFF

Alexandre Biaggi C1
14 rue de Seine
01.44.07.34.73

Amin Kader C3
2 rue Guisarde
01.43.26.27.37

APC B4
39 rue Madame
01.44.39.87.87

Assistants B4
45 rue Madame
01.45.49.26.54

Axis C3
Marché Saint Germain
14 rue Lobineau
01.43.29.66.23

AZ Bar C2
62 rue Mazarine
01.53.10.19.99

Le Bar du Marché C2
16 rue de Buci
01.43.26.55.15 F–FF

La Bastide Odéon D4
7 rue Corneille
01.43.26.03.65 FFF

Bistrot de la Grille St Germain B3
1 rue Guisarde
01.43.54.16.87 FFF

Bistrot Mazarin C2
42 rue Mazarine
01.43.29.99.03 FF–FFF

Le Bonaparte B2
42 rue Bonaparte
01.43.26.42.81 FF–FFF

Bootshop B3
20 rue du Four
01.46.33.60.73

Le Bouillon Racine D4
3 rue Racine
01.44.32.15.60 FF–FFF

Brasserie Lipp C3
151 bd St Germain
01.45.48.53.91 FF–FFF

Brasserie Lutétia A3
45 bd Raspail
01.49.54.46.76 FF–FFF

Les Brézolles C3
5 rue Mabillon
01.53.10.16.10 FFF

Burberry B3
55 rue de Rennes
01.45.48.52.71

Café de Flore B2
172 bd St Germain
01.45.48.55.26 FF

Café Mabillon C3
164 bd St Germain
01.43.26.62.93 FF

Café de la Mairie B3
8 place St Sulpice
01.43.26.67.82 F–FF

Capucine Puerari A2
63 rue des Sts Pères
01.42.22.14.09

Casa Bini C3
36 rue Grégoire de Tours
01.46.34.05.60 FF

Casa Corsa C2
25 rue Mazarine
01.44.07.38.98 FF

Casa del Habano B2
169 bd St Germain
01.45.49.24.30

Castelbajac Concept Store B3
26 rue Madame
01.45.48.40.55

La Catalogne D3
4–8 cour du commerce St André
01.55.42.16.19 FFF

Catherine Memmi C3
32–34 rue St Sulpice
01.44.07.22.28

Le Cavern D2
21 rue Dauphine
01.43.54.53.82

Chez Albert C2
43 rue Mazarine
01.46.33.22.57 FF–FFF

Chez Bartolo B3
7 rue des Canettes
01.43.26.27.08 FF–FFF

Chez Georges B3
11 rue des Canettes
01.43.26.79.15

Le Chipiron C4
22 rue Vaugirard
01.43.26.26.45 F–FF

Christian Tortu C3
6 Carrefour de l'Odéon
01.43.26.02.56

Clara D2
9 rue Christine
01.44.27.03.17 FFF

Coffee Parisien B3
4 rue Princesse
01.43.54.18.18 FFF

Coolin' C3
15 rue Clément
01.44.07.00.92

Crêperie St André des Arts D2
33 rue St André des Arts
01.43.54.24.41 FF

Cuisine de Bar A3
8 rue du Cherche Midi
01.45.48.27.35 FF

Debauve & Gallais B2
30 rue des Sts Pères
01.45.48.54.67

Les Deux Magots B2
6 pl St Germain des Prés
01.45.48.55.25 FF

Le 10 Bar C3
10 rue de l'Odéon
01.43.26.66.83

Dooble C3
134 bd St Germain
01.55.42.93.63

Elvis Pomipilio B2
62 rue des Sts Pères
01.45.44.82.02

Emporio Armani B2
149 bd St Germain
01.45.48.62.15

L'Espadon Bleu D2
25 rue des Grands Augustins
01.46.33.00.85 FFF

Les Étages C2
5 rue de Buci
01.46.34.26.26

Félix Marcilhac C1
8 rue Bonaparte
01.43.26.47.36

Le Feuille Thé A3
20 rue du Cherche Midi
01.45.44.51.86 F–FF

Au Fil des Perles C3
5 rue de Tournon
01.56.24.35.36

FISH la Boissonnerie C2
69 rue de Seine
01 43 54 34 69 FF

Free Lance B3
30 rue du Four
01.45.48.14.78

The Frog and Princess B3
9 rue Princesse
01 40 51 77 38

La Guardia B3
20 rue des Canettes
01.43.25.34.01

Hélène Darroze A4
4 rue d'Assas
01.42.22.00.11 FFF

más directorio y plano

La Hune B2
170 bd St Germain
01.45.48.35.85

Indonesia C4
12 rue Vaugirard
01.43.25.70.22 FF–FFF

Japatori A2
41 rue Monsieur le Prince
01.43.29.00.54 F–FF

J Fenestrier A3
23 rue du Cherche Midi
01.42.22.66.02

Kathy Korvin C3
13 rue de Tournon
01.56.24.06.66

Lapérouse D2
51 quai des Grands Augustins
01.43.26.90.14 FFF

Leeson St C3
5 rue St Sulpice
01.40.51.82.00

Loft Design By B2
56 rue de Rennes
01.45.44.88.99

MAC A3
76 rue des Sts Pères
01.45.48.60.24

Mandarina Duck B3
51 rue Bonaparte
01.43.26.68.38

Marché de Buci C2
rue de Buci

Marie et Fils C2
34 rue Mazarine
01.43.26.69.49 FFF

Marie Mercié C3
23 rue Saint Sulpice
01.43.26.45.83

Mary Quant B3
49 rue Bonaparte
01.43.25.03.96

Maud Frizon A2
83 rue des Sts Pères
01.42.22.06.93

Le Mazet D2
61 rue St André des Arts
01.43.54.68.81

La Méditerranée D4
2 pl de l'Odéon
01.43.26.02.30 FF–FFF

Miu Miu A3
10 rue du Cherche Midi
01.45.48.63.33

Mona B3
13 rue des Canettes
01.43.26.10.37

The Moosehead C3
16 rue des Quatre Vents
01.46.33.77.00

Le Mouton à Cinq Pattes C3
19 rue Grégoire de Tours
01.43.29.73.56

Muji C3
27 & 30 rue St Sulpice
01.46.34.01.10

Onward Kashiyama B2
147 bd St Germain
01.55.42.77.55

La Paillote A3
45 rue Monsieur le Prince
no hay teléfono

La Palette C2
43 rue de Seine
01.43.26.68.15 F–FF

Patrick Frey C2
7 rue Jacob
01.43.26.82.61

Le Petit Saint Benoît B2
4 rue St Benoît
01.42.60.27.92 FF

Au Petit Suisse D4
16 rue de Vaugirard
01.43.26.03.81 FFF

Purdeys B3
11 rue Guisarde
01.40.46.08.30

Rag Time C2
23 rue de l'Echaudée
01.56.24.96.70

Réminiscence B3
22 rue du Four
01.46.33.32.61

Robert Clergerie A3
5 rue du Cherche Midi
01.45.48.75.47

Sabbia Rosa A3
71–73 rue des Sts Pères
01.45.48.88.37

Saponifère B3
59 rue Bonaparte
01.46.33.98.43

Satellite A3
15 rue du Cherche Midi
01.45.44.67.06

Scooter B2
19 rue du Dragon
01.45.49.48.28

Séquoia B3
72bis rue Bonaparte
01.44.07.27.94

Shadé A2
63 rue des Sts Pères
01.45.49.30.37

Shoe Bizz B2
42 rue du Dragon
01.45.44.91.70

Shu Uemura B2
176 bd Saint Germain
01.45.48.02.55

Sinéquanone B3
16 rue du Four
01.56.24.27.74

Sonia Rykiel B2
175 bd St Germain
01.49.54.60.60

Tara Jarmon B3
18 rue du Four
01.46.33.26.60

Les Trois Marches C3
1 rue Guisarde
01.43.54.74.18

Vagenende C3
142 bd St Germain
01.43.26.68.18 FFF

Vanessa Bruno C3
25 rue Saint Sulpice
01.43.54.41.04

Victoire Homme B3
15 rue du Vieux Colombier
01.45.44.28.02

Au Vieux Colombier B3
65 rue de Rennes
01.45.48.53.81 FFF

Village Voice B3
6 rue Princesse
01.46.33.36.47

Aux Vrais Produits d'Auvergne C2
34 rue de Buci
01.43.25.63.41

Xanadu B3
10 rue St Sulpice
01.43.26.73.43

Yves Saint Laurent Rive Gauche B3
(ropa de señora)
6 pl St Sulpice
01.43.29.43.00
(ropa de caballero)
12 pl St Sulpice
01.43.26.84.40

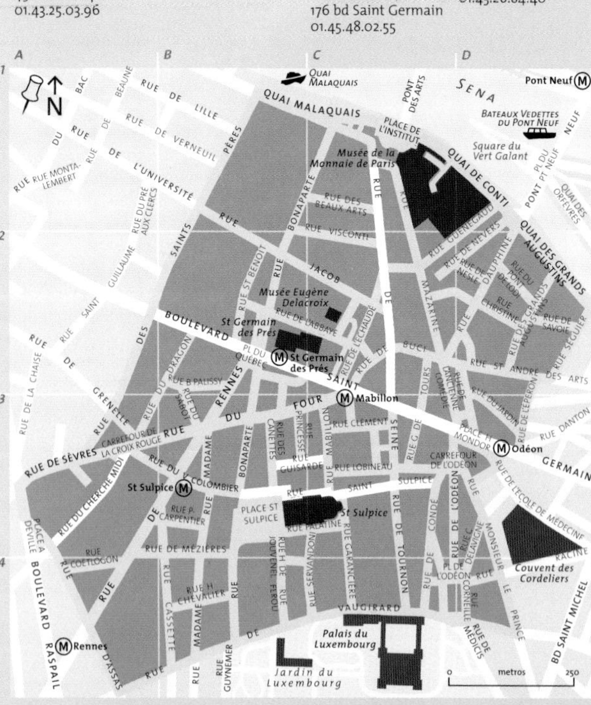

séptimo cielo

Si tienes que preguntar el precio, no te lo puedes permitir. En ninguna parte de la Rive Gauche es esto más cierto que en el 7º *arrondissement*, de clase alta, con algunas de las tiendas y mansiones más elegantes de la ciudad. Muchas de estas joyas arquitectónicas se han transformado en oficinas gubernamentales –entre ellas el desmesurado Hôtel Matignon (residencia oficial del primer ministro)–, y en las demás viven residentes acaudalados atraídos por la tranquilidad del barrio.

Las calles que lindan con el boulevard St Germain están mucho más animadas que las áreas de encima del Hôtel des Invalides, aunque en el 7º hay poco que hacer una vez ha anochecido. Aun así, hay unos cuantos museos e innumerables boutiques a lo largo de rue du Bac. Los compradores opulentos recorren las tiendas de diseño y los hermosos grandes almacenes Bon Marché, mientras los fetichistas de a pie acuden a comprarse zapatos a precios elevados.

de día

Zapatos en abundancia y montones de boutiques únicas de estilo de vida, aunque la zona no es adecuada para los presupuestos ajustados.

Fondation Dina Vierny [→66]; Musée d'Orsay [→62]. En el sur de la zona está la Tour Montparnasse [→59] y el Jardin Atlantique [→74], y en el oeste los Invalides [→64].

de noche

☆ Los bares y clubes escasean, pero hay una buena selección de restaurantes (la mayoría caros).

transporte

Ⓜ Rue du Bac; Sèvres-Babylone; Solférino RER Musée d'Orsay.

39, 63, 68, 70, 84, 87, 94 al Bon Marché.

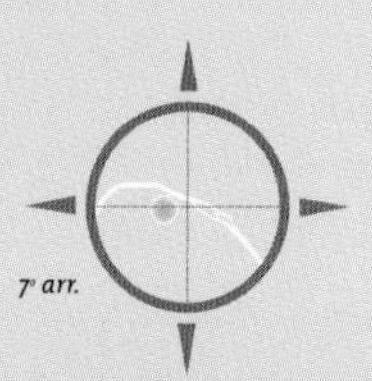

más compras | restaurantes, cafés y bares | directorio y plano

compras

tiendas de interiores y originales

Donde hay dinero, ¡hay diseño de interiores! El maestro minimalista **Christian Liaigre** ✔ tiene una tienda de muebles elegante en rue du Bac, y ***Julie Prisca**, una antigua alumna, ha abierto cerca una espléndida boutique de decoración. *Objets* preciosos de madera, conchas y piel de tiburón en **R & Y Augusti**, si bien los fanáticos del diseño preferirán el estilo urbano y elegante de la inmensa **Conran Shop. Blanc d'Ivoire** es más íntima y parece una refinada casa solariega, con vajillas y ropa de cama en diversos tonos apagados. A los partidarios de la seda les encantará también ***La Paresse en Douce**, especializada en camisones con encajes, lujosas toallas e incienso de ensueño. No obstante, ***Época** es el lugar más fascinante de la zona: un espacio repleto de las antigüedades más raras y maravillosas. Para asombrosos ramos de flores, vaya a *Au Nom de la Rose y escoja de entre más de 50 tipos diferentes de rosas, o de una selección de regalos afines. La boutique de parecida fragancia *L'Artisan Parfumeur es famosa por sus vistosas botellas y sus inusuales fusiones de perfumes. Madeleine Gely es una pequeña y acogedora tienda de paraguas y bastones; *Le Bon Marché vende absolutamente de todo... ¡siempre y cuando sea lo bastante chic! *La Grande Épicerie de Paris, su tienda de comestibles, está al otro lado de la calle.

moda

Rue du Bac es la mejor parte de París para encontrar género de punto de moda. Entre lo más buscado tenemos los sublimes jerséis de cachemira diseñados por *Lucien Pellat-Finet. No salen baratos, pero garantizan un inmediato estatus de estilo. Por su parte, la boutique de Éric Bompard alberga 2.000 magníficos jerséis de 120 colores además de faldas, pantalones y el no va más de lo imprescindible: la estola de Cachemina™. Missoni, el dúo italiano de culto célebre por sus extravagancias en género de punto de los setenta, también vuelve a la palestra.

Flower tiene ropa de hombre. Esta boutique de moda y muchas marcas, con estupendas creaciones de grandes nombres, también dispone de un pequeño «rincón» para las mujeres. *Paul Smith goza de renombre por su característica ropa masculina, pero también posee una elegante colección para chicas urbanas. *Martine Sitbon sugiere un estilo vanguardista en sus colecciones tanto masculina como femenina, que se exhiben junto a originales complementos y zapatos. Hay también excéntricas creaciones en Irié, mientras que Akira Onozucca, también japonesa (y que trabajó con Issey Miyake), vende su propia e innovadora moda, en La Cabane de Zucca. Las chicas entregadas al glamour preferirán los desenvueltos vestidos y los complementos a juego de *Paule Ka. Los fanáticos de la lencería deberían hacer una visita a Laurence Tavernier por sus trajes de calle y sus saltos de cama, tan elegantes que se pueden lucir para salir a cenar.

calzado

La rue de Grenelle está repleta de babuchas, mocasines y poderosos tacones de aguja. Las mujeres pudientes compran en *Stéphane Kélian zapatos y botas que marquen la pauta, así como divinas sandalias de correas.* Christian Louboutin diseña creaciones incluso más fabulosas (para mujeres), incluyendo tacones con incrustaciones de vidrio, todas con sexy suelas escarlata y precios considerables. Sergio Rossi tiene zapatos estilo retro y tacones de última moda. *Laure Bassal, tiene zapatos elegantes y originales. A los chicos a la última les encantarán las extravagantes creaciones de *Jean Baptiste Rautureau, aunque los más tradicionales prefieran las lujosas abarcas artesanales de John Lobb. *Paraboot tiene zapatos igual de robustos pero más finos.

comida y bebida

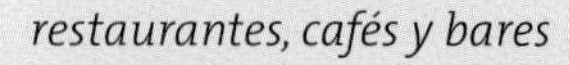

restaurantes, cafés y bares

En esta zona, el tono aristocrático también se extiende a algunos restaurantes. Viudas ricas, editores y políticos disfrutan del estilo pasado de moda y de la buena comida borgoñona en Le Récamier, con su famoso menú de setas en otoño. Los galeristas prefieren hablar de negocios en Le Bistrot de Paris ✓. El ostentoso interior y la espléndida comida también atraen a una clientela nocturna más contenida. Por su parte, dada la cercanía de la editorial Gallimard, en Les Antiquaires se respira un ambiente muy literario. La decoración es campestre y elegante, y el menú propone delicias como pollo asado con puré de brécol y carpaccio de cordero. En Gaya Rive Gauche, pescados y mariscos fresquísimos, una presentación nada rebuscada y un interior elegante se combinan para convertir el lugar en el territorio preferido de literatos impecablemente vestidos y modelos delgadas. El pescado a la parrilla con puré de berenjenas y aceitunas negras ha subido a los altares de la moda. El diminuto **Le Bambouche** también tiene buen tono y la comida es buena, pero las raciones son algo escasas. En **Le Petit Tiberio**, la pasta es deliciosa y el sitio, muy sencillo (y los precios están bien). Cerca está **Au Babylone**, otro comedor discreto. Es acogedor, sólo abre al mediodía y tiene platos muy bien valorados como el filete a la béarnaise. **Le Bistrot de l'Université** tiene precios asequibles. Si logramos oír al camarero en el ruidoso interior rosa-anaranjado, nos haremos una idea de que la comida, igual que el mobiliario, es clásico: confit de pato y ensalada verde con hierbas frescas y cosas así.

Cuando entramos en **Les Nuits des Thés** sabemos que nos hallamos en el 7º *arrondissement*. Menos formal es **Bar Basile**, un antro estudiantil cuyas discusiones intelectuales y su humareda de cigarrillos son sempiternas... y sus ensaladas muy aceptables. **Le Rouquet** es otra alternativa moderna a los lujosos cafés de boulevard St Germain, con interior de los cincuenta, junto con las buenas *croques* y ensaladas y los precios baratos. Después de anochecer, el único sitio que vale la pena es **L'Escurial**: algo hortera pero divertido, con un leve tono sudamericano, en el que la gente se siente a gusto.

directorio — *7º arr.*

Les Antiquaires B2
5 rue Montalembert
01.42.84.70.00 FFF

L'Artisan Parfumeur A3
24 bd Raspail
01.42.22.23.32

Au Babylone A4
15 rue de Babylone
01.42.22.11.67 FF

Le Bambouche A4
15 rue de Babylone
01.45.49.14.40 FF

Bar Basile B3
34 rue de Grenelle
01.42.22.59.46 F–FF

Le Bistrot de Paris B1
33 rue de Lille
01.42.61.15.84 FF

Le Bistrot de l'Université B2
40 rue de l'Université
01.42.61.26.64 F–FF

Blanc d'Ivoire A3
104 rue du Bac
01.53.38.97.00

Le Bon Marché A4
22 rue de Sèvres
01.44.39.80.00

La Cabane de Zucca B2
6 rue du Pré aux Clercs
01.42.61.04.34

Christian Liaigre B2
42 rue du Bac
01.53.63.33.66

Christian Louboutin B3
38 rue de Grenelle
01.42.22.33.07

Conran Shop A4
117 rue du Bac
01.42.84.10.01

Época B1
60 rue de Verneuil
01.45.49.21.48

Éric Bompard B2
46 rue du Bac
01.42.84.04.36

L'Escurial B2
236 bd St Germain
01.45.48.56.40

Flower A4–B4
7 rue Chomel
01.42.22.11.78

Gaya Rive Gauche B2
44 rue du Bac
01.45.44.73.73 FFF

La Grande Épicerie de Paris A4
Le Bon Marché,
38 rue de Sèvres
01.44.39.80.00

Irié B2
8–10 rue du Pré aux Clercs
01.42.61.18.28

Jean-Baptiste Rautureau B3
24 rue de Grenelle
01.45.49.95.83

John Lobb B2
226 bd St Germain
01.42.22.76.02

Julie Prisca A2–B2
46 rue du Bac
01.45.48.13.29

Laure Bassal B4
3 rue de Grenelle
01.42.22.44.24

Laurence Tavernier C2
7 rue du Pré aux Clercs
01.49.27.03.95

Lucien Pellat-Finet B2
1 rue Montalembert
01.42.22.22.77

Madeleine Gely B3
218 bd St Germain
01.42.22.63.35

Martine Sitbon B3
13 rue de Grenelle
01.44.39.84.44

Missoni B2
42 rue du Bac
01.45.48.38.02

Au Nom de la Rose B2
46 rue du Bac
01.42.22.08.09

Les Nuits des Thés B2
22 rue de Beaune
01.47.03.92.07 F–FF

Paraboot B4
9 rue de Grenelle
01.45.49.24.26

La Paresse en Douce A3
97 rue du Bac
01.42.22.64.10

Paule Ka B3
192 bd St Germain
01.45.44.92.60

Paul Smith A3
22 bd Raspail
01.42.84.15.75

Le Petit Tiberio A4
132 rue du Bac
01.45.48.76.25 FF

Le Récamier B4
4 rue Récamier
01.45.48.86.58 FF–FFF

Le Rouquet B3
188 bd St Germain
01.45.48.06.93 FF

R & Y Augusti A3
103 rue du Bac
01.42.22.22.21

Sergio Rossi B3
22 rue de Grenelle
01.42.84.07.24

Stéphane Kélian B3
13bis rue de Grenelle
01.42.22.93.03

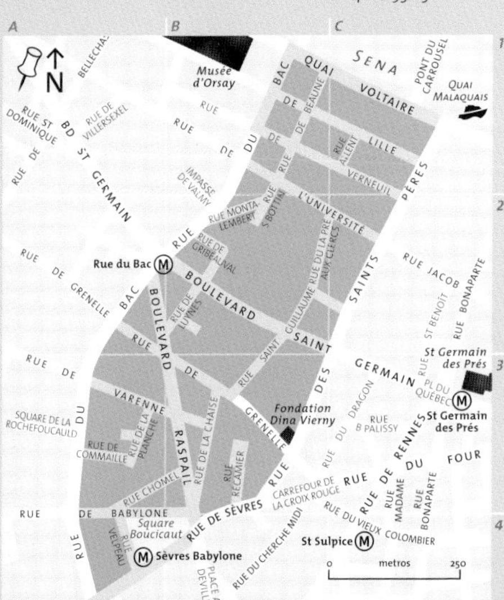

puntos de interés, museos y galerías

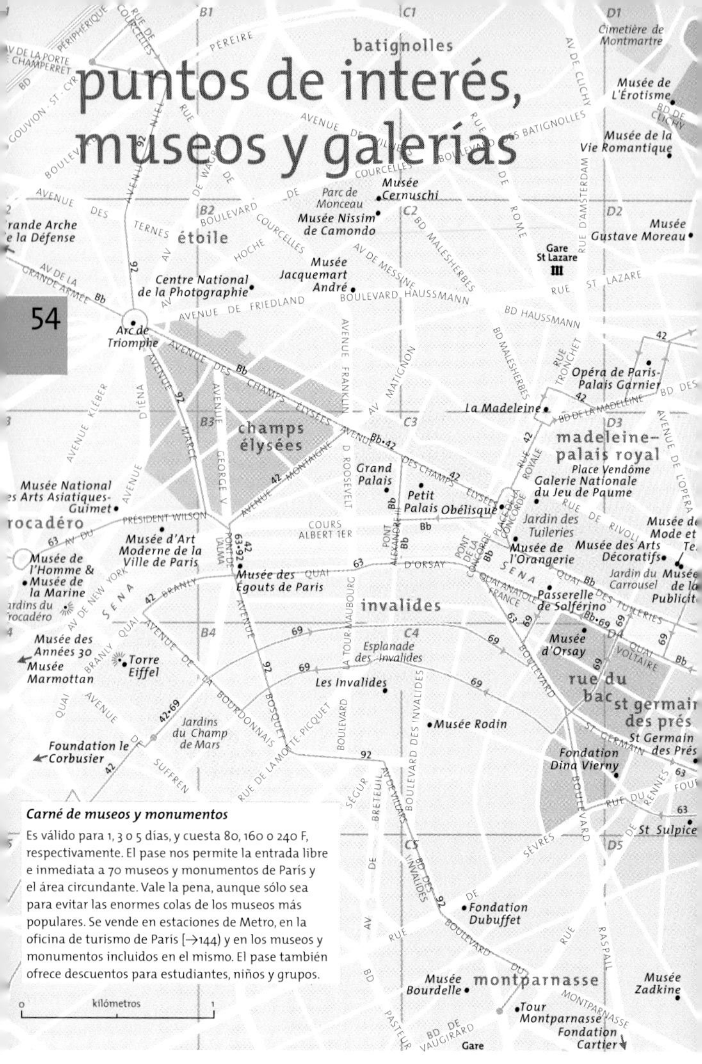

Carné de museos y monumentos

Es válido para 1, 3 o 5 días, y cuesta 80, 160 o 240 F, respectivamente. El pase nos permite la entrada libre e inmediata a 70 museos y monumentos de París y el área circundante. Vale la pena, aunque sólo sea para evitar las enormes colas de los museos más populares. Se vende en estaciones de Metro, en la oficina de turismo de París [→144] y en los museos y monumentos incluidos en el mismo. El pase también ofrece descuentos para estudiantes, niños y grupos.

directorio

- Le Marais [→8–14]
- Bastille [→15–18]
- Belleville y Ménilmontant [→19–21]
- Montmartre y Pigalle [→22–25]
- Champs Élysées [→26–29]
- Madeleine–Palais Royal [→30–34]
- Montorgueil–Les Halles [→35–39]
- Barrio Latino [→40–43]
- St Germain des Prés [→44–50]
- Rue du Bac [→51–53]
- Línea de autobús
- Terminal de autobús

citas culturales

De discretas *maisons particulières* y conjuntos históricos a arte público y modernas maravillas arquitectónicas, París está repleta de museos y monumentos de todas las épocas.

↓ edificios destacados

Arc de Triomphe | pl du Général de Gaulle | 8º
Contento por las victorias de su ejército, en 1806 Napoleón I hizo construir este monumento de 50 m de altura. Bajo el grandioso arco, arde una llama eterna junto a la tumba del soldado desconocido; dos símbolos emotivos conmemoran el fin de las dos guerras mundiales.

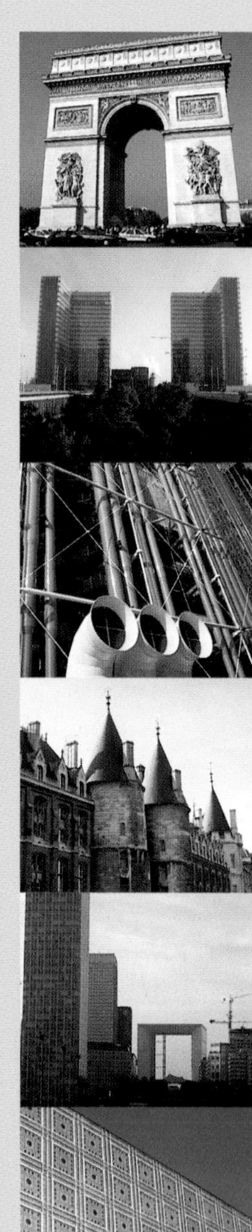

Bibliothèque Nationale de France – Mitterrand | quai François Mauriac | 13º
La nueva biblioteca nacional de Mitterrand se completó en 1998 y recibió el nombre del presidente que la encargó. Sus cuatro bloques, que surgen de pronto del suelo (diseñado cada uno para parecer un libro abierto), albergan más de 10 millones de publicaciones.

Centre Georges Pompidou | 43 rue Beaubourg | 3º
Controvertida creación de arquitectos italianos y británicos, este museo de arte moderno provocó una gran conmoción al terminarse a finales de 1970. Con un aire a sala de máquinas, el edificio está festoneado por muchos tubos y cañerías que rodean una estructura de vidrio [→60].

La Conciergerie | Palais de la Cité, 1 quai de l'Horloge | 1º
Con la disolución de la monarquía en 1793, este magnífico edificio junto al Sena se convirtió en el centro de la justicia revolucionaria rápida. María Antonieta *(sans famille)* fue encerrada aquí en una celda que se puede visitar [→64]. El espléndido reloj del siglo XIV fue el primero público de París.

Grande Arche | La Défense
Situado en el centro del París financiero e inaugurado en 1989, el cubo ahuecado de Spreckelsen mide 110 m de altura y enmarca el baldaquín de alambre y el fino eje del ascensor que permite subir a la terraza del tejado. Desde allí, en un día claro la vista llega a 10 km al sureste, en dirección al Louvre.

Institut du Monde Arabe | rue des Fossés St Bernard | 5º
El arquitecto Jean Nouvel ha mezclado elementos de arquitectura árabe tradicional con un enfoque de alta tecnología enraizado en el mundo occidental moderno, expresado en las incomparables contraventanas del instituto. De la nueva generación de edificios, es uno de los más famosos de París.

La Madeleine | pl de la Madeleine | 8°

No es Notre Dame. Esta iglesia enorme y más bien lóbrega, de mediados del siglo XIX, parece más un templo romano que un edificio cristiano de culto. En el lado bordeado de vendedores de flores hay una puerta. Al mediodía se abre, y allí dentro los devotos sirven comida baratísima estilo cantina.

Métro Abbesses | pl des Abbesses | 18°

La marquesina Art Nouveau de hierro y vidrio, típicamente parisina, fue trasladada aquí desde su ubicación original en el Hôtel de Ville. Diseñada por el extravagante arquitecto de la *belle époque* Hector Guimard, es una de las dos únicas entradas de estación originales que quedan en pie.

Musée d'Orsay | rue de la Légion d'Honneur | 7°

Esta fabulosa estación de ferrocarril se construyó en 1900, y 80 años después se convirtió en museo de arte de los impresionistas y otras escuelas del siglo XIX [→62]. Un techo de vidrio arqueado y los extremos también de vidrio iluminan un espacioso vestíbulo, por encima del cual están situadas las apiñadas salas.

Notre Dame | pl du parvis Notre Dame | 4°

Generaciones de arquitectos, artesanos y artistas trabajaron en el anonimato para construir Notre Dame, una de las más espléndidas catedrales del mundo [→70]. A lo largo de su historia también sufrió abandono: la versión actual se debe en parte a la restauración emprendida a raíz del éxito de *Nuestra Señora de París*, de Victor Hugo.

Palais Garnier | pl de l'Opéra | 9°

Sede de la madre de todas las óperas, el Garnier se inauguró en 1875, y pasó a ser el teatro de ópera más grande del mundo: en la actualidad, se ponen en escena sobre todo espectáculos de danza. Esta belleza de inspiración barroca, que recibió el nombre de su arquitecto, confiere cierta grandeza al bullicioso y comercial boulevard Haussmann.

Panthéon | pl du Panthéon | 5°

La enorme cúpula neoclásica del Panthéon contempla con orgullo su territorio en la Rive Gauche. Encargada su construcción por Luis XV, fue dedicado en un principio a santa Genoveva, la patrona de París. Tras la Revolución, se transformó en un templo secular para los restos mortales de los grandes de Francia. Allí oscila el péndulo de Foucault.

Passerelle de Solférino | quai des Tuileries | 1°

El puente más nuevo que atraviesa el Sena une el Jardin des Tulleries y el Musée d'Orsay en un vuelo altísimo. Estrecho y suavemente curvado, el paso de madera para peatones cruza el río a dos niveles que se encuentran en el medio: según sean las ganas (o el tiempo), se puede tomar el camino de arriba o el de abajo.

Place de la Bastille | 11°

Hoy día, el emplazamiento de la cárcel de la Bastille, demolida después de la Revolución, está lleno de bulliciosos bares y restaurantes. La central Colonne de Juillet está coronada por la figura de la Libertad, un lugar esencial para manifestaciones: los más burgueses van a escuchar a Verdi en la moderna Opéra National de Paris-Bastille.

Place de la Concorde | 8°

Dominada por una fuente y un gigantesco obelisco de piedra llevado desde Luxor (Egipto) en 1883, este espacio abierto es innegablemente espectacular. Los autobuses turísticos abarrotados y los taxis que corren como locos también forman parte del escenario.

Place Vendôme | 1°

Sede de joyerías escandalosamente caras, del Ministerio de Justicia y del Ritz de París (el de Dodi y Diana), esta elegante plaza adoquinada está dominada por la Colonne de la Grande Armée. Este elogio arquitectónico a la victoria de Napoleón en Austerlitz (1805) tiene como modelo la columna de Trajano en Roma.

Place des Vosges | 4°

Construida en 1604, esta plaza ha conservado su elegancia: edificios perfectamente delineados y rematados con inclinados tejados de pizarra. Si brilla el sol, túmbese en la hierba y escuchará el borboteo de la fuente. Si llueve, camine bajo los soportales y pasará ante buenos músicos callejeros y galerías de arte bastante vulgares.

Pont Alexandre III | quai d'Orsay | 7°

Este puente es un espléndido revoltijo de estilos: elegancia *belle époque*, grandeza grecorromana y opulencia inspirada en el Art Nouveau. Construido para la Exposición Universal de 1900, debe su nombre al zar Alejandro. Está bordeado por llamativas farolas, réplica de las del Puente de la Trinidad de San Petersburgo.

Pont des Arts | quai du Louvre | 1°

El primer puente metálico de Francia debe su nombre al Palais des Arts (actualmente el Louvre), y enlaza el museo con el Palais de l'Institut de la Rive Gauche. El peatonal Pont des Arts famoso por las citas románticas, los paseos de parejas en actitud cariñosa, o las ocasionales exposiciones escultóricas.

Pont Neuf | quai de Conti | 6°

Aunque recientemente se ha restaurado y ha quedado impecable, el puente más viejo de París –pese a la confusión derivada de su nombre (*neuf* significa nuevo)– nunca ha tenido mejor aspecto que en 1985, cuando el artista Christo lo envolvió en lona beige. El Pont Neuf pasa por encima de la encantadora y frondosa place du Vert Galant: ideal para esconderse del mundanal ruido.

Pyramide du Louvre | cour Napoléon | 1°

La forma simple de la pirámide de 666 hojas de vidrio de IM Pei refleja las tres alas del Louvre [→61-62] y, embellecida por tres minipirámides y una fuente, dota al museo de una entrada espectacular. La idea triangular sigue bajo tierra con la Pyramide Inversée, que conecta con el vestíbulo subterráneo del Carrousel du Louvre.

Sacré Coeur | parvis du Sacré Coeur | 18°

Este edificio corona la colina de Montmartre. Con una arquitectura fantasiosa desde el exterior –en comparación, el interior es decepcionante–, la iglesia es un símbolo detestado por los parisinos de izquierdas: fue fundada en 1871, después de la masacre contra los radicales revolucionarios. Casi todos los días, los turistas invaden su escalinata para hacerse la foto.

La Sorbonne | rue Victor Cousin | 5°

El epicentro de la rebelión estudiantil de mayo del 68 se considera un semillero del intelectualismo de la Rive Gauche. Pasee por delante de la capilla y contemple el majestuoso patio *(cour carrée)*. Los cafés cercanos se llenan de estudiantes que fuman gauloises y discuten sobre los problemas del mundo.

Torre Eiffel | Parc du Champs de Mars | 7°

Este símbolo parisino universalmente reconocido mide unos 300 m de altura y tiene más de 100 años de antigüedad, pero está lleno de detalles ornamentales y arcos elegantes. Más romántico que pasear de noche por su enorme base, cuando la torre iluminada resplandece de belleza, es subir hasta arriba.

Tour Montparnasse | av du Maine | 15°

El único rascacielos del centro de París. Este mamotreto de vidrio y acero, cuyo arquitecto tuvo la idea de añadir peso a la fealdad, puede divisarse casi desde cualquier punto de la ciudad. Lo único que convence es la fantástica vista desde la 56ª planta, o, aún mejor, desde la terraza exterior de la 59ª.

Tour St Jacques | pl du Châtelet | 1°

Una rareza gótica. No lejos de Les Halles, este campanario del siglo XVI de una iglesia que después fue destruida en parte es totalmente disonante: como si alguien se lo hubiera olvidado. La torre está cerrada al público, pero se pueden contemplar las malhumoradas gárgolas. De ahí salen los peregrinos que van a Santiago de Compostela.

↓ vista superior

Arc de Triomphe | pl Charles de Gaulle | 8° ☎ 01.55.37.73.77 Ⓜ RER Charles de Gaulle-Etoile ◑ *oct.-marzo, 10-22.30 h cada día; abril-sept., 9.30-23 h cada día.* F 40F ♿

Centre Georges Pompidou [→60]

Esplanade du Trocadéro | 16° Ⓜ Trocadéro

Grande Arche | La Défense ☎ 01.49.07.27.57 Ⓜ Esplanade de la Défense RER la Défense ◑ *10-19 h cada día.* F 43F

Institut du Monde Arabe | 1 rue des Fossés St Bernard | 5° Jussieu; Cardinal Lemoine; Sully Morland ◑ *10-18 h mar.-dom.* F gratuito; museo 25F; exposiciones especiales 45F

La Samaritaine 2 | rue de Rivoli | 1° A Pont Neuf

Le Ballon Fortis [→77]

Pont des Arts | bet. quai du Louvre | 1° y quai de Conti | 6° Ⓜ Pont Neuf; St Michel

Sacré Coeur Ⓜ Abbesses; después *funiculaire* ◑ *9-19 h (hasta 18 h oct.-marzo), cada día.* F 15F

Torre Eiffel [→65-66]

Tour Montparnasse | 33 av du Maine | 15° ☎ 01.45.38.52.56 Ⓜ Montparnasse-Bienvenue ◑ *9.30-22 h (hasta 23 h vier.-sáb.) cada día.* F 46F

↓ los famosos cinco

Centre Georges Pompidou

Después de una prolongada renovación, la meca del arte moderno de París volvió a abrir las nuevas y radiantes puertas a tiempo para recibir el siglo XXI. El complejo, construido por el dúo angloitaliano formado por Richard Rogers y Renzo Piano, destaca por su arquitectura «al revés», y debe su nombre al que fue primer ministro francés Georges Pompidou, aunque también se le conoce como el Beaubourg o Centre Pompidou (→ 56). Su colección moderna y contemporánea, con una amplia provisión de Kandinskys y Matisses, es la envidia de los museos de arte de todo el mundo. En la cuarta planta hay una enorme colección de nombres internacionales (entre ellos, Mona Hatoum, Claude Closky y Douglas Gordon), mientras que los maestros de principios y mediados del siglo XX (como Bonnard, Mondrian, Picasso y Pollock) acaparan la quinta. Por problemas de capacidad, las exposiciones cambian cada seis meses. En la sexta planta, el espacio está dividido en tres salas independientes que acogen exposiciones temporales. La enorme biblioteca del centro, repartida entre las tres primeras plantas, se vanagloria de tener unos 350.000 libros y asientos para 2.000 personas. En la plaza frente al edificio está el Atelier Brancusi (→ 69); y la diversión prosigue con la peculiar fuente Igor Stravinsky de Jean Tinguely y Niki de Saint Phalle.

❶ Entrada gratuita un dom. al mes.

place Georges Pompidou, 4° ☎ 01.44.78.12.33
w www.centrepompidou.fr A Rambuteau
RER Châtelet-Les Halles 30F (incluidos Atelier Brancusi); 40F–50F (incluidos Atelier Brancusi y exposiciones especiales)
◑ *11-21 h miér.-lun.*
Le Georges [→103]
[→Montorgeuil–Les Halles 35–39]

Château de Versailles

Mucho más que un simple monumento a las glorias de Francia, Versailles es un bullicioso enjambre de atracciones: el Salón de los Espejos, las Cámaras del Rey, el Grande y el Pequeño Trianón, el *hameau* (caserío) de María Antonieta, y fuentes, estatuas, jardines simétricos y bosques interminables (después de las tormentas de diciembre de 1999 que asolaron Francia sólo quedan troncos arrancados). Todo este alboroto creativo e histórico merece una visita con calma; el parque es de más fácil acceso si se va en automóvil.

El primer edificio del lugar fue una antigua casa de caza construida por Luis XIII en 1623. No obstante, cuando Luis XIV se trasladó a vivir allí, todo cambió deprisa: puso a trabajar las tres L (el arquitecto paisajista Le Nôtre, el pintor Le Brun, y el arquitecto Le Vau), y pronto se levantó un gran palacio de placer lejos del tumulto y el hedor de París. Cada soberano utilizó Versailles como juzgó conveniente: para el rey Sol, su primer y más importante inquilino era un lugar ideal para vigilar de cerca a su corte; la Comuna consideró que era un sitio cómodo donde convocar la Asamblea Nacional; y finalmente Luis Felipe lo convirtió en un museo. Napoleón I y Napoleón III también estuvieron allí de paso, dejando tras ellos homenajes a su propia gloria, por efímera que fuera. Uno de los típicos placeres de Versailles es imaginar a todos los personajes que vivieron en sus salones dorados: El Salón de Diana, decorado con tanta exuberancia como cualquier otro del palacio, fue utilizado por Luis XIV como sala de billar. En los aposentos reales está la pequeña cama en que el gran hombre dormía de manera discontinua. No tardaron muchos años en llegar los republicanos y hacer rodar la cabeza de Luis XVI.

Hay que procurar dedicar algo de tiempo a la propia ciudad de Versailles. En otro tiempo un simple pueblo, creció a la par que el palacio y en la actualidad es un París provinciano magníficamente conservado y aun así sin pretensiones.
❶ Entrada gratuita el primer dom. de cada mes.

☆ Les Fêtes de Nuit: Rêves Roi – historias del rey Sol, Luis XVI, contadas con espectáculos de luz, fuentes y fuegos artificiales, y actuaciones ecuestres.
☎ 01.30.83.78.88 ◑ *1, 8, 22 y 29 jul.; 9 y 26 agos.; 2 sept.* 70F–250F
Musique Baroque au Château de Versailles – ópera, música clásica, danza y teatro en la Capilla Real ☎ 01.30.83.78.88 ◑ *marzo-mayo.* 50F–220F
Les Grandes Eaux Musicales – espectáculos en la fuente con música barroca en los jardines en la Fête de Versailles
☎ 01.30.83.78.88 ◑ *9 abril–8 oct., sólo dom.* 30F

Château de Versailles, 78 Versailles
☎ 01.30.83.77.88 01.30.83.77.77
w www.chateauversailles.com
Versailles Rive Gauche y SNCF Versailles Chantiers (salida de Paris Montparnasse)
45F (Château); 25F (Grand Trianon); 15F (Petit Trianon); 30F (entrada combinada Petit y Grand Trianon); gratuito (jardines)
◑ Château de Versailles: *9-17.30 h mar.-dom. (hasta 18.30 h mayo-sept.)*; Grand y Petit Trianon: *12-17.30 h cada día (hasta 18.30 h mayo-sept.), jardines: 7-17 h cada día).*
01.30.38.77.88

Musée d'Art Moderne de la Ville de Paris

El museo ocupa parte del imponente Palais de Tokyo, construido en 1937 y que ahora empieza a aparentar la edad que tiene. Sin embargo, el interior es impresionante como siempre, con techos casi tan altos como ancho es el lugar. La colección permanente (trasladada aquí desde el Petit Palais) abarca todos los momentos decisivos del arte del siglo XX, desde el pos-impresionismo al nuevo realismo (equivalente francés del Pop Art). Entre los artistas más exhibidos se cuentan Matisse, André Derain, Robert Delaunay y Raoul Dufy. Las exposiciones temporales con frecuencia ocupan el museo entero. Destacan las retrospectivas de Gilbert y George, Mark Rothko, David Hockney y la exposición sobre el Fauvismo. Entre las instalaciones permanentes están la Sala Matisse, con dos enormes trípticos del artista, y *La Fée Électricité*, un mural alegórico sobre el descubrimiento y el desarrollo de la electricidad, compuesto por no menos de 250 lienzos.
❶ Entrada gratuita dom. 10-13 h.

11 avenue du Président Wilson, 16°
☎ 01.53.67.40.00
w www.cofrase.com/artforum/mamparis
Ⓜ Iéna Pont de l'Alma 30F ◑ *10-17.30 h mar.-dom. (hasta 18.45 h sáb. y dom.).*
con cita

Musée du Louvre

Es uno de los museos más grandes del mundo. Al hojear la guía gratuita deberemos aceptar que, si sólo pretendemos dedicarle un día al museo, nos perderemos muchos. Cada una de las alas interconectadas (Sully, Denon y Richelieu) se extiende por cuatro plantas y constituye un enorme museo por sí misma. En conjunto, ofrecen antigüedades orientales, egipcias, griegas y romanas, una inmensa serie de esculturas europeas, desde las auténticamente clásicas hasta las neoclásicas del siglo XIX, y seguramente la más extraordinaria colección de pinturas y dibujos del planeta. Dado que es un forcejeo indecoroso acercarse al cristal a prueba de balas que cubre el cuadro más famoso del mundo, podemos dejar la *Mona Lisa* a las multitudes. Hay otras obras de Leonardo en el espacio contiguo (sala 5, 1ª planta, ala Denon) que pueden contemplarse sin dificultad, incluida una versión de la *Virgen de las rocas* y de la *Virgen y el Niño con santa Ana*, donde los tres ríen a través de una neblina aterciopelada.

Una planta más abajo, la *Venus de Milo* (sala 12, antigüedades griegas) también atrae a la multitud: de pie, sin brazos, y sin pestañear pese a los continuos flases que se reflejan en su rostro de mármol. Otra belleza en piedra, la *Victoria Alada de Samotracia*, está colocada en lo alto de una escalinata, de modo que para lograr el mejor efecto es mejor acercarse a ella desde la planta baja del ala Denon. A una escala parecida está la *Balsa de la Medusa* de Géricault, entre los cuadros franceses de gran formato (1ª planta, sala 77, ala Denon). El nivel superior (2ª planta) alberga pinturas alemanas, flamencas y holandesas, con creaciones de los habituales: Durero, Jan van Eyck, Membling, etc., así como las últimas obras de Vermeer (ala Richelieu). En la misma planta, en el ala Sully, algunos cuadros de Ingres en bastante mal estado (como *El baño turco*) ocupan un par de paredes.

A media tarde, la gente se deja caer en los mullidos asientos. En ese momento, es una buena idea descansar en los patios acristalados del ala Richelieu, con estatuas heroicas de hombres que doman caballos salvajes, dioses mitológicos, etc.

❶ **1|** Siempre hay largas colas; puede comprar el pase de museos en otra ventanilla, donde las colas son mucho más cortas. **2|** Cada día cierra alguna parte del museo, así que mejor verifíquelo por si hay algo que desee ver. **3|** Si la cola para entrar en la Pyramide es demasiado larga, inténtelo por la entrada subterránea, a través del Carrousel du Louvre. **4|** Evite las colas comprando las entradas con anticipación. ☎ 08.03.80.03 (sólo en Francia). **5|** Entrada gratuita el primer dom. de cada mes.

Los *Esclavos* de Miguel Ángel (planta baja, ala Denon); el *Autorretrato* de Durero (2ª planta, ala Richelieu); *La encajera* de Vermeer (2ª planta, ala Richelieu); *La Virgen y el Niño con san Juan el Bautista* de Botticelli (1ª planta, ala Denon); *Tres escenas de la historia de Ester* de Filippino Lippi (1ª planta, ala Denon).

Pyramide du Louvre, 1º ☎ 01.40.20.53.17 01.40.20.51.51 **w** www.louvre.fr Ⓜ Palais Royal-Musée du Louvre ◑ *9-18 h miér.-lun. (hasta 21.45 h lun. y miér.).* 45F (antes de 15 h); 26F (después de 15 h y todo el día dom.) 01.40.20.59.90 con cita 01.40.20.51.77 (30F)

Musée d'Orsay

El contenido del hermoso Musée d'Orsay abarca un ámbito temporal que va desde 1846 hasta la Primera Guerra Mundial, e incluye ejemplos de todos los períodos, desde el Romanticismo al Pos-Impresionismo. Se empieza con Eugéne Delacroix y las esculturas de Jean-Baptiste Carpeaux, de mediados del siglo XIX. Éste ocupa buena parte de la planta baja de esta magnífica estación de ferrocarril. En el edificio hay enormes relojes, símbolos de la era industrial en la que fue construida (1900). Courbet también capta la atención con la inclusión de su pequeño *L'Origine du Monde*. Esta descripción explícita de la sexualidad femenina todavía da a la gente qué hablar. También vale la pena contemplar la hierba y las vacas del excelente cuadro de Rosa Bonheur *Arando en el Nivernais*.

En la tercera planta, la última, la gente se amontona para ver los cuadros impresionistas y pos-impresionistas de Monet, Manet, Renoir y compañía. El nivel intermedio aloja a los simbolistas y las obras decorativas de Vuillard y Bonnard. En la esplendorosa sala de espera de la antigua estación en esta planta se exhiben las obras más extravagantes del museo (*El nacimiento de Venus* de Bougereau, y *La verdad* de Lefebvre) en caballetes gigantes. ❶ Entrada gratuita el primer dom. de cada mes.

La colección estelar incluye *Le Déjeuner sur l'Herbe* de Manet, *Coquelicots* de Monet, *Retrato de su madre* de Whistler, *Bal du Moulin de la Galette* de Renoir, las series de *La Catedral de Ruan* de Monet, y *La habitación* de Van Gogh.

1 rue de la Légion d'Honneur, 7º ☎ 01.40.49.48.48 01.45.49.11.11 **w** www.musee-orsay.fr Ⓜ Solférino Musée d'Orsay 40F; dom. 30F ◑ *10-18 h mar.-sáb. (hasta 22 h jue.); 9-18 h dom.* 01.40.49.49.69

maravillas del mundo

Musée d'Art et d'Histoire du Judaïsme ►

El vibrante Marais es el barrio judío tradicional de la ciudad, y sobre todo en torno a rue des Rosiers las estrechas calles están llenas de templos, tiendas religiosas y delicatessen *kosher*. Fue apropiado, por tanto, que el museo de historia y arte judíos de París abriera aquí, en un magnífico *hôtel particulier* del siglo XVII. Las impecables y modernas salas están ubicadas en un patio adoquinado y subiendo por una amplia escalera de piedra. La colección incluye manuscritos hebreos un tanto inescrutables y parafernalia religiosa. Más accesible es la fascinante colección de documentos y fotografías originales relacionadas con el Affaire Dreyfus, el infame caso de un oficial judío que fue injustamente acusado de traición a Francia y enviado a la isla del Diablo, pese a que años después se demostró su inocencia. La pequeña sala de cuadros de Chagall es sin duda el rasgo estético más sobresaliente: es digno de mención en especial la discreta belleza de *Le Salut*.

Hôtel de St Aignan, 71 rue du Temple, 3°
☎ 01.53.01.86.53 Ⓜ Hôtel de Ville; Rambuteau 40F
◑ *11-18 h dom.-vier. (desde 10 h dom.).* 3 h mar. incluido en la entrada
[→Le Marais 8–14]

Musée des Arts d'Afrique et d'Océanie

Este imponente museo fue construido para la exposición colonial de 1931. Tiene un aspecto algo decrépito, y el acuario del sótano [→76] necesita una urgente mano de pintura, pero todo ello también forma parte de su encanto. El museo se extiende por tres plantas: la superior es para exposiciones temporales, que a menudo son muy interesantes. En la planta baja hay una buena selección de pinturas aborígenes y motivos místicos, junto a toda clase de tótems y máscaras de Oceanía. La enorme colección de arte africano incluye una hermosa máscara de antílope de Burkina Faso y todo tipo de creaciones tribales. Los objetos no están muy bien clasificados, así que uno tiene que hacer indagaciones y formar sus propios criterios sobre lo que le gusta y lo que no; pero aún así vale la pena ir.

293 av Daumesnil, 12°
☎ 01.44.74.84.80 Ⓜ Porte Dorée 30F ◑ *10-17.30 h miér.-lun.* con cita

Musée Cernuschi

Pequeña perla china cerca del Parc de Monceau, este museo se especializa en antigüedades orientales atesoradas por el trotamundos del siglo XIX Henru Cernuschi. Las exposiciones temporales de la segunda planta se centran en maestros antiguos y modernos; la colección permanente de maravillas prehistóricas de la planta baja nos recuerda lo habilidosos que eran los primeros artesanos orientales.
❶ Entrada gratuita dom., 10-13 h.
Buda gigante de Japón, del siglo XVIII.

7 av Vélasquez, 8°
☎ 01.45.63.50.75 Ⓜ Villiers; Monceau 35F ◑ *10-17.40 h mar.-dom.*
14.30 h miér.y sáb.

Musée de l'Homme (y Musée de la Marine)

Ocupa las plantas segunda y tercera del imponente y Art Déco Palais de Chaillot, y exhibe la conocida historia de la evolución humana con ayuda de una serie de artilugios visuales sencillos. Algunos de los objetos, como la excelente colección de arte precolombino y el fascinante revoltijo de instrumentos musicales antiguos, son del máximo interés. Otros objetos, como los maniquíes que lucen vestidos «nativos», son ridículos. No obstante, la gama de artefactos es impresionante, y el bistrot de la planta baja ofrece una vista fantástica de los Champs de Mars y de la Torre Eiffel.

El **Musée de la Marine**, alojado en la primera planta del mismo edificio, es un lugar más espacioso, y tiene modelos de embarcaciones en madera y retratos de casi todos los capitanes de barco franceses de la historia. Para marinos consagrados o aspirantes a serlo.

Palais de Chaillot, pl du Trocadéro, 16° **Musée de l'Homme** ☎ 01.44.05.72.72 **w** www.mnhn.fr Ⓜ Trocadéro 30F ◑ *9.45-17.15 h miér.-lun.* con cita 01.40.79.36.00
Musée de la Marine
☎ 01.53.65.69.69
38F ◑ *10-17.50 h miér.-lun.*

Musée National des Arts Asiatiques-Guimet (y Panthéon Bouddhique)

El **Guimet**, del que se espera que reabra sus puertas en otoño de 2000, es el museo más importante de arte budista que hay en Europa. Lo fundó un industrial de Lyon, Émile Guimet, socialista camuflado que tenía una pasión por el arte oriental y recursos suficientes para permitírsela. Su mayor tesoro –la inefable escultura khmer de Camboya– fue robada en las selvas del sudeste de Asia, el antiguo corazón de las tinieblas de Francia. La colección de arte indio abarca desde los siglos III al XIX. En el Guimet también hay el surtido occidental más importante de arte de Afganistán, del Tíbet y del Japón budista. Además se pueden contemplar sedas y cerámicas chinas y joyas coreanas.

Unos 150 m calle abajo, las galerías del **Panthéon Bouddhique** trasplantan la idea de un santuario budista a una mansión parisina del siglo XIX. Las obras de arte que representan seis categorías de Seres Venerables ocupan dos plantas, en un orden cifrado en color, desde Buda a figuras de divinidades y maestros que se hallan en fases más tempranas de retirada del reino del deseo. Auténtico alimento para el espíritu en una ciudad que rebosa de placeres materiales y tentaciones para todos los gustos.

Musée Guimet
6 pl d'Iéna, 16°
☎ 01.56.52.53.00 **w** www.museeguimet.fr Ⓜ Iéna Pont de l'Alma 16F
◑ *9.45-17.45 h vier.-miér. (llame para confirmar)*

Panthéon Bouddhique
19 av d'Iéna, 16° ☎ 01.40.73.88.00 16F ◑ *9.45-17.45 h vier.-miér.*

Les Catacombes

Como solución a los sobresaturados cementerios de París del siglo XVIII, en la década de 1780 se empezó a trasladar a sus residentes a esta red de túneles subterráneos. Actualmente, hay unos seis millones de esqueletos dispuestos en esmerados montones que constituyen los muros de los oscuros pasadizos. Los cráneos se utilizan como objetos decorativos, colocados siguiendo pautas simétricas, formando crucifijos o incluso pequeños y cursis corazones. Cualquier sensación macabra o siquiera de solemnidad es contrarrestada por el orden laborioso del trazado y las muecas y sonrisas de los turistas cuando toman sus fotos. A lo largo del recorrido de 1,7 km se observan losas con inscripciones en latín y francés: la mayoría de ellas son recordatorios de que la vida es corta.
❶ Vaya temprano, pues las catacumbas abren sólo un rato cada día y enseguida se forman colas; lleve una linterna para ver en los huecos más profundos; saldrá a la superficie y a la luz del día a unas calles de la entrada.

1 pl Denfert Rochereau, 14°
☎ 01.43.22.47.63 Ⓜ Denfert-Rochereau 33F ◑ *14-16 h, mar.-vier.; 9-11 h y 14-16 h, sáb.-dom.* ❑

Cité des Sciences et de l'Industrie

Emplazada en un antiguo matadero en el Parc de la Villette, a primera vista es una atracción enorme y algo desconcertante. En esencia, el gigantesco edificio de alta tecnología alberga las principales exposiciones, el Planetarium, el cine en 3-D y, en la planta abaja, la Cité des Enfants [→76]. Justo fuera de la construcción principal está la Géode, para proyecciones hemisféricas de filmes. Detrás de la Géode está el impresionante submarino de los argonautas, una especie de tiburón artificial abierto al público, y al norte se halla Cinaxe, un cine que se mueve (a propósito). La exposición principal –la parte de la ciencia y la industria auténticas– se divide en cinco temas: el universo, el agua y la tierra, el hombre y la salud, la industria, y la comunicación. Este museo escoge cuestiones posiblemente pesadas, como los principios matemáticos relacionados con las leyes físicas, y las transforma en demostraciones fascinantes y atractivas o en exhibiciones interactivas. Gran parte de los rótulos están en francés e inglés, y los cafés están generosamente esparcidos para que se pueda disfrutar de bien merecidos descansos.
❶ Combine un viaje [→72] desde La Bastille a La Villette 129F (incluye el precio de la entrada).

30 av Corentin-Cariou, 19°
01.40.05.80.00
w www. cité-sciences.fr
Ⓜ Porte de la Villette
50F Explora Pass (todas las exposiciones, planetario, cine en 3-D y el Argonaute); 57F (La Géode), 34F (Cinaxe) ◑ *10-18 h mar.-dom.* ❑ ☞ con cita

Cité de la Musique

En el otro extremo del Parc de la Villette está la Cité de la Musique. En la entrada de este discreto museo se ofrecen auriculares (francés o inglés) que proporcionan comentarios y música para guiar nuestro recorrido frente a un surtido de 900 instrumentos, protegido cada uno tras un cristal e iluminado por un proyector. El trayecto pasa por la música barroca, operística y sinfónica antes de saltar a las secciones no europeas y del siglo XX, en las que se pueden escuchar algunos instrumentos desconocidos, como el hipnotizante precursor del sitar indio o una gran variedad de arpas del África central.
❶ También se celebran grandes conciertos [→125].

30 av Corentin-Cariou, 19°
☎ 01.44.84.44.84
w www. cité-musique.fr
Ⓜ Porte de Pantin 35F
◑ *12-18 h mar.-sáb. (hasta 19.30 h vier.-sáb.); 10-18 h dom.* ❑ ☞ 01.44.84.46.46 sáb., 15 h; dom. 11 h (visita familiar)

La Conciergerie

La Conciergerie es parte del complejo que también alberga la Sainte Chapelle [→72], en la Île de la Cité. Su fantástico vestíbulo medieval es una de las salas más grandes del mundo. Durante el Terror Revolucionario hizo las veces de tribunal y de prisión. María Antonieta pasó aquí sus últimos días (se puede visitar la celda); tras ser condenada, la subieron a un carro y la condujeron a la guillotina de la place de la Concorde [→56].

Palais de la Cité,
1 quai de l'Horloge, 1°
☎ 01.53.73.78.50 Ⓜ Cité
35F ◑ *Verano: 9.30-18.30 h cada día; Invierno: 10-17 h cada día.* ❑ ☞

Les Invalides

Los huesos de Napoleón reposan en un sarcófago descomunal de granito rojo finlandés en el Dôme del Hôtel des Invalides, uno de los sepulcros más grandiosos del mundo. En todo caso, su espíritu preside el **Musée de l'Armée** y los acontecimientos napoleónicos más memorables: su famoso retrato como emperador a cargo de Ingres; las salas en que se celebraron sus victorias militares; una coraza de Waterloo con un agujero producido por una bala de cañón; y la cama plegable en la que murió en el exilio (envenenado con arsénico, según creencia popular). También hay numerosas armas medievales.

La oscuridad de la cuarta planta, el **Musée des Plans Reliefs**, queda interrumpida por enormes cajas de vidrio, dentro de las cuales hay ciudades enteras construidas a escala. Creadas entre los siglos XVI y XVIII y asombrosamente precisas, estas maquetas de ciudades fortificadas se consideraban secretos militares. El Mont St Michel en miniatura revela muchos elementos que fueron destruidos en la época de la Revolución.

Esplanade des Invalides, 7°
☎ 01.44.42.37.72
w www. invalides.org
Ⓜ La Tour Maubourg; Invalides; Varenne; St François Xavier Invalides
38F (entrada combinada)
◑ *Invierno: 10-17 h cada día (verano: hasta 18 h).* ❑
☞ 01.44.42.51.73

Musée Carnavalet

Este popularísimo y divertidísimo museo de la historia de París tiene un popurrí de cuadros, muebles, estatuas, platos y otros *objets d'art*, de la época de la Galia prerromana hasta el siglo XX, todo ubicado en magníficas salas correspondientes a cada período. Las de la planta de arriba están dedicadas a la Revolución Francesa: hay incluso una copia de la Declaración de los Derechos del Hombre.
❶ Muy concurrido los fines de semana. Entrada gratuita dom. de 10 a 13 h.

El dormitorio de Marcel Proust (¡escritor famoso porque pasaba mucho tiempo en la cama!)

23 rue de Sévigné, 3° 01.44.59.58.58 Ⓜ St Paul, Chemin Vert 30F; 35F (incluida exposición temporal) *10-17.40 h mar.-dom.* 01.48.87.98.06 [→Le Marais 8–14]

Musée Cognacq Jay

Oculto en el fondo del Marais, esta residencia real exhibe cuatro plantas de éxtasis burgués. La enorme colección del siglo XVIII fue en otro tiempo orgullosa propiedad del fundador de los grandes almacenes Samaritaine de París [→84], Ernest Cognacq, y de su esposa Louise Jay. Los cuadros incluyen artistas franceses, italianos y británicos como Boucher, Watteau, Tiepolo y Reynolds. Complementos aristocráticos del hogar, como porcelanas de Sèvres, asientos bordados y primorosos tapices, proporcionan una excelente visión de la *joie de vivre* de la gente bien.

Entrada gratuita dom. de 10 a 13 h.

La cocina del sótano, por su original horno de leña del siglo XVII.

Hôtel Donon, 8 rue Elzévir, 3° 01.40.27.07.21 Ⓜ St Paul; Rambuteau 22F *10-17.40 h, mar.-dom.* [→Le Marais 8–14]

Musée des Égouts de Paris

Para llegar al Museo de las Alcantarillas hay que bajar desde la calle, cerca del Pont d'Alma, a este sitio húmedo y maloliente. Hay una colección de objetos hallados en estas playas subterráneas (entre ellos un cierto número de espadas), y un breve y divertido filme al final del recorrido.

Entrada frente a 93 quai d'Orsay, 7° 01.53.68.27.82 Ⓜ Alma Marceau Pont de l'Alma 25F *oct.-abril: 11-16 h, sáb.-miér.; mayo-sept.: 11-17 h, sáb.-miér.*

Musée de la Mode et du Textile (y Musée de la Publicité)

El **Musée de la Mode et du Textile**, situado en su propia ala del Louvre, expone cada año una nueva exposición de hilos y vestidos de su gigantesca colección. Los temas varían, pero siempre corresponden a un periodo que va desde el siglo XVIII a los actuales diseñadores de la moda.

También forma parte del ala Rohan el **Musée de la Publicité**, cuya colección gráfica abarca la historia completa de la publicidad en el mundo, explorando la inventiva de los medios de comunicación, incluidos los anuncios.

Palais du Louvre, 107 rue de Rivoli, 1° 01.44.55.57.50 w www.ucad.fr Ⓜ Palais-Royal; Tuileries; Pyramides 35F (incluye entrada a ambos museos) *11-18 h mar.-dom. (hasta 21 h miér., desde 10 h sáb.-dom.).* con cita 01.44.55.59.26 [→Madeleine–Palais Royal 30–34]

Musée de l'Érotisme

Entre las salas X y los espectáculos en vivo de Pigalle hay esta extraña tentativa en un contexto cultural de industrias locales relacionadas con el sexo. Falos votivos clasificados de modo irregular, grabados de cópulas diversas y variadas, adornos, etc., llenan las paredes y vitrinas. Entre ese amasijo hay también fotografías eróticas y porno antiguo, incluida un filme de los veinte en que se ven muchos frotamientos y mujeres desnudas dando saltos, pero nada de sexo propiamente dicho. Se puede contemplar además mucho arte vulgar y pastiches de obras más conocidas –Magritte y Velázquez experimentan un giro sexual–; hay unos cuantos grabados japoneses bastante dignos y un par de dibujos de Aubrey Beardsley. Lo más extraño de todo es un culo móvil de madera, que sobresale de una puerta que hay encima de un sillín de bicicleta y su rueda de atrás.

72 bd de Clichy, 18° 01.42.58.28.73 Ⓜ Blanche 40F *10-14 h cada día.* [→Montmarte y Pigalle 22–25]

Musée Nissim de Camondo

A los de Camondos se les llamó los «Rothschilds del Este» por su meteórico ascenso como banqueros del imperio otomano. Su generoso patrocinio de las artes en Francia tenía pocos precedentes en el siglo XX. Ayudaron a formar las colecciones del Louvre y del Musée d'Orsay. Su museo, que da al Parc de Monceau, había sido en otro tiempo la casa familiar. Tras la muerte de su único hijo en 1917, Moïse de Camondo se retiró del mundo y se sumergió en el siglo XVIII, que conocía profundamente como coleccionista de arte, llenando su casa de mobiliario de Luis XV y Luis XVI, tapices de Gobelins y porcelanas de Sèvres. Es como un Versailles íntimo.

63 rue de Monceau, 8° 01.53.89.06.50 Ⓜ Monceau 30F *10-17 h, miér.-dom.* *11.15 h dom.* 01.44.55.59.26

Torre Eiffel

La baguette, la camisa bretona a rayas y el bidet pueden reconocerse universalmente como símbolos de Francia, pero la Torre Eiffel es París. No obstante, cuando su estructura comenzó a tomar forma, con las miras puestas en la Exposición Universal de 1887, la mayoría de los parisinos la consideraban simplemente una monstruosidad. Cuando terminó su construcción, sin embargo, la actitud de la gente cambió de modo espectacular. El resto es historia. El éxito de Gustave Eiffel incluye más de 18.000 secciones de hierro, se eleva hasta más de 317 m, y hasta 1930, cuando se levantó en Nueva York el edificio de la Chrysler, fue la estructura más alta hecha por la mano del hombre. En 1986 se instalaron dentro de la torre lámparas de sodio que hacen resaltar magníficamente su frágil y elegante belleza.

Es posible visitar tres niveles, y se tiene la opción de las escaleras o del ascensor para las dos primeras plataformas. Si apetece se puede subir a pie para ver más de cerca las impresionantes vigas. De todas formas, la mejor vista de la torre no es, por supuesto, desde lo alto. Para disfrutar de la mejor perspectiva de su inmensa hermosura, es preferible pasear junto a ella de noche, con el Sena a un lado.

Vaya temprano o tarde. De lo contrario tendrá que hacer cola.

63 rue de Monceau, 8th 01.44.11.23.45 w www.eiffeltower.com Ⓜ Bir-Hakeim; Trocadéro; École

Militaire ascensor a 1ª planta 22F, a 2ª planta 44F, a la última 62F; escaleras hasta 1ª o 2ª planta 20F *sept.-jun.: 9.30-23 h, cada día; jun.-agos.: 9-24 h, cada día.* hasta 2ª planta 01.44.61.21.68

UNESCO

Los aficionados a la arquitectura moderna deberían hacer una excursión a los cuarteles de la UNESCO: lo que desde lejos parece una enorme losa gris (aunque con elegantes curvas) gana interés a medida que uno se acerca. Detalles como el ondulante doselete de hormigón, las escaleras exteriores en espiral o las columnas acampanadas atraen al visitante al amplio y despejado vestíbulo de la entrada, con su extravagante embaldosado, cabinas telefónicas circulares de color naranja y zonas de descanso disimuladas tras plantas con enormes hojas. Supone una especie de desafío al viejo orden de la cercana École Militaire. Dentro y fuera del edificio hay murales de Miró y Picasso, una pared decorada por Le Corbusier, esculturas de Henry Moore, Alexander Calder y Giacometti, un jardín japonés de Isamu Noguchi y una sala de meditación de Tadao Ando. En muchos espacios adaptables se hacen constantemente exposiciones centradas ante todo en la fotografía y en objetos culturales del mundo entero.
Sólo están abiertos al público la planta baja y los jardines.

7 pl de Fontenoy, 7th 01.45.68.10.00 **w** www.unesco.org Cambronne *9-18 h, lun.-vier.* con cita

tentativas artísticas

Fondation Dina Vierny

Aristide Maillol, el creador de las doncellas curvilíneas de bronce, no podía haber deseado para sus desnudos mejor sitio que esta antigua mansión del siglo XVIII. El museo fue fundado en 1995 por su musa favorita –después convertida en coleccionista–, Dina Vierny, y la fantástica fachada, con su célebre Fuente de las Cuatro Estaciones, es la primera en una larga serie de maravillas visuales. Las mayores bellezas de bronce de Maillol ocupan un lugar destacado en la planta baja, con un gran espacio para exposiciones temporales. Las dos plantas de arriba dan fe de los otros talentos del artista, en la cerámica, la talla de madera, la pintura y el tapiz. Matisse, Kandisnky, Jean Pougny, Serge Poliakoff y Émile Gilioli tienen sus propias salas, mientras que las obras de otros grandes nombres están esparcidas por todo el museo.
Restaurante y cafetería.

59–61 rue de Grenelle, 7° 01.42.22.59.58 Rue du Bac 40F *11-18 h, miér.-lun.* con cita
[→Rue du Bac 51–53]

Musée des Années 30

En la parte occidental de Boulogne Billancourt, este museo de arte de los treinta hace resaltar la edad de oro de la zona, antiguo centro del cine francés, de la construcción de automóviles franceses y del arte francés. La galería más importante toma el nombre de Paul Landowski, escultor que vivió y trabajó aquí. La colección permanente contiene arte religioso poco convencional, y esculturas y creaciones de la denominada Escuela de París. La mejor sección es la de arte colonial.
Retratos del artista lituano Arbit Blatas; *Femme Mangbetou*, de la poco conocida artista francesa Suzanne Castille.
Consiga un plano en el contiguo Mairie (ayuntamiento) y dé un paseo para admirar los principales edificios modernistas del barrio, como la casa de Le Corbusier.

Espace Landowski, 28 av André Morizet, 92 Boulogne Billancourt 01.55.18.46.42 Marcel Sembat 30F *12-18 h, mar.; 10-18 h, miér. y sáb.; 14-20 h, jue.; 14-18 h, vier.; 13-18 h, dom.* 01.55.18.46.64

Musée d'Art Naïf Max Fourny

También conocido como Halle Saint Pierre, alberga material gráfico con una perspectiva distinta. La colección permanente de arte naïf es extravagante y maravillosa a la vez. Las exposiciones temporales se centran también en movimientos alternativos a menudo ignorados por los círculos artísticos oficiales.
Café en la planta baja.

Halles St Pierre, 2 rue Ronsard, 18° 01.42.58.72.89 **w** www.hallessaintpierre.org Anvers; Abbesses; Barbès-Rochechouart 40F *10-18 h, cada día; cerrado agos.*
[→Montmarte & Pigalle 22–25]

Musée Jacquemart André

La artista Nélie Jacquemart y su marido Édouard André dedicaron su ajetreada vida a coleccionar arte y a organizar suntuosas cenas. Situada en uno de los bulevares de Baron Haussmann, su mansión evoca a la perfección el Segundo Imperio y un exquisito mundo de Charles Swann. La colección de arte, en especial el «museo italiano» de la primera planta, es digna de un museo más importante: hay techos de Tiepolo; la pequeña obra de arte de Ucello *San Jorge y el Dragón* (quizás el primer cuadro abstracto del arte occidental); y grandes creaciones de Rembrandt, Tiziano, Boucher y David.

158 bd Haussmann, 8° 01.42.89.04.91 **w** www.musee-jacquemartandre.com St Philippe-du-Roule; Miromesnil 48F *10-18 h, cada día.* sólo planta baja con cita 01.45.62.39.94

Musée Marmottan

Tesoro de delicias pictóricas, con una enorme selección de Monets además de varios cuadros de Berthe Morisot y obras dispersas de Degas, Manet y Renoir. El museo, una antigua casa de caza, fue en otra época hogar del marchante de arte del siglo XIX Paul Marmottan, cuya colección de *objets d'art* goza de una ubicación privilegiada en la planta baja. La serie de Nenúfares de Monet iluminan el nivel inferior, mientras que las exposiciones temporales se instalan en el espacio de arriba.
La colección Wildenstein de manuscritos medievales afiligranados.

2 rue Louis Boilly, 16°
☎ 01.42.24.07.02 Ⓜ Muette ♿
40F ◑ *10-17.30 h mar.-dom.* ❑
♿ 🎁

Musée National du Moyen Âge

Este museo de la Edad Media era un balneario termal en el siglo I d. C.; En el siglo XV se transformó en una abadía, y pasó a ser museo a mediados de la década de 1800. La colección de arte y artilugios de la Edad Media está llena de sorpresas: diminutos candeleros plegables, artificios medievales para hacer barquillos, jarros decorativos en miniatura y algunos zapatos muy estropeados. Una sala repleta de esculturas sagradas y profanas es también el lugar habitual para los periódicos conciertos musicales.

Hay magníficas tapicerías, pinturas, monedas y joyas repartidas por todo el museo, que también contiene una pequeña colección de armaduras y temibles espadas y dagas, aunque lo mejor de todo es la sala que aloja seis tapices de lana y seda de finales del siglo XV: las series de *La Dama y el Unicornio* son tan hermosas que quitan el aliento, y están llenas de detalles caprichosos y significados simbólicos ocultos. La habitación es oscura y está bien diseñada: un lugar de contemplación casi devota y de una belleza exquisita y sensual. En el exterior hay un *jardin médiéval*, con plantas decorativas y hierbas medicinales, así como un jardín romántico y una zona infantil.

6 pl Paul Painlevé, 5°
w www.musee-moyenage.fr
☎ 01.53.73.78.00 Ⓜ Cluny la Sorbonne, St Michel 🎟 30F
◑ *9.15-19.45 h, miér.-lun.* ❑
☞ 11 h, dom. (🎟 36F más entrada)
[→Barrio Latino 40–43]

Musée Picasso

La entrada al Museo Picasso es un patio magnífico y espacioso que franquea el paso al *hôtel particulier* del siglo XVII en que se halla esta colección. Una vez dentro, la juguetona geometría nos conduce por un gran número de salas, en cuatro plantas.

La colección de creaciones de Picasso es amplia y abarca las diversas fases de su larguísima carrera, desde un retrato de una chica descalza, pintado cuando al artista tenía sólo 14 años (sala 1), a sus hormonales y desenfrenadas efusiones finales. Hay esculturas extraordinarias, talladas toscamente en ramas, bloques de madera y estacas: resulta evidente que Picasso pintaba y esculpía igual que la otra gente comía –de forma habitual e inexorable, unas veces picando algo, otras atiborrándose. El volumen y la dimensión de su obra –desde minúsculos bosquejos e ilustraciones de libros a un fabuloso abanico de cerámicas, y por fin los grandes y exuberantes cuadros que le dieron la fama– son asombrosos.
☆ Retratos de Dora Maar, Marie-Thérèse y Jacqueline Picasso, *La Baie de Cannes*, *Cabeza de toro*, *La cabra*, autorretratos y *Figuras junto al mar*.
▪ Colección Kramer hasta abril de 2001.
❶ Entrada gratuita 1er dom. del mes.

Hôtel Salé, 5 rue de Thorigny, 3° ☎ 01.42.71.25.21 Ⓜ St Paul; St Sébastien Froissart; Chemin Vert 🎟 38F (28F dom.) ◑ *oct.-marzo: 9.30-17.30 h, miér.-lun. (hasta 20 h jue.); abril-sept.: hasta 18 h miér.-lun.* ❑ ♿ ☞ con cita 14.30 h, lun.-vier. ☕ en jardín jun.-oct. 🎁
[→Le Marais 8–14]

Petit Palais

Este edificio enfrente del Grand Palais fue construido para la Feria Mundial de 1900 como museo de bellas artes. Alberga cuadros de grandes maestros del siglo XIX: Géricault, Millet, Daumier, Courbet, Monet, Pissarro, Cézanne. Tiene una importante colección de reliquias egipcias, griegas y romanas, objetos medievales y cerámicas del siglo XVII.
▪ El palacio cerrará sus puertas doradas en 2001 durante dos años para ser restaurado.
☆ *El sueño* de Courbet; *Los tres bañistas* de Cézanne.

Av Winston Churchill, 8°
☎ 01.42.65.12.73 Ⓜ Champs Élysées–Clémenceau
Ⓡ Charles de Gaulle-Étoile
🎟 20F; gratuito dom. ◑ *10-17.40 h, mar.-dom. (hasta 20 h jue.).* ❑ ☕ ♿ ☞ 14.30 h para exposiciones temporales 🎁

Musée du Cinéma Henri Langlois: formará parte del nuevo Musée du Cinéma; aún sin fecha de inauguración.

Musée de L'Orangerie cerrado hasta finales 2001.

Musée des Arts Décoratifs (en el ala del Louvre de la rue de Rivoli): sólo abierta la colección del siglo XX. Deberían abrir de nuevo otras salas a finales de 2001.

galerías fotográficas

En París, los aficionados a la fotografía están bien servidos con al menos tres espacios de sólida reputación dedicados a este arte. Ubicado en una espléndida mansión, el ***Centre National de la Photographie*** *es el mejor sitio para asistir a exposiciones de destacados fotógrafos contemporáneos de todo el mundo. En el magnífico Hôtel Sully, la* ***Mission du Patrimoine de la Photographie*** *se especializa en fotos clásicas e históricas más que en imágenes vanguardistas. La cercana* ***Maison Européenne de la Photographie*** *es el más grande pero también menos atractivo de estos tres espacios: dedicada a la fotografía internacional desde los cincuenta hasta la actualidad, tiene una colección permanente de más de 1.500 obras, una planta entera destinada a exposiciones temporales y una biblioteca de arte de vanguardia.*

Otras dos nuevas galerías comerciales que organizan regularmente exposiciones fotográficas son ***Vu****, a poca distancia del Hôtel Sully, y la* ***Galerie du Jour*** *de la diseñadora francesa de modas Agnès b, detrás del Centre Pompidou. Ambas exhiben trabajos de todos los nuevos talentos, y vale la pena visitarlas si queremos ver más fotos del tipo «nueva ola».*

Centre National de la Photographie
11 rue Berryer, 8°
☎ 01.53.76.12.32
◑ *12-19 h, miér.-lun.*

Galerie du Jour
44 rue Quincampoix, 4°
☎ 01.44.54.55.90
◑ *11-19 h, mar.-sáb.*

Maison Européenne de la Photographie
82 rue François Miron, 4°
☎ 01.44.78.75.00
◑ *11-20 h, miér.-dom.*

Mission du Patrimoine de la Photographie
Hôtel de Sully, 62 rue St Antoine, 4° ☎ 01.42.74.47.75
◑ *10-18.30 h, mar.-dom.*

Vu
2 rue Jules Cousin, 4°
☎ 01.53.01.85.85 ◑ *14-19 h, miér.-sáb. (hasta 20 h sáb.).*

↓ una atracción pasajera

Bibliothèques Nationales de France

Las dos bibliotecas de París de referencia no son sólo para eruditos. El edificio Richelieu del siglo XVIII y el construido por François Mitterrand, unidos por la novísima línea de metro «Météor», organizan interesantes exposiciones sobre todo tipo de objetos, desde tiras cómicas hasta cuentos de hadas.

BNF – Richelieu, 58 rue de Richelieu, 2° ☎ 01.53.79.53.79 **w** www.bnf.fr Ⓜ Bourse; Palais-Royal 35F (por exhibición) ◑ *10-19 h, mar.-dom. (desde 12 h dom.).* ☞ con cita 01.53.79.49.49 [→Madeleine–Palais Royal 30–34]
BNF – Mitterrand, quai François Mauriac, 13° ☎ 01.53.79.53.79 **w** www.bnf.fr Ⓜ Quai de la Gare; Bibliothèque François Mitterrand 35F (por exhibición) ◑ *10-19 h, mar.-dom. (desde 12 h dom.).* ☞ con cita 01.53.79.49.49

Fondation Cartier pour l'Art Contemporain

Diseñado por el arquitecto francés Jean Nouvel (responsable también del Institut du Monde Arabe de París [→52]), este impresionante edificio de vidrio se especializa en obras de arte de los sesenta en adelante.

❶ Veladas Nómadas: espectáculos de música, teatro, etc., los jue. a las 20.30 h.

261 bd Raspail, 14° ☎ 01.42.18.56.72 **w** www.fondation.cartier.fr Ⓜ Raspail; Denfert-Rochereau Ⓡ Denfert-Rochereau 30F ◑ *12-20 h, mar.-dom.* ☞ con cita 01.42.18.56.67

Galerie Nationale du Jeu de Paume

La Jeu de Paume, en el Jardin des Tuileries (→ 74), debe su nombre al juego de pelota que allí se jugaba en el siglo XIX. En otro tiempo museo de arte con una gran colección permanente, en 1991 empezó a dedicarse a las exposiciones contemporáneas temporales para explorar todos los aspectos del arte moderno.

1 pl de la Concorde, 1° ☎ 01.47.03.12.50 Ⓜ Concorde 38F ◑ *12-19 h, mar.-dom. (hasta 21.30 h mar.; desde 10 h sáb.-dom.).* ☞ con cita

Grand Palais

Los espectáculos que se representan en el Grand Palais, una de las mayores salas de París, atraen a la gente a montones. El edificio en sí, con su fabulosa cúpula de vidrio, es de lo más especial, y frente a la fachada, varias estatuas ecuestres parecen esforzarse por arrastrar el palacio entero hacia los Champs Élysées.

av du Général Eisenhower, 8° 01.44.13.17.17 Ⓜ Champs Élysées-Clémenceau; Franklin D Roosevelt varía, más barato el lun. ◑ *10-13 h con reserva; 13-20 h sin reserva miér.-lun. (hasta 22 h miér.).* ☞ con cita

↓ galerías comerciales

Las galerías privadas son un apreciado rasgo de la escena cultural parisina. Las que hay a lo largo de la afamada avenue Matignon son como pequeños museos donde los cuadros llevan firmas de incalculable valor: Renoir, Cézanne, Gauguin o Chagall. Con todo, la calle también exhibe un lado más extravagante en **Enrico Navarra**, **Gérard Piltzer** y **Jérôme de Noirmont**, de cuyas paredes cuelgan obras de artistas contemporáneos y figuras de culto como Warhol, Basquiat y Haring.

En la Rive Gauche, St Germain des Prés ha sido un lugar habitual del arte de vanguardia durante más de un siglo, y la rue de Seine es el mejor sitio para descubrir nuevos y viejos talentos de característico sabor francés. Con cuarenta años y un gran número de importantes exposiciones a sus espaldas (entre ellas, las de Bacon, Hockney y Balthus), la galería **Claude Bernard** sigue atrayendo a los principales nombres internacionales. La cercana **Jeanne Bucher** es el lugar ideal para encontrar creaciones abstractas pasadas y presentes. Las *oeuvres* surrealistas y dadaístas del estilo de Man Ray, Dalí o Picabia forcejean por un espacio en la **Galerie 1900-2000**, mientras que los artistas pop se exponen en la muy moderna **Galerie Patrice Trigano**. La galería de **Dina Vierny** es todavía una de las mejores opciones para obras modernistas internacionales y tiene una debilidad especial por maravillas rusas desde los treinta hasta la actualidad. La **Galerie Adrien Maeght**, que abrió en 1957, es una de las de más alto calibre de la ciudad. Giacometti, Braque y Léger están expuestos y es famosa por su inmensa colección de valiosos grabados y litografías, así como por viejos carteles del apogeo de la galería en los sesenta y libros de artistas contemporáneos. No muy lejos, **Jean Fournier** goza de un buen prestigio por su surtido de vanguardia francesa y de pintores abstractos norteamericanos.

Aderece una excursión al Parc de Monceau entrando en la galería **Louise Leiris**, que parece una enorme cámara acorazada de un banco donde Picasso y compañía aguardan protegidos. Unas cuantas calles más lejos, **Lelong** alberga una librería que almacena sus propias publicaciones en la planta baja, y una galería moderna en la primera, donde entre las obras expuestas hay Mirós y Alechinskys.

El entorno de Les Halles ofrece a los amantes del arte más que el Centre Pompidou [→60]. La **Galerie de France** excluye de su dieta todo lo que no sea contemporáneo y esté de moda: entre los habituales se incluye a Pierre Soulages, el grande de la lona negra de Francia. En **Templon** salpican el firmamento estrellas más brillantes (jóvenes, europeos, desconocidos). En la zona norte de le Marais destacan **Karsten Greve** y **Thaddeus Ropac**, cuyos artistas (Gilbert y George, Cindy Sherman, etc.) han alcanzado estatus de celebridad. La vecina **Yvon Lambert** se ha ganado desde hace tiempo una extraordinaria reputación. Tiene sus preferencias por escultores como Anselm Kiefer y Daniel Spoerri.

La rue de Lappe ofrece, cerca de la Bastille, **Durrand-Dessert** a modo de alka seltzer artístico: la galería de dos plantas no puede ser más vanguardista, y muestra una inclinación por las instalaciones multimedia. No obstante, la última movida está en el 13° *arrondissement*. Rue Louise Weiss aloja un conjunto de espacios contemporáneos recién abiertos, entre los que se cuenta la archiconocida galería **Jennifer Flay**. Parecen pequeños laboratorios médicos, y en ellos gozan de trato de favor artistas elegantes y modernos como James Turell, Lisa Milroy y Claude Closky.

Claude Bernard
7-9 rue des Beaux Arts, 6°
☎ 01.43.26.97.07

Dina Vierny
36 rue Jacob, 6°
☎ 01.42.60.23.18

Durrand-Dessert
28 rue de Lappe, 11°
☎ 01.48.06.92.23

Enrico Navarra
16 avenue Matignon, 8°
☎ 01.45.61.91.91

Galerie Adrien Maeght
42 rue du Bac, 7°
☎ 01.45.48.45.15

Galerie de France
54 rue de la Verrerie, 4°
☎ 01.42.74.38.00

Galerie 1900–2000
8 rue Bonaparte, 5°
☎ 01.43.25.84.20

Galerie Patrice Trigano
4bis rue des Beaux Arts, 6°
☎ 01.46.34.15.01

Gérard Piltzer
16 avenue Matignon, 8°
☎ 01.43.59.90.07

Jeanne Bucher
53 rue de Seine, 6°
☎ 01.44.41.69.65

Jean Fournier
22 rue du Bac, 6°
☎ 01.42.97.44.00

Jennifer Flay
20 rue Louise Weiss, 13°
☎ 01.44.06.73.60

Jérôme de Noirmont
38 avenue Matignon, 8°
☎ 01.42.89.89.00

Karsten Greve
5 rue Debelleyme, 3°
☎ 01.42.77.19.37

Lelong
13 rue de Téhéran, 8°
☎ 01.45.63.13.19

Louise Leiris
42 rue Monceau, 8°
☎ 01.45.63.28.85

Templon
30 rue Beaubourg, 3°
☎ 01.42.72.14.10

Thaddeus Ropac
7 rue Debelleyme, 3°
☎ 01.42.72.99.00

Yvon Lambert
108 rue Vieille du Temple, 3°
☎ 01.42.71.09.33

↓ casas museo

Atelier Brancusi

Brancusi legó sus obras al estado en los años cincuenta, y, tras varios traslados, sus pulidas esculturas abstractas acabaron teniendo una sede permanente en este cuchitril subterráneo al pie del Centre Pompidou. Las obras están colocadas en una réplica del estudio del artista.

piazza Beaubourg, 4°
☎ 01.44.78.12.33
w www.centrepompidou.fr
Ⓜ Rambuteau; Hôtel de Ville
RER Châtelet-Les Halles
🎫 30F (incluye entrada al Centre Pompidou)
◑ *11-21 h, miér.-lun.* ☐ ♿
[→Montorgeuil–Les Halles 35–39]

Espace Montmartre-Dali

Este local minúsculo está lleno de obras del «Divino»: relojes que se funden, elefantes de patas larguiruchas y otras rarezas surrealistas. Los fanáticos pueden comprar obras de arte auténticas.

11 rue Poulbot, 18°
☎ 01.42.64.44.80
Ⓜ Abbesses ♿ 40F
◑ *10-18 h, lun.-dom.*
☐ ☞ con cita 🛍
[→Montmartre & Pigalle 22–25]

Fondation Le Corbusier

Le Corbusier construyó sus dos primeras casas particulares en este callejón sin salida. La primera, Villa Jeaneret, alberga las oficinas de la fundación, mientras que la otra, Villa La Roche, está abierta al público. En ella se exhiben ventanas que muestran toda la figura humana, habitaciones grandes y no divididas, una fachada sin adornos, una terraza-tejado y cuadros de la colección de la Roche que todavía cuelgan de las paredes..

8–10 sq du Dr Blanche, 16°
☎ 01.42.88.41.53 Ⓜ Jasmin
🎫 15F ◑ *10-12.30 h; 13.30-18 h, lun.-vier.* ☐

Fondation Dubuffet

En una pequeña casa al final de un estrecho jardín, las animadas esculturas y pinturas de Jean Dubuffet ponen su encanto a trabajar. Con más de 1.000 creaciones, el material exhibido cambia a menudo.

137 rue de Sèvres, 6°
☎ 01.47.34.12.63 Ⓜ Duroc
🎫 25F ◑ *14-18 h lun.-vier. (cerrado agost.).* ☐ 🛍

Maison de Victor Hugo

El lujoso apartamento de la lumbrera literaria del siglo XIX refleja el éxito del que disfrutó en vida. La segunda planta es un llamativo festín, con abundancia de borlas y primorosos dibujos de flores. La habitación oriental, réplica de otra de su casa de Guernsey, es una extravagancia asombrosa. La primera planta, que nunca fue propiedad del escritor, aloja en la actualidad una enorme colección de dibujos.

❶ Entrada gratuita dom. 10-13 h.

Hôtel de Rohan Guéménée
6 pl des Vosges, 4°
☎ 01.42.72.10.16 Ⓜ Bastille; St Paul; Chemin Vert 🎫 22F
◑ *10-17.40 h, mar.-dom.*
☐ ☞ con cita
[→Le Marais 8–14]

Musée Bourdelle

Este museo está abarrotado de impresionantes esculturas del artista francés de finales del XVIII Antoine Bourdelle. El antiguo apartamento y estudio del artista se han dejado intactos. Sus gigantescos héroes y dioses mitológicos empequeñecen incluso a los visitantes más altos.

❶ Entrada gratuita dom. 10-13 h.

18 rue Antoine Bourdelle, 15°
☎ 01.49.54.73.73
Ⓜ Montparnasse-Bienvenue; Falguière 🎫 22F
◑ *10-17.40 h, mar.-dom.*
☐ ♿ ☞ con cita 🛍

Musée Édith Piaf

Este diminuto apartamento está lleno de recuerdos, incluidos cuadros, joyas y cartas. Sus fans *ne regretteront rien.*

❶ Visitas concertadas.

5 rue Crespin du Gast, 11°
☎ 01.43.55.52.72
Ⓜ Ménilmontant; St Maur

◑ *13-18 h lun.-sáb. (cerrado sept.).* ◘ donación
[→ Belleville y Ménilmontant 19–21]

Musée Eugène Delacroix

Eugène Delacroix, eminente pintor romántico francés, se trasladó a este apartamento-estudio para estar cerca de la iglesia de St Sulpice [→72], donde forcejeó con el tema del Bien y del Mal en varios murales de gran tamaño hasta el fin de su vida. No hay aquí ninguna de sus mujeres de pechos desnudos. Existen pequeños cuadros, litografías y cartas de Charles Baudelaire y George Sand.

6 pl Furstenberg, 6°
☎ 01.44.41.86.50 Ⓜ Odéon; St Germain des Prés; Mabillon
22F ◑ *9.30-17 h miér.-lun.*
[→St Germain des Prés 44–50]

Musée Gustave Moreau

Este museo comprende el encantador apartamento de Moreau, con su agradable desorden de muebles, cuadros y recuerdos personales, y otras dos plantas. El propio pintor simbolista organizó la construcción de este museo, ahora lleno de sus imaginativas obras maestras y de fascinantes bocetos preliminares.

14 rue de la Rochefoucault, 9°
☎ 01.48.74.38.50
Ⓜ Trinité 22F
◑ *11-17.15 h lun. y miér.; 10-12.45 y 14-17.15 h jue.-dom.*

Musée Rodin ►

La bella mansión del siglo XVIII, donde hay más de 500 esculturas del gran Rodin, se halla prácticamente junto a su elegante vecino, los Invalides [→64]. Inaugurado en 1919, el museo de dos plantas se divide en cinco salas diferentes, correspondiente cada una a un tema distinto. Las famosas estatuas *El pensador* y *Balzac* están colocadas en el hermoso jardín.
Puertas del infierno, Los cuidadanos de Calais, sala de Camille Claudel; los jardines.
❶ Evite las aglomeraciones de los fines de semana; entrada gratuita a los jardines si se va acompañado de un niño.

Hôtel Biron, 77 rue de Varenne, 7° ☎ 01.44.18.61.10
w www.musee-rodin.fr
Ⓜ Varenne Invalides
28F; jardines solo 5F
◑ *oct.-marzo: 9.30-16.45 h (jardines hasta 17.15 h) mar.-dom.; abril-sept.: 9.30-17.45 h (jardines hasta 18.45 h) mar.-dom.* ◘ sólo planta baja
☞ con cita 01.44.18.61.24

Musée de la Vie Romantique

Esta maravillosa casa de muñecas fue un lugar de encuentro de los amantes del arte y la literatura desde la época romántica hasta los alegres sesenta. La planta baja rinde homenaje a la famosa y rebelde escritora George Sand, junto a una colección de sus joyas, *objets d'art* y muebles. La segunda planta y el estudio del jardín exhiben la obra del pintor holandés del siglo XIX Ary Scheffer, que en otro tiempo vivió allí.
❶ Entrada gratuita dom. 10-13 h.

16 rue Chaptal, 9°
☎ 01.48.74.95.38 Ⓜ Blanche; Pigalle 30F ◑ *10-17.40 h mar.-dom.* ◘ ☞ con cita

Musée Zadkine

En la actualidad museo de joyas, esta casa fue en otra época la humilde residencia del escultor ruso Ossip Zadkine. Pese a que sus extravagantes esculturas cubistas sólo se exhiben en la planta baja y en el jardín, aún les queda sitio para respirar. Se celebran a menudo exposiciones temporales.
❶ Entrada gratuita dom. 10-13 h.

100bis rue d'Assas, 6°
☎ 01.43.26.91.90 Ⓜ Vavin; Notre Dame des Champs
Port Royal 22F
◑ *10-17.40 h, mar.-dom.* ◘ ☞ con cita

↓ inspiración divina

Basilique St Denis

Aunque hoy es un feo barrio industrial, St Denis fue antaño el centro de la cristiandad francesa y el lugar donde reyes y reinas eran enterrados. Todo lo que queda es la basílica. Considerada el primer edificio gótico real, se levanta en un antiguo santuario a St Denis, que llevó el cristianismo a la Galia antes de ser martirizado y decapitado por los romanos en Montmartre. Será más fácil llegar en Metro. La basílica también contiene la más importante colección de escultura funeraria medieval de Europa. Francisco I inició una moda renacentista al ser esculpido en piedra. Luis XVI y María Antonieta hacen también una aparición sorpresa, aunque su tumba es en realidad un monumento conmemorativo pues, tras ser guillotinados, sus respectivos cadáveres sin cabeza fueron arrojados a una fosa común.

1 rue de la Légion d'Honneur, 93 St Denis ☎ 01.48.09.83.54
Ⓜ St Denis-Basilique 32F
◑ *abril-sept.: 10-19 h cada día; oct.-marzo: 10-16.30 h cada día.* ◘ ☞ *11.15 y 15 h*

Cathédrale Notre Dame

La madre de todas las catedrales góticas es el corazón espiritual y geográfico de Francia, y ha sido destino de peregrinos, cristianos y paganos durante más de 2.000 años. Lugar donde fue coronado Napoléon y hogar del jorobado de Victor Hugo, es también la principal parada turística del centro de París. Tenderetes horteras bordean la plaza de delante, el lugar adoquinado *–kilomètre zéro–* desde el que se miden todas las distancias desde y hacia París. La austera fachada de tres plantas ha surgido con todo su esplendor tras años de limpieza: generaciones de artesanos medievales crearon las estatuas originales (1163-1345), pero gran parte de las obras actuales son copias realizadas en el siglo XIX. El interior es oscuro y majestuoso. Contemplado desde el encantador parque que hay detrás, el edificio parece flotar en el aire, sobre todo de noche, cuando se enciende desde abajo la caja torácica de los arbotantes. Hay que subir los 387 escalones de la torre norte para admirar unas espectaculares vistas de la aguja y la ciudad, y observar más de cerca la gran campana y las espantosas gárgolas. Un sistema nuevo de descarga eléctrica mantiene alejadas a las palomas, aunque no importa a los halcones que allí anidan. Se pueden ver restos romanos en la Crypte Archéologique, lugar donde los druidas sacrificaban a vírgenes, y, bajo dominación romana, templo a Júpiter. ❶ Visítela por la mañana temprano y empiece por el campanario; Pesebre de Navidad.

pl du Parvis Notre Dame, 4°
☎ 01.44.32.16.70
01.44.32.16.72 (Torre) Ⓜ Cité
Torre 35F ◑ *8-18.45 min. cada día; torre: 9.30-18 h (invierno); hasta 19.30 h (verano).*

❑ ♿ ☞ Catedral en inglés miér. y jue., 12 y sáb., 14.30 h; torre con cita

La Grande Mosquée de Paris

Construida en la década de los veinte en reconocimiento a los soldados musulmanes que lucharon y murieron por Francia en la Primera Guerra Mundial, es un recordatorio de que en Francia viven casi dos millones de musulmanes. El soberbio minarete de azulejos verdes surge por encima de la vistosa puerta donde empiezan las visitas. El interior es una serie de galerías interiores y jardines que rodean un gran patio. La compleja decoración corrió a cargo de artesanos locales, la mayoría marroquíes. El salón de los rezos sólo está abierto para los musulmanes, igual que la biblioteca y la escuela, pero se puede visitar el baño turco [→79], el salón de té/restaurante [→110] y las tiendas.

❶ El salón de té/restaurante.

1 pl du Puits de l'Ermite, 5°
☎ 01.45.35.97.33
w www.mosquedeparis.com
Ⓜ Place Monge € 15F por el recorrido ◑ *9-12 h y 14-18 h, lun.-sáb. (no en vacaciones musulmanas).* ❑ ☞
[→Barrio Latino 40–43]

St Étienne du Mont

La iglesia tiene una estructura gótica, pero la fachada renacentista y la decoración interior se llevan todos los aplausos, en especial una reja de 1541 que separa el coro de la nave: la única que queda en todas las iglesias de París. Posee el sarcófago en el que está la patrona de París, santa Genoveva, que en el siglo V d.C. salvó a la ciudad de los hunos y, según reza una placa, de los alemanes en 1914. También están enterrados aquí el dramaturgo Racine y el filósofo Pascal, del siglo XVII. También de este siglo son las ventanas con vidrios de colores detrás del altar, las cuales interpretan el Nuevo Testamento de un modo bastante gráfico: Cristo está siendo prensado en un lagar mientras unos obispos de rostro severo recogen en cubos la sangre que sale a chorros.

pl Ste Geneviève, 5°
☎ 01.43.54.11.79 Ⓜ Cardinal Lemoine ◑ *8-12 h y 14-20 h cada día.* ❑ ☞
[→Barrio Latino 40–43]

St Eustache

Es una Notre Dame hecha deprisa, aunque construida más tarde (en la década de 1400) y con una decoración renacentista en su mayor parte. Los parisinos estaban muy satisfechos con la iglesia, pero la dejaron sin terminar hasta 1754, cuando se le añadió la horrible fachada clásica. Dado que está situada cerca de Les Halles, los revolucionarios transformaron la iglesia en un Templo de la Agricultura. Un recordatorio en una de las capillas conmemora la desaparición del mercado; en él aparecen vendedores de hortalizas que abandonan la ciudad.

rue du Jour, 1°
☎ 01.40.26.47.99 Ⓜ Les Halles Ⓡ Châtelet-Les Halles ◑ *9-18 h (hasta 19 h verano). Lun.-sáb.; 9-12.30 h y 14.30-19 h (hasta 20 h verano) dom.* ❑ ☞
[→Montorgueil–Les Halles 35–39]

St Germain des Prés

El Frankenstein de las iglesias parisinas, con sus partes románicas y góticas cosidas por restauradores del siglo XIX. St Germain es históricamente la iglesia más importante de París, por delante de Notre Dame, y consta de los restos maltrechos de una enorme abadía benedictina que creó una de las bibliotecas más grandes de Europa. Sirvió de necrópolis a los reyes merovingios y, siglos después, los revolucionarios utilizaron el complejo para almacenar pólvora... hasta que todo estalló. Puede contemplar la modesta tumba de René Descartes y esculturas románicas de aves, follaje y monstruos.

pl St Germain des Prés, 6° ☎ 01.43.25.41.71
Ⓜ St Germain des Prés
◑ *8-19.30 h cada día.* ❑
☞ mar. y jue. 13.30-17.30 h.
[→St Germain des Prés 44–50]

St Séverin

Esta iglesia y su entorno inmediato son tan góticos que Neil Jordan utilizó las calles adoquinadas oscuras y tortuosas del *quartier* St Séverin como imagen de París en su *Entrevista con el vampiro*. Aunque parte de la estructura es un sobrio gótico del XIII, otros elementos, como las columnas del coro que se abren en abanico como palmeras de piedra, son del siglo XV.

1 rue des Prêtres St Séverin, 5°
☎ 01.42.34.93.50
Ⓜ Cluny La Sorbonne; St Michel Ⓡ St Michel-Notre Dame ◑ *11-19.30 h, lun.-sáb. (hasta 20.30 h sáb.); 9-21 h, dom.* ❑
[→Barrio Latino 40–43]

ciudades de los muertos

*Construidos para absorber a los que ya no cabían en los camposantos medievales, los cementerios de Montmartre, Montparnasse y Père Lachaise son ahora refugios para los vivos. Parisinos y visitantes huyen de los contaminados bulevares y se dirigen a los senderos umbrosos, extraviándose tras las oxidadas puertas de los mausoleos. Entre los cadáveres famosos en Père Lachaise se cuentan Édith Piaf, Molière, Proust, Gertrude Stein y Chopin. Las mujeres que lo visitan pulen discretamente la entrepierna de Victor Noir, periodista del siglo XIX, a cuya influencia atribuyen sus hijos. Un ángel masculino de diez toneladas está encima de Oscar Wilde. La disposición es caótica y los planos deficientes, por lo que localizar tumbas es un esfuerzo arduo. Tarde o temprano llegaremos hasta el Lizard King, también conocido como Jim Morrison. Los cementerios de **Montmartre** y **Montparnasse** no son tan tranquilos. Montmartre aloja a Truffaut, Zola y Degas; Montparnasse tiene a Serge Gainsbourg, Baudelaire, así como a Sartre y Simone de Beauvoir, uno junto a otro bajo la losa.*

Montmartre 20 av Rachel, 18° ☎ 01.43.87.64.24

Montparnasse 3 bd Edgar Quinet, 14° ☎ 01.44.10.86.50

Père Lachaise 16 rue du Repos, 20° ☎ 01.55.25.82.10

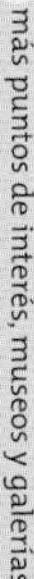
más puntos de interés, museos y galerías

St Sulpice ▲

Se tardó 134 años en terminar esta enorme iglesia; en el proceso se levantaron dos torres desemparejadas y una fachada neoclásica ampulosa, obra del escenógrafo italiano Giovanni Servandoni. Debajo de ella hay interminables criptas, pasillos, bóvedas bajas, viejas columnas y antiguos pozos. En 1799, Napoleón celebró en esta iglesia un banquete para 700 invitados, y Delacroix murió tras varios años de pintar los murales de la lóbrega Chapelle des Saintes Anges (conforme se entra, la primera a la derecha). ❶ El órgano 6586 es candidato a ser considerado el mejor del mundo, y se puede escuchar en conciertos de verano, así como en las misas del domingo de 10.30-12.30 h, y en las misas en la cripta los dom. a las 20.45 h.

pl St Sulpice, 6°
☎ 01.46.33.21.78 Ⓜ Mabillon; St Sulpice ◑ *7.30-19.30 h, cada día.* ♿ ☞ Dom., 15 h.
[→St Germain des Prés 44–50]

Ste Chapelle

Luis IX construyó esta capilla para sí mismo a fin de poder pasar buenos ratos con Dios y las reliquias que le vendieron unos sagaces comerciantes venecianos: la Corona de Espinas, astillas de la Verdadera Cruz, La Lanza que le atravesó el costado y jirones de Su taparrabos (ahora todo está en Notre Dame). Aunque parece frágil, la capilla es sólida; en siete siglos no han aparecido grietas en las bóvedas. La capilla superior contiene las ventanas con vidrios de colores más antiguas de París. Los muros de vidrio nos cuentan toda la historia de la creación en zafiros, rubíes, esmeraldas y topacios, y en un día soleado son absolutamente imponentes. ❶ Son útiles los prismáticos. Lea las ventanas de izquierda a derecha y de abajo arriba.

4 bd du Palais, 1°
☎ 01.53.73.78.51 Ⓜ Cité RER St Michel-Notre Dame 35F (50F incluye entrada a La Conciergerie) ◑ *abril-sept.: 9.30-18.30 h, cada día; oct.-marzo: 10-17 h cada día.* ☞ ♿

excursiones

En autobús: El RATP [→142] ofrece varias opciones turísticas. El Open Tour sugiere tres recorridos distintos; también está el pase Open Tour de uno o dos días si se prefiere hacerlo en más etapas. Para más información sobre todas las excursiones organizadas por el RATP
☎ 01.49.28.49.02 **w** www.ratp.fr
También hay buenas opciones entre las empresas privadas:
Paris Vision, 214 rue de Rivoli, 1° ☎ 01.42.60.30.01
w www.parisvision.com
Touringscope, 11bis bd Haussmann, 9° ☎ 01.53.34.11.91 **w** www. touringscope.com
Paris Cityfirst (salidas en microbús), 4 pl des Pyramides, 1° ☎ 01.44.55.60.00

En barco: En el Sena hay mucho tráfico fluvial, sobre todo debido al gran número de empresas que ofrecen excursiones en barco: una experiencia fundamental.
Bateaux Mouches, pont de l'Alma, 7° ☎ 01.42.25.96.10 (reservas); 01.40.76.99.99 (info)
w www.bateaux-mouches.com
Bateaux Parisiens Tour Eiffel, Port de la Bourdonnais, 7°
☎ 01.44.11.33.44 (info); 01.44.11.33.55 (restaurante)
w www.bateauxparisiens.com
Bateaux Vedettes de Paris, Port de Suffren, 7°
☎ 01.47.05.71.29 (info); 01.44.18.08.03 (restaurante)
w www.vedettesdeparis.fr

Por los canales: Para una experiencia seguramente más emocionante, haga un recorrido por los poco conocidos canales de París. Canauxrama sugiere tres rutas: en la más corta (Rive Droite-Rive Gauche) se tarda tres horas.
Canauxrama, 13 quai de Loire, 19° ☎ 01.42.39.15.00
w www.canauxrama.com

En bicicleta: En París se ha hecho muy popular ir en bicicleta, varias empresas de alquiler ofrecen recorridos turísticos:
☎ 01.48.87.60.01
Roue Libre (gestionada por RATP [→142]), 95bis rue Rambuteau, 1° ☎ 01.53.46.43.77

En patines: Para ver de una forma más aventurera los monumentos, vaya a por unos patines (→ 78). Sea cual sea su nivel, Rollers et Coquillages le llevará a una desenvuelta *promenade* de tres horas por París (domingos, 14.30 h). Los patinadores más expertos quizá prefieran una «Fiebre del viernes noche» de tres horas organizada por Pari Roller.
Rollers et Coquillages, 37 bd Bourdon, 4°
☎ 01.42.72.08.08.

En helicóptero [→78]: Una manera inolvidable, aunque cara, de ver la ciudad.
Mont Blanc Hélicoptères, Héliport de Paris, 15°
☎ 01.40.60.10.14 **w** www.montblanc-helicopteres.fr.
Paris Hélicoptères, Aéroport du Bourget, 93350 Le Bourget
☎ 01.48.39.90.44

Walking Tours: Para el *flâneur* al que le gusta tener los pies en tierra, lo mejor es un paseo a pie. Hay excursiones durante todo el año:
Ann Hervé ☎ 01.47.90.52.16
Paris Walking Tours ☎ 01.48.09.21.40

señales callejeras

Hay por la ciudad centenares de placas metálicas que ofrecen apuntes históricos concisos sobre edificios y lugares de interés. Aunque no conozca todas las palabras del texto en francés, seguramente comprenderá lo suficiente para que valga la pena una lectura rápida. Hechas de latón o de hierro fundido, estas estructuras en forma de remo fueron concebidas por el Philippe Starck. Hay información histórica (en francés) en muchas de las señalizaciones azules de calles en las confluencias, en especial las que se refieren a personas o acontecimientos de los que toman el nombre.

A pesar de las maravillas urbanas de París, hay veces que incluso los sedientos de cultura precisan despejarse. En tal caso, pueden acudir a uno de los muchos espacios verdes de la ciudad.

↓ un paseo por el parque

bosques

Bois de Boulogne, 16°

Este extenso bosque del oeste de París fue uno de los muchos intentos de Napoleón III de rivalizar con los majestuosos parques que tenía Londres en el siglo XIX. El resultado es una inteligente mezcla entre lo silvestre y lo cuidado, lo que significa que el Bois satisface todos los gustos. La joya de la corona es su grandioso Parc de Bagatelle, con senderos laberínticos, jardines corrientes (sobre todo rosas de jun. a oct.), y el edificio del Trianon, donde se celebran exposiciones. Otra joya es Le Pré Catelan, con su Jardín de Shakespeare, en un principio emplazamiento de un teatro al aire libre. En verano se pueden alquilar botes de remos en el Lac Inférieur; en invierno, hay un pequeño lago para patinar sobre hielo. Al anochecer, el Bois cambia debido a la abundante prostitución (especialmente travestis).
Excelentes planos de buenas dimensiones.

☎ 01.40.67.97.00 (Parc de Bagatelle) Ⓜ Porte Dauphine; Sablons. 10F (Parc de Bagatelle) *Parc de Bagatelle: 9-17.30 h, cada día; Shakespeare Garden: 14-16 h, cada día; Trianon: 11-18 h (hasta 17 h en invierno), miér.-lun.*
barcas, patinaje sobre hielo y asfalto, ciclismo, equitación
restaurante caro en Parc de Bagatelle

Bois de Vincennes, 12°

La zona verde más grande de la ciudad. Su carácter muy inglés –grandes extensiones de césped y bosque sin trabas– es una bendición tanto para los paseantes como para los que van a tumbarse. De los cuatro lagos del bosque, el Lac Daumesnill es el más pintoresco y el único por el que se puede ir en barca. En tierra firme, el Parc Floral ofrece numerosos entretenimientos, como exposiciones de flores, conciertos, y una calle de minigolf donde se puede meter la bola en hoyos que representan los edificios más famosos de Paris. Hay también aquí el Foire du Trône, un enorme parque de atracciones [→131].
Los sáb., conciertos de jazz en el Parc Floral [→130].

☎ 01.43.43.92.95 (Parc Floral) Ⓜ Porte Dorée; Château de Vincennes. 10F (Parc Floral) *Parc Floral: los horarios varían.* barcas, minigolf, patinaje, montar en poni, ciclismo, béisbol

parques

Parc André Citroën, 15°

En el antiguo emplazamiento de una fábrica de la Citroën, este parque exhibe impresionantes invernaderos sobre pilotes, fuentes sincronizadas, y un enorme globo [→78] aerostático en el que caben 40 personas a la vez. Hay también un gran número de pequeños cuadros de flores. Es un Leviatán desgarbado y ultramoderno en el que mantenerse impasible es todo un reto.
Todo.

rue Balard
Ⓜ Balard; Javel gratuito. *7.30-19 h lun.-vier.; 9-21 h sáb.-dom. y festivos.* patinaje, globo (hasta 31 dic. 2000).

Parc de Bercy, 12°

Antiguo emplazamiento de los almacenes de vino de la ciudad. Es el más nuevo de los parques de la ciudad. Los jardines de estilo oriental son ideales para descansar en un día caluroso de verano junto a árboles centenarios que proporcionan sombra y frescor. También alberga uno de los más bellos tiovivos de París, que no sólo añade una nota de color sino que hace que los más pequeños no dejen de sonreír.

rue de Bercy Ⓜ Bercy gratuito *amanecer-anochecer, cada día.* fútbol, ciclismo, patinaje.

Parc des Buttes Chaumont, 19°

Uno de los parques diseñados por Alphand, arquitecto de Baron Haussmann, durante el siglo XIX. En el centro hay un lago artificial del que sobresale una roca de 50 m de altura (dentro hay una cueva de estalactitas que abre en verano) a la que se llega por un impresionante puente colgante desde el que

se goza de vistas espléndidas.
La cascada artificial.

rue Botzaris Buttes Chaumont gratuito *amanecer-anochecer, cada día.* ciclismo

Jardin du Luxembourg, 6°

Con sus cuadros de flores de estilo francés a lo largo de extensiones de césped de estilo inglés, este parque es una especie de híbrido. Desde una de las muchas sillas verdes de hierro desperdigadas por los jardines mire los veleros de juguete, un partido de tenis, de ajedrez [→78-79], etc. Se encuentra aquí el Palacio de Luxemburgo, sede del Senado, una de las dos cámaras parlamentarias de Francia.
Un asombroso conjunto de estatuas.
No se permite pisar el césped.

Vaugirard Ⓜ Odéon
Luxembourg gratuito *amanecer-anochecer, cada día.* baloncesto, tenis, montar en poni

Parc Monceau, 8°

Uno de los preferidos entre los parisinos elegantes. Los restos de un *château* gótico, un minarete, un molino holandés y una pirámide egipcia son sólo algunas de las locuras que han quedado de finales del siglo XVIII, que, junto a unas estatuas primorosas, le dan un aire bastante afectado.
Numerosas fuentes de agua para beber.
No se permite pisar el césped.

boulevard de Courcelles
Ⓜ Monceau gratuito *1 nov.-31 marzo: 7-20 h cada día; 1 abril-31 oct.: 7-22 h, cada día.* patinaje

Parc Montsouris, 14°

Probablemente, el más impresionante de los parques de Alphand. Hábil mezcla de

→ más parques y jardines

lo artificial (el lago y las cascadas) y lo natural (arbustos poco comunes, árboles altísimos y flores de todos los colores), este parque es atractivo todo el año.
♧ Patos y tortugas.

boulevard Jourdan
RER Cité Universitaire
F gratuito ◑ *7-20 h, nov.-marzo, cada día (hasta 21 h abril-oct.).*
© baloncesto, patinaje, ciclismo

Promenade Plantée, 12°

Extraordinario paseo por entre los tejados de la ciudad. Este ingenioso uso del espacio (en este caso, la antigua vía férrea que pasa por el Viaduc des Arcs) simboliza la inventiva de los franceses. Es un jardín colgante de Babilonia, con sus ovalados estanques de peces y sus arriates rebosantes de rosas, romero y arbustos. Además no hay camino mejor para ir de la Bastille al Bois de Vincennes.
♧ Espléndidas vistas.

avenue Daumesnil
Ⓜ Bastille; Ledru-Rollin; Gare de Lyon; Daumesnil F gratuito ◑ *amanecer-anochecer, cada día.*
© patinaje
[→Bastille 15–18]

Jardin des Plantes, 5°

Hay más de 10.000 especies de plantas en los macizos de flores de este magnífico parque. Hay dos enormes *serres* (invernaderos) con delicadas plantas tropicales. Jardín real de plantas medicinales en el siglo XVII, el parque es hoy uno de los lugares predilectos de los que hacen footing y visitan la Grande Galerie de l'Evolution [→76-77] y la Ménagerie.
♧ Asombrosa diversidad de flores.

place Valhubert, rue Buffon or rue Cuvier
☎ 01.40.79.30.00 (Jardin des Plantes) Ⓜ Gare d'Austerlitz.
F gratuito ◑ *Jardin des Plantes: 7.45-17.30 h, cada día; Serres: 13-17 h lun.-vier.; 10-17 h, sáb.-dom.; Ménagerie: 10-17 h, miér.-lun. (hasta 22 h jue.).*
[→Barrio Latino 41–44]

Jardin des Tuileries, 1°

El jardín clásico francés original, su quintaesencia, es aún tan simétrico como cuando se inauguró en el siglo XVI. Extendiéndose desde la place de la Concorde hasta el Louvre, sigue siendo un lugar ideal para las citas. Éste es el lugar perfecto para relajarse.
♧ Parque de atracciones en vacaciones de verano y de Navidad.
♤ Puede haber mucho polvo.

rue de rivoli Ⓜ Tuileries; Concorde F gratuito ◑ *sept.-marzo: 7.30-19.30 h diario; marzo-sept.: 7-19 h, cada día.* © ciclismo.
[→Madeleine–Palais Royal 31–35]

Parc de la Villette, 19°

Los bongós nunca suenan muy lejos en lo que seguramente es el parque más cosmopolita de París. Partidos de fútbol improvisados y un reparto completo de personajes raros y maravillosos contribuyen a que pasemos un día entretenido.
♧ Cine al aire libre y festivales de jazz en verano.
♤ Mucha presencia policial.

avenue Corentin Cariou o avenue Jean Jaurès
☎ 01.40.03.75.00 (Parc de la Villette) Ⓜ Porte de Pantin; Porte de la Villette F gratuito ◑ *amanecer-anochecer, cada día.* © fútbol, patinaje, ciclismo.

jardines secretos

Jardin Atlantique, 15°

Encima de la Gare Montparnasse hay un jardín que parece estar a años luz del ajetreo. Es el antídoto ideal para la jungla urbana.

Entrada desde Gare Montparnasse
Ⓜ Montparnasse Bienvenüe.
F gratuito. ◑ *8-19 h, cada día.*

Jardins du Marais, 4°

Antes de ir a la verde place des Vosges [→58], conviene pasar por la plaza Léopold Achille y el Jardin Saint Gilles Grand Veneur y descubrir algo de paz en medio del frenesí.

rue de Sévigné (Square Léopold Achille); rue de Hesse (Jardin Saint Gilles Grand Veneur)
Ⓜ St Paul F gratuito
◑ *cada día, horarios varían.*
[→Le Marais 8–14]

Jardin Naturel, 20°

El único jardín de París que ensalza las virtudes de las plantas y flores silvestres. Estupendo lugar si buscamos un trozo de naturaleza libre.

120 rue de la Réunion
Ⓜ Alexandre Dumas
F gratuito ◑ *6 oct.-28 feb.: 8-17.30 h, cada día.*

Jardin des Poètes, 16°

A pocos pasos del hipódromo de Auteuil se halla esta hermosa y frondosa dedicatoria a la lírica salpicada de estatuas de poetas.

avenue de la Porte d'Auteuil
RER Porte d'Auteuil F gratuito
◑ *amanecer-anochecer, cada día.*

Square René le Gall, 13°

Esta elegante plaza de los treinta conserva todo el encanto de su época, sobre todo por lo que se refiere a las refinadas casas de verano en forma de cúpula que embellecen las zonas de césped.

rue Croulebarbe
Ⓜ Les Gobelins F gratuito
◑ *9-20 h, cada día.*

Desde plazas locales con toboganes a espectáculos de marionetas y parques temáticos. París tiene mucho para *les enfants...*

↓ rincón de los niños

juego y aventura

Aquaboulevard

El agua de este inmenso y kitsch parque acuático es de 29 °C todo el año. Los pequeños nadan en las olas, chapotean en cascadas o se deslizan por toboganes gigantes mientras los padres descansan en la «playa».

4–6 rue Louis Armand, 15°
☎ 01.40.60.10.00
w www.aquaboulevard.fr
Ⓜ Balard 78F adultos; 58F 3–11 años; 149F familia (2 adultos+1 niño) ◑ *9-23 h, lun.-vier.; 8-24 h, sáb.-dom. (hasta 23 h dom.).* todas

Disneyland Paris

A los niños –y a muchos mayores– les encanta Disneyland Paris, a 30 km al este de la otra ciudad encantada. El parque ha bajado sus precios de «todo incluido» y está en un momento floreciente. Pero las colas son su principal inconveniente: pueden llegar a ser de una hora o más.

Se entra por el primero de los cinco mundos: **Main Street USA**, una ciudad mítica de principios de siglo xx con muchas tiendas. De ahí se pasa a Sleeping Beauty's Castle, puerta de entrada a **Fantasyland**, una zona de cuento de hadas pensada para los más pequeños: vaya a las mazmorras, donde un dragón monstruoso bufa de cólera. Aquí casi todas las atracciones se basan en películas de Disney: pruebe el vuelo nocturno de Peter Pan sobre Londres o la emocionante It's A Small World. La única montaña rusa que pone el corazón en un puño, Space Mountain, domina **Discoveryland**, una mezcla de ciencia e invención. A los aficionados a la Guerra de las Galaxias les gustará Star Tours, una atracción filmada dirigida por George Lucas, protagonizada por androides (pero no actores) de la serie. Más coherente es **Adventureland**, en parte zoco árabe tipo Aladino, en parte isla del tesoro. El galeón del capitán Hook y la cabaña de la Familia Robinson en el árbol divierten a los más pequeños mientras los mayores se lo pasan bomba con Indiana Jones y su Templo Maldito, una montaña rusa emocionante pero corta (2 min.) y Piratas del Caribe, un paseo de 10 min. en bote a través de intensas escenas animadas. **Frontierland**, una ciudad del Salvaje Oeste, tiene la soberbia montaña rusa del tren desbocado Big Thunder Mountain y, curiosamente, Phantom Manor, una casa encantada clásica.

Puede descansar y admirar la arquitectura desde el auténtico tren de vapor que da la vuelta al parque. Personajes de Disney mimosos deambulan por el lugar abrazando a niños. A las 15 h aparecen juntos en el desfile diario desde Small World a Main Street. Los niños más mayores prefieren la vida nocturna de Disney Village, con un cine multisalas, Planet Hollywood, bares y cenas-espectáculo.
❶ Evite colas haciendo la visita los fines de semana de invierno (atención, en Francia, los miér., no hay escuela); llegando temprano –o tarde– en verano; yendo a las mejores atracciones durante el desfile de las 15 h.
Hoteles caros: reservas ☎ 01.60.30.60.53; la comida no vale gran cosa.

☎ 01.60.30.60.30
w www.disneylandparis.com
Ⓜ & TGV Marne la Vallée/ Chessy; autobuses lanzadera desde Orly and Roissy-Charles de Gaulle (salida cada 30-45 min.) ◑ *nov.-marzo: 10-18 h, cada día (hasta 20 h, sáb. y dom.); abril-oct.: 9-23 h, cada día.* nov.-marzo: 165F adultos; 135F 3–11 años; abril-oct.: 220F adultos; 170F 3–11 años. Disponibles pases de 2-3 días con descuento

Parque Astérix

Astérix y Obélix le esperan en la entrada de este parque temático basado en sus aventuras. Dentro hay una recreación de su mundo. Las atracciones abarcan desde simples tiovivos a las montañas rusas Goudurix (75 km/h). Áreas lúdicas y espectáculos de magia y con delfines. Buen surtido de restaurantes.
❶ Mejor que Disneyland Paris para los más pequeños, y también por la comida y las colas.

Parc Astérix, 60128 Plailly
☎ 03.44.62.34.34 (reservas)
08.36.68.30.10
w www.parcasterix.fr
y TGV a Roissy Charles de Gaulle, después autobús de enlace 170F adultos; 120F 3–12 años
◑ *abril-jun.: 10-18 h, cada día; jul.-agos.: 9.30-19 h, cada día; sept.-mediados oct.: 10-18 h, sáb.-dom. y miér.* todas

compras

Para ropa a precios razonables está **Du Pareil au Même**, que tiene tiendas por toda la ciudad, o **Tape à l'Oeil**. La cadena **Monoprix** también ofrece gangas buenas. Boutiques más caras son **Petit Bateau** o **Jacadi** (vaya durante las rebajas de agosto). La mejor librería infantil, **Chantelivre**, posee una pequeña sección de inglés y un rincón de lectura para los niños. En cuanto a juguetes, **Choupin** o **Si tu Veux** exhiben atractivos chismes de madera. Los precios quizá sean elevados, pero el personal es muy amable y da buenos consejos.

Otro sitio para comprar regalos originales, **Nature et Découvertes**, una cadena de tiendas dedicadas a la protección del medio ambiente.

Chantelivre
13 rue de Sèvres, 6°
☎ 01.45.48.87.90

Choupin
52 rue de Bourgogne, 7°
☎ 01.45.51.45.70

Du Pareil au Même
14 rue St Placide, 6°
☎ 01.45.44.04.40

Jacadi
17bis rue Tronchet, 8°
☎ 01.42.65.84.98

Monoprix
26 Rue d'Astorg, 8°
☎ 01.42.65.44.16
(otras tiendas)

Nature et Découvertes
Le Carrousel du Louvre, 99 rue de Rivoli, 1°
☎ 01.47.03.47.43
(otras tiendas)

Petit Bateau
64 av Victor Hugo, 16°
☎ 01.45.00.13.95

Si tu Veux
10 rue Vavin, 6°
☎ 01.55.42.14.14

Tape à l'Oeil
37 rue St Placide, 6°
☎ 01.45.49.31.43. 13

más niños | espectáculos deportivos

fantástico aire libre

Jardin d'Acclimatation

Abierto al público en 1860, este jardín ha sido un campo de recreo infantil durante generaciones. Hay animales de granja, arena, piscina infantil, toboganes y columpios, espectáculos de marionetas, así como atracciones de feria, ponis, barcos teledirigidos, trampolines, bicis de montaña y minigolf.
❶ Para más emoción, llegue en *petit train* desde la estación de Metro de Porte Maillot. Los miér. y fines de semana funcionan talleres *(ateliers)* de jardinería, cocina y teatro.

Bois de Boulogne, entrada por boulevard Maurice Barrès, 16° ☎ 01.40.67.90.82 **w** www.jardindacclimata tion.fr Ⓜ Les Sablons; Porte Maillot 13F; 10F por actividad o 150F por 16; *ateliers*: 50F por 2 h o 150F por día (comida incluida) ◑ *Invierno: 10-18 h, cada día; verano: 10-19 h, cada día.* todas

Jardin du Luxembourg

Un refugio estival fresco en el centro de París. Se puede alquilar un viejo velero de juguete en el estanque central o ir al *aire de jeu* (campo de recreo) bajo los árboles, cerca del teatro de marionetas y los restaurantes, donde los niños pueden explorar los túneles, bajar por los toboganes o trepar a los árboles. Hay también ponis y circuitos de karts, así como dos piscinas infantiles. Entradas por: pl Auguste Comte, pl Edmond Rostand
or rue de Vaugirard, 6th
Ⓜ Odéon Ⓡ Luxembourg
◑ *amanecer-anochecer, cada día.* todas

Parc Floral

Parque encantador lleno de diversiones, como un área de juegos y la Maison de la Nature, con su jardín de colmenas y mariposas. Hay también un *petit train* y se alquilan coches a pedales.
❶ El festival «Les Pestacles» (mayo-sept.) organiza sesiones gratuitas (magia, teatro, payasos, música, etc.) todos los miér. a partir de las 14.30 h.

Bois de Vincennes, entrada por route de la Pyramide, 12° ☎ 01.43.43.92.95 Ⓜ Château de Vincennes 10F adultos; 5F 6–17 años ◑ *marzo-sept.: 9.30-20 h, cada día (hasta 17 h invierno).* todas

nuevas fronteras

La Cité des Enfants, Parc de la Villette

Los niños de 3-5 años pueden trabajar en una obra, reparar un automóvil o guiar una grúa; los de 5-12 años producen un noticiario televisivo, estudian un hormiguero, etc. Un tercer espacio se dedica a exposiciones temáticas temporales. Fuera, en el parque [→74], hay toboganes gigantes, ruedas giratorias y muros por los que trepar.
❶ Hay que hacer reservas, sobre todo los fines de semana y en vacaciones: se organizan cinco sesiones diarias de 90 min.

30 av Corentin Cariou, 19° ☎ 01.40.03.75.00 **w** www. cite-sciences.fr Ⓜ Porte de la Villette 25F ◑ *10-18 h, mar.-dom.* a partir de 3 años

Palais de la Découverte

El museo científico más antiguo de París alberga un impresionante planetario. Se anuncian a diario experimentos científicos educativos interactivos, y las exposiciones temporales son muy interesantes.
Las granjas de ratas y hormigas para los más pequeños.

av Franklin D Roosevelt, 8° ☎ 01.56.43.20.21 **w** www.palais-decouverte.fr Ⓜ Champs Élysées-Clémenceau 30F adultos; 20F 5–17 años; 80F familia (2 adultos + 2 niños) ◑ *9.30-18 h, mar.-sáb.; 10-19 h dom.* a partir de 4 años

animales

Aquarium Tropical

Este vestíbulo oscuro y subterráneo del Musée des Arts d'Afrique et d'Océanie [→63] está lleno de criaturas de mares exóticos y de agua dulce que hipnotizan a los niños y a no pocos adultos. Hay un impresionante foso de cocodrilos.

293 av Daumesnil, 12° ☎ 01.44.74.84.80 Ⓜ Porte Dorée 38F adultos (aquario + museo) (gratuito para menores de 18) ◑ *10-17.30 h, miér.-lun.* todas

La Grande Galerie de l'Évolution ✓

Sala de exposiciones en el extremo sur del Jardin des Plantes con una magnífica colección de animales disecados. Unas 4.500 especies de todo el mundo se incluyen en el inmenso espacio abierto de este moderno e innovador museo.

la hora del espectáculo

Disfrute de una diversión francesa tradicional con el Guignol o **Marionnettes**, un espectáculo de títeres organizado en parques y pequeños teatros por todo París. El **Théâtre Astral** tiene funciones los miércoles y fines de semana. Los aficionados al circo pueden pasar un día entero en el **Cirque de Paris**, e intentar acrobacias, juegos malabares y magia por la mañana, comer después con los artistas y disfrutar del espectáculo de la tarde. En el **Musée de la Curiosité et de la Magie** comprobamos que las cosas no son lo que parecen mientras asistimos al espectáculo de magia. **Le St Lambert** exhibe filmes exclusivamente para niños, o hacer la reserva en **La Géode**, en el Parc de la Villette [→74]. Esta cúpula plateada tiene una pantalla de 180° que hace que nos sintamos parte de la película. Para conocer detalles de estas y otras representaciones, consulte *Pariscope* o *l'Officiel des Spectacles*.

Cirque de Paris
Parc des Chanteraines, 115 bd Charles de Gaulle, 92 Villeneuve la Garenne
☎ 01.47.99.40.40

La Géode
Cité des Sciences et de l'Industrie, 26 av Corentin Cariou, 19°
☎ 01.40.05.12.12

Marionnettes
Champ de Mars
☎ 01.48.56.01.44
Jardin du Luxembourg, 6°
☎ 01.43.29.50.97

Musée de la Curiosité et de la Magie
11 rue St Paul, 4°
☎ 01.42.72.13.26

Le St Lambert
6 rue Péclet, 15°
☎ 01.45.32.91.68

Théâtre Astral
Parc Floral de Paris, Bois de Vincennes, 12°
☎ 01.43.71.31.10

Un enorme esqueleto de ballena domina la sección del mar de la planta baja; una espectacular caravana de animales de la sabana ocupa el escenario central de la segunda planta; y una jirafa asoma por la baranda de la tercera. Vídeos (en francés) explican toda clase de temas, incluidas las habilidades del taxidermista.
❶ Suba con los ascensores de vidrio: en el trayecto hacia arriba se exhiben muchos más animales pequeños y se disfruta de vistas fantásticas.

36 rue Geoffroy St Hilaire, 5°
☎ 01.40.79.30.00
w www.mnhn.fr Ⓜ Censier-Daubenton; Jussieu 40F adultos; 30F 4–16 años
◑ *10-18 h, miér.-lun. (hasta 22 h, jue.).* ☞ Sáb., 14.30 h (30F)
todas

Zoo du Bois de Vincennes

Atractivo zoológico, pues los animales y las personas están separados por fosos y muros bajos de piedra en vez de un vallado excesivo. Elefantes, pandas, panteras, leones, camellos y jirafas.

53 av de St Maurice, 12°
☎ 01.44.75.20.00
01.44.75.20.10
Ⓜ Porte Dorée; St Mandé-Tourelle 40F adultos; 30F 4–16 años ◑ *Invierno: 9-17 h; verano: 9-18 h).* todas

a la mesa

Altitude 95

Restaurante en la primera planta de la Torre Eiffel. No decepciona. Y si se reserva mesa, se puede subir a la torre sin hacer cola. El servicio es amable y el menú de los niños incluye juegos de la Torre Eiffel.
❶ Baje por las escaleras para evitar las aglomeraciones del ascensor.

Torre Eiffel, Champ de Mars, 7°
☎ 01.45.55.20.04
Ⓜ Bir-Hakeim
◑ *comida: 12-15 h, cada día; cena: 19 o 21 h, cada día.*

Café Very

Situado en el Jardin de las Tulleries (→ 74), este café permite a los niños corretear entre plato y plato. El menú infantil pasa muy bien.
❶ vaya hacia las 12.30 h. para asegurar mesa.

Jardin des Tuileries, 1°
☎ 01.47.03.94.84 Ⓜ Concorde
◑ *12-23 h, cada día.*

↓ allez les bleus

Con su propio ministerio, financiación pública y un equipo de fútbol campeón del mundo, el deporte se vive con la pasión propia del país.

Ciclismo

En Francia, el ciclismo es más que un simple deporte: es un elemento cultural central que compite en popularidad con el fútbol, el rugby y el tenis. Los dos principales eventos son la París-Roubaix (abril) y el Tour de Francia [→130].

Hípica y carreras de caballos

En Francia, ir al trote (sobre todo en Vincennes) es la forma más popular de carreras de caballos. Se practica de dos maneras: un jockey monta el caballo o éste tira de un cabriolé de dos ruedas en el que va el conductor. Las carreras sin obstáculos (en Longchamps) y los saltos (en Auteuil) no atraen a grandes multitudes. Las principales competiciones son: Le Prix de l'Arc de Triomphe en octubre y Le Prix de Diane en junio (sin obstáculos); Le Prix du Président de la République el tercer domingo de abril (saltos y trote); Le Prix d'Amérique y Le Prix de Paris, ambos en febrero (trote). Las apuestas estás abiertas cada día en los cafés que exhiben el letrero PMU y en el hipódromo. Para más detalles sobre las carreras, búsque en w www.pmu.fr

Vincennes, 2 route de la Ferme, 12° ☎ 01.49.77.17.17
RER Joinville le Pont, luego lanzadera gratuita
◑ *12-15 h; 19-21.30 h, cada día.*
15F
Longchamps, route des Tribunes, Bois de Boulogne, 16° ☎ 01.44.30.75.00
Ⓜ Porte d'Auteuil después lanzadera ◑ *dom. y festivos.*
gratuito–50F
Auteuil, Route des Lacs, 16°
☎ 01.40.71.47.47 Ⓜ Porte d'Auteuil ◑ *marzo-jul.; sept.-nov.* 25F–55F ☞ (dom.)

Rugby y fútbol

Vaya al Parc des Princes, sede del equipo de fútbol de París, el Paris Saint Germain (PSG), o al modernísimo Stade de France. Construido para el Campeonato del Mundo de 1998, en el estadio se celebran cada año (enero-marzo) tres partidos del Torneo de las Seis Naciones de rugby; también la selección nacional de fútbol juega aquí sus partidos de casa. Puede ser difícil conseguir entradas, así que mejor hacer reservas.

Stade de France, La Plaine St Denis ☎ 01.55.93.00.00 (información); 08.03.03.00.31 (entradas) Ⓜ RER St Denis
w www.stadefrance.fr; www.psg.fr 50F–600F ☞
Parc des Princes, 24 rue du Commandant Guilbaud, 16°
☎ 01.42.88.02.76 Ⓜ Porte de St Cloud 60F–250F
◑ *9-18 h, lun.-vier.*

Tenis

Roland Garros [→130] es probablemente el evento deportivo más atractivo del año, y hay que comprar la entrada con un año de antelación. El menos conocido Open de París se celebra en noviembre en el Palais Omnisport de París Bercy. En este moderno pabellón cubierto de césped se disputan otras competiciones deportivas y se organizan conciertos de masas [→123].

Roland Garros, 2 av Gordon Bennett, 16° ☎ 01.47.43.48.00
Ⓜ Porte d'Auteuil
80F–315F
Palais Omnisport de Paris Bercy, 8–12 bd de Bercy, 12°
☎ 01.40.02.60.60 Ⓜ Bercy
180F–320F

información y entradas

Para conocer los principales eventos deportivos, consulte el periódico *l'Équipe*, o *Paris Turf*, con la programación completa de las competiciones de cada día. *Pariscope* también tiene una página en w www.pariscope.fr. Las entradas pueden comprarse en Virgin Megastore y Fnac [→129]. Para reservar por internet, pruebe en w www.ticketnet.fr.

Han comprado hasta la saciedad, subido todos los peldaños del Sacré Coeur y hecho interminables colas para echar un breve vistazo a la *Mona Lisa*, pero en París hay algo más que las trilladas rutas turísticas...

↓ juegos y diversión

Globos y helicópteros

Las vistas desde la Torre Eiffel, el Sacré Coeur o el Arc de Triomphe quizá sean impresionantes, pero aún se puede subir el listón. El **Ballon Fortis** del Parc André Citroën permite que unas 100 personas lancen exclamaciones al admirar la ciudad [→73] desde el globo sujeto a tierra. No obstante, los *montgolfières* en ciernes pueden ponerse las gafas de aviador para algo más auténtico en el **Montgolfières Paris Club**. Sus paseos en globo recorren la Île de France. También puede optar por un helicóptero en **Paris Hélicoptère**.

Le Ballon Fortis
Parc André Citroën, 2 rue de la Montagne de la Fage, 15°
Ⓜ RER Javel F 66F ◑ *9 h-atardecer, cada día (hasta dic. 2000)*
Montgolfières Paris Club
☎ 01.43.35.04.48
Paris Hélicoptère
☎ 01.48.39.90.44

Patinaje

En Europa, Francia es el segundo país, tras Alemania, en número de patinadores: en París, las *balades* de fin de semana atraen a unas 10.000 personas. Si quiere eludir las multitudes, puede probar por los *quais* de las dos orillas del Sena (los automóviles no pueden circular los dom. tarde), o la *promenade plantée* [→74]. Y todo complementado por el gran número de calzadas anchas.

Por otra parte, patinar sobre hielo en **Mairie de Paris** es una experiencia mágica. Es romántico y vale la pena congelarse un rato. Los enganchados al hielo van al **Patinoire de Saint Ouen** durante todo el año, pero en las horas punta parece el tráfico de la place Charles de Gaulle-Étoile y los modales son más o menos los mismos.

Balades: (con experiencia) pl d'Italie, 3° ◑ *22 h vier.* Ⓜ Place d'Italie; (principiantes) pl de la Bastille, 11° ◑ *14.30 h dom.* Ⓜ Bastille
Hire: Nomades 37 bd Bourdon, 4°
☎ 01.44.54.07.44 Ⓜ Bastille F 60F por día más depósito (1000F o pasaporte);
Roller Station 66 av des Champs Élysées, 8°
☎ 01.53.75.04.04 Ⓜ Franklin D Roosevelt F 80F por día más 1000F depósito.
(Lecciones en grupo: 11 h sáb., Palais Royal; 13-14 h dom. Trocadéro; 14-15 h dom. La Défense F gratuito);
Vertical Line 60bis av Raymond Poincaré, 16°
☎ 01.47.27.21.21 Ⓜ Trocadéro F 60F por día más 1000F depósito. Llame para informarse de las clases.
Mairie de Paris
place de l'Hôtel de Ville, 4°
Ⓜ Hôtel de Ville F gratuito
◑ *Dic.-marzo.*
Patinoire de Saint Ouen
4 rue du Dr Bauer, St Ouen
☎ 01.40.11.43.38 Ⓜ Mairie de St Ouen ◑ *10-12.30 h, 14.30-18 h, miér., sáb. y dom.; 20.30-23 h, mar. y vier.*

Petanca

El francés típico que luce una camisa a rayas y boina siempre está jugando a petanca. Todo el mundo puede hacerlo: entre los lugares más conocidos están las **Arènes de Lutèce**, los **Champs de Mars** bajo la sombra de la Torre Eiffel, o el centro de la **place de la République**, bastante congestionada por el tráfico. Pregunte con educación si puede añadirse a un grupo, u organice con amigos su propia partida.

Arènes de Lutèce
rue Monge, 5°
Ⓜ Cardinal Lemoine
◑ *10-anochecer.*
Champs de Mars, 7°
Ⓜ Bir Hakeim
Place de la République, 10°
Ⓜ République

Café y salones

Si busca un tono algo más intelectual en la Ciudad de la Luz, únase a una sesión de reflexión organizada ante un pastís o un café. Cierto es que evaluar la naturaleza del lenguaje parece algo complicado si es en francés, pero también hay muchos lugares anglófonos. **El Café de l'Industrie** [→102] es un sitio fantástico para una discusión profunda un domingo por la mañana. La numerosa clientela suele ser joven, *branché* y con resaca. Para algo más serio, vaya al **Café de Flore. La Chope des Vosges** organiza un *café-psycho*, básicamente una terapia de grupo (en francés) ante un café. Es ideal para resolver obsesiones muy arraigadas o simplemente para asombrarse de la gente dispuesta a compartir sus complejos edípicos con desconocidos.

Si rondamos por la place des Vosges tal vez nos pongamos literarios. Si prefiere los cócteles donde todo el mundo mantiene conversaciones inteligentes, la solución está en los *salons*. Durante más de veinte años, **Jim Haynes** ha organizado veladas de contactos y flirteo (después de cenar) que han atraído de nuevo a los intelectuales a Montparnasse. La recién llegada Patricia Laplante Collins, de **Paris Connections**, también ofrece cena, copas y conversación con artistas, escritores y otros creadores.

Café de L'Industrie
16 rue St Sabin, 11°
☎ 01.47.00.13.54 Ⓜ Bastille
◑ *11-13 h, 2° y 4° dom. del mes.*
Café de Flore
172 bd St Germain, 6°
☎ 01.45.48.55.26 Ⓜ St Germain des Prés ◑ *19 h, 1er y 3er miér. del mes.*
La Chope des Vosges
22 pl des Vosges, 4°
☎ 01.42.72.64.04 Ⓜ St Paul
◑ *17.30-15 h, cada miér.*
Jim Haynes
83 rue de la Tombe Issoire, 14°
☎ 01.43.27.17.67 Ⓜ Alésia
◑ *19 h, cada dom.* F 100F (incluida cena) ❶ Llame el sáb. para reservar.
Paris Connections
36 rue Jacob, 6°
☎ 01.42.61.39.35
Ⓜ St-Germain-des-Prés
◑ *19 h, cada dom.*
F 100F (incluida cena)

Ajedrez

Para los juegos verdaderamente cerebrales no hay mejor sitio que el **Jardin du Luxembourg** [→73]. Detrás de los jardines hay una zona especial reservada para ajedrecistas serios, donde las mesas tienen tableros pintados y, llueva o haga sol, hay colas de gente que espera su turno o mira los movimientos de los que juegan. Una institución parisina considerada con gran respeto (silencioso).

Jardin du Luxembourg, bd St Michel, 6° RER Luxembourg F gratuito ◑ *amanecer-anochecer.*

Escuelas de cocina ►

Cursos de cocina que le convertirán en Alain Ducasse, en el **Ritz Escoffier**. Sus cocinas son impresionantes y la variedad de cursos es asombrosa. Especialícense en hacer pasteles o simplemente deléitense luciendo el atuendo del chef con la insignia del Ritz. Por su parte, **Marie Blanche** es una yuppie francesa clásica que da consejos sobre vida elegante en su lujoso apartamento. Las lecciones no intimidan y refuerzan la propia confianza, de modo que uno sale con la idea de que es un anfitrión perfecto y decidido a organizar montones de cenas a la vuelta a casa. Pero si lo que nos pierde es el chocolate, permítase un curso de degustación de chocolate (una vez al mes) en el suntuoso *salon de thé* **Ladurée**.

Ritz Escoffier
École de Gastronomie Française, 15 pl Vendôme, 1°
☎ 01.43.16.30.50 Ⓜ Opéra
F 275F (medio día) 173F–400F (diploma)

La Cuisine de Marie Blanche
18 av de la Motte-Piquet, 7°
☎ 01.45.51.36.34 Ⓜ École Militaire F 350F (clase nocturna); 3500F (por 5 clases); 1800F (por 3 clases sólo para aprender *pâtisserie*)

Ladurée 75 av des Champs Élysées, 8° ☎ 01.45.63.45.79 Ⓜ George V F 250F

Baile

París tiene unas cuantas discotecas de lo mejor, pero si preferimos la música bailable a la tecno hay muchos sitios para ir. La más guai de las *guinguettes* (salas de baile con bar, con *chansons françaises* y gente que toca el acordeón) es **Guinguette du Martin Pêcheur**. Situada en una pequeña isla bastante romántica accesible sólo en balsa, es donde los jóvenes parisinos BCBG (Bon Chic Bon Genre) acaban *regrettent rien* como es debido. La mejor de las opciones flotantes es la **Guinguette Maxim's**. Este retoño del famoso (aunque pasado de moda) restaurante es una buena idea si no quiere que le lleven lejos, pues estará convenientemente amarrado junto a la Torre Eiffel.

¿Acaso preferimos un suave movimiento en la pista con una copa de Assam? En este caso, lo mejor es la sala de baile **Le Chalet du Lac** está oculta en el Bois de Boulogne y llena de pensionistas que bailan valses; muy refinado. **Dancing de la Coupole** es mucho más ruidoso. También atrae a una masa más joven y moderna que va a reírse un poco... y por la salsa de los martes por la noche. Pero en verano no hay mejor sitio para los salseros que al aire libre, junto al Sena, lo que explica que pueda encontrarse el **Quai Saint Bernard** hecho un remolino de música y clases de baile improvisadas.

Guinguette du Martin Pêcheur
41 quai Victor Hugo, Champigny-sur-Marne
☎ 01.49.83.03.02
RER Champigny-sur-Marne
F 30F ◑ *marzo-nov.: 20-2 h, mar.-sáb., 12-20 h, dom.; jul.-agos.: 12-24 h, mar.-sáb.*

Guinguette Maxim's
Port de Suffren, 15°
☎ 01.45.55.45.57 Ⓜ Bir Hakeim
F gratuito ◑ *21-24 h, lun.-sáb. (hasta 2 h sáb.)*

Le Chalet du Lac
Bois de Vincennes, 12°
☎ 01.43.28.09.89 Ⓜ St Mandé Tourelle F 30F–70F
◑ *14.30-17 h, lun., jue.-sáb.; 15-19.30 h dom.*

Dancing de la Coupole
102 bd de Montparnasse, 14°
☎ 01.43.20.14.20
Ⓜ Vavin F 100F (una bebida incluida) ◑ *Salsa: 21-3 h, mar.; baile: 21.30-3 h, vier.-sáb.*

Quai St Bernard, 5°
Ⓜ Gare d'Austerlitz
◑ *jun.-oct. desde 19 h, (normalmente) dom.*

Billares y futbolín

Los juegos con bolas acompañadas de alcohol forman parte del atractivo de **Doobies**, un elegante bar nocturno. Para entrar hay que tocar el timbre y esperar que le echen una ojeada, pero una vez dentro, podrá tomar cócteles cargados, fumar un montecristo y jugar a billar. **Le Blue Billiard**, un bar grunge situado en la moderna rue Oberkampf, atestado de adictos al taco, y un puñado de sitios de moda en Ménilmontant son opciones más sencillas. Hay varios tipos de billar, incluido el francés, que es notoriamente intelectual (lo cual no sorprende).

Aunque la imagen de montones de testosterona entusiasmadísimos con pequeñas figuras de plástico que pretenden ser futbolistas puede ser algo ridícula, hay futbolines por toda Francia. Busque un café de barrio y pida el futbolín. Es muchísimo más chulo y divertido que el Subbuteo. ¡Recuerde: no se pueden hacer girar las barras!

Doobies
2 rue Robert Estienne, 8°
☎ 01.53.76.10.76 Ⓜ Franklin D Roosevelt ◑ *18-2 h, lun.-sáb.*

Le Blue Billard
111 rue St Maur, 11°
☎ 01.43. 55.87.21 Ⓜ Parmentier
◑ *21-2 h, cada día.*

loterías

Si la alta cocina, las suites en el Crillon y el buen champán encajan con su gusto pero no con su cuenta corriente, convertirse en multimillonario de forma fácil puede ser una buena decisión. El planteamiento francés de la lotería es muy refinado. Los boletos se compran en los estancos. Se pueden escoger entre 7 y 10 números, y decidir si es para el miércoles o el sábado (el miér. si rellena el boleto entre el dom. por la mañana y el miér. por la noche, el sáb. si lo entrega entre el jue. por la mañana y el sáb. por la noche) o si duplica su posibilidad –y el precio del boleto– al jugar en los dos sorteos. No pierda ni doble el resguardo (¡no será válido!). Ambas noches hay dos sorteos, a las 19.55 h y a las 20.45 h, y los resultados aparecen publicados al día siguiente en Le Parisien. Los lugares de cobro de los boletos premiados están por todo París, así que si le ha tocado vaya al estanco y pregunte dónde puede ir a recoger el cheque. ¡Buena suerte!

Los parisinos prestan mucha atención a *les petits soins* o «los pequeños cuidados» para tener buen aspecto. Sea para pasar un día en el balneario o para hacerse un nuevo peinado o un tratamiento facial, saber dónde ir para los mejores *soins* forma parte del *savoir-faire* local.

↓ el factor «bienestar»

tratamientos de belleza

Aromathérapie du Théâtre de la Beauté

Muchos pulmones de parisienses fumadores se han llenado de aire puro certificado procedente del «oxigenador biocatalítico» de este centro de aromaterapia (40F por 6 min.). El cliente sólo ha de respirar con normalidad mientras le insuflan ráfagas de aire perfumado de pino.

Cosmetic Dpt, Le Bon Marché, 24 rue de Sèvres, 7°
☎ 01.44.39.80.00
Ⓜ Sèvres-Babylone
◑ *9.30-19 h, lun.-sáb. (hasta 20 h sáb.).* ♿

Biocéane

Durante 15 años, Marie-Odile Lefebvre ha llenado de agua de mar los 150 remolinos a chorro de su centro para tomar baños *balnéo* terapéuticos (250 F) y utilizado polvo de conchas marinas y aceites de nuez para tratamientos de *peeling* corporal (180 F). También es experta en «tatuajes» cosméticos permanentes (400 F) y en dar forma a labios sensuales.

22 av de Flandre, 19°
☎ 01.40.36.58.01
w www.bioceane-tm.fr
Ⓜ Stalingrad
◑ *10-19 h, mar.-sáb.* ♿

Carita House of Beauty

El mejor lugar para hacerse una manicura francesa (185 F); la calidad de los tratamientos faciales, corporales y del cabello del más parisino de los salones de belleza compensa su carácter esnob y sus elevados precios. Pruebe un tratamiento facial rehidratante *Soins aux 3 Sources* (700 F), o la rutina relajante *Peau de Satin*, con una sesión de 10 minutos de baño turco, seguida de friegas (690 F) o una depilación de piernas enteras (350 F).

11 rue du Fbg St Honoré, 8°
☎ 01.44.94.11.11
Ⓜ Concorde; Madeleine
◑ *10-18.30 h, mar.-sáb.* ♿

Chez Nickel

Salón masculino con entrada futurista en el sótano de los modernos grandes almacenes Le Printemps [→84]. Tiene dos salas de azulejos grises iluminadas con un neón azul donde se realizan masajes (80 F), depilaciones (90-380 F), bronceados (35-60 F) y pedicuras (90 F). Posee un «gel de rescate a la mañana siguiente» para caras resacosas.

Printemps de l'Homme, 64 bd Haussmann, 9°
☎ 01.42.82.64.75
w www. nickel.fr Ⓜ Havre-Caumartin ◑ *9.30-19 h, lun.-sáb. (hasta 21.30 h jue.).* ♿

Ella Baché: Institut de Beauté

Lujosa boutique que vende cremas y limpiadores desarrollados por la diva del cuidado de la piel, incluida la crema hidratante *la crème tomate* (167 F), además de ofrecer tratamientos como los ultrasonidos antiarrugas (350 F), la depilación fría con mentol (319 F), y sesiones de oxigenación de una hora (340 F).

8 rue de la Paix, 2°
☎ 01.42.61.67.14
Ⓜ Opéra ◑ *11-18.30 h, lun.; 8-19.30 h, jue.-vier. (hasta 21 h, miér.-jue.); 9-18 h, sáb.*

Institut Sothys ✓

Centro de *thalassothérapie* que ofrece masajes de baño *balnéo* remineralizadores (600 F), tratamientos de oxígeno *ionozone* desintoxicante de 20 min. (490 F), o envolturas de algas (400 F). Reserve con una semana antes.

128 rue du Fbg St Honoré, 8°
☎ 01.53.93.91.53
w www. sothys.fr
Ⓜ St Philippe du Roulé
◑ *9.30-19.30 h, lun.-vier.; 10-17 h, sáb.*

Villa Thalgo

Clases de aerobic (250 F) en piscinas de agua de mar, así como *balnéo*, envolturas de algas, masajes con duchas a chorro y *gommage* (290F cada uno). También masaje indio, shiatsu, drenaje linfático (490F cada uno) y reflexología (390 F).

218–220 rue du F St Honoré, 8°
☎ 01.45.62.00.20
Ⓜ Ternes
◑ *9-20.30 h, lun.-jue.; 9-19 h, vier.-sáb.*

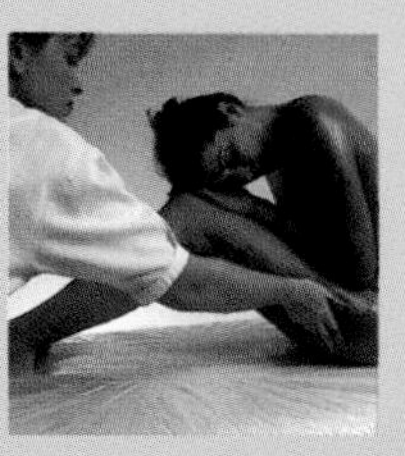

balnearios y baños turcos

Les Bains du Marais

Balneario de mármol y arenisca especializado en masaje oriental «a cuatro manos» con aceites esenciales (700 F) y en tatuajes marroquíes con alheña (150 F). Entrada en la sauna-baño turco con una *gommage* (friegas) y un masaje por 360 F; si a eso se le añade manicura, pedicura, tratamiento facial, lavar la cabeza, arreglar el pelo y una saludable comida de tres platos, el precio es de 1.800 F.

31–33 rue des Blancs Manteaux, 4°
☎ 01.44.61.02.02
w www.lesbainsdumarais.com
Ⓜ Rambuteau F entrada 180F ◑ ***Mujeres**: 11-20 h, lun.; 11-23 h, mar.; 10-19 h, miér. **Hombres**: 11-23 h, jue.; 10-20 h, vier.-sáb. **Mixto**: 19-24 h, miér.; 11-23 h, dom.*

La Mosquée Hammam

Grandes cojines, té a la menta y música árabe. Este santuario dedicado a la relajación con un laberinto de saunas. Ofrece *gommages* o friegas (55 F), y masajes (55 F).

39 rue Geoffroy St. Hilaire, 5°
☎ 01.45.35.37.33 Ⓜ St Marcel
F 85F entrada ◑ ***Mujeres**: 10-21 h, lun.; miér.-jue. y sáb.; 14-21 h, vier. **Hombres**: 14-21 h, mar.; 10-21 h, dom.* ♿

Univers Gym: Club Masculin

Le dan una toalla, una llave de taquilla y un condón tras pagar 105F (65F después de las 22 h) en la entrada de esta sauna gay de 800 m², con gimnasio, baño turco, jacuzzi gigante, pantallas de vídeo, rayos UVA y masajes gratuitos los domingos por la noche.

20–22 rue des Bons Enfants, 1°
☎ 01.42.61.24.83
w www. univers.net

Ⓜ Palais Royal-Musée du Louvre; Les Halles ◑ *12-1 h, dom.-jue.; 12-2 h, vier.-sáb.*

en forma

Centre de Danse du Marais

Situado dentro de un edificio histórico con patio, las aulas dan a terrazas de cafés de modo que el tintineo de los vasos y las risas se mezclan con los ritmos de los bailes y el tamborileo de las clases de Capoeira. Clases de estiramiento «holístico» o talleres de salsa, tango o hip-hop, los domingos por la tarde. Son 85-90F por clase (más 45F de inscripción). Llame para más detalles.

41 rue du Temple, 4°
☎ 01.42.72.15.42
w www.cogitel-forum.fr/marais
Ⓜ Hôtel de Ville
◑ *9-22.30 h, cada día.*

Espace Vit'Halles Fitness Club

Oculto cerca del Centre Pompidou, este gimnasio de varios niveles tiene fama de ser uno de los mejores centros de Francia. Aparte del bien equipado gimnasio, ofrece clases de ejercicios clásicos y modernos (100F por clase, o 900F por 10 clases), como aerobic en piscina o con música salsa, *kick boxing* y yoga.

48 rue Rambuteau, 3°
☎ 01.42.77.21.71
Ⓜ Rambuteau
◑ *8-22 h, lun.-vier.; 10-19 h, sáb.; 10-16 h, dom.*

Fédération Française de Hatha-Yoga

Los monitores de yoga de este Centro Cultural Franco-Indio hablan inglés, pero si recuerda que *serré* significa mantener las piernas juntas y *écart*, extenderlas, no tendrá dificultad para seguir las clases de yoga. 150F por clase. ❶ Lleve toalla.

50 rue Vaneau, 7°
☎ 01.45.44.02.59
Ⓜ Vaneau; St François Xavier
◑ *11, 17.45 y 19 h, lun.-jue.; 8, 10, 12.30, 17.15, 18.30 y 19.30 h, mar. y vier. (menos clases jul.-agos.).*

Gymnase Club

Es el mayor eslabón de esta cadena de control de salud, y se forman largas colas por la noche. Por lo general, sus clases de aerobic con música de rock, salsa o swing atraen a una multitud vigorosa y dispuesta. 150F por día.

2 rue du Fbg du Temple, 11°
☎ 01.47.00.69.98
Ⓜ République
◑ *7.30-22 h, lun.-vier.; 8-19 h, sáb.; 9-17 h, dom.*

Piscine Club Pontoise-Quartier Latin

La arquitectura de los treinta justifica la visita; pero aparte de la estética, éste es un lugar serio para un entrenamiento, con un gimnasio bien equipado (70F por día, 44F por noche incluyendo piscina) que da a una piscina cubierta de 33 × 15 m (25F por día) que exhibe un flujo hipnotizador de nadadores. También hay pistas de squash, aerobic, sala de pesas, rayos UVA y saunas.

19 rue de Pontoise, 5°
☎ 01.55.42.77.88
Ⓜ Maubert Mutualité
◑ ***Gimnasio**: 9-24 h, lun.-vier.; 9.30-19 h, dom.; **piscina**: 7-8 h; 12-13.30 h; 16.30-20.45 h, jue.-mar. (hasta 19 h jue. y 20 h vier.); 12.15-20.45 h, miér.*

Piscine Suzanne Berlioux

Esta piscina olímpica con techos abovedados, columnas con azulejos y un invernadero tropical está llena de nadadores que tensan sus músculos abdominales debajo del frenesí de compradores, gente que va al cine y pasajeros que se apresuran por la avenida de arriba.

10 pl de la Rotonde, 1°
☎ 01.42.36.98.44
Ⓜ Ⓡ Les Halles 🅔 25F por día
◑ *11.30-20 h, lun.; 11.30-20 h, mar., jue. y vier.; 10-19 h, miér.; 9-17 h, sáb.-dom.*

cuidado del cabello

Coiffure et Nature: Georges Bacon

Los productos de origen vegetal, con hierbas, aceites esenciales y oligoelementos, constituyen la base de los servicios de este nuevo salón, especializado en el cuidado natural del pelo y en tintes vegetales (190 F). Los cortes (hombres 158 F, mujeres 250 F) también hacen que uno se sienta bien.

1 rue de la Bastille, 4°
☎ 01.42.72.90.37 Ⓜ Bastille
◑ *10-19 h, mar.-sáb. (hasta 20 h, jue.).*

Defossé

Abierta en 1895, esta vieja barbería es una institución en París, y hombres como Jean Cocteau y Jean Marais están entre los que van a cortarse el pelo (300 F), manicuras (150 F), masajes (420 F) o tratamientos faciales.

19 av Matignon, 8°
☎ 01.43.59.95.13
Ⓜ Franklin D Roosevelt
◑ *9-18 h.30 h, lun.-sáb.*

Headscape

Esta peluquería con galería de arte en una espaciosa buhardilla se parece un poco a la Warhol's Factory de Nueva York. Los peinados de los estilistas están recién salidos de la pasarela, y se puede navegar por internet mientras se espera turno para hacerse la permanente (160-300 F) o teñirse (160 F). Cortes desde 150 F.

21 rue Vieille du Temple, 4°
☎ 01.44.61.89.29
w www. headscape.fr
Ⓜ St Paul
◑ *10-21 h, mar.-sáb.*

Les Intondables

En un escenario de murales llenos de color y una máquina de discos rosa cubierta de felpa, tranquilos peluqueros le harán un corte sencillo de cabello (hombres 160 F, mujeres 210 F).

40 av Simon Bolivar, 19°
☎ 01.42.39.02.71 Ⓜ Pyrenées
Buttes-Chaumont
◑ *11-20 h, lun.-vier.; 10-19 h, sáb.*

Space'Hair

Siempre suena música house en esta peluquería para discotequeros mientras profesionales vestidos de negro añaden vetas de color (150 F), reflejos (278 F), o hacen cortes sencillos (hombres 145 F, mujeres 205 F). Space'Hair Classic está al lado: pone videos musicales de menos decibelios y vende zumos, café y brillantina.

10 rue Rambuteau, 3°
☎ 01.48.87.28.51
Ⓜ Rambuteau ◑ Space'Hair: *9-23 h, mar.-vier. (hasta 21 h, sáb.); 12-22 h lun.* Space'Hair Clas-sic: *12-20 h, mar.-sáb.*

arte corporal

3D

Sobre todo gracias al boca a boca la gente hace cola (y repite) en este pequeño local para hacerse tatuajes y piercings. Si hay alguien aprensivo, también se le puede cortar el pelo.

7 rue Tiquetonne, 2°
☎ 01.40.26.42.50 Ⓜ Etienne-Marcel ◑ *11-20 h, lun.-sáb. (hasta 22 h, vier.).*

Magic Circus

Dibujos con alheña (80 F), tatuajes para toda la vida (300 F), piercings y cortes grunge son las marcas de fábrica de este salón.

44 rue des Lombards, 1°
☎ 01.40.26.48.38
Ⓜ Châtelet ◑ *11-20 h, lun.-sáb. (hasta 22 h, vier.).*

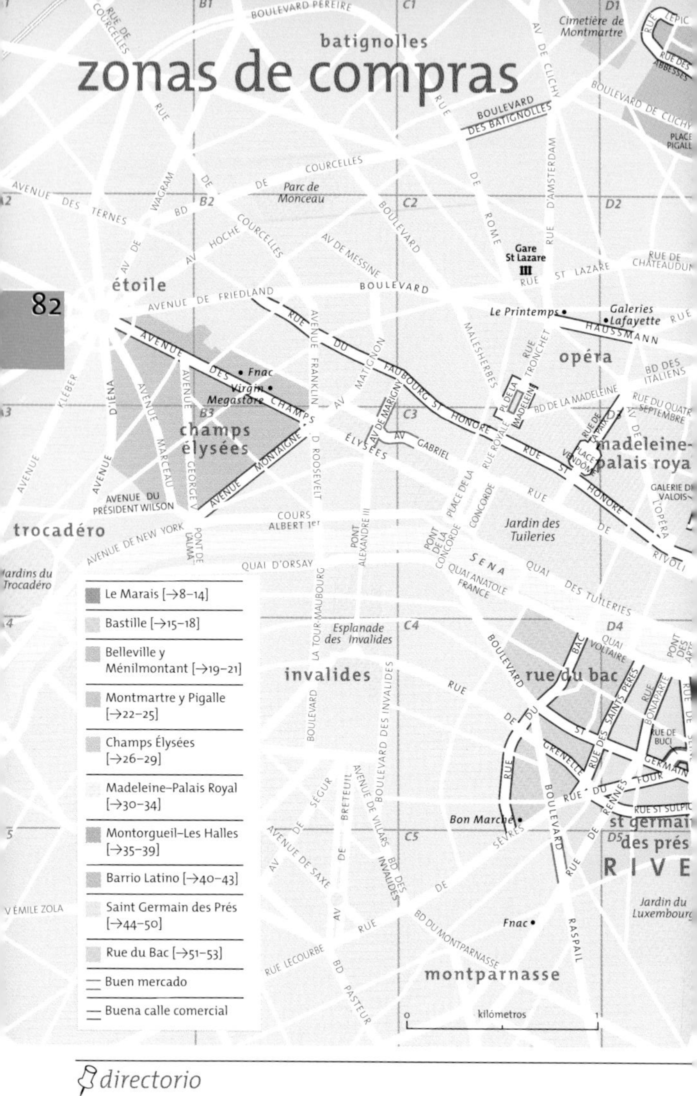

directorio

Avenue des Champs Élysées A2–B2: Una de las calles más famosas del mundo, con un gran número de tiendas dignas, como Séphora, el gran emporio de la belleza; el no va más de Louis Vuitton; o la apertura nocturna de Virgin y Fnac.

Avenue Montaigne B3: Esta lujosa avenida es el centro de la alta costura de Paris. Precios exorbitantes, delante de las boutiques hay porteros con librea, y las *vendeuses* son groseras. Vale la pena una visita a los suntuosos escaparates ¡y admirar la iluminación en Navidad!

Boulevard Haussmann C2– D2: Es mejor evitar este bullicioso bulevar en los fines de semana y las horas punta. En él se ubican los dos grandes almacenes parisinos de mayor tamaño: Le Printemps y Galeries Lafayette.

Boulevard Saint Germain C4–D4: Los modernos van en tropel a esta arteria comercial de lujo de la Rive Gauche para llevarse lo último de Dior, Armani y Sonia Rykiel, mientras que en rue Saint Sulpice, rue du Four y rue des Saints Pères se vende moda de calle más asequible. Las vecinas rue Bonaparte y rue de Seine están abarrotadas de tiendas de diseño y galerías de arte.

Place des Abbesses & rue Houdon D1: Este *quartier* elegante y bohemio es un criadero de diseñadores jóvenes y prometedores. Con frecuencia se puede comprar ropa interesante, a precios no disuasorios, directamente a los creadores.

Place de la Madeleine C2–C3: La plaza que rodea L'Église de la Madeleine es sede de dos legendarias *delicatessen* francesas: Fauchon y Hédiard. Maddélios es la primera tienda de la ciudad *pour l'homme*.

Place Vendôme C3: Esta elegantísima plaza y la cercana rue de la Paix relucen con muchos quilates de intensidad. Diamantes de Cartier, Bulgari, Van Cleef & Arpels y el último que ha llegado: Chanel Joaillerie.

Place des Victoires y rue Étienne Marcel D3–E3: Moda de diseño, sobre todo en torno a place des Victoires, donde hay de todo, desde Comme y Barbara Bui hasta Kenzo, Plein Sud y Patrick Cox, además de la tienda de segunda mano Kiliwatch, más familiar.

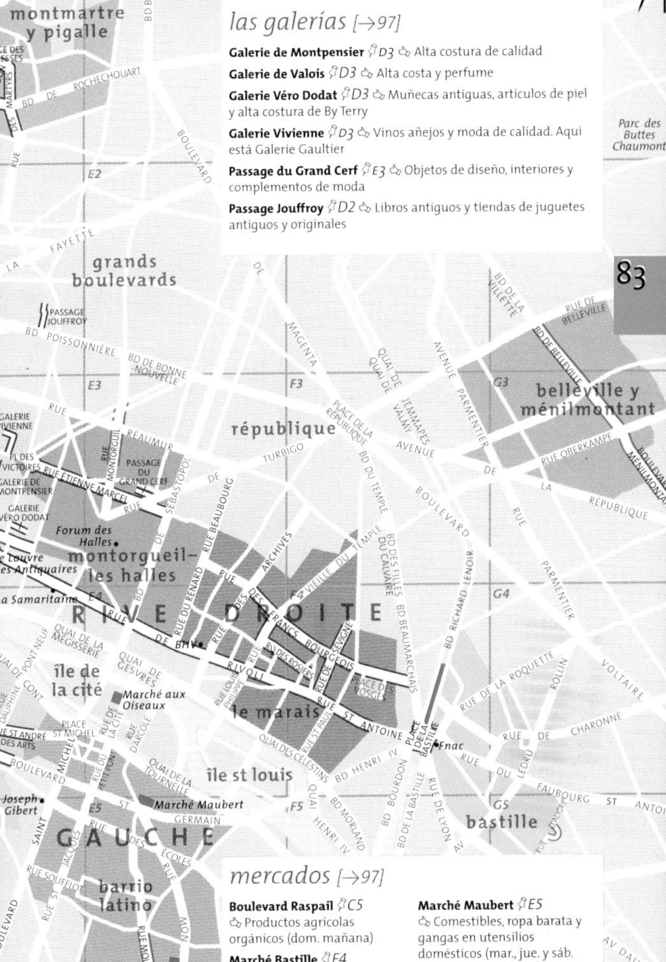

las galerías [→97]

Galerie de Montpensier D3 Alta costura de calidad

Galerie de Valois D3 Alta costa y perfume

Galerie Véro Dodat D3 Muñecas antiguas, artículos de piel y alta costura de By Terry

Galerie Vivienne D3 Vinos añejos y moda de calidad. Aquí está Galerie Gaultier

Passage du Grand Cerf E3 Objetos de diseño, interiores y complementos de moda

Passage Jouffroy D2 Libros antiguos y tiendas de juguetes antiguos y originales

mercados [→97]

Boulevard Raspail C5
Productos agrícolas orgánicos (dom. mañana)

Marché Bastille F4
Pescado, quesos y productos regionales (jue. y dom. mañana)

Marché Beauvau St Antoine G5
Ropa usada, flores, frutas y verduras (cada día, mañana)

Marché aux Fleurs C2–C3
Flores fantásticas, por supuesto (mar.-dom. todo el día)

Marché aux Oiseaux E4
Numerosos animales (dom. todo el día)

Marché aux Timbres B3
Sellos y postales antiguas (mar., sáb., dom. y días festivos todo el día)

Marché Maubert E5
Comestibles, ropa barata y gangas en utensilios domésticos (mar., jue. y sáb. mañana)

Marché place Monge E5
Mercado de frutas y verduras rural y con gran ambiente (miér., vier. y dom. mañana)

Marché rue de Buci D4
Animado mercado de comestibles y flores (mar.-dom. todo el día)

Marché rue Montorgueil E3
Fabulosas tiendas de quesos, puestos de frutas y verduras, delicatessen y pastelerías (mar-sáb. mañana)

Marché rue Mouffetard E5
Tiendas y puestos para gourmets (lun.-vier.)

Rue du Faubourg Saint Honoré y rue Saint Honoré C3–D3: En estas elegantes calles se venden las mismas marcas de lujo que en avenue Montaigne, pero son menos pomposas ¡y mucho más divertidas! Gucci, Chloé y la renovada Hermès.

Rue des Francs Bourgeois, rue des Rosiers y rue de Sévigné E4– F4: En el centro del Marais, la rue des Francs Bourgeois tiene boutiques de moda, tiendas de decoración y elegantes zapaterías, y los fines de semana atrae a multitud de compradores. La cercana rue des Rosiers alberga una vibrante mezcla de delicatessen judías, tiendas de falafels y diseñadores jóvenes y controvertidos, mientras que para joyas originales está rue de Sévigné.

Rue de Grenelle y rue du Bac C4: Rue de Grenelle, uno de los principales lugares en tiendas de moda, es también un paraíso para los fetichistas del calzado. Rue du Bac es mejor para ir en busca del último grito en género de punto, derrochar en artículos del hogar o explorar las maravillas de los grandes almacenes Le Bon Marché.

Rue de Rivoli E4–F4: En una de las calles más concurridas de la ciudad los fanáticos de la moda con poco dinero hallarán buenas gangas en cadenas de tiendas «in» como Zara y H&M. En rue de Rivoli están también ubicados dos importantes grandes almacenes: La Samaritaine y DIY-heaven BHV.

En el siglo XIX, París, al inaugurar *les grans magasins*, inventó el concepto de comprar haciendo sólo «una parada». Pero en el escenario comercial de París impera la diversidad, y muchas de sus mejores compras serán el resultado de curiosear en las diminutas boutiques especializadas ocultas en las callejuelas. Así que, si hay poco tiempo, escoja un barrio ¡y dé rienda suelta a las tarjetas de crédito!

compras

↓ grandes almacenes

Le Bon Marché

Templo de varias plantas de la chic Rive Gauche, Le Bon Marché presume de un elegante interior con armazón de hierro diseñado por Gustave Eiffel. Fantástico departamento de *mode* en la primera planta, repleto de ropa y complementos maravillosos (Galliano, Gaultier, Westwood). Para hombres, las últimas creaciones de Paul Smith, Kenzo y Dries Van Noten en la planta baja, mientras a los gourmets les cae la baba en La Grande Épicerie de Paris [→96]. FFF
☝ Departamentos de lencería e infantil.

24 rue de Sèvres, 7° ☎ 01.44.39.80.00
Ⓜ Sèvres Babylone ◑ *9.30-19 h, lun.-sáb. (hasta 20 h, jue.).* 💳 Todas

Galeries Lafayette

Varias plantas dedicadas a la moda en las que hay de todo, desde Lacroix hasta Top Stop, sofisticada ropa masculina en Lafayette Homme, secciones de lencería y perfumes, y el no va más en complementos del hogar, todo bajo la impresionante bóveda acristalada *belle époque*. Fascinante departamento de joyería, que exhibe *bijoux* de Dior, Jade Jagger y Kathy Korvin. FF–FFF

40 bd Haussmann, 9° ☎ 01.42.82.34.56
Ⓜ Chaussée d'Antin; Havre-Caumartin
RER Auber ◑ *9.30-19 h, lun.-sáb. (hasta 21 h, jue.).* 💳 Todas

Le Printemps

La Printemps es una de las galerías más elegantes de París. Magnífico *Espace Créateur*, hasta los topes de controvertidos talentos de la moda, e interminables estantes de zapatos, complementos y utensilios de lujo. Los hombres tienen su propia tienda de seis plantas que ofrece de todo, desde Birkenstock y Helmut Lang hasta un bar interior diseñado por Paul Smith. FF–FFF

64 bd Haussmann, 9° ☎ 01.42.82.50.00
Ⓜ Havre-Caumartin RER Auber ◑ *9.35-19 h, lun.-sáb. (hasta 22 h, jue.).* 💳 Todas

La Samaritaine

Estos viejos y fieles grandes almacenes que dan al Pont Neuf fruncen el ceño ante las últimas tendencias. La tienda principal es una delicia Art Déco y especialmente interesante en utensilios para hogar. La moda es más clásica que de alta costura, y el edificio de al lado está dedicado a la ropa masculina. Una tercera tienda vende toda clase de material deportivo, e incluso tiene una sección de animales domésticos. FF–FFF

19 rue de la Monnaie, 1° ☎ 01.40.41.20.20
Ⓜ Châtelet RER Châtelet-Les Halles ◑ *9.30-19 h, lun.-sáb. (hasta 22 h, jue.).* 💳 Todas

Tati

Hurgue y revuelva en este encantador sótano de París. Es imposible pasar por alto el buque insignia de Tati, con su logotipo a cuadros blancos y rosas tipo caramelo. Prepárese para recibir empujones, pues determinados compradores se pelean por todas las cosas baratas y prometedoras, desde lencería con encajes hasta juguetes para niños. No espere calidad máxima, pero atención a las sorpresas sintéticas. F

2–42 bd Rochechouart, 18° ☎ 01.55.29.50.00
Ⓜ Barbès-Rochechouart ◑ *10-19 h, lun.-vier. (desde 9.15 h, sáb.).* 💳 MC/V

↓ moda

unisex

Absinthe

Marthe Desmoulins, su propietaria, tiene un instinto innato para reunir los estilos más originales de la temporada. Misteriosa boutique, de aire retro, con ropa de Julie Skarland, Josep Font y Pierre-Hanri Mattout, junto a bolsos de Jamin Puech. FF

74-76 rue Jean-Jacques Rousseau, 1º ☎ 01.42.33.54.44 Ⓜ Les Halles RER Châtelet-Les Halles ◑ *11-19.30 h, lun.-sáb.* 💳 DC/MC/V

Agnès b

Camisas a rayas de firma, piel, lino, algodón Pima y seda. Esta etiqueta no sólo significa durabilidad del diseño sino también evolución y cambio. FF

hombres: 3 rue du Jour, 1º ☎ 01.42.33.04.13 mujeres: 6 rue du Jour, 1º ☎ 01.45.08.56.56 Ⓜ Les Halles RER Châtelet-Les Halles ◑ *10-19 h, lun.-sáb.* 💳 Todas

Barbara Bui

Especie de Miuccia Prada francesa, pero con ropa menos desmesurada y más fácil de llevar. Las prendas son elegantes, pero distintas por la experimentación con los tejidos, los inventivos diseños y los impecables acabados. FF

50 av Montaigne, 8º ☎ 01.42.25.05.25 Ⓜ Franklin D Roosevelt ◑ *10.30-19 h, lun.-sáb.* 💳 Todas

Bill Tornade

Pieles falsas, franela y fibras sintéticas de la era espacial tanto para la discoteca como para la oficina. Un diseñador con futuro, sin duda. FF

44 rue Étienne Marcel, 2º ☎ 01.42.33.66.47 Ⓜ Étienne Marcel ◑ *11-19.30 h, lun.-sáb.* 💳 AE/MC/V

Christophe Lemaire

Los dirigentes de la moda acuden en manada a las colecciones de esta estrella emergente para llevarse piezas que marquen la pauta. Es cuestión de sentarse tranquilamente, tomarse un té verde en el salón o ponerse algo chulo en los probadores de estilo japonés. FF

36 rue de Sévigné, 3º ☎ 01.42.74.54.90 Ⓜ St Paul ◑ *10.30-19 h, mar.-dom. (desde 14 h, dom.).* 💳 AE/MC/V

Comme des Garçons

Las camisas y blusas blancas son aún las mejores de la ciudad, pero ahora el diseñador que hay detrás de la línea Rae Kawukobo sueña en color... de los sesenta: tan brillantes como sobrios eran sus negros de los ochenta, con el mismo corte y textura añadida. FFF

hombres: 40 rue Étienne Marcel, 2º ☎ 01.42.36.91.54 mujeres: 42 rue Étienne Marcel, 2º ☎ 01.42.33.05.21 Ⓜ Étienne Marcel ◑ *11-19 h, lun.-sáb.* 💳 Todas

L'Éclaireur

Esta boutique está tan al día con el blanco que los dependientes van de un lado a otro luciendo camisas Comme des Garçons. Famosa por ser uno de los mejores lugares de la moda parisina, esta tienda está abarrotada de ropa rompedora y complementos de los sospechosos habituales. FFF

3ter rue des Rosiers, 4º ☎ 01.48.87.10.22 Ⓜ St Paul ◑ *11-19 h, lun.-sáb. (desde 14 h, lun.).* 💳 Todas

Gucci

El innovador americano Tom Ford resucitó este viejo semental italiano de un modo que nadie habría imaginado. Hizo un negro mejor y ahora todo el mundo vuelve a hablar de la tienda. FFF

23 rue Royale, 8º ☎ 01.44.94.14.70 Ⓜ Madeleine ◑ *10-19 h, lun.-sáb. (desde 11 h, lun.).* 💳 Todas

Jean-Paul Gaultier

Después de tantos años, el maestro de las camisas a rayas y el pelo rubio decolorado está aún maravillosamente loco. Es imposible saber qué hará ahora que Hermés le ha ofrecido una inyección de dinero sin condiciones, pero seguro que será tan extravagante como siempre. FFF

30 rue du Faubourg St Antoine, 11º ☎ 01.44.68.84.84 Ⓜ Bastille ◑ *10.30-19.30 h, lun.-sáb. (desde 11 h, lun. y sáb.).* 💳 Todas

José Levy

Una gran marca que se está haciendo un nombre. Su sello característico consiste en telas interesantes en colores que se puedan llevar, de moda pero no muy llamativos. FF

70 rue Vieille du Temple, 3º ☎ 01.48.04.39.16 Ⓜ St Paul ◑ *12-20 h, lun.-sáb.* 💳 AE/V

Lucien Pellat-Finet

Cachemira para el siglo XXI igual que la cachemira clásica N Peal después de tomarse un tripi. Rayas retro, extravagantes Argyles, incluso cositas elegantísimas para los niños. Aquí la peña de la moda alucina. FFF

1 rue de Montalembert, 7º ☎ 01.42.22.22.77 Ⓜ Rue du Bac ◑ *10-19 h, lun.-sáb. (desde 11 h, sáb.).* 💳 AE/MC/V

➔ más tiendas

Maria Luisa

Durante mucho tiempo lugar preferido por las mujeres elegantes no sometidas a un estilo, ahora Marie también tiene una colección masculina. Nombres como Stella McCartney o Dries van Noten junto a los provocativos negros de Jean-Louis Sherrer. Es el espacio de Manolo Blahnik en Paris. FFF

hombres: 5 rue Cambon, 1°; mujeres: 2 rue Cambon, 1° ☎ 01.47.03.96.15 Ⓜ Concorde ◑ *10.30-19 h, lun.-sáb.* ▭ Todas

Paul Smith

La combinación de tejidos elegantes, los buenos cortes y la excentricidad británica de Mr Smith ha logrado un importante éxito al otro lado del Canal. Trajes de moda, corbatas caprichosas o chalecos de colores. En la planta de abajo, colecciones atractivas para las mujeres y los niños. FF–FFF

22 bd Raspail, 7° ☎ 01.42.84.15.75
Ⓜ rue du Bac ◑ *10-19 h, lun.-sáb. (desde 11 h, lun.).* ▭ AE/MC/V

Le Shop

Pese al tono adolescente de su cuartel general, no hace falta tener 15 años para llevar la ropa de calle moderna que vende Le Shop. F–FF

3 rue d'Argout, 2° ☎ 01.40.28.95.94
Ⓜ Étienne Marcel ◑ *11-19 h, lun.-sáb. (desde 13 h, lun.).* ▭ AE/MC/V

Yves Saint Laurent Rive Gauche

El hombre que vistió a la mujer con chaqueta de safari y esmoquin es también el diseñador de ropa masculina que reina en Francia (con Tom Ford a cargo de la colección prêt à porter). El corte impecable evoca otra época, pero los colores brillantes son el último grito. FFF

hombres: 12 pl St Sulpice, 6° ☎ 01.43.26.84.40
mujeres: 6 pl St Sulpice, 6° ☎ 01.43.29.43.00
Ⓜ St Sulpice ◑ *10.30-19 h, lun.-sáb. (desde 11 h lun.).* ▭ Todas

moda masculina

Charvet

Ropa para caballero en el sentido más tradicional, y complementos exquisitos aunque clásicos. FFF

28 pl Vendôme, 1° ☎ 01.42.60.30.70
Ⓜ Opéra ◑ *9.45-18.30 h, lun.-sáb.* ▭ Todas

Etro

Italia se une a la Ruta de la Seda gracias a este milanés. La ropa, las corbatas, los complementos y las características maletas Etro tienen el punto exótico justo. FFF

66 rue du Fg St Honoré, 8° ☎ 01.40.07.09.40
Ⓜ Champs Élysées ◑ *10-13 h y 14.15-19 h, lun.-sáb.* ▭ Todas

Façonnable

El resultado del estilo de alumno de la Ivy League con un toque francés es más Saint Tropez que Harvard. Aquí añaden sus propios colores, sus cortes y su talento a las camisas desabrochadas, los zapatos y los jerséis estilo marinero. FF

9 rue du Fg St Honoré, 8° ☎ 01.47.42.72.60
Ⓜ Madeleine ◑ *10-19 h, lun.-sáb.* ▭ Todas

Gilles Masson

Una de las mejores tiendas masculinas de la Rive Gauche, con magníficos cortes. Vale la pena ir aunque sólo sea por las corbatas y los calcetines. FFF

200 bd St Germain, 7° ☎ 01.45.49.10.73
Ⓜ Rue du Bac ◑ *10-19 h, lun.-sáb.*
▭ AE/MC/V

Madélios

Desde que se inauguraron en 1999, estos grandes almacenes *pour l'homme* han atraído a una sucesión constante de clientes con su amplia gama de estilos, desde Dior y YSL hasta Dockers... y su bar interior, su peluquero y su salón de belleza. FFF

23 bd de la Madeleine, 1° ☎ 01.53.45.00.00
Ⓜ Madeleine ◑ *10-20 h, lun.-sáb. (hasta 21 h, jue.).* ▭ Todas

Panoplie

Tiendecita para hombres modernos. Combine ropas de Lang, Bikkembergs o Sitbon, aunque las líneas cambian cada temporada. FFF

7 rue d'Argout, 2° ☎ 01.40.28.90.35
Ⓜ Sentier ◑ *11-19 h, lun.-sáb. (desde 13 h, lun.).*
▭ DC/MC/V

moda femenina

Chanel

Embutió a las mujeres en pantalones, y fue la primera que empezó a vender bronceadores. La magia prosigue con Karl Lagerfield, que le da un tono muy de siglo XXI al bolso acolchado, los famosos trajes hechos a medida y las superficies de dos tonos. FFF

31 rue Cambon, 1°
☎ 01.42.86.28.00 Ⓜ Madeleine
◑ *10-19 h, lun.-sáb.* ▭ Todas

Chloé

Desde que ha tomado el relevo del káiser Karl (Lagerfield), Stella McCartney ha generado un estilo fresco, joven y fácil de llevar. Prueba positiva de la ingeniosa propuesta de los diseñadores británicos que utilizan la magnífica técnica del corte francés. FFF

54 rue du Fg St Honoré, 8° ☎ 01.44.94.33.00
Ⓜ Concorde ◑ *10-19 h, lun.-sáb.* ▭ Todas

Christian Dior

El británico John Galliano triunfa donde muchos pretendientes al trono de Dior fracasaron. Sigue siendo fiel al sello de los cuarenta: estilo sexy y femenino. FFF

30 av Montaigne, 8° ☎ 01.40.73.54.44
Ⓜ Franklin D Roosevelt ◑ *10-19 h, lun.-sáb.*
▭ Todas

Claudie Pierlot

Claude crea ropa divertida y femenina para criaturas bonitas y de figura esbelta. ¡Fabulosos sus géneros de punto y sus estampados algo retro! FF

1 rue Montmartre, 1° ☎ 01.42.21.38.38
Ⓜ Les Halles RER Châtelet-Les Halles
◑ *10.30-19 h, lun.-sáb.* ▭ AE/V

Espace Paola Frani

En esta tienda hay sobre todo creaciones de la italiana Paola Frani. Su estilo es el último grito: fantásticos colores, cortes asimétricos, complementos fantasmagóricos y costuras inacabadas. FF

3bis rue des Rosiers, 4° ☎ 01.42.74.65.66
Ⓜ St Paul ◑ *11-19 h, cada día (desde 15 h, dom. y lun.).* ▭ Todas

Givenchy

Alexander McQueen es la antítesis del elegante Hubert de Givenchy, cuya línea diseña ahora. No obstante, el extravagante británico hace justicia a la casa que en otra época vistió a Audrey Hepburn, la princesa Grace y Jackie O., en confección y en alta costura. FFF

8 av George V, 8° ☎ 01.47.20.81.31 Ⓜ Alma-Marceau ◑ *10-19 h, lun.-sáb.* ▭ Todas

Hermès

El proveedor de la única agenda que vale la pena y de los mejores bolsos de piel presume ahora de magnífica ropa de confección del solitario belga Martin Margiela. La cachemira noble se adapta y transforma en elegantes impermeables, único complemento necesario cuando hace un tiempo de perros. Las legendarias bufandas nunca han sido mejores, pero no pase por alto los zapatos. FFF

24 rue du Fg St Honoré, 8° ☎ 01.40.17.47.17
Ⓜ Concorde ◑ *10-18.30 h, lun.-sáb.* ▭ Todas

Isabel Marant

Isabel es una de las mejores deseñadoras jóvenes cuyos precios, por fortuna, aún no se han disparado. Combina materiales como piel, gasa y primorosos bordados indios. Elegancia golfa y refinada. FF

16 rue de Charonne, 11° ☎ 01.49.29.71.55
Ⓜ Ledru-Rollin ◑ *10.30-19.30 h, lun.-sáb.*
▭ AE/MC/V

Louis Vuitton

Las maletas con monograma de Vuitton son el no va más en complementos de moda desde que Marc Jacobs empezó a llevar las riendas creativas. Este joven triunfador americano también ha dotado de codiciadas colecciones que giran en torno a la seda de lujo, el chic minimalista y la cachemira. FFF

101 av des Champs Élysées, 8° ☎ 01.53.57.24.00
Ⓜ George V ◑ *10-20 h, lun.-sáb.* ▭ Todas

Martin Grant

Diseñador australiano favorito entre las supermodelos que acuden en tropel a esta antigua barbería. Es casi alta costura, pero joven, y las hechuras son impecables, hasta la última puntada de hilo. Materiales magníficos y precios fabulosos. FF

32 rue des Rosiers, 4° ☎ 01.42.71.39.49
Ⓜ St Paul ◑ *13-19.30 h, mar.-sáb.* ▭ Todas

Martine Sitbon

Era la diseñadora anónima que había detrás de una conocida marca, pero ha acabado estableciéndose por su cuenta a lo grande. El estilo es *ad hoc*, acaso experimental, e incluye colores y cortes sorpresa. FFF

13 rue de Grenelle, 7° ☎ 01.44.39.84.44
Ⓜ St Sulpice ◑ *10.30-19 h, lun.-sáb.*
▭ AE/MC/V

Onward Kashiyama

Esta avanzadilla de St Germain exhibe a diseñadores nuevos y jóvenes con un telón de fondo de favoritos vanguardistas. FFF

147 bd St Germain, 6° ☎ 01.55.42.77.55
Ⓜ St Germain des Prés ◑ *10.30-19 h, lun.-sáb. (desde 11 h, lun. y sáb.).* ▭ Todas

Paule Ka

Por lo primorosos que son sus largos vestidos y abrigos estilo columna cuyas formas evocan los estilos de la película *Una cara con ángel*, debería tener más renombre. Los colores van del negro básico a los pálidos más pálidos para la noche; y los bolsos y los zapatos son fantásticos. FFF

192 bd Saint Germain, 7° ☎ 01.45.44.92.60
Ⓜ St Germain des Prés ◑ *10.30-19 h, lun.-sáb.*
▭ AE/MC/V

Victoire

Seguramente la primera tienda de París en poner de manifiesto su enfoque del estilo con una colección de marcas distintas; sigue estando entre las mejores. La ropa es rompedora, pero se puede llevar. FFF

12 place des Victoires, 2° ☎ 01.42.61.09.02
Ⓜ Bourse ◑ *10.30-19 h, lun.-sáb.* ▭ AE/MC/V

➲ más tiendas

cadenas

París debe la fama a sus boutiques de alta costura, pero, como cualquier gran ciudad, tiene su cuota de cadenas. Muchas son internacionales, pero para los hombres y las mujeres de auténtico estilo francés, ***Daniel Hechter*** *ha sido desde hace tiempo la primera opción. No hay nada más femenino que* ***Cacharel****, que aún exhibe el ocasional estampado de aspecto inocente que recuerda a la Libertad, aunque se ha modernizado para incluir siluetas más actualizadas. La línea de nuevos complementos de color es extraordinaria, sobre todo las maletas y las joyas. Para ropa de calle,* ***Comme des Halles*** *tiene su propia oferta de diseño europeo y japonés, pero a precios más asequibles.* ***La City*** *sigue la misma línea, pero es más barata, mientras que en* ***Et Vous****, el estilo consiste en ropa informal fina (más zapatos y complementos) y ropa de calle que va de lo sofisticado a lo sencillo. Si esto es demasiado joven y desea algo con más detalles, mejores hechuras y una gama más amplia, vaya a* ***Épisode****. Los emporios de* ***Zara*** *tienen existencias de ropa pulcra e informal para hombres y mujeres;* ***Ventilo****, algo más rebuscado, es interesante por los detalles «étnicos» como plumas o volantes provenzales.* ***Elle Boutiques*** *tiene ropa elegante arrebatadora, así como modernos zapatos, bolsos, cojines y artículos decorativos. Y en* ***Princesse Tam-Tam*** *hay lencería y bañadores sexy pero finos.*

↓ moda a precios rebajados

Las tiendas francesas tienen periodos de rebajas limitados, así que la mejor alternativa para las gangas son las tiendas de rebajas, a menudo llamadas «stock», en las que se suele hacer un 40-60 % de descuento. **Corinne Sarrut Stock** tiene fabulosos géneros de punto, faldas y vestidos estampados, tops y blusas. Fue la diseñadora de Cacharel durante años, y la relación es muy obvia. **Et Vous Stock** vende género de punto informal, ropa deportiva, camisetas, jerséis y tejanos, en toda la gama de grises, azules y negros de la paleta; por su parte, **Stock Kookai** tiene cosas nuevas, divertidas, llenas de color, sexy y modernas, y es estupenda para combinar y emparejar. Una de las predilectas de los adictos a la moda es **Surplus APC**, también joven, conocida ante todo por ropa deportiva como chaquetas, pantalones y parkas hechas con tejidos no habituales. Para ropa de diseño con taras y *fins de séries* (fin de temporada) hay que ir al 14° *arrondissement*, por la rue d'Alésia, o probar en la cadena **Mouton à Cinq Pattes**. Lolita Lempicka, decana de los vestidos de boda, también tiene su **Solderie Lolita Lempicka**, que vende ropa del año anterior a precios ridículos. En **Stocklux** está la flor y nata de los diseñadores, pero puede encontrar prendas de Hermès y Chanel de segunda mano casi nuevas. **L'Habilleur** vende última moda para hombres y mujeres (incluyendo Prada, Barbara Bui y Martine Sitbon), además de zapatos de Patrick Cox y Robert Clergerie.

Corinne Sarrut Stock
24 rue du Champ de Mars, 7°
☎ 01.45.56.00.65 Ⓜ École Militaire ◑ *11-18 h, mar.-vier.; 11-13 h y 14-19 h, sáb.* ▭ MC/V

Et Vous Stock
17 rue de Turbigo, 1°
☎ 01.40.13.04.12 Ⓜ Étienne Marcel ◑ *12-19 h, lun.-sáb.*
▭ AE/MC/V

L'Habilleur
44 rue de Poitou, 3°
☎ 01.48.87.77.12
Ⓜ St Sebastien Froissart
◑ *11-20 h, lun.-sáb.*
▭ DC/MC/V

Le Mouton à Cinq Pattes
18 rue St Placide, 6°
☎ 01.45.44.83.25
Ⓜ St Placide ◑ *10-19 h, lun.-sáb.* ▭ Todas

Solderie Lolita Lempicka
2bis rue des Rosiers, 4°
☎ 01.48.87.09.67 Ⓜ St Paul
◑ *10.30-13.30 h y 14.30-19 h, mar.-sáb.* ▭ Todas

Stock Kookai
82 rue Réaumur, 2°
☎ 01.45.08.93.69
Ⓜ Réaumur-Sébastopol
◑ *11.30-19.30 h, lun.-sáb.*
▭ Todas

Stocklux
8 pl Vendôme, 1°
☎ 01.49.27.09.31 Ⓜ Opéra; Tuileries ◑ *11.30-19.30 h, lun.-sáb.* ▭ Todas

Surplus APC
45 rue Madame, 6°
☎ 01.45.48.43.71 Ⓜ St Sulpice
◑ *13-19 h, lun.-sáb.* ▭ MC/V

↓ segunda mano

Sede de muchas boutiques de alta costura, París tiene lo que parece una interminable oferta de los principales diseñadores del siglo XX. Pero en las tiendas de calidad no es fácil encontrar gangas. Para ropa de coleccionista, la primera de la lista es **Didier Ludot**, con los nombres más importantes de la alta costura francesa desde los veinte a la actualidad (precios a juego). Diseños más contemporáneos en **Alternatives**, con un surtido muy selectivo de diseñadores de vanguardia. **Réciproque** tiene ropa de diseño en depósito, aunque la calidad no contribuye a bajar los precios. En torno a Les Halles está la zona de máxima concentración de segunda mano retro y vanguardista, sobre todo en rue St Martin. **Planète 70** vende sobre todo ropa usada de los sesenta y setenta. Cerca, **Jukebox** tiene tejanos de décadas pasadas y una buena selección de modernos abrigos y otras joyas del vestir. **Iglaïne** tiene fantástica ropa retro pero también prendas étnicas antiguas y artículos de diseño, como Chanel y YSL de los sesenta. **Kiliwatch** quizá sea un poco cara, pero el amplísimo surtido justifica la visita. En el Marais, **Mams'elle Swing** ofrece existencias de gran calidad cuidadosamente seleccionadas, que abarcan de los veinte a los setenta, con énfasis en los cuarenta. **Son et Image** vende ropa de calle a buen precio junto a una excelente gama de abrigos, pantalones y bolsos.

La cadena **Guerrisold** suple la carencia de tiendas benéficas. En el enclave estudiantil que hay cerca de Jussieu, **Eileen** está bastante desorganizada pero hay que examinarla con atención. Y, por supuesto, los famosos mercadillos valen la pena para todo lo que se muestra esquivo: Montreuil [→97], es bueno sobre todo por el surtido de ropa de calidad y no sólo *schmutter*.

Alternatives
18 rue du Roi de Sicile, 4º
☎ 01.42.78.31.50 Ⓜ St Paul
◑ *11-19 h y 14.30-19 h, mar.-sáb.* ▤ MC/V

Didier Ludot
24 Galerie de Montpensier, 1º
☎ 01.42.96.06.56
Ⓜ Palais Royal ◑ *10.30-19 h, lun.-sáb.* ▤ MC/V

Eileen
53 rue Monge, 5º
☎ 01.43.26.94.33 Ⓜ Jussieu
◑ *11-19 h, lun.-sáb.* ▤ MC/V

Guerrisold
31 av de Clichy, 17º (otras tiendas) ☎ 01.53.42.31.32
Ⓜ Place de Clichy ◑ *9.30-19.30 h, lun.-sáb.* ▤ MC/V

Iglaïne
12 rue de la Grande Truanderie, 1º
☎ 01.42.36.19.91 Ⓜ Les Halles
◑ *11-19 h, lun.-sáb.*
▤ AE/MC/V

Jukebox
1 rue du Cygne, 1º
☎ 01.42.33.81.21 Ⓜ Les Halles
◑ *11.30-19.30 h, lun.-sáb. (desde 13.30 h, lun.).* ▤ MC/V

Kiliwatch
64 rue Tiquetonne, 2º
☎ 01.42.21.17.37 Ⓜ Étienne Marcel ◑ *11-19 h, lun.-sáb. (desde 14 h, lun.).* ▤ AE/MC/V

Mams'elle Swing
35bis rue du Roi de Sicile, 4º
☎ 01.48.87.04.06 Ⓜ St Paul
◑ *14-19 h, mar.-sáb.* ▤ MC/V

Planète 70
147 rue Saint Martin, 3º
☎ 01.48.04.33.96 Ⓜ St Paul; Rambuteau ◑ *11-20 h, lun.-sáb.* ▤ MC/V

Réciproque
89, 92, 93, 95, 101 y 123 rue de la Pompe, 16º
☎ 01.47.04.30.28 Ⓜ St Paul; Rue de la Pompe ◑ *11-19.30 h, mar.-sáb. (desde 10.30 h, sáb.).*
▤ AE/MC/V

Son et Image
8 rue Ste Croix de la Bretonnerie, 4º
☎ 01.42.76.03.72 Ⓜ St Paul
◑ *12-23 h, lun.-sáb.; 15-21 h, dom.* ▤ MC/V

↓calzado

La verdadera meca del calzado está en los 6º y 7º *arrodissements*. Para las mujeres, el mejor diseñador joven de estos últimos años es, con mucho, **Christian Louboutin**: sus lujosos tacones altos con su característica suela rojo carmín son sexy sin caer en la vulgaridad. **Robert Clergerie** es más informal y algo menos caro. Sus modernos escarpines con tacones tienen una forma inusual que le da un tono vanguardista a los trajes a medida. El muy querido **Maud Frizon** aún diseña zapatos elegantes y exóticos para mujeres que destacan sin ser llamativas. **Laure Bassal** muestra los mismos estilos perennes: punteras redondas, zapatillas de baile de los treinta...

Tanto para hombres como mujeres, **Kabuki** es una rara avis: una tienda de carácter general especializada en las principales marcas de diseño: Prada, Calvin Klein, Helmut Lang y compañía. **Stéphane Kélian** es tan cara y extravagante como siempre, con sus fantásticos tejidos de piel para verano e invierno. **Walter Steiger** también tiene seguidores, hombres y mujeres, dispuestos a pagar el precio de su primoroso calzado para ir un paso por delante. En **Free Lance** hay zapatos grandes, gruesos, atrevidos, negros, de motorista, excéntricos y unisex. **Mare** exhibe el mismo estilo, aunque un poco menos agresivo, con precios tres veces más bajos que los de los mejores diseñadores. Más informal, y tanto para la vida rural como urbana, **Paraboot** ofrece creaciones elegantes de botas clásicas de suela de goma en fabulosos colores.

J Fenestrier es la línea masculina de Clergerie: el calzado guai de temporada para sabuesos de la moda comedidos. **Jean Baptiste Rautaureau** es el hermano mayor de Freelance pero con un estilo más distinguido, mientras que **Berluti** vende zapatos a medida sólo a hombres muy ricos de gustos modernos. Exquisito aunque mucho más clásico, **John Lobb** tiene zapatos para hombre a una fracción del precio de su línea de confección por encargo.

Berluti
26 rue Marbeuf, 8º
☎ 01.43.59.51.10 Ⓜ Franklin D Roosevelt ◑ *10-19 h, lun.-sáb.* ▤ Todas

Christian Louboutin
38-40 rue de Grenelle, 7º
☎ 01.42.22.33.07 Ⓜ Sèvres-Babylone ◑ *10.30-19 h, lun.-sáb.* ▤ AE/MC/V

Free Lance
30 rue du Four, 6º
☎ 01.45.48.14.78
Ⓜ St Germain des Prés
◑ *10-19 h, lun.-sáb.* ▤ Todas

Jean-Baptiste Rautureau
24 rue de Grenelle, 7º
☎ 01.45.49.95.83 Ⓜ Sèvres-Babylone ◑ *10-19 h, lun.-sáb.*
▤ Todas

John Lobb
226 bd St Germain, 7º
☎ 01.45.44.95.77 Ⓜ Rue du Bac ◑ *10.30-19 h, lun.-sáb.* ▤ Todas

J Fenestrier
23 rue du Cherche Midi, 6º
☎ 01.42.22.66.02 Ⓜ Sèvres-Babylone ◑ *11-19 h, lun.-sáb. (desde 10 h, sáb.).* ▤ AE/MC/V

Kabuki
25 rue Étienne Marcel, 1º
☎ 01.42.33.55.65 Ⓜ Étienne Marcel ◑ *10.30-19.30 h, lun.-sáb. (desde 13 h, lun.).*
▤ AE/MC/V

Laure Bassal
3 rue de Grenelle, 6º
☎ 01.42.22.44.24 Ⓜ St Sulpice ◑ *10.30-19.30 h, lun.-sáb.* ▤ MC/V

Mare
23 rue des Francs Bourgeois, 4º ☎ 01.48.04.74.63 Ⓜ St Paul ◑ *14-19 h, dom.-lun.; 11-19.30 h, mar.-sáb.* ▤ AE/MC/V

Maud Frizon
83 rue des Saints Pères, 7º
☎ 01.42.22.06.93 Ⓜ Sèvres-Babylone ◑ *10.30-13 h y 14-19 h, lun.-sáb.* ▤ AE/MC/V

Paraboot
9 rue de Grenelle, 7º
☎ 01.45.49.24.26 Ⓜ Sèvres-Babylone ◑ *10-19 h, lun.-sáb.*
▤ AE/MC/V

Robert Clergerie
5 rue du Cherche Midi, 6º
☎ 01.45.48.75.47 Ⓜ St Sulpice ◑ *9.30-19 h, lun.-sáb.*
▤ AE/MC/V

Stéphane Kélian
13bis rue de Grenelle, 7º
☎ 01.42.22.93.03 Ⓜ Sèvres-Babylone ◑ *10-19 h, lun.-sáb.*
▤ AE/MC/V

Walter Steiger
83 rue du Fg St Honoré, 8º
☎ 01.42.66.65.08 Ⓜ Franklin D Roosevelt ◑ *10-19 h, lun.-sáb.* ▤ Todas

➔ más tiendas

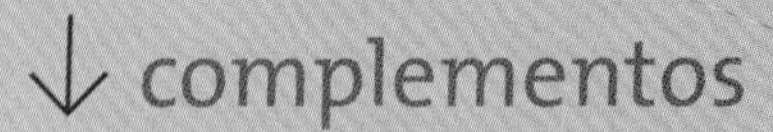

complementos

bolsos

Jamin Puech

El creativo genio pelirrojo que hay detrás no hace bolsos de mano, sino piezas de museo. FFF

61 rue d'Hauteville, 10°
☎ 01.40.22.08.32
Ⓜ Poisonnière; Bonne-Nouvelle ◑ *9.30-19 h, lun.-sáb. (hasta 18.30 h, sáb.).* ▭ V

Séquoia

Estos prácticos bolsos resultan fabulosos. Los grandes anillos plateados del logotipo tienen ahora un tono más suave, con lo que la piel y los estilos sintéticos *high-tech* se llevan mejor. FF

72bis rue Bonaparte, 6°
☎ 01.44.07.27.94 Ⓜ St Sulpice
◑ *10-20 h, lun.-sáb.*
▭ AE/MC/V

Sisso's

Colección muy bien preparada de los bolsos y complementos preferidos de la temporada (así como zapatos), desde Y Sacs a Séquoia. FF–FFF

20 rue Malher, 4°
☎ 01.44.61.99.50 Ⓜ St Paul
◑ *10-19 h, lun.-sáb.*
▭ MC/V

gafas

Alain Mikli

Si detesta esas monturas delgadas y rectangulares que lleva ahora todo el mundo, échele la culpa a Alain. Él los inventó. Hace siglos. Y también algunos de los plásticos mejor diseñados. Nunca ha sido la miopía tan chic, ni llevar gafas tan divertido. FFF

1 rue des Rosiers, 4°
☎ 01.42.71.01.56 Ⓜ St Paul
◑ *11-19 h, lun.-sáb.* ▭ Todas

Grand Optical

Es una especie de caserón con un enorme surtido de gafas de sol. En realidad, gangas no hay; pero no le faltará donde escoger ni un servicio diligente. FF–FFF

138 av des Champs Élysées, 8°
☎ 01.40.76.00.13
Ⓜ George V; Charles de Gaulle-Étoile ◑ *10-22 h, lun.-sáb.* ▭ Todas

sombreros

Anthony Péto

Sombreros para todas las cabezas masculinas: esta diminuta tienda tiene de todo, desde pasamontañas a sombreros de ala ancha, de copa baja y plegables. FF–FFF

56 rue Tiquetonne, 2°
☎ 01.40.26.60.68 Ⓜ Les Halles
◑ *11-19 h, lun.-sáb.* ▭ Todas

Marie Mercié

No son sombreros, sino esculturas. La diseñadora de los mejores tocados de París parece un Philip Treacy francés, pero no tan ultramoderna. FF–FFF

23 rue Saint Sulpice, 6°
☎ 01.43.26.45.83 Ⓜ Mabillon; St Sulpice ◑ *11-19 h, lun.-vier.*
▭ Todas

joyas

Cerize

La decoración barroca dorada es sin duda un anacronismo de los ochenta, pero las joyas y los hermosos bolsos con abalorios son actuales. Igual que los chales de ensueño, los pañuelos y los divertidos *chapeaux*. FFF

380 rue St Honoré, 1°
☎ 01.42.60.84.84 Ⓜ Concorde
◑ *10-19.30 h, lun.-sáb.*
▭ Todas

Devana

Una de las joyerías más interesantes del Marais: dijes de plata hechos a mano –para hombres y mujeres–, entre los que se incluyen gruesas cadenas, collares de plata con forma de serpiente o colgantes geométricos. FF

30 rue de Sévigné, 4°
☎ 01.42.78.69.76 Ⓜ St Paul
◑ *11-19 h, cada día (desde 14 h, dom. y lun.).* ▭ Todas

Gas

El mejor lugar para *bijoux* que satisfagan sus caprichos. Modernos, macizos, grandes, pequeños, con piedras preciosas exóticas y falsas. F

44 rue Étienne Marcel, 2°
☎ 01.45.08.49.46 Ⓜ Les Halles; Étienne Marcel
◑ *10.30-19 h, lun.-sáb. (desde 11 h, sáb.).* ▭ AE/MC/V

Johanna Braitbart

Gargantillas, corpiños con abalorios, y joyas son algunas de las piezas originales diseñadas por la propia Johanna. Los cuellos estampados añadidos están forrados de piel: fabulosos para protegerse del viento en los largos inviernos de París. F

8 passage du Grand Cerf, 2°
☎ 01.44.82.09.29 Ⓜ Étienne Marcel ◑ *10-19.30 h, lun.-sáb.*
▭ Todas

Kathy Korvin

La ex modelo ha utilizado alambre de plata y ha creado un nuevo y bello enfoque minimalista. En algunas piezas, las piedras semipreciosas suavizan el estilo gráfico. A petición del cliente, añade más oro. FF

13 rue de Tournon, 6°
☎ 01.56.24.06.66 Ⓜ Mabillon; Odéon ◑ *10-19 h, lun.-sáb. (desde 11 h, sáb.).* ▭ MC/V

lencería

Éres

La empresa que fabricó los mejores trajes de baño del mundo hace ahora la mejor lencería. Las costuras –ingeniosamente colocadas– añaden estructura y refuerzo a un diseño engañosamente frágil y a un tejido *high-tech* transparente. FFF

2 rue Tronchet, 8°
☎ 01.47.42.28.82 Ⓜ Madeleine
◑ *10-19 h, lun.-sáb.* ▭ Todas

Fifi Chachnil

Los *teddies*, las camisolas y otras pequeñas necesidades vitales con adornos tienen coquetos bordes y vienen en colores crema. Igual que la ropa a juego. FF

26 rue Cambon, 1°
☎ 01.42.21.19.93 Ⓜ Concorde; Madeleine ◑ *10.30-19 h, lun.-sáb.* ▭ Todas

La Paresse en Douce

Los camisones, de encajes en fino algodón, el lino transparente o la ligerísima seda son la antesala de los sueños más dulces y femeninos. Trajes de noche, zapatillas y ropa de cama bordada para un buen descanso nocturno. FF

97 rue du Bac, 7°
☎ 01.42.22.64.10 Ⓜ Rue du Bac; Sèvres-Babylone
◑ *10.30-19 h, lun.-sáb. (desde 14 h, lun.).* ▭ MC/V

Sabbia Rosa

La lencería, los trajes de noche y los camisones son ensueños de seda y encajes hechos realidad. Es el glamour de los treinta embellecido por el nuevo siglo. FFF

73 rue des Sts Pères, 6°
☎ 01.45.48.88.37 Ⓜ Sèvres-Babylone ◑ *10-19 h, lun.-sáb.*
▭ AE/MC/V

tiendas especializadas

Au Nom de la Rose

La flor está aquí en todas sus formas, desde el artículo genuino hasta fragancias y todas clases de regalos con la rosa como tema. F–FF

46 rue du Bac, 6°
☎ 01.42.22.08.09 Ⓜ Rue du Bac ◑ *8-21 h, lun.-sáb; 9-13 h, dom.* ▭ MC/V

Calligrane

Conjunto de tres tiendas imprescindible para los aficionados al papel hecho a mano, los libros en blanco encuadernados a mano, los álbumes insólitos y el material de escritura de bellos diseños. FF

4–6 rue du Pont Louis Philippe, 4° ☎ 01.48.04.31.89 Ⓜ Pont Marie ◑ *11-19 h, mar.-sáb.* ▭ DC/MC/V

Dehillerin

Principal tienda de la ciudad en material de cocina. FF

18–20 rue Coquillière, 1°
☎ 01.42.36.53.13 Ⓜ Louvre-Rivoli; Les Halles ◑ *8-18 h, lun.-sáb. (cerrado 12.30-14 h, lun.).* ▭ MC/V

Diptyque

Con mucho las velas mejor perfumadas del planeta. FF

34 bd St Germain, 5°
☎ 01.43.26.45.27 Ⓜ Maubert-Mutualité ◑ *10-19 h, mar.-sáb.* ▭ AE/MC/V

Goyard

Atención a LV: el fabricante de maletas de lujo de Francia. También vende complementos de piel, como collares para perros de alto estatus. FFF

233 rue St Honoré, 1°
☎ 01.42.60.57.04 Ⓜ Tuileries; Concorde ◑ *10-19 h, lun.-sáb.* ▭ Todas

Laguiole

Cuchillos de prestigio, hechos a mano, de la legendaria ciudad de Auvergne del mismo nombre. FF

1 pl Sainte Opportune, 1°
☎ 01.40.28.09.42
Ⓜ Châtelet ◑ *10.30-18.30 h, lun.-sáb.* ▭ MC/V

Madeleine Gely

Sólo vende paraguas y bastones: los mejores tienen labradas en los puños originales cabezas de animales, como caniches o conejos. FF

218 bd St Germain, 7°
☎ 01.42.22.63.35 Ⓜ Rue du Bac; St Germain ◑ *10-19 h, mar.-sáb.* ▭ MC/V

Marché Saint Pierre

Todo tipo de telas decorativas, incluyendo visillos e imitación de piel, a precios de ganga. F

2 rue Charles Nodier, 18°
☎ 01.46.06.92.25 Ⓜ Anvers
◑ *10-18.30 h, mar.-sáb.*
▭ todas

Passemanterie Nouvelle Declerq

Hay que ir si las orlas y trenzas del *château* de repente se han vuelto viejas y gastadas. Expertos durante generaciones. FFF

15 rue Étienne Marcel, 1°
☎ 01.44.76.90.70 Ⓜ Étienne Marcel ◑ *9-18 h, lun.-vier.*
▭ AE/V

libros

París ha sido un paraíso para los libreros desde finales de la década de 1400, cuando los impresores de la ciudad empezaron a vender sus mercancías en el Pont Neuf. Sus descendientes, **Les Bouquinistes**, todavía instalan sus puestos en las orillas del Sena del centro de la ciudad; es fantástico curiosear por ellos. Para títulos generales en francés, **Fnac** es informada, bien surtida y agradable para hojear y rebuscar, aunque la **Librairie du Musée du Louvre** es mejor en libros de arte (y revistas, postales, etc.). Saint Germain des Prés alberga innumerables tiendas más pequeñas y eclécticas, como **Album**, enorme lugar en cuyo asombroso surtido podremos verificar la afición francesa a los cómics: *bandes dessinées (BDs)*.

La ciudad también tiene librerías inglesas sorprendentemente buenas. La mayor es la británica **WH Smith**, con un ambiente agradable y un buen surtido de títulos nuevos, además de vídeos y una sección de periódicos y revistas. **Brentano** es su equivalente americano, con un anexo francés y libros infantiles en el sótano. El **Village Voice** se centra en la literatura norteamericana, y de vez en cuando organiza sesiones de lectura de autores de renombre. La elegante **Galignani**, fundada en 1802, da prioridad a la literatura inglesa de calidad y a las bellas artes; el ambiente es selecto pero no esnob. Los fantasmas de Hemingway y Henry Miller se aparecen por **Shakespeare & Co**, un laberinto abarrotado de libros de segunda mano, sobre todo en inglés. En una línea parecida, la atestada pero encantadora **Abbey Books** es interesante por la ficción y las artes liberales, con un tono canadiense; le ofrecerán café con jarabe de arce y galletas.

Abbey Books
29 rue de la Parcheminerie, 5°
☎ 01.46.33.16.24 Ⓜ St Michel
◑ *10-19 h, cada día.* ▭ MC/V

Album
60 rue Monsieur le Prince, 6°
☎ 01.43.26.19.32 Ⓜ Odéon
◑ *10-20 h, mar.-sáb.* ▭ MC/V

Les Bouquinistes
quai de Montebello, 5°
Ⓜ St Michel ▭ ninguna

Brentano's
37 av de l'Opéra, 2°
☎ 01.42.61.52.50 Ⓜ Opéra
◑ *10-19.30 h, lun.-sáb.*
▭ MC/V

Fnac
Forum des Halles, 1 rue Pierre Lescot, 1° ☎ 01.40.41.40.00
◑ *10-19.30 h, lun.-sáb.*
▭ Todas

Galignani
224 rue de Rivoli, 1°
☎ 01.42.60.76.07 Ⓜ Tuileries
◑ *10-19 h, lun.-sáb.*
▭ MC/V

Librairie du Musée du Louvre, 1°
☎ 01.40.20.52.06
Ⓜ Palais-Royal; Louvre-Rivoli
◑ *9-21.45 h, cada día*
▭ todas

Shakespeare & Co
37 rue de la Bûcherie, 5°
☎ 01.43.26.96.50 Ⓜ St Michel
◑ *12-24 h, cada día*
▭ ninguna

Village Voice
6 rue Princesse, 6°
☎ 01.46.33.36.47 Ⓜ Mabillon
◑ *14-20 h, lun.; 10-20 h, mar.-sáb.; 14-19 h, dom.* ▭ todas

WH Smith
248 rue de Rivoli, 1°
☎ 01.40.77.88.99 Ⓜ Concorde
◑ *9-19.30 h, cada día (desde 13 h, dom.)* ▭ todas

➔ más tiendas

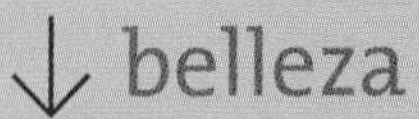

belleza

Anne Sémonin

Salón aterciopelado que ofrece tratamientos basados en plantas (con aceites esenciales y oligoelementos añadidos); puede pedir incluso un humedecedor específico para su tipo de piel. FFF

2 rue des Petits Champs, 2° ☎ 01.42.60.94.66 Ⓜ Bourse ◑ *10-19 h, lun.-sáb.* 💳 todas

Annick Goutal

Très femme y frescas, estas fragancias de marca son de lo más francesas. Las querrá todas sólo por las primorosas botellas de cristal y las cintas doradas. FF

14 rue de Castiglione, 1° ☎ 01.42.60.52.82 Ⓜ Tuileries ◑ *10-19 h, lun.-sáb.* 💳 todas

L'Artisan Parfumeur

Hermosa tienda atestada de aromáticos antídotos para la vida moderna, con perfumes, jabones, velas y vaporizadores. FF

24 bd Raspail, 7° ☎ 01.42.22.23.32 Ⓜ Rue du Bac ◑ *10.30-19 h, lun.-sáb.* 💳 todas

Beauty By Et Vous

Es una boutique conceptual pero con una diferencia. Al contrario de las que combinan moda, arte y diseño, explora el paso de la moda a la belleza. Lo último en cosméticos y cuidado de la piel –desde la marca japonesa Yojiva y el esmalte de uñas Tuff Scent a productos de aromaterapia Neal's Yard– se exhibe junto a ropa vanguardista para fans de la moda de ambos sexos. También accesorios de Jade Jagger y vídeos pseudoartísticos de pared a pared. FF–FFF

25 rue Royale, 8° ☎ 01.47.42.31.00 Ⓜ Madeleine ◑ *10.30-19.30 h, lun.-sáb.* 💳 todas

By Terry

En esta hermosa tienda todo se combina por encargo: coloración de alta costura que siempre hace juego a la perfección. FFF

21 passage Vérot-Dodat, 1° ☎ 01.44.76.00.76 Ⓜ Palais-Royal ◑ *11-19 h, lun.-sáb.* 💳 todas

Guerlain

Uno de los nombres más antiguos y prestigiosos de la cosmética francesa. La tienda es impresionante, como una perfumería *belle époque*, pero la empresa que regaló *Shalimar* al mundo tiene ahora nuevas y frescas fragancias, e ingeniosos cosméticos *high tech*. FF

68 av des Champs Élysees, 8° ☎ 01.45.62.11.21 Ⓜ Franklin D Roosevelt ◑ *9-18.45 h, lun.-sáb.* 💳 AE/V

MAC

En la Rive Gauche, una avanzadilla de la famosa y moderna línea de cosméticos, con la misma rompedora gama de colores y para gente guapa. F–FF

76bis rue des Sts Pères, 6° ☎ 01.45.48.60.24 Ⓜ Sèvres-Babylone ◑ *10.30-19 h, lun.-sáb.* 💳 todas

Séphora

Este bello emporio es un paraíso de los adictos a los cosméticos. Se encuentran todas las grandes marcas, para hombres y mujeres; incluso el servicio es bueno. F–FF

70 av des Champs Élysees, 8° ☎ 01.53.93.22.50 Ⓜ Franklin D Roosevelt ◑ *10-24 h, cada día (desde 12 h, dom.)* 💳 todas

Shiseido

El caprichoso interior quizá tenga poco que ver con la mítica línea japonesa de cosméticos, pero es un fantástico telón de fondo de todos los aceites y esencias naturales de firma. FF

142 galerie de Valois, 1° ☎ 01.49.27.09.09 Ⓜ Palais-Royal ◑ *10-19 h, lun.-sáb.* 💳 todas

estilo de vida

Castelbajac Concept Store

Monsieur Castelbajac se dedica aquí casi a todo, desde graffiti pintados con spray en mantas de lana a rayas convertidas en abrigos hasta un extraño surtido de enanos para jardín. También hay una selección de revistas, maletas con poemas grabados y velas de colores fluorescentes. FF

26 rue Madame, 6° ☎ 01.45.48.40.55 Ⓜ St Sulpice ◑ *10-19 h, lun.-sáb.* 💳 todas

Colette

El primer espacio auténticamente minimalista de París tiene de todo... siempre y cuando esté de moda: electrónica, cosméticos de Kiehl, bragas Converse, joyas, artículos del hogar, y por supuesto, ropa de los principales diseñadores franceses e internacionales. FF–FFF

213 rue Saint Honoré, 1° ☎ 01.55.35.33.90 Ⓜ Pyramides, Tuileries ◑ *10.30-19.30 h, lun.-sáb.* 💳 todas

Emporio Armani

Este santuario de varias plantas exhibe las creaciones del Maestro Armani en moda, artículos del hogar y diseño. Podemos hojear elegantes revistas internacionales en el rincón de la prensa o reunirnos con la jauría de la moda a beber *lattes* en el pulcro café de arriba. FFF

149 bd St Germain, 6°
☎ 01.53.63.33.50 Ⓜ St Germain des Prés
◑ *11-22 h, lun.-sáb.* ▭ todas

Maison de Famille

En esta tienda todo parece perfectas imitaciones de reliquias familiares artesanales; también hay ropa para hombre, mujer y niños: estilo caballero hacendado, hasta en los pijamas y la lencería. FF

10 pl de la Madeleine, 8°
☎ 01.53.45.82.00 Ⓜ Madeleine
◑ *10.30-19 h, lun.-sáb.* ▭ AE/MC/V

Zampa

Frágiles artículos indios hechos a mano junto a macizos Mandarina Duck. La moderna y siempre cambiante mezcla de artículos para nosotros y nuestra casa incluye zapatos, bolsos, ropa, cosméticos, guantes, mantas y *bijoux*. FF

10 rue Hérold, 1° ☎ 01.40.41.11.24 Ⓜ Palais-Royal; Louvre-Rivoli; Étienne Marcel ◑ *11-19 h, lun.-sáb. (desde 14.30 h dom.)* ▭ AE/MC/V

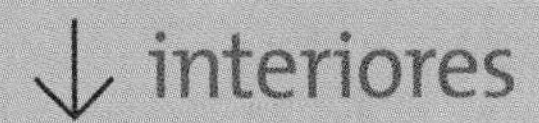

interiores

Blanc d'Ivoire

Todo lo necesario para recrear un pedacito de Provenza en su propia casa. Material auténtico de las revistas, como sólo los franceses saben hacerlo. FF

104 rue du Bac, 7° ☎ 01.45.44.41.17
Ⓜ Rue du Bac ◑ *10.30-19 h, lun.-sáb.*
▭ AE/MC/V

Bô

Esta popular boutique ofrece de todo para el hogar. A los fanáticos del minimalismo les encantarán las lámparas y las cerámicas tipo zen, aunque hay también diseños más llamativos y modernos. FF

8 rue St Merri, 4° ☎ 01.42.72.84.64
Ⓜ Hôtel de Ville ◑ *11-20 h, lum.-dom. (desde 14 h, dom.)* ▭ AE/MC/V

Catherine Memmi

Fibras y colores naturales para baños de lujo y complementos de tocador. Envuélvase en una de esas mantas o albornoces de lana y cachemira, y quizá no salga nunca más de casa. FFF

32–34 rue Saint Sulpice, 6°
☎ 01.44.07.22.28 Ⓜ St Sulpice
◑ *10.30-19.30 h, lun.-sab.* ▭ todas

La Chaise Longue

Si le gustan los colores primarios chillones y las batidoras y los ventiladores antiguos, La Chaise Longue le encantará. En esta pequeña boutique de dos plantas hay de todo, desde cursis bolsas de agua caliente a complementos de la cocina y el baño. La tienda también fabrica su propia gama de elegantes relojes, de pared y de pulsera. F–FF

20 rue des Francs Bourgeois
☎ 01.48.04.36.37 Ⓜ St Paul
◑ *11-19 h, lun.-dom. (desde 14 h., dom.)*
▭ AE/MC/V

Christian Tortu

Christian es florista de oficio, y sus discretos y sutiles arreglos de flores son obras de arte. Vende una línea de tiestos y jarrones de firma a ambiciosos floristas *manqués* que aspiran a reproducir el estilo en su casa. FF

6 Carrefour de l'Odéon, 6°
☎ 01.43.26.02.56 Ⓜ Odéon ◑ *9-20 h, lun.-sáb., 11-19 h, dom.* ▭ AE/MC/V

Dominique Kieffer

Dicen que es una de las tiendas más espléndidas de París, pero ¿quién repara en eso? Cuesta fijarse en lo que hay detrás de las elegantes almohadas de plumas y bellos colores o con adornos de rafia. FFF

8 rue Hérold, 1°
☎ 01.42.21.32.44 Ⓜ Les Halles ◑ *10-18 h, lun.-vier. (hasta 19 h, vier.)* ▭ ninguna

Écart

Un nombre que ha estado durante mucho tiempo en la cúspide del diseño francés de muebles: da a los diseñadores jóvenes una oportunidad para entrar en el gran mundo mientras reproduce respetuosamente el trabajo de leyendas del siglo XX como Eileen Gray. FFF

111 rue Saint Antoine, 4°
☎ 01.42.78.79.11 Ⓜ St Paul ◑ *10-18 h, lun.-sáb.*
▭ ninguna

Julie Prisca

Lámparas magníficas, mesas fabulosas, sofás extraordinarios, y complementos decorativos como bandejas, jarrones y colchas hogareñas. Lo moderno en armonía con lo tradicional. FFF

46 rue du Bac, 7°
☎ 01.45.48.13.29 Ⓜ Rue du Bac
◑ *10.30-19 h, lun.-sáb.* ▭ todas

➔ más tiendas

Muriel Grateau

La ropa de casa del futuro: lujo de color en todos los matices imaginables para la cama y la mesa. La elegante vajilla minimalista convertirá vuestra mesa en poesía. FFF

130 galerie de Valois, 2°
☎ 01.40.20.90.30 Ⓜ Palais-Royal
◑ *11-19 h, lun.-sáb.* todas

Patrick Frey

El encantador Monsieur Frey no sólo insufló nueva vida al negocio de tejidos decorativos iniciado por su padre Pierre, sino que lo transformó en una fantástica tienda de complementos del hogar que ahora lleva su nombre. FFF

7 rue Jacob, 6° ☎ 01.43.26.82.61
Ⓜ Mabillon; St Germain des Prés
◑ *10-19 h, lun.-sáb.* AE/DC/V

PM & Co

La elegante ubicación de esta tienda produce un bonito contraste con su tono zen. Inspiración china en el mobiliario, ambiente asiático en los complementos, diseñadores jóvenes. FF–FFF

5 passage du Grand Cerf, 2°
☎ 01.55.80.71.07 Ⓜ Étienne Marcel
◑ *11-19.30 h, mar.-sáb.* MC/V

Sentou Galerie

Francia confluye con Escandinavia y algo de Japón. Esta tienda ofrece una de las mejores colecciones de cristalería, platos, lámparas, muebles selectos, cojines y jarrones originales. FF

18 & 24 rue du Pont Louis Philippe, 4°
☎ 01.42.71.00.01 Ⓜ Hôtel de Ville; Pont Marie
◑ *11-14 h y 15-19 h, mar.-sáb.* AE/MC/V

Séquana

Tonos morados, verdes y pardos subidos, y un poco del nuevo diseño para crear una selección de objetos imprescindibles para el hogar. Mary Shaw, de Irlanda del Norte, ha fijado su atención en copas altas, cerámica, ropa de hilo, sillas tapizadas, colchas y cortinas. FF

64 av de la Motte Piquet (1ª planta), 15°
☎ 01.45.66.58.40 Ⓜ La Motte Piquet-Grenelle
◑ *14-18 h, lun.-sáb. (desde 11 h, sáb.)*
AE/MC/V

↓ tiendas de museos

La Chalcographie du Musée du Louvre

La más original de las cuatro tiendas del Louvre [véase también Libros →91]. No es una tienda de pósteres barata, sino una galería que vende peculiares reproducciones de gran calidad; precios a juego. FF–FFF

Musée du Louvre, 1° ☎ 01.40.20.59.35
Ⓜ Palais Royal-Musée du Louvre ◑ *9.30-19 h, miér.-lun. (hasta 21.45 h, lun. y miér.)*
AE/MC/V

Musée des Arts Décoratifs

En él todo es diseño francés e internacional. La pequeña selección de joyas, estampados, vajillas, juegos y cristalería le permitirá comprar algo más que souvenirs. FF

105 rue de Rivoli, 1° ☎ 01.42.61.04.02
Ⓜ Tuileries; Palais Royal ◑ *10-18.45 h, cada día (hasta 20.30 h, miér.)* todas

Paris-Musées

Aquí las vajillas, los candelabros, los jarrones, los marcos y las joyas. No son reproducciones de las piezas de los museos de la ciudad, sino que más bien se inspiran en éstas. Muy original. FF

29bis rue des Francs Bourgeois, 4°
☎ 01.42.74.13.02 Ⓜ St Paul ◑ *11-19 h, cada día (hasta 18.30 h, dom.; desde 14 h, lun.)* todas

antigüedades

Unos 300 años después de que Luis XV creara el estilo francés para destronar a los italianos como reyes del diseño, París es uno de los lugares preferidos para hallar magníficos *bibelots*. Los precios están en consonancia con el prestigio, así que procure regatear: a veces se consigue hasta un 20% de rebaja, sobre todo si tiene efectivo (y buen dominio del francés). Los no residentes en Europa pueden tener derecho al reintegro del IVA; pregunte sin reparos.

En París, los anticuarios suelen agruparse según la especialidad. **Perrin Antiques** vende tesoros del siglo XVIII de calidad museística en el distinguido 8° *arrondissement*, pero el **Louvre des Antiquaires**, cercano al Louvre, concentra a unos 200 comerciantes de alto nivel y es el no va más en compras a gran escala. Otra veta rica es la rue Saint Paul y **Village Saint Paul**, donde los períodos y los precios abarcan toda la gama. Le esperan más sorpresas y en el viejo y polvoriento **Hôtel de Drouot**, cuyas peculiares ventas se realizan los lunes, miércoles y viernes. Actualmente, es el único sitio de la ciudad donde se hacen subastas.

El caso es que el verdadero tema de diseño que arrasa hoy en París es el siglo XX. Sus insaciables buscadores prefieren a **Patrick Fourtin**, aunque para ir más rápido hay que acudir al gueto especializado en Saint Germain. El enfoque de **Alexandre Biaggi** mezcla el siglo XX con un *soupçon* de los siglos XVIII y XIX. En la siguiente manzana, **Galerie Yves Gastou** se especializa en diseño interior francés y muebles de los veinte, treinta y cuarenta. Su vecino **Félix Marcilhac** exhibe un mobiliario francés primoroso y arte de los veinte y treinta, además de ser el más famoso experto mundial en René Lalique. Para creaciones en papel de 1890-1960, la mejor fuente es Mireille Romand, de **Galerie Documents**. **Lefebvre et fils** es fabuloso por sus porcelanas frágiles y llenas de color de los siglos XVIII y XIX. El ecléctico **Época** tiene magníficas y sólidas *borbotines*: piezas de cerámica adornadas con criaturas marinas *trompe-l'oeil*. A la gente de Hollywood le encanta Mony Linz-Einstein por su originalidad y su peculiar gusto por asientos de cornamenta de alce, herrumbrosas jaulas coloniales y reliquias italianas de jardín. Bastante más lejos, y abierto sólo los jueves, **Vivement Jeudi** es como una casa donde todo está a la venta. Finalmente, ¡no se olvide de *Les Puces* [→97]!

Alexandre Biaggi
14 rue de Seine, 6°
☎ 01.44.07.34.73 Ⓜ St Germain des Prés ◑ *11-19 h, mar.-sáb.* 💳 AE/MC/V

Época
60 rue de Verneuil, 7°
☎ 01.45.49.21.48 Ⓜ Rue du Bac ◑ *11-19 h, lun.-sáb. (desde 14 h, sáb.)* 💳 AE/MC/V

Félix Marcilhac
8 rue Bonaparte, 6°
☎ 01.43.26.47.36
Ⓜ St Germain des Prés
◑ *10.30-12.30 h y 14.30-18 h, mar.-vier.; 14.30-18 h, sáb. y lun.*
💳 ninguna

Galerie Documents
53 rue de Seine, 7°
☎ 01.43.54.50.68.
Ⓜ St Germain des Prés
◑ *10.30-19 h, lun.-sáb.*
💳 MC/V

Galerie Yves Gastou
12 rue Bonaparte, 6°
☎ 01.53.73.00.10
Ⓜ St Germain des Prés
◑ *11-13 h y 14-19 h, mar.-sáb.*
💳 ninguna

Hôtel de Drouot
9 rue Drouot, 9°
☎ 01.48.00.20.20 Ⓜ Le Peletier
◑ *11-18 h, lun.-sáb.* 💳 todas

Lefèbvre et fils
24 rue du Bac, 7°
☎ 01.42.61.18.40 Ⓜ Rue du Bac ◑ *10.30-13 h; 14-19 h, lun.-sáb.* 💳 ninguna

Le Louvre des Antiquaires
2 place du Palais Royal, 1°
☎ 01.42.97.27.00 Ⓜ Palais Royal ◑ *11-19 h, mar.-dom.*
💳 varía según el anticuario

Patrick Fourtin
6 place Valois, 1°
☎ 01.42.60.12.63 Ⓜ Palais Royal ◑ *10.30-13 h, 14-19 h, lun.-vier.* 💳 AE/MC/V

Perrin Antiques
98 rue du Fg St Honoré, 8°
☎ 01.42.65.01.38
Ⓜ Miromesnil ◑ *10-13 y 14-19 h, lun.-jue.* 💳 AE

Village Saint Paul
rue St Paul, 4° Ⓜ St Paul; Pont Marie ◑ *10-19 h, jue.-lun.*
💳 varían

Vivement Jeudi
52 rue Mouffetard, 5°
☎ 01.43.31.44.52 Ⓜ Monge
◑ *10-20 h, sólo jue.*
💳 MC/V

↓ tiendas de discos

Black Label

La primera y única tienda *jungle* de París no tiene la mayor selección del mundo, pero sí un auténtico y acogedor ambiente. FFF

25 rue Keller, 11°
☎ 01.40.21.92.44 Ⓜ Bastille; Ledru-Rollin ◑ *14-22 h, mar.-sáb.* 💳 MC/V

BPM

El primer destino para cualquier incondicional del tecno y del vinilo. FF

1 rue Keller, 11°
☎ 01.40.21.02.88 Ⓜ Bastille; Ledru-Rollin ◑ *12-20 h, mar.-sáb.* 💳 MC/V

Crocodisc

Una de las primeras tiendas de segunda mano de la capital; dividido en dos salas, con música blanca y negra. F

40 rue des Écoles, 5°
☎ 01.43.54.33.22 Ⓜ Cluny-La Sorbonne Ⓡ St Michel-Notre Dame ◑ *11-19.30 h, mar.-sáb.*
💳 todas

Crocojazz

Estandarte del jazz parisino en vinilo y CD de segunda mano. FF

60 rue de la Montagne Sainte Geneviève, 5°
☎ 01.46.34.78.38 Ⓜ Cluny-La Sorbonne Ⓡ Luxembourg
◑ *11-19.30 h, mar.-sáb. (cerrado, 13-14 h)* 💳 todas

La Dame Blanche

Diminuta tienda con una excelente selección de vinilo clásico, cintas y CD; también se pueden encargar novedades. F

47 rue de la Montagne Sainte Geneviève, 5°
☎ 01.43.54.54.45 Ⓜ Cluny-La Sorbonne Ⓡ Luxembourg
◑ *10-20 h, mar.-sáb.; 11-19 h, dom.* 💳 MC/V

En Avant la Zizique!

Joyas de vinilo de los cincuenta a los setenta para coleccionistas. Extravagante y única. FF

8 rue Baudelique, 18°
☎ 01.42.62.01.02 Ⓜ Simplon
◑ *13.30-19 h, lun.-sáb.* 💳 MC/V

Fnac

La mejor tienda de música de Francia. La música está siempre seleccionada con cuidado y bien expuesta; y hay de todo. Fnac Italiens es mejor para bailar mientras que Fnac Montparnasse tiene una gran selección de discográficas independientes. FF

Fnac Italiens, 24 bd des Italiens, 2° ☎ 01.48.01.02.03 Ⓜ Opéra ◑ *10-24 h, lun.-sáb.* 💳 todas

Fnac Montparnasse, 136 rue de Rennes, 6°
Ⓜ Montparnasse-Bienvenüe
☎ 01.49.54.30.00
◑ *10-19.30 h, lun.-sáb.*
💳 todas

Frédéric Sanchez

La tienda de música más fabulosa de París presume de un interior elegante y minimalista y una clientela de estusiastas habituales que escuchan desconocidos CD con miniauriculares. Dirigida por Frédéric Sanchez y Fred Bladou, los hombres que hay detrás de las bandas sonoras más modernas de la pasarela. Selección ecléctica (desde tecno israelí hasta ópera teutónica) que cambia cada semana. FF

5 rue Ste Anastase, 3°
☎ 01.44.54.89.54 Ⓜ St Paul
◑ *13-21 h, mar.-vier.; 11-19 h, sáb.* 💳 MC/V

Gibert Joseph

Este subproducto de la librería de estudiantes Gibert Jeune [→41] es exhaustivo, pero menos acogedor que sus grandes rivales. FF

26 bd St Michel, 5°
☎ 01.44.41.88.55 Ⓜ Cluny-La Sorbonne Ⓡ St Michel-Notre Dame ◑ *9.30-19.30 h, lun.-sáb.* 💳 MC/V

➔ más tiendas

Jussieu Classique

Tienda que compensa su incómodo interior con un personal amable y una gran selección de música clásica, la mayor parte en CD. F

16 rue Linné, 5° ☎ 01.47.07.60.45 Ⓜ Jussieu ◑ *11-19.15 h, mar.-sáb.; 14-18.45 h, dom.* ▭ MC/V

Jussieu Music

Tienda hermana de la anterior y parte del imperio Jussieu, que vende sólo CD de segunda mano, sobre todo blues, rap y soul. FF

19 rue Linné, 5° ☎ 01.43.31.14.18 Ⓜ Jussieu ◑ *11-19.15 h, mar.-sáb.; 14-18.45 h, dom.* ▭ MC/V

O'CD

El mismo surtido que Crocodisc (rock, jazz, funk, pop, y el 90 % del stock es de segunda mano), pero con una decoración más elegante y puestos de escucha. FF

26 rue des Écoles, 5° ☎ 01.43.25.23.27 Ⓜ Cluny-La Sorbonne ◑ *14-19 h, cada día (hasta 21 h, mar.-sáb.; desde 15 h, dom.)* ▭ MC/V

Rythmo-Disc

Especializada en música antillana y otros aires afrocaribeños, en vinilo y CD. FF

89 rue Dunkerque, 9° ☎ 01.42.85.50.11 Ⓜ Anvers ◑ *10.30-19 h, mar.-sáb.* ▭ all

Tracks'Addict

Vinilo para DJ y CD decentes. House, garage, trip-top... todo está a la venta. FF

52 rue d'Argout, 2° ☎ 01.42.21.02.72 Ⓜ Étienne Marcel ◑ *12-20 h, lun.-sáb.* ▭ MC/V

Vibe Station

Pese a su horrible exterior, es posible que encuentre allí aquella melodía house de Chicago que ha estado buscando (en vinilo y CD) durante siglos... FFF

57 rue du Fg St Antoine, 11° ☎ 01.44.74.64.18 Ⓜ Bastille ◑ *12-20 h, lun.-sáb.* ▭ MC/V

Virgin Megastore

Aunque la lujosa tienda de los Champs Elysées tiene un enorme stock y modernos puestos de escucha, la sucursal del Carrousel du Louvre es mucho más tranquila, con una fantástica sección de música clásica. FF

52–60 av des Champs Elysées, 8° ☎ 01.49.53.50.00 Ⓜ Franklin D Roosevelt ◑ *10-24 h, cada día (desde 12 h, dom.)* ▭ todas

Carrousel du Louvre, 99 rue de Rivoli, 1° ☎ 01.49.53.52.90 Ⓜ Palais Royal-Musée du Louvre ◑ *11-20 h, cada día (hasta 22 h, miér.-sáb.)* ▭ todas

↓ tiendas de alimentación

Androuët

Desde la historia de Dauphin a la mejor época para tomar apestosas cucharadas de Mont d'Or líquido... el personal os orientará sobre más de 300 quesos franceses. (La tienda del 14° *arrondissement* incluye un restaurante dedicado al queso.) FF

83 rue St Dominique, 7° ☎ 01.45.50.45.75 Ⓜ Latour-Maubourg ◑ *16-20 h, lun.; 9.30-13.30 h y 16-20 h, mar.-vier.; 9-20 h, sáb.* ▭ MC/V

Boulangerie Poilâne

Famosa en todo París por su pan de masa fermentada: una creación gigante, crujiente y en forma de disco. Los hornos de leña también desprenden el olor de deliciosas tartas de manzana. FF

8 rue du Cherche Midi, 6° ☎ 01.45.48.42.59 Ⓜ Sèvres Babylone ◑ *7.15-20.15 h, cada día.* ▭ MC/V

Les Caves Taillevent

Propiedad del *patron* del famoso restaurante Taillevent [→ 105], estas bodegas alojan más de 50.000 botellas, desde un Appellation Bordeaux a buen precio hasta un caro Sauternes Château d'Yquem, y un amplio surtido de Calvados y Cognacs. F–FFF

199 rue du Fg St Honoré, 8° ☎ 01.45.61.14.09 Ⓜ Ternes ◑ *9-20 h, cada día (desde 14 h, lun.).* ▭ V

Christian Constant

Chocolate negro rico en cacao, mantecosos *pains au chocolat* y sofisticados helados (jazmín, chocolate y ron) encantan a las señoras de Saint Germain cuando andan lejos de sus básculas de baño. FF

37 rue d'Assas, 6° ☎ 01.53.63.15.15 Ⓜ St Placide ◑ *8.30-21 h, lun.-vier.; 8-20.30 h, sáb.-dom.* ▭ V

Le Comptoir du Foie Gras

Este negocio familiar se basa en el foie gras del suroeste: crudo y cocinado. El gran chef Guy Savoy hace aquí sus compras, y confía en el hígado de calidad más pálido para platos de moda como el foie gras curado a la sal. FF–FFF

6 rue des Prouvaires, 1° ☎ 01.42.36.26.27 Ⓜ Châtelet Ⓡ Châtelet-Les Halles ◑ *10-19 h, lun.-vier.* ▭ todas

Dalloyau

Decano de los pasteles y canapés elegantes, Dalloyau es famosa por sus bizcochos con distintos sabores. Podemos probar algunas delicias en el Salon de Thé de arriba. FF

101 rue du Fg St Honoré, 8° ☎ 01.42.99.90.00 Ⓜ Miromesnil ◑ *8-21 h, cada día* ▭ todas

Davoli

Cuando se trata de la anatomía del cerdo, Mr Davoli distingue el *culatello* de la *poitrine fumée*. Jamones cocidos y ahumados cuelgan sobre fiambres de *boudin noir*, *merguez*, montones de manitas empanadas y el ocasional cerdo entero, glaseado y sonriente. FF

34 rue Cler, 7° ☎ 01.45.51.23.41 Ⓜ École Militaire ◑ *8.30-13 h y 15.30-19.30 h, mar. y jue.-sáb.; 8.30-13 h, miér. y dom.* ▭ MC/V

Fauchon

Bizcochos en joyeros, cestas llenas de *confit de canard* y tarrina de jabalí... Deje que reine la gula mientras maltrata la tarjeta de crédito en las cinco boutiques especializadas de la tienda y en el Salon de Thé. FFF

26 pl de la Madeleine, 8° ☎ 01.47.42.60.11 Ⓜ Madeleine ◑ *9.30-19 h, lun.-sáb.* ▭ todas

La Grande Épicerie de Paris

El supermercado de Le Bon Marché [→84] tiene exquisiteces tanto internacionales como muy francesas, así como excelentes productos frescos y conservas de gourmet. FF–FFF

38 rue de Sèvres, 7° ☎ 01.44.39.80.00 Ⓜ Sèvres-Babylone ◑ *8.30-21 h, lun.-sáb.* ▭ todas

Hédiard

En el rival de Fauchon, los dependientes enguantados

de blanco empaquetan cajas rojas y negras con hierbas, especias y brillantes *légumes*. Efluvios de café recién molido, junto a una sensación de bienestar caro, impregnan la tienda-restaurante de dos plantas. FFF

21 pl de la Madeleine, 8°
☎ 01.43.12.88.88 Ⓜ Madeleine
◑ *9-21 h, lun.-sáb.* ▭ todas

Maison de L'Escargot

Los clientes piden en voz alta sus raciones de gastrópodos y salen a toda prisa haciendo sonar la bolsa. Para participar en el bingo del caracol, tome número y elija entre los grises pequeños *(petit gris)* o los jugosos y bulbosos *Bourguignonnes*. FF

79 rue Fondary, 15°
☎ 01.45.75.31.09 Ⓜ Av Emile Zola ◑ *9-19.30 h, mar.-sáb.; 10-13 h, dom.* ▭ todas

La Maison de la Truffe

Tras las cortinas de encaje hay un templo dedicado a este antiguo afrodisíaco: la trufa. Las botellas de aceites y salsas son más baratas que el foie gras trufado. FF–FFF

19 pl de la Madeleine, 8°
☎ 01.42.65.53.22 Ⓜ Madeleine
◑ *9-21 h, lun.-sáb. (hasta 20 h, lun.)*. ▭ todas

Aux Vrais Produits d'Auvergne

Ristras de *saucissons*, fuerte queso de cabra y pesado *aligot*: las especialidades del Auvergne abarrotan esta estrecha tienda atendida por Michelle en los últimos 20 años. F–FF

34 rue de Buci, 6°
☎ 01.43.25.63.41 Ⓜ Odéon
◑ *9-19.30 h, mar.-sáb.*
▭ MC/V

↓ mercados

Se dice que todos los parisinos tienen un mercado de comestibles a 500 m de su casa, pero esto es sólo una parte de la verdad. También hay mercados especializados. En el **Marché aux Oiseaux** se pueden encontrar aves para disecar, guisar salteadas o tener como animales de compañía, junto a cabras, cobayas, conejos o gerbos. El **Marché aux Timbres**, famoso gracias a Audrey Hepburn y Cary Grant en *Charada*, aún aguanta, y el mejor lugar para comprar flores cortadas es el **Marché aux Fleurs**. Los rastros de París, *les Puces*, refuerzan la idea de que lo que para uno es un trasto para otro es un tesoro. En el **Marché Montreuil**, los pacientes pueden encontrar gangas. La ropa antigua es fantástica. En conjunto, es mejor **Marché de Vanves**. Hay que ir temprano, antes de que hayan revuelto demasiado la ropa de hilo, el material de cocina, los muebles, las joyas y los libros. En los confines de la ciudad, está el **Porte de Clignancourt**. Todo lo que se ha fabricado y se ha usado está aquí. Los precios, sobre todo para las antigüedades, son elevados, pero se puede regatear.

Los mercados de alimentos son como museos llenos de arte comestible. La variedad orgánica –llamados *bio*, de *biologique*– tiene sus propios mercados especializados: **Bio Raspail**, donde siempre hay cola para comprar zumo de manzana de Normandía recién exprimido; y **Bio Batignolles**, cuyo mayor surtido está en los puestos de quesos. El **Marché de Buci** es uno de los mejores por su gran variedad y sus deliciosos productos, todo presentado con mucha imaginación. En el **Marché place Maubert**, hay ropa barata, utensilios domésticos baratos y flores. El encantador **Marché rue Mouffetard**, parece un decorado de película, con sus desvencijados puestos bordeados por originales tiendas y acogedores bistrots.

Bio Batignolles
27–48 bd des Batignolles, 9° y 17° Ⓜ Rome; Place de Clichy
◑ *9-14 h, sáb.*

Bio Raspail
bd Raspail, 6° Ⓜ Rennes
◑ *9-14 h, dom.*

Marché de Buci
rue de Buci, 6° Ⓜ Odéon
◑ *10-19 h, jue.-lun.*

Marché aux Fleurs
pl de la Madeleine, 8°
Ⓜ Madeleine ◑ *8-19.30 h, mar.-dom.*

Marché aux Oiseaux
pl Louis Lépine, 1°
Ⓜ Cité ◑ *8.30-18 h, dom.*

Marché place Maubert
place Maubert, 5°
Ⓜ Maubert-Mutualité
◑ *7.30-14.30 h, mar., jue., sáb.*

Marché Montreuil
Porte de Montreuil, 20°
Ⓜ Porte de Montreuil
◑ *7-19.30 h, sáb.-lun.*

Marché rue Mouffetard
rue Mouffetard, 5°
Ⓜ Monge ◑ *7-13.30 h, miér., vier., dom.*

Marché aux Timbres
av Gabriel & av Marigny, 8°
Ⓜ Champs Élysées-Clémenceau ◑ *8-18 h, jue., sáb., dom.*

Marché de Vanves
av Georges Lafenestre & av Marc Sangnier, 14° Ⓜ Porte de Vanves ◑ *7-19 h, sáb.-dom.*

Porte de Clignancourt
avenue de la Porte de Clignancourt, 5° Ⓜ Porte de Clignancourt ◑ *7-19.30 h, sáb.-lun.*

pasajes y galerías

Diseñados para proteger a los nuevos ricos de los peligros de las avalanchas y el tráfico cuando iban de compras, el excepcional entramado de galerías acristaladas data de principios del siglo XIX. Están todas situadas en la Rive Droite, pero sólo quedan 30 de las 140 originales. La Galerie Vivienne es una joya: las tiendas que bordean el paseo de mosaico venden de todo, desde libros antiguos y el último grito en moda hasta juguetes infantiles y vinos añejos. Cerca, la Galerie Vérot-Dodat es de lo más cursi, mientras que el Passage Jouffroy destila el atractivo de lo moderno. Aquí se encuentran casas de muñecas en miniatura y accesorios hechos con conchas, y además alberga un cierto número de empresas nuevas de diseño que venden interesantes muebles y complementos.

lugares de marcha nocturna

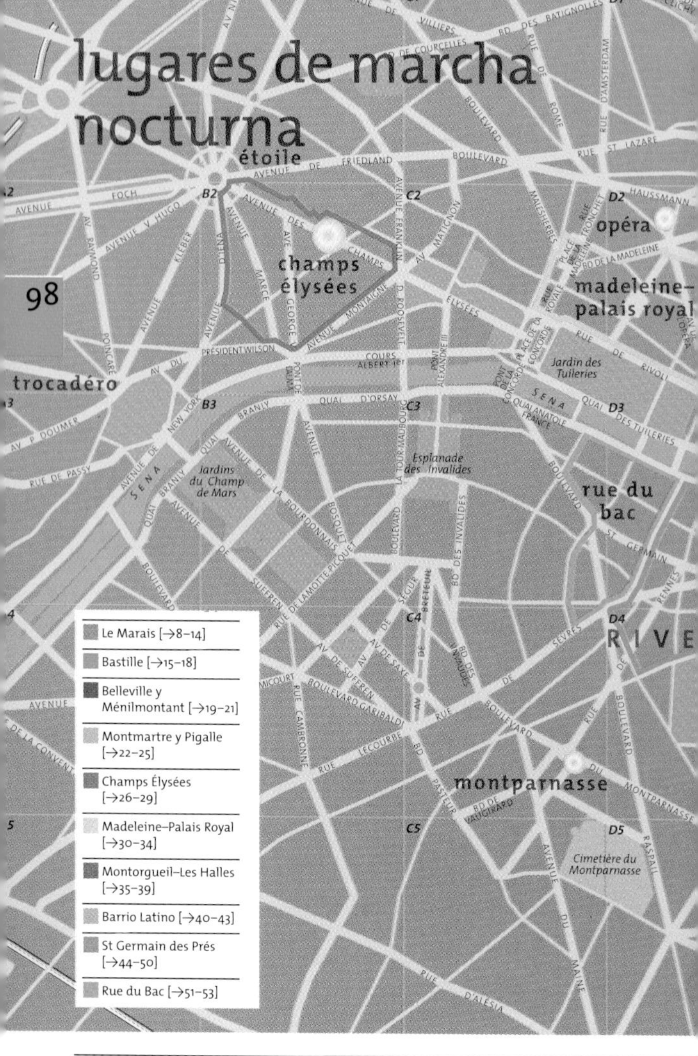

directorio

Bastille *F3:* Si en otra época albergó la noche más moderna, ahora ha degenerado. No obstante, todavía presume de tener la proporción más alta de bares musicales decentes, como Sans Sanz (el mejor de rue du Fauburg St Antoine), además del banquete visual de la Ópera National de Paris-Bastille.

Belleville y Ménilmontant *F2–G2:* Hace un par de años, este *quartier* se apropió del codiciado galardón de «zona más moderna de Paris» que ostentaba la Bastille. En las rues Oberkampf, J P Timbaud y St Maur hay bares y restaurantes baratos, mientras que el antro de jazz Le Cithéa y, no muy lejos, el muy latino Java mantienen en alto el pabellón de las discotecas.

Butte aux Cailles *E5:* Zona pintoresca de día, los prosaicos bares de la Butte acogen de noche a muchos estudiantes juerguistas. La Folie en Tête, un agradable local donde a veces hay música en directo, supera a los demás.

Canal Saint Martin *F2:* El pequeño Amsterdam de Paris con una ingeniosa dispersión de bares, incluido el Hôtel du Nord, sede de comediantes y bandas de jazz, y Chez Prune, el sitio más moderno de la zona. Las discos New Morning y Gibus lo dotan de la marcha más refinada de la ciudad.

Champs Élysées *B2:* De noche hay que andar con ojo, pues atrae tanto a turistas como a gamberros. Vaya directamente a santuarios de la elegancia afectada como el Lido, o de la música bailable como Queen. El Théatre des Champs Élysées es uno de los más elegantes de Paris. También hay algunos restaurantes de moda, así como muchos cines multisalas.

Le Marais *E3–F3:* Vibrante y seguro por la noche, esta área predominantemente gay es perfecta para comprar a última hora, y comer y beber en sus muchos bares y restaurantes.

Montmartre *D1:* Algunos buenos restaurantes ocultos en la *butte* (ladera) de Montmartre, pero por la noche los bares son la atracción principal.

Montorgueil–Les Halles *E2:* Les Halles tiene de todo, desde el club de jazz Duc des Lombards a

los tranquilos pubes de rue St Denis, infestada de sex-shops, pasando por el cercano Rex, el lugar preferido de los entendidos en música bailable; además de montones de restaurantes y bares.

Montparnasse *C4:* El llamativo neón de la inmensa plaza circular se parece un poco a Piccadilly Circus de Londres. Hay muchos cines y restaurantes, entre ellos La Coupole, que ofrece comida digna y noches de salsa cada semana [→79].

Palais Royal y Ópera *D2:* Aunque hay numerosos pubes de expatriados, como Kitty O'Shea's, Molly Malone's y Harry's Bar, son más tradicionales las atracciones nocturnas de cosecha propia, como la Comédie Française. También está aquí L'Olympia, una importante sala de conciertos donde los Beatles tocaron por primera vez en Francia, allá por los sesenta.

Pigalle *D1:* Lleno de locales de *strip-tease* y sex-shops. Huya de los antros turísticos y vaya a los conciertos de Elysées Montmartre, el cancán del Moulin Rouge y las sesiones golfas del cine Wepler.

Quai de la Gare *F5:* Una plétora de galerías de arte, un almacén de artistas okupas y ácratas y una flotilla siempre creciente de bares-bote, entre los que se incluye el excelente Batofar y el Guinguette Pirate; situados frente a los muelles de la Gare o Mauriac. Lo último en marcha parisina.

Barrio Latino *E4:* Vaya al agradable bullicio de la rue Mouffetard o algunas de las diminutas y viejas calles que hay en torno a la Église St Séverin, como la rue de la Huchette. También hay cines que exhiben clásicos de culto.

St Germain des Prés *D3:* Ilustrado y tranquilo, se caracteriza por un tono global más elegante debido al Café Mabillon, aspirante a moderno, y al restaurante Alcazar y al bar AZ, modernos consagrados.

restaurantes, cafés bares y clubes

¿qué y dónde?

↓ bastille/charonne/bercy

- **Au Trou Gascon** | FF–FFF [→106]
- **Le Baron Rouge** [→116]
- **Blue Elephant** | FF–FFF [→109]
- **Café de l'Industrie** | F–FF [→102]
- **China Club** [→114–115]
- **L'Écluse** [→116]
- **La Fabrique** [→118]
- **Jacques Mélac** | FF [→112]
- **912** [→115]
- **Pause Café** [→118]
- **Sans Sanz** [→118]
- **Le Souk** | FF [→111]
- **Le Train Bleu** | FF–FFF [→109]

↓ belleville y ménilmontant

- **Café Charbon** [→116]
- **Les Cimes** [→115]
- **Le Cithéa** [→119]
- **La Java** [→120]
- **Lao Siam** | FF–FFF [→110]
- **Le Soleil** [→118]

↓ bois de boulogne

- **Le Pré Catelan** | FFF [→104]

↓ canal saint martin y république

- **L'Atmosphère** [→117]
- **Chez Adel** [→117]
- **Chez Jenny** | FF [→105]
- **Le Clown Bar** [→116]
- **Le Gibus** [→120]
- **Le Repaire de Cartouche** | FF–FFF [→108]

↓ champs élysées y étoile

- **L'Appart** | FF [→108]
- **L'Asian** | FF [→102]
- **Bar des Théâtres** [→116]
- **Bath's** | FF–FFF [→104]
- **Café Mosaïc** | FF–FFF [→107]
- **Le Cinq** | FFF [→111]
- **Doobies** [→115]
- **Les Élysées** | FFF [→112]
- **Homéro** | FF–FFF [→107]
- **Lô Sushi** | FF [→110]
- **Man Ray** | FF–FFF [→103]
- **Pierre Gagnaire** | FFF [→104]
- **Le Queen** [→120]
- **Le Sormani** | FF–FFF [→111]
- **Spoon, Food & Wine** | FF–FFF [→103]
- **Taillevent** | FFF [→105]
- **Le Verre Bouteille** | F–FF [→103]
- **Version Sud** | FF [→106]

↓ madeleine/palais royal/concorde

- **A Priori Thé** | FF [→104]
- **Bar Hemingway** [→114]
- **Buddha Bar** [→114]
- **Café Faubourg** | FF [→111]
- **Café Marly** [→118]
- **Cercle Ledoyen** | FFF [→104]
- **Le Fumoir** [→115]
- **Harry's Bar** [→114]
- **Hôtel Costes** | FF–FFF [→112]
- **Macéo** | FF [→103]
- **Le Rubis** | F [→113]
- **Willi's Wine Bar** | F–FF [→113]
- **Yvan sur Seine** | F–FF [→103]

↓ le marais e île st louis

- **L'Apparemment Café** [→115]
- **L'Attirail** [→117]
- **Les Bains Douches** [→119]
- **Café du Trésor** [→118]
- **Chez Richard** [→114]
- **Les Chimères** [→115]
- **Le Coude Fou** [→116]
- **Le Cox** [→116]
- **L'Énotéca** | FF [→110]
- **Les Fous d'en Face** | FF [→112]
- **Jo Goldenberg** | FF [→109]
- **The Lizard Lounge** [→118]
- **Le Loir dans la Théière** | F–FF [→104]
- **Mariage Frères** | FF [→104]
- **L'Open Bar** [→116]
- **L'Orangerie** | FFF [→107]
- **Au Petit Fer à Cheval** [→117]
- **Le Sarrasin et le Froment** | F–FF [→107]
- **Les Scandaleuses** [→116]
- **Le Tango** [→120]

↓ montmartre y pigalle

Au Grain de Folie | F–FF [→113]
Le Divan du Monde [→119]
Les Folies' Pigalle [→119]
Le Moloko [→118]
Le Moulin à Vins | F–FF [→112]
Le Sancerre [→117]

↓ montorgueil, les halles y châtelet

L'Ambassade d'Auvergne | FF–FFF [→105]
Le Banana Café [→116]
Benoît | FFF [→109]
Café Beaubourg [→118]
Café Oz [→117]
Le Georges | FF [→103]
L'Imprévu Café [→115]
Au Pied de Cochon | F–FF [→103]
Restaurant Saudade | FFF [→111]
La Robe et Le Palais | FFF [→112]
Le Tambour [→115]
La Tour de Montlhéry | FF [→103]

↓ montparnasse

La Closerie des Lilas | FF–FFF [→109]
Crêperie de Josselin | F–FF [→107]
Le Maxence | FF–FFF [→106]
Le Petit Josselin | F–FF [→107]
Smoke [→115]

↓ motte picquet-grenelle e invalides

L'Arpège | FFF [→104]
Café Thoumieux [→114]
Chen-Soleil de l'Est | FF–FFF [→110]
Le Clos des Gourmets | FF–FFF [→108]
Tante Marguerite | FF–FFF [→106]

↓ nation

Les Allobroges | F–FF [→107]
La Flèche d'Or [→118]

↓ opéra y grands boulevards

Barramundi | FF [→102]
Au Bascou | FF–FFF [→105]
Le Bristol | FFF [→111]
Chez Michel | F–FF [→108]
Chez Omar | FFF [→110]
Horses Mouth [→117]
Julien | F–FF [→109]
Le Palace [→120]
Rex Club [→120]

↓ quai de la gare

Batofar [→119]
La Guinguette Pirate [→118]

↓ barrio latino

Le Buisson Ardent | FF [→107]
La Chope [→117]
Le Grenier de Notre Dame | FF [→113]
La Grande Mosquée de Paris | FF [→110]
Les Pipos [→117]
Polly Magoo [→115]

↓ st germain des prés

L'Alcazar | FF–FFF [→102]
AZ Bar [→117]
Bouillon Racine | FF [→107]
Café de la Mairie [→118]
La Casa del Habano | F–FF [→115]
Chez Georges [→117]
La Crêperie Saint Germain | F–FF [→107]
Cubana Café [→115]
Hélène Darroze | FFF [→105]
Les Olivades | FF [→106]
La Paillotte [→115]

↓ trocadéro

Bon | F–FFF [→106]
Jamin | FFF [→104]
La Gare | FF–FFF [→102]
Le Kiosque | FF–FFF [→103]

Símbolos

F	platos principales hasta 100F
FF	platos principales hasta 150F
FFF	platos principales por encima de 150F
	restaurante/café
	bar/pub
	club

más restaurantes | cafés | bares | clubes

París asiste a una especie de renacimiento gastronómico: ya no se trata de haute o nouvelle cuisine, bistrots o brasseries. Algunos chefs rinden homenaje a las tradiciones culinarias regionales, otros abrazan la cocina de fusión (sobre todo con influencias asiáticas), aunque, con menos alardes y más autenticidad, triunfan los restaurantes étnicos. Bon appétit!

a la mesa

↓ el último grito

L'Alcazar 62 rue Mazarine, 6° | St Germain des Prés

Sir Terence Conran sacudió París hasta sus cimientos cuando, en 1998, transformó el antiguo night-club Alcazar de la Rive Gauche en una elegante experiencia gastronómica Conran. El servicio es mejor que en sus clónicos de Londres, pero por lo demás hay pocas concesiones a los gustos galos: sólo una selección más amplia de marisco. Pese al escepticismo inicial, Alcazar se ha convertido en un lugar de moda al que los franceses van a probar la comida británica moderna.

☎ 01.53.10.19.99 Ⓜ Odéon ◑ *12-15 h; 19-2 h, cada día.* 50 Ⓕ 80F–140F todas **FF–FFF**

L'Asian 30 avenue George V, 8° | Champs Élysées

Tomamos un poco de tailandés, unas gotas de vietnamita, una pizca de chino, lo mezclamos con algo de japonés y obtenemos este gigante asiático de dos plantas elegantísimo, completado con bosque de bambú y gorjeos de aves cantoras. Se sirve pato con curry rojo, pollo de piel crujiente al limón, tempura, dim sum, sushi y, de postre, rollos de primavera con chocolate. Música funky y clientela a la moda. Al mediodía, menú «Tuk-Tuk» (rápido y barato).

☎ 01.56.89.11.00 Ⓜ George V ◑ *12-2 h, cada día.* 100 Ⓕ 95F todas **FF**

Barramundi 3 rue Taitbout, 9° | Grands Boulevards

«Mundo en calma» es la frase algo rara pero adecuada que aparece escrita en el menú de este bar/restaurante. Hay una excelente mezcla de música ambiente y mix, mullidos sofás y todos los cócteles conocidos. Se sirven platos fusión como el maki franco-japonés envuelto en puerro braseado, o el tajine de cordero estilo marroquí. Con su suelo de madera oscura y sus esculturas étnicas, este espacio subterráneo es moderno y de ambiente melancólico, como la clientela... y el personal, que aún lo es más.

☎ 01.47.70.21.21 Ⓜ Richelieu-Drouot ◑ *10.30-2 h, cada día.* 100 Ⓕ 98F; 128F (sólo comida) todas **FF**

Café de l'Industrie 16 rue St Sabin, 11° | Bastille

Situado a un paso de la atestada place de la Bastille, aunque sólo los residentes parecen conocer este desmadejado bar-restaurante. Moderno pero con un aire íntimo, el espacio abarrotado de plantas anima a uno a quedarse, sobre todo cuando el servicio es tan tranquilo que a veces raya en la indiferencia. Magnífico lugar para comer filete o negociar *plats du jour* de los menús rebosantes de pasta y ensaladas. Los postres caseros, como la *tarte tatin*, son impresionantes. Así que, mézclese con la multitud, pida una jarra de Ventoux y acabe este guión.

☎ 01.47.00.13.53 Ⓜ Bastille; Chemin Vert; Bréguet-Sabin ◑ *10-2 h, dom.-vier.* 80 Ⓡ MC/V **F–FF**

La Gare 19 chaussée de la Muette, 16° | Trocadéro

Esta antigua estación de tren de la Muette, en el centro mismo del elegante 16° *arrondissement*, se ha transformado en uno de los restaurantes más de moda de la zona. Bajando unos escalones de piedra se llega a un gran espacio, donde antes estaban las vías del tren, que a su vez conduce a una florida terraza para el verano. La comida es sencilla pero buena, sobre todo los asados, como el costillar de cordero con puré de patatas, y el excelente chocolate de distintos sabores. Sin embargo, a veces el servicio pierde el tren.

☎ 01.42.15.15.31 Ⓜ La Muette ◑ *12-15 h; 19-24 h, cada día.* 250 🄅 (lun.-sáb.) 🅁 Ⓕ 99F AE/MC/V **FF–FFF**

Le Georges Centre Georges Pompidou, 19 rue Beaubourg, 1° | Les Halles

Los hermanos Costes garantizan una de las mejores vistas de la ciudad en la última planta del Centro Pompidou. La modernísima decoración incluye tuberías industriales, cantos rodados de aluminio y mesas con tablero de vidrio. Un menú descaradamente ecléctico ofrece platos tan resultones como el joven y amable personal: un esmerado *millefeuille* de cangrejo y setas que funde con brillantez el mar y la montaña, o una lujosa tarrina de rabo de toro que puede ir seguida de un tierno filete de cordero con costra picante y una salsa tipo *raita* o un crujiente Mandarina Duck. Sin embargo, los gourmets quizá queden decepcionados, pues es el típico sitio para ir a ver y dejarse ver.

☎ 01.44.78.47.99 Ⓜ Rambuteau ◑ *12-2 h, miér.-lun.* 190 🅅 todas **FF**

Le Kiosque 1 place de Mexico, 16° | Trocadéro

¿Sauerkraut de Estrasburgo? ¿Cassoulet de Castelnaudary? ¿O ravioli de la Riviera con *pistou*? Recorra Francia en este agradable bistrot propiedad de un antiguo periodista. Cada semana, el chef Thierry Enderlin hace hincapié en una cocina regional diferente acompañada de quesos, vinos y el periódico provincial pertinente.

☎ 01.47.27.96.98 Ⓜ Rue de la Pompe ◑ *12.30-15 h; 19.30-23.30 h, cada día (hasta 23 h, sáb.-dom.).* 100 🅅 Ⓕ 149F–179F AE/MC/V **F–FF** (sólo menús fijos)

Macéo 15 rue des Petits Champs, 1° | Palais Royal

En París, donde reinan el foie gras y el filete, podría parecer que no hay opciones para los vegetarianos. No obstante, en Macéo hay un menú vegetariano de lo más sugerente, que incluye ideas frescas de temporada, como el aterciopelado risotto de otoño con jugo de trufas y setas silvestres. Para los carnívoros, también hay conejo y buey tiernísimos. La comida y el escenario son elegantes, y dado que los dueños llevan los bares Willi's (→ 113) y Juveniles, la ecléctica carta de vinos, con una selección especial de Côte du Rhônes, goza del mayor éxito.

☎ 01.42.97.53.85 Ⓜ Bourse ◑ *12-14.30 h; 7-23 h, lun.-sáb.* 150 🅅 Ⓕ 180F–220F MC/V **FF**

Man Ray 34 rue Marbeuf, 8° | Champs Élysées

En este ostentoso bar restaurante de estilo zen barroco –patrocinado por Johnny Depp, Sean Penn y Mick Hucknall– todos parecen modelos. No obstante, a diferencia de la mayoría de los restaurantes de ambiente, Man Ray sirve comida sustanciosa. En el variado menú hay *sushi*, *sashimi* y *temaki*, además de clásicos europeos, como raviolis vegetarianos, carpaccio de pato y cerdo a la sal con lentejas.

☎ 01.56.88.36.36 Ⓜ Franklin D Roosevelt ◑ *12.30-14.30 h; 19.30-1 h, cada día (hasta 2 h sáb. y dom.).* 350 (18-2 h, cada día) (jazz 18-20 h, lun.-jue.) 🅁 Ⓕ 125F todas **FF–FFF**

Spoon, Food & Wine 14 rue de Marignan, 8° | Champs Élysées

El superchef Alain Ducasse ha llevado la comida divertida y el diseño vanguardista, estilo Conran, a un escenario gastronómico parisino a menudo formal. La norma del lugar es el menú de combinación, de inspiración sobre todo asiática: salmón, alitas de pollo o costillas, y después la salsa preferida (béarnaise, BBQ, satay). La carta de vinos está llena de caldos de California. No es barato, pero las raciones son generosas. Reserve con antelación.

☎ 01.40.76.34.44 Ⓜ Franklin D Roosevelt ◑ *12-14.30 h; 19-23.30 h, lun.-vier.* 70 🅅 🅁 todas **FF–FFF**

Los precios indicados corresponden al coste de un plato principal

más restaurantes y cafés

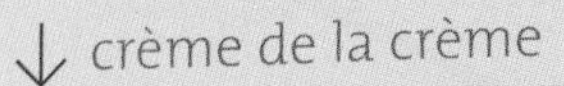

crème de la crème

L'Arpège 84 rue de Varenne, 7° | Invalides

Gracias al afamado chef Alain Passard, el arte está en el plato y no en las paredes; por ello algunos califican a L'Arpège de «sobrio y elegante» y otros de «desolado y frío». La comida está presentada de forma intachable e inmaculada. Imagine un huevo pasado por agua con jarabe de arce, vieiras ligeramente asadas y laurel, costillas de cordero con ostras y salsa de pepinos... La carta de vinos (no se sirve por copas) es gruesa como un diccionario. Es preferible la espaciosa planta de arriba.

01.45.51.47.33 Ⓜ Varenne *12-14 h; 19-22 h, lun.-vier.* 50 V R Ⓕ 490F todas **FFF**

Bath's 9 rue de la Trémoille, 8° | Champs Élysées

Las esculturas de metal mellado que se exhiben son el hobby del chef; sin embargo, en la sofisticada cocina Auvergnat creada por Jean-Yves Bath y su hijo Stéphane no hay superficies desiguales. En un ambiente embriagador y elegante, el plato de carne con patatas de la Francia central es ligero y famoso. Además, la sopa de col se enriquece con foie gras, bajo una cobertura de puré de patatas se oculta un exuberante plato de setas, y los raviolis vienen condimentados con hierbas y rellenos de queso Cantal.

01.40.70.01.09 Ⓜ Alma-Marceau *12-15 h; 19-24 h, lun.-vier.* 45 R
Ⓕ 190F AE/MC/V **FF–FFF**

Cercle Ledoyen 1 avenue Dutuit, 8° | Madeleine

Aunque no tan aristocrático como su hermana mayor Ledoyen de la planta de arriba, todavía maneja alimentos de primera calidad (de la mano del mismo chef, Christian Lesquer), aunque a precios más asequibles. La comida es clásica, pero con toques de imaginación, como el *carré d'agneau* ligeramente especiado, o el conejo con romero. Los originales helados y sorbetes de la casa son deliciosos; y cuando hace buen tiempo, la terraza es encantadora.

01.53.05.10.00 Ⓜ Champs Élysées-Clémenceau *12-14.30 h; 19.30-23 h, lun.-sab.* 80
V R todas **FFF**

Jamin 32 rue de Longchamp, 16° | Trocadéro

En otro tiempo famosa sede del chef de tres estrellas Joël Robuchon (ahora una celebridad televisiva), Jamin sigue estando en buenas manos (las de Jean Pierre Guichard, alumno de Robuchon), y ofrece una de las mejores propuestas de la ciudad a precios razonables. El delicioso menú fijo incluye filetes de salmonetes rojos seguidos de un pichón asado, y después queso y pudines, acabando con algunos de los mejores *petits fours* de la ciudad. El ambiente y la decoración son serios... como la mayoría de los comensales.

01.45.53.00.07 Ⓜ Rue de la Pompe *12-14 h; 19.45-22 h, lun.-vier.* 40 V R
Ⓕ 280F (sólo comida); 410F (sólo cena) todas **FFF**

Pierre Gagnaire 6 rue de Balzac, 8° | Champs Élysées

Pierre Gagnaire es un chef con una inventiva que deslumbra, y sus platos son para muchos la gran experiencia de su vida. Como entrantes *amuse-gueules* podemos tomar mousse de calabaza o almejitas con puré de berenjena. Los platos principales, como el bacalao al horno con hinojo, el pato con ciruelas o el cordero con alcachofas son excelentes, aunque más tradicionales. El *grand* postre es simplemente fabuloso, al igual que la magnífica tabla de quesos.

01.44.35.18.25 Ⓜ George V *12-15 h; 20-24 h, lun.-vier.* 55 R Ⓕ 1000F todas **FFF**

Le Pré Catelan route de Suresnes, Bois de Boulogne, 16° | Bois de Boulogne

Tiene una maravillosa terraza para cenar a todo lujo en verano y un interior también espléndido. El lugar pertenece a la pastelería Lenôtre, así que no sorprenderá que el pan y los postres, incluida una sublime *tarte au chocolat*, sean sobresalientes. En todo caso, las delicias culinarias son soberbias, desde hermosas vieiras encaramadas en su concha hasta una *tourte* de cordero en capas, o el hígado de ternera con esponjoso puré.

01.44.14.41.14 Ⓜ Porte Dauphine *12-14 h; 19.30-23 h; lun.-vier.* 80 V R
Ⓕ 550F; 750F todas **FFF**

Taillevent 15 rue Lamennais, 8° | Champs Élysées

Este elegante bastión de la cocina francesa clásica se ha modernizado con la llegada del chef Michel del Burgo (de Le Bristol), que ha defendido las tres estrellas Michelin que Taillevent ha ostentado desde 1973. Desde delicados *amuse-gueules* hasta mousse de langosta bretona perfumada con trufa, pasando por tortitas de setas y espárragos, se usan los productos más frescos con cariño. La bodega aloja 600.000 botellas.

☎ 01.44.95.15.01 Ⓜ George V ◑ *12.30-14.30 h; 19-22 h, lun.-vier.* 80 V R
Ⓕ 750F; 1200F todas **FFF**

↓ tesoros regionales

L'Ambassade d'Auvergne 22 rue du Grenier St Lazare, 3° | Montorgueil

La rústica decoración no tiene interés, pero este embajador merecidamente popular del Auvergne tiene platos típicos, como col rellena o *aligot* (patatas, queso y ajo). Entre las principales ofertas, satisfacen en sumo grado los estofados de cerdo. Después (si puede) tome la maravillosa mousse de chocolate.

☎ 01.42.72.31.22 Ⓜ Rambuteau ◑ *12-14 h; 19.30-23 h, cada día* 70 Ⓕ 170F AE/MC/V **FF–FFF**

Au Bascou 38 rue Réaumur, 3° | Grands Boulevards

Al igual que su práctico propietario, Monsieur Loustau, este restaurante sin pretensiones tiene los pies en el suelo, o más exactamente en *la terre Basque*. El menú es estacional: desde la sopa otoñal, aterciopelada, de castañas con raviolis de foie gras a unos ligeros entrantes de anchoas en verano. Los fuertes sabores vascos del bacalao, los pimientos rellenos, la *pipérade* y el atún ahumado persisten en la memoria y hacen que los habituales vuelvan y repitan.

☎ 01.42.72.69.25 Ⓜ Arts et Métiers ◑ *12-14.30 h; 20-23 h, lun.-vier.* 55 V R todas **FF–FFF**

Chez Jenny 39 boulevard du Temple, 3° | République

Brasserie alsaciana grande y bulliciosa, cuyas camareras lucen trajes típicos y sirven enormes raciones de *choucroute* con salchichas y jarretes de cerdo, acompañadas de cerveza de barril o vino de Alsacia. El amplio menú abarca los platos clásicos de brasserie, incluyendo una buena selección de marisco.

☎ 01.42.74.75.75 Ⓜ République ◑ *11.30-1 h, cada día* 250 V R Ⓕ 179F
todas **FF**

Hélène Darroze 4 rue d'Assas, 6° | St Germain des Prés

En este lugar de dos plantas de la Rive Gauche Hélène Darroze, con sus estrellas Michelin y procedente de Gascuña, presenta una variedad de aperitivos de foie gras escandalosamente sabrosos o delicias del suroeste, como las *piballes* (angulas). La cremosa *escaoutoun*, una polenta sembrada de trufas y espesada con queso de oveja, es fabulosa. El bistrot de la planta baja (La Table d'Hélène) ofrece versiones más baratas de la cocina regional de Darroze.

☎ 01.42.22.00.11 Ⓜ Rennes ◑ *9-13.30 h, mar.-sáb.* 60 V R Ⓕ 850F todas **FFF**

↓ salones de té

A Priori Thé 35–37 Galerie Vivienne, 1° | Palais Royal
En una magnífica *galerie*, convierte bollos y mermelada en obras de arte.
☎ 01.42.97.48.75 Ⓜ Bourse ◑ *9-18 h, lun.-vier. (hasta 18.30 h, sáb.); 12-18.30 h, dom.* 40
V Ⓕ 165F (comida de tres platos) MC/V **FF**

Le Loir dans la Théière 3 rue des Rosiers, 3° | Le Marais
Nada de elegantes señoras que toman té en fina porcelana china; este lugar de moda del Marais atrae a una multitud joven con sus quiches y sus pasteles mantecosos y caseros.
☎ 01.42.72.68.12 Ⓜ St-Paul ◑ *11.30-19 h, cada día (desde 10 h, sáb. y dom.).* 50 MC/V **F–FF**

Mariage Frères 30–32 rue du Bourg Tibourg, 4° | Le Marais
Aquí el sol no se pone nunca en el imperio francés. Es de estilo colonial, preciosista y terriblemente caro... pero el té es el mejor.
☎ 01.42.72.28.11 Ⓜ Hôtel de Ville ◑ *12-18.30 h, cada día.* 70 Ⓕ 135F todas **FF**

La Grande Mosquée de Paris [→110]

➜ más restaurantes y cafés

Le Maxence 9bis boulevard Montparnasse, 6° | Montparnasse

Las cenas modernistas de Montparnasse empiezan con la sofisticada cocina de fusión flamenco-francesa de David Van Laer. En los estofados a fuego lento se usa tanto la cerveza como el vino: pies de cerdo *façon amusante*, orejas de cerdo escarchadas o ensalada de mollejas. Ideas menos sugestivas son la liebre con ciruelas guisada con cerveza o las vieiras con endibias. Su ambiente encaja con la fría clientela.

01.45.67.24.88 Ⓜ Duroc *12-14.30 h; 19.30-23 h, lun.-vier.; 19.30-23 h, sáb.* 150 Ⓡ Ⓕ 190F; 320F AE/MC/V **FF–FFF**

Les Olivades 41 avenue de Ségur, 7° | Invalides

La chef Flora Mikula es una estrella ascendente en la escena de la cocina francesa moderna, y su *caille confit*, codorniz guisada con aceite de oliva virgen y no con la tradicional grasa de ganso o pato del suroeste, es legendario (y soberbio). Su fuente de inspiración es la Provenza: raviolis de queso de cabra con albahaca, pescados con berenjenas, o chocolate con helado de espliego.

01.47.83.70.09 Ⓜ Ségur *12.30-14.30 h; 19.30-23 h, mar.-vier.; 19.30-23 h, lun.-sáb.* 50 Ⓥ Ⓡ Ⓕ 135F (sólo comida); 189F AE/MC/V **FF** (sólo menús fijos)

Tante Marguerite 5 rue de Bourgogne, 7° | Invalides

Ésta es la segunda tía *(tante)* de París del chef de tres estrellas Bernard Loiseau (la otra es *tante* Louise). Es una comida borgoñesa tradicional con guiños contemporáneos: sopa de acederas, cordero tierno de los Pirineos, pescado con cardo gratinado, ciruelas al vino. La carta de vinos es breve, los puros largos, y el servicio, eficaz.

01.45.51.79.42 Ⓜ Solférino *12-14.30 h y 19-22.30 h, lun.-vier.* 65 Ⓥ Ⓡ Ⓕ 195F (sólo comida); 230F (cena) todas **FF–FFF**

Au Trou Gascon 40 rue Taine, 12° | Nation

Este lugar, precioso y chapado a la antigua, está en un rincón aislado de París, aunque a la hora de comer está en pleno bullicio gracias a la buena relación calidad-precio del menú. Entre los entrantes se incluyen fuentes de brillantes ostras con salchichas picantes o raviolis de foie gras. Los platos principales, como el *cassoulet* o los *medaillons* de buey con patatas fritas en la sartén, son sencillos pero satisfactorios. De postre, pruebe el pastel de chocolate con jugo de frambuesas o la tarta de plátano azucarada con coco.

01.43.44.34.26 Ⓜ Daumesnil *12-14 h; 19.30-22 h, lun.-vier.; 19.30-22 h, sáb.* 45 Ⓥ Ⓡ Ⓕ comida: 200F; cena: 320F todas **FF–FFF**

Version Sud 3 rue Berryer, 8° | Étoile

Con su última oferta, elegante pero asequible, el superchef Guy Savoy ha ganado prestigio. Aquí se cocina con talento: carpaccio de pera y gorgonzola, sopa de alcachofas frescas, atún a la parrilla con aceite de especias o cerdo con miel y sésamo. Tiene una sala de estilo árabe tenuemente. La carta de vinos es razonable, y el de la casa, excelente.

01.40.76.01.40 Ⓜ Charles de Gaulle-Étoile *12-14.30 h; 19-23 h, lun.-vier.; 19-23 h, sáb.* 80 Ⓥ Ⓡ Ⓕ 250F todas **FF–FFF**

↓ la comidilla de la ciudad

Bon 25 rue de la Pompe, 16° | Trocadéro

El superdiseñador francés Philippe Starck ha destacado definitivamente en Bon, en el meollo burgués del 16°, definido por sus líneas blancas y elegantes... aunque todos los clientes parecen ir de negro. El menú orgánico exhibe artículos nada rebuscados, como *jambon purée* (jamón curado y puré de patatas) y *steak frites*, atractivas ensaladas y platos de lujo, como el huevo pasado por agua con caviar. Curiosamente, la comida no tiene un aspecto irresistible, por mucho que el personal parece salido del mundo de la moda.

01.40.72.70.00 Ⓜ La Muette *12-15 h; 20-1 h, cada día.* 150 Ⓥ Ⓡ (1 día antes) Ⓕ 3 menús diferentes por 150F AE/MC/V **F–FFF**

Café Mosaïc 46 avenue George V, 8° | Champs Élysées

En comparación con sus homólogos de Londres y Nueva York, los chefs parisinos son bastante moderados en su enfoque de la cocina de fusión. En el peor de los casos, es un suave revoltijo; a lo más, una comida agradable e ingeniosa en el elegante Café Mosaïc. Un pimiento rojo asado acompañado de puré de guisantes es una hábil recreación de un clásico libanés, mientras que el cordero con crema de sésamo y melocotones es un plato norteafricano actualizado. Los *wontons* con naranjas chinas y crema de avellanas suenan extravagantes.

☎ 01.47.20.18.09 Ⓜ George V ◑ *12-15 h; 19-24 h, lun.-vier.* 80 Ⓕ 180F (2 platos); 220F (3 platos) todas **FF–FFF**

Homéro 37 avenue de Friedland, 8° | Étoile

Para tener el estilo Homéro se ponen dos partes de Estambul, una de Ibiza, dos bloques del Arc de Triomphe, y se agita sin remover. El chef Dominique Provost prepara comida mediterránea de fusión sin abandonar el tono francés. El bacalao o los calamares se combinan con chorizo, las gambas vienen rebozadas de *kadaïf* (cabello de ángel), y el pollo lo envuelven con jamón serrano.

☎ 01.42.89.99.60 Ⓜ RER Charles de Gaulle-Étoile ◑ *12-15 h; 20-23 h, lun.-sáb.* 70 Ⓕ 350F todas **FF–FFF**

L'Orangerie 28 rue Saint Louis en l'Ile, 4° | Île St Louis

Tras más de 30 años, el restaurante íntimo y elegante, aunque acogedor, de Claude Brialy, ídolo del cine gay francés, aún atrae a multitudes (sobre todo mayores). El menú es clásico: virutas mantecosas de foie gras de ganso sobre un lecho de judías verdes, terrina caliente de *langoustine* cubierta de salsa de langosta, cazuela de pescado con hierbas, y filete con la salsa del día. Los postres van desde cucharadas de deliciosos sorbetes y helados de Berthillon a sabrosas porciones de *tarte tatin*. El agua, el café y una botella de Burdeos se incluyen en el precio.

☎ 01.46.33.93.98 Ⓜ Cité ◑ *11-3 h, cada día* 50 Ⓥ Ⓕ 400F MC/V **FFF** (sólo menú fijo)

↓ presupuesto de gourmet

Les Allobroges 71 rue des Grands Champs, 20° | Nation

El 20° *arrondissement*, con sus alquileres baratos, no parece ser el lugar adecuado para una guarida de gourmets, pero en este restaurante de precios asequibles, cerca del cementerio Père Lachaise, hay una de las cocinas más interesantes de París. Olivier Pateyron hace maravillas con la caza –no dejéis de probar el suculento jabalí marinado en vino–, aunque también tiene brillantes ideas vegetarianas.

☎ 01.43.73.40.00 Ⓜ Maraîchers ◑ *13-14 h y 20-22 h, mar.-sáb.* 45 Ⓥ Ⓡ Ⓕ 97F; 176F todas **F–FF**

Le Bouillon Racine 3 rue Racine, 6° | St Germain des Prés

En el más bonito de los escenarios Art Nouveau de la Rive Gauche, este restaurado *bouillon* (cantina de trabajadores) es muy popular. La comida es belga y las bebidas se eligen de entre una fantástica lista de cervezas. Se sirve pescado *waterzooi* (una especie de guiso flamenco) o un *pot au feu* de miedo. A veces la comida promete más de lo que da, pero la puesta en escena compensa.

☎ 01.44.32.15.60 Ⓜ Odéon ◑ *11.30-23.30 h, cada día* 80 Ⓥ AE/MC/V **FF–FFF**

Le Buisson Ardent 25 rue Jussieu, 5° | Barrio Latino

Este antiguo y agradable bistrot es íntimo, acogedor y rústico. El chef Philippe Duclos cocina platos buenos, modernos y sustanciosos, como filetes de pato asado con risotto al pesto, besugo frito con hinojo y tomate braseado, o setas gigantes rellenas de caracoles y ajo; el pan casero es delicioso. Si queda sitio, lo llena bien una humilde pera desmenuzada en un sorbete de piña.

☎ 01.43.54.93.02 Ⓜ Jussieu ◑ *12-14 h; 19.30-22 h, lun.-vier.; 19.30-22 h, sáb.* 70 Ⓕ comida: 90F AE/MC/V **FF**

más restaurantes y cafés

Chez Michel 10 rue de Belzunce, 10° | Grands Boulevards

Este familiar bistrot parece un vestigio de la Francia de los cincuenta. El joven y lúcido Thierry Breton combina platos de su Bretaña natal –*kig ha farz*, que es un *pot au feu* de cerdo– con sus sofisticados clásicos retocados, como el caldo cremoso de buey con cubitos de foie gras, o la ternera estofada con puntas de espárragos.

☎ 01.44.53.06.20 Ⓜ Gare du Nord ◑ *12-14 h; 19-24 h, mar.-sáb.* 50 Ⓕ 180F MC/V **F–FF**

Le Clos des Gourmets 16 avenue Rapp, 7° | Invalides

La cursi decoración es una desventaja, pero la comida es de lo más seria. Tras formarse en las cocinas de Guy Savoy y Alain Passard, Arnaud Pitrois se aventuró en solitario a finales de 1998 y obtuvo entusiastas críticas por su cocina neoclásica. La cabeza de cerdo empanada quizá sea la mejor de París, pero otros platos más finos –como el filete de atún con bacon, o el huevo escalfado con caracoles y mousse de berros– también están muy logrados; las hierbas aparecen incluso en los postres: el hinojo almibarado es soberbio.

☎ 01.45.51.75.61 Ⓜ École Militaire ◑ *12-14.30 h; 19.30-22.30 h; mar.-sáb.* 30 Ⓕ 175F todas **FF–FFF**

Le Repaire de Cartouche 99 rue Amelot, 11° | Canal Saint Martin

Tome un vino corso mientras contempla los murales de este tranquilo bistrot, en los que se describen las aventuras de Cartouche, un famoso forajido del siglo XVII. El único pecado del chef Rodolphe Paquin es cambiar tan deprisa su breve pero brillante menú estacional. Deléitese con los espárragos, el carpaccio de cordero en primavera, y la tarrina de conejo rociada con chocolate caliente en otoño.

☎ 01.47.00.25.86 Ⓜ St Sébastien-Froissart ◑ *12-14.30 h; 19-23.30 h, mar.-sáb.* 70 Ⓕ 130F (sólo comida) MC/V **FF–FFF**

↓ decoración y más

L'Appart 9 rue du Colisée, 8° | Champs Élysées

Este romántico refugio está decorado como un apartamento parisino de lujo. Las mesas están colocadas en la biblioteca, en torno a la chimenea, junto a una barra festiva donde los que van solos pueden tomar una comida rápida, y, por supuesto, en un comedor con revestimientos de madera. La clientela es joven y elegante, y la cocina la previsible en una casa burguesa, como el entrecot a la parrilla o tarta de manzana.

☎ 01.53.75.16.34 Ⓜ Franklin D Roosevelt ◑ *12-14.30 h; 19.30-23.45 h, cada día* 140 (sólo comida) Ⓕ 180F (3 platos); 120F (2 platos sólo comida) AE/MC/V **FF**

↓ creperías

Crêperie de Josselin 67 rue Montparnasse, 14° | Montparnasse
Con sus compartimientos de dos plazas y sus decorados de mosaico en las paredes, es todo lo romántica y distinguida que puede ser una típica crepería bretona.
☎ 01.43.20.93.50 Ⓜ Edgar Quinet ◑ *12-14.30 h; 18-23.30 h, mar.-vier.; 12-24 h, sáb. y dom.* 70 ninguna **F**

Crêperie Saint André des Arts 33 rue St André des Arts, 6° | St Germain des Prés
Las paredes ámbar de Saint Germain rezuman magnetismo de la casbah. Las tortitas están rellenas de un excelente chilli con carne, pollo al estragón, o tomate y mozzarella.
☎ 01.43.54.24.41 Ⓜ St Michel ◑ *12-1 h, cada día* 70 Ⓕ 53F (sólo comida) AE/MC/V **FF**

Le Petit Josselin 59 rue Montparnasse, 14° | Montparnasse
Menos solemne que el hermano mayor, la Crêperie de Josselin, sirve todos los clásicos por unos cuantos francos menos. Las crêpes de jamón y queso son deliciosas.
☎ 01.43.22.91.81 Ⓜ Edgar Quinet ◑ *11.45-14.30 h; 18.45-24 h, lun.-sáb.* 40 Ⓕ 55F (sólo comida); 98F MC/V **F**

Le Sarrasin et le Froment 84–86 rue St-Louis en l'Île, 4° | Île St Louis
A los fanáticos del queso les encantará esta íntima crepería, que sirve combinaciones como roquefort con nueces. Ensaladas y tortillas para los que tienen fobia a la mantequilla.
☎ 01.56.24.32.06 Ⓜ Cité ◑ *12-23 h, cada día* 36 Ⓕ 49F (sólo comida) MC/V **FF**

Benoît 20 rue St-Martin, 1° | Montorgueil

Bistrot parisino con banquetas de terciopelo, una destellante barra de zinc y un entregado personal armado con menús de clásicos franceses: caracoles en mantequilla de ajo, cassoulet, pato asado, buey guisado en Beaujolais, y de postre una exuberante mousse de chocolate. Atrae a todo tipo de gente.

☎ 01.42.72.25.76 Ⓜ Châtelet ◑ *12-14 h; 20-22 h, cada día* Ⓕ 200F (sólo comida) Ⓡ AE **FFF**

La Closerie des Lilas 171 boulevard de Montparnasse, 6° | Montparnasse

Este famoso antro de Hemingway es un recordatorio de las credenciales intelectuales de la zona. En la actualidad es más fácil ver allí a una celebridad tomando cócteles que a un artista hambriento en la bruñida barra. El restaurante propiamente dicho, elegante y lleno de plantas, ofrece una *haute cuisine* tradicional cara. La más barata brasserie tiene platos como filete con patatas o deliciosas *quenelles de brochet*, y en verano mesas en el exterior.

☎ 01.40.51.34.50 RER Port Royal ◑ *12-14.30 h; 19-23 h, cada día.* 80 Ⓥ Ⓕ comida: 250F todas **FF–FFF**

Julien 16 rue du Faubourg St Denis, 10° | Grands Boulevards

Exuberancia de molduras, espejos y azulejos, así como comida tradicional de brasserie (aunque no hay marisco): *os a moelle* (tuétano), salmón fresco marinado y ahumado, cassoulet, filete y un grueso bisté de *Saint Pierre* (John Dory) servido con endibias al vapor.

☎ 01.47.70.12.06 Ⓜ Strasbourg-St Denis ◑ *12-15 h; 19-1.30 h, cada día* 170 Ⓥ Ⓕ 138F; 189F todas **F–FF**

Le Train Bleu Gare de Lyon, place Louis Armand, 12° | Bastille

Inaugurado para la Gran Exposición de 1900 y engalanado hasta arriba con el esplendor de la *belle époque*, este espacio dorado tantas veces filmado abarca toda la longitud de la estación y presenta un menú clásico de *haute cuisine*. Son fantásticos los *escargots* y el tournedó Rossini (filete con foie gras y trufas).

☎ 01.43.43.09.06 Ⓜ RER Gare de Lyon ◑ *11.30-15 h; 19-23 h, cada día* 250 Ⓥ Ⓕ 255F todas **FFF**

↓ sabor étnico

Blue Elephant 43 rue de Lappe, 11° | Bastille

El restaurante tailandés más ostentoso de la capital tiene también sucursales en Londres y Bruselas, y es popular entre las modelos y los famosos de segunda fila. La comida es excelente y está muy bien presentada, aunque los platos principales, incluyendo un delicioso curry verde, están adaptados a paladares delicados y no pican casi nada. Pruebe el sublime helado de coco.

☎ 01.47.00.42.00 Ⓜ Bastille ◑ *12-14.30 h; 19-24 h, lun.-vier.; 19-22 h, dom.* 60 Ⓥ Ⓡ Ⓕ 275F AE/MC/V **FF–FFF**

Jo Goldenberg 7 rue des Rosiers, 3° | Le Marais

El Jo Goldenberg, de carácter familiar, es el restaurante judío más conocido de la ciudad y atrae a una multitud de habituales, entre los que se cuentan vecinos del Marais y neoyorquinos nostálgicos. Del techo cuelgan salamis de varios pies de largo, y las grandes tinajas están llenas de arenques y encurtidos. La comida es salada, picante, ahumada, sabrosa... Relájese ante una sopa de albóndigas de *matzoh*, un reparador plato de goulash de buey, y después un buen pedazo de dulce *kugel* de melón. O acérquese al mostrador de delicatessen y pida un bagel con queso cremoso o un bocadillo de pastrami picante.

☎ 01.48.87.20.16 Ⓜ St Paul ◑ *9-14 h, cada día.* 140 (cada noche, 21-24 h) todas **F–FF**

➜ más restaurantes y cafés

Lao Siam 43 rue de Belleville, 19° | Belleville

Lao Siam ofrece una buena relación precio-calidad y la mejor comida tailandesa. Este local sin adornos, con largas colas al mediodía y un servicio a veces caótico, sin duda merece la pena. Sus especialidades son: *nem* (rollos de primavera fritos), un asombroso *poisson en feuille de bananier* (filetes de pescado con salsa de coco hechos al vapor en hojas de plátano), unos espectaculares *cailles à l'ail grillés* (codorniz y ajo), y un *tourteau à la diable* (cangrejo picante) sensacional.

☎ 01.40.40.09.68 Ⓜ Belleville ◑ *12-15 h; 19-23.30 h, cada día* 100 MC/V **FF–FFF**

Lô Sushi 8 rue de Berri, 8° | Champs Élysées

Una multitud joven, de Prada y Kenzo, se encarama en los taburetes de la barra que bordean la cinta transportadora del mostrador, sirviéndose platos de sushi, sashimi y ensaladas de gran calidad. Pruebe como aperitivo el vino de ciruelas.

☎ 01.45.62.01.00 Ⓜ George V ◑ *12-14.30 h; 20.30-22.30 h, cada día* 96 AE/MC/V **FF**

Restaurant Chen-Soleil de l'Est 15 rue du Théâtre, 15° | La Motte Picquet-Grenelle

Una estrella Michelin, un servicio inmaculado, y la crème del cine francés clamando por una reserva son señales de que este dúplex junto al Sena no es un restaurante chino vulgar. Entre las especialidades está la potente sopa picante y agria salpicada de trozos de langostino, o las ancas de rana especiadas al estilo Szechuan, el pato lacado, y las primorosas flores de calabacín rellenas de carne de cangrejo. Los precios son altos, sobre todo si rematamos el «Ma Pou Tou Fou» (un guiso picante de crustáceos, pollo y tofu) con un Margaux de 1988. Vaya bien vestido.

☎ 01.45.79.34.34 Ⓜ Charles Michels ◑ *12-14.30 h; 19-22 h, lun.-sáb.* 50 Ⓕ 250F; 490F todas **FF–FFF**

↓ club med

Chez Omar 47 rue de Bretagne, 3° | Grands Boulevards

Su transformado café mantiene su atmósfera gala esencial y sirve fabulosa comida norteafricana. Humeantes cuencos de esponjoso cuscús, grandes raciones de *méchoui* (cordero), salchichas de *merguez* picantes y pollo estofado con verduras componen la experiencia. Remate con un vaso de *boukhra* (licor de higos) para entrar en calor.

☎ 01.42.72.36.26 Ⓜ Arts et Métiers ◑ *12-14.30 h; 19-24 h, lun.-sáb.; 19-24 h, dom.* 85 todas **FFF**

L'Énotéca 25 rue Charles V, 4° | Le Marais

La primera vinatería italiana es famosa por sus 300 marcas, aunque por fortuna la comida no desempeña un papel secundario. Una mesa llena de *antipasti* despierta el apetito para los finos cortes de cochinillo con salvia, el carpaccio salpicado de alcaparras y la pasta fresca. Al mediodía es una opción atractiva y barata, con su vino por vasos, aunque platos como la ensalada de jaramago y los rigatoni entusiasman menos que los tagliatelle con trufas blancas o la *bresaola* de caballo del menú principal. Los domingos atrae a restauradores que libran: una buena señal.

☎ 01.42.78.91.44 Ⓜ Sully-Morland ◑ *12-14.30 h; 19.30-23.45 h, cada día* 75 Ⓕ 75F (sólo comida lun.-vier.) AE/MC/V **FF**

La Grande Mosquée de Paris 39 rue Geoffroy St Hilaire, 5° | Barrio Latino

Esta mezquita es una maravilla de los años treinta cubierta de azulejos, que incluye una terraza árabe y al lado un hammam (baño turco) [→80]. Durante el día, los verdaderos creyentes y los auténticos modernos la llenan de bote en bote para tomar pequeños vasos de dulce té a la menta y pastas aún más dulces, pero el menú propiamente dicho abarca todos los clásicos norteafricanos, como el cuscús, el tajine y las brochetas. No obstante, tened en cuenta que en la mezquita está prohibido el alcohol.

☎ 01.43.31.38.20 Ⓜ Censier-Daubenton ◑ *9-24 h, cada día* MC/V **FF**

Restaurant Saudade 34 rue des Bourdonnais, 1° | Montorgueil

Piérdase por la inmemorial Lisboa mientras suenan los fados entre estuco dorado y azulejos antiguos. En el menú hay sopa de col y chorizo, berberechos guisados, kebabs de rape y 1.001 versiones de *bacalão* con patatas. Platos como los pimientos asados o el pulpo marinado pueden venir con o sin ajo. Está en un paraíso portugués, tranquilo de día y lleno de aficionados al fado por la noche.

☎ 01.42.36.03.65 Ⓜ Châtelet ◑ *12-14 h; 19.30-22.30 h, lun.-sáb.* 50 (1er mar. del mes) Ⓕ 129F (sólo comida) AE/MC/V **FFF**

Le Sormani 4 rue du Général Lanrezac, 17° | Étoile

Los calamares fritos son tan ligeros que parecen flotar, y el carpaccio de atún veneciano, con cebolletas y mozzarella, parece haber sido pintado en el plato por Canaletto. No obstante, el verdadero éxito de Sormani está en la pasta: espagueti con níscalos silvestres, mollejas o gambas; raviolis rellenos de queso de cabra trufado, foie gras o langosta al estragón. ¿Alguna pega? Que el servicio es *molto* lento.

☎ 01.43.80.13.91 Ⓜ Étoile ◑ *12.15-14 h; 20-24 h, cada día* 70 V R Ⓕ 145F; 450F todas **FF–FFF**

Le Souk 1 rue Keller, 11° | Bastille

La cocina marroquí es buena a cualquier hora del día. Acomódese en banquetas tapizadas y pida grandes tajines de pollo con higos endulzados, o cordero a la canela guisado con membrillos. De postre, la *millefeuille* de higos frescos y la crema especiada con pistachos son peligrosamente árabes.

☎ 01.49.29.05.08 Ⓜ Bastille ◑ *11-2 h, cada día (desde 15 h mar. y miér.)* 65 V R AE/MC/V **FF**

↓ hoteles de ensueño

Le Bristol 112 rue du Fg St Honoré, 8° | Opéra

Con su majestuoso comedor revestido de roble para el invierno y su elegante terraza acristalada para el buen tiempo, Le Bristol parece un restaurante de *haute cuisine*. Como en éstos, se sirven platos magníficos, como huevos escalfados con trufas y espárragos, foie gras estilo Szechuan y crepes de pato asado. Pero, aunque es tan caro como un restaurante de *haute cuisine*, Le Bristol es diferente. La comida del chef Éric Frechon es buenísima y el servicio de lo más agradable (casi guasón). Algo muy sorprendente: un restaurante parisino de lujo donde todo el mundo se siente como en casa.

☎ 01.53.43.43.00 **e** resa@hotel-bristol.com Ⓜ Miromesnil ◑ *6.30-10.30 h; 12-14.30 h y 19-22.30 h, cada día* 55 V (piano cada noche) R Ⓕ 360F; 680F AE/MC/V **FFF**

Café Faubourg Sofitel le Faubourg, 15 rue Boissy d'Anglas, 1° | Madeleine

Al otro lado de la calle, frente al grande y ostentoso Buddha Bar, el Café Faubourg sugiere una experiencia mucho más refinada. El estilo es vagamente escandinavo, pero la comida es francesa moderna: calamares salteados con pimientos picantes (fabuloso) o salmón a la plancha a las finas hierbas (aún mejor). El gratinado caliente de cerezas con almendras es un placer íntimo. Al mediodía se llena de hombres de negocios, pero por la noche se convierte en un lugar más romántico y discreto.

☎ 01.44.94.14.24 Ⓜ Madeleine ◑ *6-10 h (hasta 10.30 h sáb. y dom.); 12-14.30 h; 19.30-23 h, cada día* 70 todas **FF**

Le Cinq Hôtel George V, 31 avenue George V, 8° | Champs Élysées

El chef de tres estrellas Philippe Legendre dejó Taillevent para hacerse cargo de la cocina de Le Cinq. Si acaso, éste es incluso más elegante, y el menú, clásico y con clase –sevruga en la sopa, un tierno *tourteau* en los canelones, y relleno de foie gras en los filetes de cordero–, está a la altura de la decoración dorada, al igual que la impresionante bodega de Éric Beaumard. ¿La mejor época? El verano, cuando se sacan las mesas fuera, al encantador Marble Court del hotel. Fundamentales los vestidos, chaquetas y corbatas elegantes.

☎ 01.49.52.70.00 Ⓜ George V ◑ *8-22.30 h, cada día (hasta 23 h sáb. y dom.)* 80 V (pianista 19-24 h) R todas **FFF**

Los precios indicados corresponden al coste de un plato principal

➔ más restaurantes y cafés

Les Élysées at the Hôtel Vernet 25 rue Vernet, 8° | Champs Élysées

Gustave Eiffel diseñó el espectacular techo de vidrios de colores de Les Élysées, un excelente hotel-restaurante que atrae a hombres de negocios al mediodía y a gourmets por la noche. El menú degustación es caro, pero se da por bien gastado hasta el último *centime*. El chef Alain Solivères se crió en Provenza, algo que no puede disimular: como entrantes hay frescos y salobres erizos de mar sobre un lecho de sal gorda y un impresionante risotto de cebada; entre los platos principales se cuenta la pechuga de pichón a la parrilla y las vieiras a la plancha con tomates secos.

☎ 01.44.31.98.98 Ⓜ George V ◑ *12.30-15 h; 19.30-24 h, lun.-vier.* 40 Ⓥ Ⓡ Ⓕ 480F; 500F; 650F; 850F todas **FFF**

Hôtel Costes 239 rue St Honoré, 1° | Madeleine

Es un lugar para ver y ser visto, donde pululan montones de modernos. La comida también atrae, pero es bastante cara. El menú tiene un tono asiático, y las raciones están pensadas para los que guardan la línea: sopa de leche de coco con gamba (sí, sólo una), pollo con *satay* y chutney, vieiras con limón. La decoración tiene un exceso de terciopelo estilo Napoleón III, aunque las salas laterales acristaladas, con sillas de mimbre, son menos cargantes.

☎ 01.42.44.50.25 Ⓜ Concorde ◑ *12-2 h, cada día* 300 (terraza incluida) todas **FF–FFF**

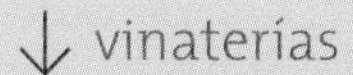

vinaterías

Jacques Mélac 42 rue Léon Frot, 11° | Bastille

El *bistrot à vins* de Jacques Mélac se ha confirmado como una institución perdurable en un país donde el concepto de vinatería nunca ha cuajado; una parra que cuelga en el exterior revela su dedicación a la uva. Es un sitio alegre para beber en serio, en el que como sustento sólido se incluyen jamones y quesos del Auvergne o un campestre *plat du jour*, como *boudin noir* y puré de patatas.

☎ 01.40.09.93.37 Ⓜ Charonne ◑ *9-22.30 h, mar.-sáb.* 80 todas **FF**

Les Fous d'en Face 3 rue du Bourg Tibourg, 4° | Le Marais

Cuadros, tiras de luces y decorados sobrantes llenan esta especie de chalet, que no pega con su entorno. Un servicio amable y tranquilo sirve comida buena y abundante, como terrina de venado, coñac y castaña; sopa de cebolla; cordero a la salvia; *pot au feu* (buey con verduras); y helado casero de turrón. Todo regado con un buen vino, desde una botella de 100F del Loira hasta los carísimos Burdeos. La terraza es magnífica en verano.

☎ 01.48.87.03.75 Ⓜ Hôtel de Ville ◑ *12-15 h; 19.30-24 h, mar.-sáb. (cada día, abril-sept.)* 60 Ⓕ sólo comida mar.-vier.: 89F; 108F todas **FF**

Moulin à Vins 6 rue Burq, 18° | Montmartre

El Moulin à Vins, que toma su nombre del cercano y viejo molino *(moulin)*, ofrece placeres sencillos de la vieja Europa. Se anima pasadas las 22 h más o menos, cuando empieza a entrar una clientela nocturna en busca de platos como la salchicha ahumada con patatas fritas con sabor a ajo... y para tomar uno o dos vasos de los cientos de vinos de la carta, *naturellement!* Siempre hay un plato de pescado, pero los filetes, las ensaladas y el excelente queso son opciones mejores.

☎ 01.42.52.81.27 Ⓜ Abbesses ◑ *18-2 h, cada día* 35 todas **F–FF**

La Robe et Le Palais 13 rue des Lavandières Ste Opportune, 1° | Montorgueil

Exactamente lo que necesita tras debatirse en el bullicio comercial de rue de Rivoli, porque 1) anhelará una copa, y este lugar está abarrotado de vinos que levantan el ánimo, y 2) la comida es espléndida. Pese al nombre, es un lugar jovial e informal frecuentado por numerosos habituales, con el menú escrito en una pizarra, mapas de las zonas vinícolas francesas y la superficie de las mesas hecha de cajas de vino. Cierto, el vino es el rey, pero la comida –calamares rellenos con arroz y pasas, pato asado con miel y espliego, crema condimentada con azahar– no desmerece.

☎ 01.45.08.07.41 Ⓜ Châtelet ◑ *12.15-14.30 h; 19.30-22.30 h, lun.-sáb.* 50 Ⓕ comida: 79F MC/V **FFF**

Le Rubis 10 rue du Marché St Honoré, 1° | Palais Royal

El Rubis es uno esos viejos bares con bistrot que aún existen en París. Al mediodía puede ser caótico, cuando los clientes devoran el fiable *plat du jour*, quizá *petit salé aux lentilles* (cerdo con lentejas), regado con algo de la excelente y amplia carta de vinos, o disfrutan de la charcutería o de un cremoso brie.

☎ 01.42.61.03.34 Ⓜ Opéra; Tuileries ◑ *8-22 h (comida 11-15.30 h)* 24 (mesas de barriles de vino en la acera si hace buen tiempo) ninguna **F**

Willi's Wine Bar 13 rue des Petits Champs, 1° | Palais Royal

Willi's atrae a los elegantes de la cercana Bolsa de París y de las casas de moda de la place des Victoires. Pese a la etiqueta de vinatería (hay una magnífica selección de vinos –casi todos franceses– que se sirven por vasos), la pequeña área para comer tiene una atmósfera de restaurante elegante. Los entrantes de la ligera y moderna cocina estilo bistrot pueden ser unos berberechos o puerros deliciosos, acaso seguidos por *filets de daurade*. El rey de los postres es la original crema quemada (en realidad, un invento de la Universidad de Cambridge). El servicio va un poco de cabeza, pero siempre es encantador.

☎ 01.42.61.05.09 Ⓜ Bourse; Pyramides ◑ *11-24 h, cada día (comida 12-14.30 h y 19-23 h)* 36 Ⓕ 158F; 195F MC/V **F–FF**

↓ vegetarianos

Au Grain de Folie 24 rue La Vieuville, 18° | Montmartre

Con sólo cinco mesas de madera, una cocina abierta y paredes llenas de libros de cocina y obras de arte locales, se tiene la sensación de estar cenando en casa de un amigo y no en un restaurante. Mme Dubois, la maternal chef-patrona, prepara cada día dos platos: uno vegetariano estricto, con verduras crudas y cocinadas, grano y salsa de manzana, y el otro con queso de cabra al horno, ensaladas mixtas, granos, lentejas y verduras de temporada.

☎ 01.42.58.15.57 Ⓜ Abbesses ◑ *12.30-14.30 h; 19.30-22.30 h, cada día* 20 Ⓕ 100F ninguna **F–FF**

Le Grenier de Notre Dame 18 rue de la Bûcherie, 5° | Barrio Latino

Una clientela joven de estudiantes extranjeros y viajeros frecuenta este restaurante de dos plantas (también con mesas en un patio). El menú incluye paté de verduras, sopa picante de pescado, *pot au feu*, cassoulet; y vegetarianos clásicos como los «Platos de Proteínas» rebosantes de arroz, *bulgur*, verduras, tofu y alubias. Rematan la comida vinos orgánicos, tés japoneses, *tarte tatin* y flan de algas.

☎ 01.43.29.98.29 Ⓜ St Michel; Maubert-Mutualité ◑ *12-14.30 h; 19.30-23 h, cada día (hasta 23.30 h vier. y sáb.)* 25 Ⓕ 75F; 105F MC/V **FF**

↓ entrada la noche

Au Pied de Cochon 6 rue Coquillière, 1° | Montorgueil

Súmese a las hordas que abarrotan de noche esta brasserie, cuyas especialidades son la sopa de cebolla y los pies de cerdo.

☎ 01.40.13.77.00 Ⓜ Les Halles ◑ *24 h cada día* Ⓕ 146F (sólo comida) todas **F–FF**

La Tour de Montlhéry (Chez Denise) 5 rue des Prouvaires, 1° | Montorgueil

En este magnífico bistrot son esenciales las reservas y los estómagos vacíos y carnívoros; el servicio tal vez sea insuficiente, pero el placer de la experiencia permanece.

☎ 01.42.36.21.82 Ⓜ Les Halles ◑ *24 h cada día.* MC/V **FF**

Le Verre Bouteille 85 avenue des Ternes, 17° | Étoile

En este agradable restaurante, el menú estilo bistrot abarca un amplio espectro (incluyendo tres versiones del steak tártaro), además del pato lacado con miel y nueces.

☎ 01.45.74.01.02 Ⓜ Porte Maillot ◑ *12-15 h; 19-5 h, cada día* 50 Ⓕ 90F; 170F todas **F–FF**

Yvan sur Seine 26 quai du Louvre, 1° | Palais Royal

Acogedor restaurante a la orilla del río, donde la música de los setenta encaja con la clientela (a menudo gay). Especializado en pescado y pez espada tártaro con jengibre.

☎ 01.42.36.49.52 Ⓜ Louvre-Rivoli ◑ *12-14.30 h; 20-1 h, mar.-dom.* 20 Ⓕ 158F AE/MC/V **F–FF**

Los precios indicados corresponden al coste de un plato principal

Sea champán, cócteles o coñac, el amor francés por todo lo líquido hace de París algo muy parecido a un paraíso de los bares. El escenario cambia de una a otra zona, pero si sabemos dónde buscar, siempre es fácil encontrar algo de lo que nos apetece...

¡salud!

coctelerías

Bar Hemingway

Bar pequeño y acogedor en uno de los lugares más impresionantes de la ciudad: el hotel Ritz. Toma su nombre del famoso bebedor, que, según se dice, en 1944 «liberó» el hotel como miembro de las tropas aliadas, y después pidió una ronda de martinis. Se pueden tomar cócteles clásicos y montones de maltas.

15 place Vendôme, 1º, Madeleine
☎ 01.43.16.33.65 Ⓜ Concorde ◑ *18.30-2 h, mar.-sáb.* ▭ todas (tapas) (cada noche)

Café Thoumieux

Ideal para tomar una copa con distinción. Hay suntuosos complementos de terciopelo rojo, vodkas aromatizados (pruebe los de vainilla y caramelo), magníficas margaritas, buenas tapas y mucha gente guapa.

4 rue de la Comète, 7º, Invalides
☎ 01.45.51.50.40 Ⓜ Latour-Maubourg
◑ *12-2 h, lun.-sáb.* (18-20 h)
▭ AE/MC/V (noches de jazz)

Chez Richard

Iluminación de ambiente, una multitud moderna, sonido DJ y bebidas fuertes (del estilo margarita y piña colada) hacen que valga la pena tomarse aquí una ronda. Es mejor llegar pronto, y hacerse con una pequeña mesa con vela.

37 rue Vieille du Temple, 4º, Le Marais
☎ 01.42.74.31.65 Ⓜ St Paul ◑ *17-2 h, cada día (desde 18 h lun.)* (17-20.30 h) ▭ todas (miér.-sáb.)

Le Fumoir

Paraíso de la gente de la moda, así como para artistas cuidadosamente desaliñados. Muy tranquilo, con cócteles fenomenales, los mejores asientos de Le Fumoir están en la «biblioteca» tras la barra.

6 rue de l'Amiral de Coligny, 1º, Palais Royal ☎ 01.42.92.00.24 Ⓜ Louvre-Rivoli ◑ *11-2 h, cada día* (18-20 h) ▭ AE/MC/V

Harry's Bar

Hogar espiritual de bebedores serios, Harry's Bar es responsable (al parecer) del Bloody Mary así como de algunas hermosas amistades y de innumerables y demoledoras resacas. Algunos de sus brebajes son aterradores, la mayoría maravillosos.

5 rue Daunou, 2nd, Madeleine
☎ 01.42.61.71.14 Ⓜ Opéra ◑ *10.30-4 h, lun.-sáb.* ▭ AE/MC/V (12-15 h)

antros de moda

L'Apparemment Café

L'Apparemment recibe a los elegantes de las compras de segunda mano, que holgazanean en cómodos y viejos sofás, juegan partidas interminables de juegos de tablero y hojean los periódicos.

18 rue des Coutures St Gervais, 3º, Le Marais
☎ 01.48.87.12.22 Ⓜ Filles du Calvaire
◑ *12.30-2 h, lun.-sáb. (desde 16 h sáb.); 14-24 h, dom.* ▭ MC/V

Buddha Bar

Lujoso, con clase pero no esnob, este templo de carácter oriental podría confundirse con un plató de cine: un buda de 3 metros de altura, balcones y místicas melodías ambientales. Vista bien.

8 rue Boissy d'Anglas, 8º, Madeleine
☎ 01.53.05.90.00 Ⓜ Concorde ◑ *12-15 h; 18-2 h, cada día* ▭ todas

China Club

Con sus ecos de la Indochina francesa, el China Club es muy elegante y bastante caro. Personal amistoso y presumido, martinis fabulosos y la oportunidad de presumir en la happy hour hacen de él un lugar inexcusable. Arriba hay más intimidad, la planta baja es para comer, y en el tranquilo sótano se escucha jazz en directo los fines de semana.

50 rue de Charenton, 12°, Bastille
☎ 01.43.43.82.02 Ⓜ Ledru-Rollin ◑ *19-2 h, cada día (hasta 3 h vier. y sáb.)* (19-21 h)
AE/MC/V (vier. y sáb. jazz)

Les Cimes

El hermano mayor Café Charbon (→ 116) tal vez aún acapara la atención, pero en el más tranquilo Les Cimes se puede contemplar su enorme y kitsch mural de montañas, vacas y pájaros. La fría clientela está resuelta a demostrar que se puede pasar tan bien aquí como en el local de al lado.

105 rue Oberkampf, 11°, Belleville
☎ 01.43.57.34.10 Ⓜ Oberkampf; Parmentier
◑ *9-2 h, cada día (desde 10 h dom.)*
todas

L'Imprévu Café

Tremendamente extravagante, L'Imprévu es el lugar ideal para hablar de desconocidos *ateliers* o la última exposición del MAMVP. Lleno de creadores contemporáneos que toman *noisettes* en un mobiliario ecléctico. Si va solo: tome un libro, siéntese, fume y ponga expresión profunda.

7-9 rue Quincampoix, 4°, Montorgueil
☎ 01.42.78.23.50 Ⓜ Les Halles ◑ *11-2 h cada día.* ninguna

912

El brillante y moderno interior, la animada música, la gente festiva y las dimensiones decentes garantizan una noche excelente. Hay una maravillosa máquina de margaritas y un «sexo en la playa» sumamente bueno. El apuestísimo personal y las sesiones improvisadas de baile hacen que el bar aún valga más la pena.

20 rue de la Roquette, 11°, Bastille
☎ 01.49.23.41.41 Ⓜ Bastille ◑ *12-2 h, cada día* (vino sólo 19-21 h) AE/MC/V
(gospel 14-17 h dom.) (lun.-sáb.)

bares que cierran tarde

Les Chimères

Busque las gárgolas en el balcón de la primera planta para localizar este ruidoso karaoke. Un revoltijo decorativo y una iluminación de tipo teatral ayudan a crear un ambiente alegre y animado. Mejor llegar antes de las 3 h para poder cantar.

133 rue St Antoine, 4°, Le Marais
☎ 01.42.72.71.97 Ⓜ St Paul ◑ *24 h cada día*
todas (tapas) (22-5 h sáb.)

Doobies

Es un divertidísmo salto atrás hacia los ochenta: canciones de Michael Jackson, luz tenue, cócteles azucarados y buen escocés en mesas íntimas. Llame al timbre; antes de dejarle pasar le echan un vistazo, aunque parece que entra todo el mundo.

2 rue Robert Estienne, 8°, Champs Élysées
☎ 01.53.76.10.76 Ⓜ Franklin D Roosevelt
◑ *18-2 h, lun.-jue.; 19-3 h vier.-dom.*
MC/V (vier.-dom.)

La Paillotte

Excelente jazz, fuertes lingotazos y un barman que parece estar jugando una interminable partida de ajedrez. Atrae a una multitud ecléctica, presidida por un par de tíos amanerados tipo Tweedle Dum y Tweedle Dee: uno patético y el otro divertidísimo.

45 rue Monsieur le Prince, 6°, St Germain des Prés ☎ 01.43.26.45.69 Ⓜ Odéon
◑ *13-5 h, cada día.* MC/V

Polly Magoo

Magníficamente sórdido, Polly es el antro de los que creen que es normal estar todavía bebiendo a las 4 h (sobre todo estudiantes y hedonistas). Según se dice, Jim Morrison solía dejarse caer por aquí, lo que no sorprende pues la mayoría de los habituales de Polly comparten su concepto de moderación. Cuidado con el retrete turco... es bastante lúgubre.

11 rue St Jacques, 5°, Barrio Latino
☎ 01.46.33.33.64 Ⓜ St Michel ◑ *24 h cada día*
ninguna

Le Tambour

Una extraña mezcla de gente hace juego con la extravagante y caótica decoración. Ideal cuando quiera estar despierto toda la noche balbuceando borracho con los amigos.

41 rue Montmartre, 2°, Montorgueil
☎ 01.42.33.06.90 Ⓜ Sentier ◑ *24 h cada día*
MC/V

bares para fumar puros

La Casa del Habano 169 bd St Germain, 6° | Montparnasse
En el sótano disfrute de un habano enrollado a mano, o compre uno en la tienda.
☎ 01.45.49.24.30 Ⓜ St Germain des Prés ◑ *10-2 h, lun.-sáb.* todas

Cubana Café 47 rue Vavin, 6° | St Germain des Prés
Pruebe el ron y los puros, vigilados por fotos de Fidel Castro y banderas de la Patria.
☎ 01.40.46.80.81 Ⓜ Vavin ◑ *10-3 h, cada día* MC/V

Smoke 29 rue Delambre, 14° | Montparnasse
Un sitio en el que parece que Harvey Keitel va a entrar en cualquier momento...
☎ 01.43.20.61.73 Ⓜ Vavin ◑ *12-2 h, lun.-sáb. (desde 18 h sáb.)* (15-19 h) MC/V

más bares

un vaso de tinto

Le Baron Rouge

Sumamente jovial, y bastante práctico, es un excelente *bar à vins* donde se puede coger fácilmente una trompa de buen tinto al tiempo que se finge hablar en serio sobre los placeres de la viña. Charle con la variada mezcolanza de clientes, tipos extravagantes y veteranos de aspecto rústico, rodeados de barriles vueltos hacia arriba y pizarras con interminables listas de vinos.

1 rue Théophile Roussel, 12° | Bastille
☎ 01.43.43.14.32 Ⓜ Ledru-Rollin ◑ *17-22 h, lun.; 10-14 h y 17-22 h, mar.-jue.; 10-22 h, vier.-dom. (hasta 15 h dom.)* ▤ todas

Le Clown Bar

Vinatería llena de objetos relacionados con el circo y los payasos (consecuencia de su antigua función como cantina del cercano Cirque d'Hiver). Sirve vino de buena calidad en jarras a bohemios del barrio.

114 rue Amelot, 11° | République
☎ 01.43.55.87.35 Ⓜ Filles du Calvaire
◑ *13-14.30 h y 19-1 h, cada día* ▤ ninguna

Le Coude Fou

Clientela variada, buena selección de vinos franceses –y algunos españoles– (que se sirven por vasos), precios asequibles, situado en el Marais y servicio amable. Centro enófilo.

12 rue du Bourg Tibourg, 4° | Le Marais
☎ 01.42.77.15.16 Ⓜ Hôtel de Ville
◑ *12-2 h, cada día.* ▤ AE/MC/V

L'Écluse

Los esnobs del vino evitan L'Écluse porque forma parte de una cadena y para su gusto quizás haya demasiado chardonnay de la casa. Por su parte, a los principiantes les encantan las enormes copas de catador de 24 cl, el agradable servicio, la sencilla lista y la extrema cordialidad que se respira.

13 rue de la Roquette, 11° | Bastille
☎ 01.47.00.72.08 Ⓜ Bastille ◑ *11.30-1 h, cada día* ▤ AE/MC/V

sed gay

Le Banana Café

De lo más extravagante, en el Banana Café actúan algunos de los artistas más destacados de la escena. Las legendarias noches temáticas pueden llegar a ser escandalosas. Colóquese en la terraza o mire cómo divas glamurosas cantan a voz en grito en el sótano.

13 rue de la Ferronnerie, 1° | Montorgueil
☎ 01.42.33.35.31 Ⓜ Châtelet ◑ *16-5 h, cada día* (18-21 h) ▤ AE/MC/V (cada noche)

Le Cox

Se rumorea que es el lugar preferido del *enfant terrible* Alexander McQueen. Le Cox parece estar lleno de machotes que pasan mucho tiempo en el gimnasio y les gusta exhibirse.

15 rue des Archives, 4° | Le Marais
☎ 01.42.72.08.00 Ⓜ Hôtel de Ville; St Paul
◑ *13-2 h, cada día.* ▤ ninguna

Open Bar

Aunque el interior está muy bien, los chicos elegantes acuden temprano para asegurarse una mesa estratégica en el lado de la calle: lo mejor del Open es la terraza, una de las más concurridas de París. Siempre lleno de gente que luce sus mejores galas.

17 rue des Archives, 4° | Le Marais
☎ 01.42.72.26.18 Ⓜ Hôtel de Ville ◑ *11-2 h, cada día (desde 18 h lun.)* (18-20 h) ▤ todas (tentempiés)

Les Scandaleuses

Bar absolutamente fabuloso, ideal para las chicas a las que les gustan las chicas. En este pionero de la escena lesbiana parisina, el ambiente es de lo más acogedor, e incluso dejan entrar a tu novio platónico.

8 rue des Écouffes, 4° | Le Marais
☎ 01.48.87.39.26 Ⓜ St Paul ◑ *17-2 h cada día (desde 18 h lun.)* ▤ DC/MC/V (jazz lun.-vier.; tecno sáb.)

los bares de cinc

Bar des Théâtres

Los fans de la moda, las dependientas elegantes y la gente del teatro acuden en tropel a tomar unos o dos kirs tranquilos antes del espectáculo mientras camareros con largos delantales y enormes bigotes van y vienen. Las principales atracciones son hacer barra en el largo mostrador de zinc y el hecho de ser uno de los pocos lugares del «triángulo de oro» del 8° *arrondissement* donde no hay que hipotecarse para pagar la cuenta.

6 av Montaigne, 8° | Champs Élysées
☎ 01.47.23.34.63 Ⓜ Franklin D Roosevelt
◑ *6-2 h, cada día* ▤ todas

Café Charbon

No puede decir que conoce la cultura de los cafés parisinos si no ha estado en el Café Charbon. Si se pasa por alto la ropa urbana, elegante y modernísima de la clientela, parece un antro de perversidad de principios de siglo, con mojitos en vez de absenta (actualmente prohibida en Francia).

109 rue Oberkampf, 11° | Belleville
☎ 01.43.57.55.13 Ⓜ Ménilmontant ◑ *9-2 h, cada día (desde 10 h dom.)* ▤ todas (verano)

Chez Georges

Uno de los últimos antros que quedan de los verdaderos *Germanopratiens* (intelectuales bohemios franceses que vivieron en St Germain des Prés antes de la invasión anglosajona del siglo xx). Un lugar muy tabernario, lleno de humo pero también buenas conversaciones y bebedores serios.

11 rue des Canettes, 6° | St Germain des Prés ☎ 01.43.26.79.15 Ⓜ St Sulpice; Mabillon ◑ *12-2 h, mar.-sáb.* ninguna ♿ (sólo planta baja) (tentempiés) (algunos fines de semana)

La Chope

Estudiantes y turistas atestan la terraza de La Chope, donde contemplan el panorama durante una tarde ociosa. Comparado con otros bares de zinc, el interior es un poco decepcionante, así que intente conseguir una mesa en la plaza.

2 pl de la Contrescarpe, 5° | Barrio Latino ☎ 01.43.26.51.26 Ⓜ Censier Daubenton; Monge ◑ *7-2 h, cada día* todas ♿ (dom. noche)

Au Petit Fer à Cheval

Este bar pequeño pero bellísimo (con cristalería antigua, montones de botellas y acres de brillante zinc) es seguramente el mejor de su clase en París. La simpática clientela sale a la calle y toma aperitivos, cafés matutinos o las últimas copas de una noche movida. Muy francés

30 rue Vieille du Temple, 4° | Le Marais ☎ 01.42.72.47.47 Ⓜ Hôtel de Ville; St Paul ◑ *9-2 cada día* MC/V

Le Sancerre

Su sólida popularidad, su tono extravagante y bohemio, y su fantástica ubicación garantizan el lleno casi todas las noches. También presume de una fabulosa terraza abarrotada de una multitud *montmartrois*.

35 rue des Abbesses, 18° | Montmartre ☎ 01.42.58.08.20 Ⓜ Abbesses ◑ *7-2 h cada día* todas ♿ (desde las 19 h miér. y jue.)

música a mano

Chez Adel

El gran punto a su favor son los conciertos casi permanentes y gratis. Lleno de gente alegre que desea oír una conmovedora *chanson française*, Chez Adel alardea de una buena cantidad de bebidas procedentes de todos los rincones del mundo; y el servicio es muy amable.

10 rue de la Grange aux Belles, 10° | Canal St Martin ☎ 01.42.08.24.61 Ⓜ Jacques Bonsergent ◑ *11-2 h cada día* MC/V ♿ (21-24 h, lun.-sáb.)

Horses Mouth

Parece un pub inglés, pero en realidad es un local francés que promueve los combos pop y el rock de pub clásico.

120 rue Montmartre, 2° | Grands Boulevards ☎ 01.40.39.93.66 Ⓜ Sentier ◑ *12-23 h, cada día* (16-20 h) MC/V (miér. y jue.)

L'Atmosphère

El 10° *arrondissement* es el nuevo amor de los creadores contemporáneos, y L'Atmosphère es exactamente el tipo de lugar por donde andan. Hay jazz serio, blues lacrimógeno, hombres con mirada severa y bebidas a precios de risa. Acuda temprano a la sesión de precalentamiento de la larga noche que empieza.

49 rue Lucien Sampaix, 10° | Canal St Martin ☎ 01.40.38.09.21 Ⓜ Jacques Bonsergent ◑ *10-1 h, lun.-sáb.; 11-20 h, dom.* MC/V ♿

Les Pipos

Lleno de vino tinto áspero, clientes habituales y muebles tradicionales, Les Pipos es fantástico para gesticular alocadamente, participar en interpretaciones de buenas y viejas canciones de Édith Piaf, y adoptar un aire francés de veras.

2 rue de l'École Polytechnique, 5° | Barrio Latino ☎ 01.43.54.11.40 Ⓜ Maubert-Mutualité ◑ *10-2 h, cada día.* ninguna ♿

clubes/bares

AZ Bar

Alcazar, la *brasserie moderne* de Terence Conran, también tiene un agradibilisimo bar en el entresuelo que ha sido invadido por la crème de la crème de la noche parisina (sobre todo DJ y promotores). Los fines de semana son la mejor opción; los viernes hay relajada música de salón, y los domingos un cabaré gay.

62 rue Mazarine, 6° | St Germain des Prés ☎ 01.53.10.19.99 Ⓜ Odéon gratuito ◑ *12-15 h y 19-2 h, cada día (prolongable)* todas ♿ (llame para más detalles)

Café Oz

Invita a los mejores DJ de house y breakbeat de París, desde talentos galos reconocidos como Cam & Gilb'r a la joven y prometedora Éva Gardner. Todos actúan en un cubículo construido al efecto encima de la barra. Aunque los chicos del rugby pueden ser una lata, no hay en la ciudad otro pub que ofrezca música de tanta calidad.

18 rue Saint Denis, 1° | Montorgueil ☎ 01.40.39.00.18 Châtelet-Les Halles gratuito ◑ *15-2 h, dom.-jue. y 12-3 h, vier. y sáb.* MC/V ♿ (tentempiés) (dom.-lun.) (mar.-sáb.)

más bares

Café du Trésor

Oculto en un callejón peatonal sin salida, este café de decoración chillona tiene DJ que todas las noches pinchan una mezcla de funk, hip-hop y house; los lunes hay noche abierta. Rudolphe y su cuadrilla atraen a una clientela joven y elegante, y el ambiente es relajado, aunque algo pretencioso.

5 rue du Trésor, 4° | Le Marais
☎ 01.44.78.06.60 Ⓜ Hôtel de Ville; Saint Paul gratuito ◑ *15-2 h, cada día (desde 11 h sáb. y dom.)* MC/V (cada noche)

La Fabrique

Fantásticos DJ (los mejores son el grupo de In The Mix, que actúa los viernes), cerveza casera, ocasionales noctámbulos y multitudes de modernos protagonizan una velada típica en este lugar atípico. También hay una fabulosa terraza.

53 rue du Fg St Antoine, 11° | Bastille
☎ 01.43.07.67.07 Ⓜ Bastille gratuito
◑ *11-2 h, cada día (hasta 5 h miér.-sáb.)*
MC/V (jazz el dom.) (cada noche)

La Flèche d'Or

Este pequeño escondrijo para beatniks, artistas y *flâneurs* (gorrones) está lejos, pero la excursión vale la pena. Los DJ a menudo invitan a sus amigos artistas a noches especiales. Los conciertos regulares de trip-hop, jungle, world, reggae y salsa son un placer, igual que las noches de beneficencia en favor de causas (a veces) desconocidas.

102bis rue de Bagnolet, 20° | Nation
☎ 01.43.72.04.23 Ⓜ Alexandre Dumas gratuito ◑ *10-2 h, cada día* (18-20 h)
V (cada noche) (algunas noches)

La Guinguette Pirate

El buque nodriza del recién restaurado Batofar (→ 119) es un barco pirata donde se celebran conciertos (jazz, world, reggae) precedidos de melodías ambientales los fines de semana. Vale la pena echar un vistazo al restaurante estilo galeón, en la planta baja.

Quai de la Gare, 13°, Quai de la Gare
☎ 01.44.24.89.89 Ⓜ Quai de la Gare gratuito-60F ◑ *18-2 h, lun.-sáb.* MC/V (lun.-jue.) (vier. y sáb.)

The Lizard Lounge

Vaya directamente al sótano, donde se garantiza siempre la máxima calidad musical. Un buen lugar previo a la disco donde la palabra clave es house, ambiente y jungle.

18 rue du Bourg Tibourg, 4° | Le Marais
☎ 01.42.72.81.34 Ⓜ Hôtel de Ville; Saint Paul gratuito ◑ *24-2 h, cada día* (20-22 h, cada día) AE/MC/V (cada noche)

Le Moloko

Con una mezcla sutil de soul, funk e incluso salsa cuando el asunto se anima pasada la medianoche, Le Moloko mantiene un hábil equilibrio entre lo moderno y lo popular. Acogedora decoración bohemio-barroca. Tres amplias salas garantizan que en los atestados fines de semana haya sitio para mover el esqueleto.

26 rue Fontaine, 9° | Pigalle
☎ 01.48.74.50.26 Ⓜ Blanche gratuito
◑ *21.30-anochecer, cada día (desde 17 h)*
MC/V (cada noche)

Sans Sanz

Branché (moderno) como el que más, este barroco y kitsch bar-restaurante se convierte en un night-club a partir de las 22 h. Aunque no hay un repertorio musical fijo, las melodías tienden a empezar con hip-hop y acabar con house, acompañadas de camareros que hacen sonar los címbalos para espolear a los clientes. A menudo abarrotado los fines de semana.

49 rue du Fg St Antoine, 11° | Bastille
☎ 01.44.75.78.78 Ⓜ Bastille gratuito
◑ *9-2 h, cada día* AE/MC/V
(cada noche)

terrazas fabulosas

Café Beaubourg 43 rue St Merri, 4° | Montorgueil
Admire un santuario a la modernidad (el Centre Pompidou) desde otro en la terraza de este fabuloso y concurridísimo bar.
☎ 01.48.87.63.96 Ⓜ Châtelet ◑ *8-1 h, cada día (hasta 2 h sáb. y dom.)* MC/V

Café de la Mairie 8 place St Sulpice, 6° | St Germain des Prés
La terraza ideal de la Rive Gauche para ver el mundo pasar. Da a la iglesia St Sulpice, de estilo italiano, y a la fuente de Visconti.
☎ 01.43.57.55.13 Ⓜ St Sulpice ◑ *13-5 h, cada día.* AE/MC/V

Café Marly 93 rue de Rivoli, Cour Napoléon, 1° | Palais Royal
Ubicación perfecta en el patio del Louvre; da a la pirámide de vidrio de IM Pei. Mejor visitarla por la noche por la iluminación.
☎ 01.49.26.06.60 Ⓜ Palais-Royal ◑ *8-2 h, cada día* todas

Le Soleil 132 bd de Ménilmontant, 20° | Belleville
Haciendo honor a su nombre, Le Soleil capta casi todo el sol de la tarde. El lugar para ponerse gafas oscuras, pedir una bebida larga y fría y tomar el sol.
☎ 01.46.36.47.44 Ⓜ Ménilmontant ◑ *8.30-2 h, cada día* ninguna

En cuanto a los clubes, París prefiere la calidad a la cantidad. La marcha está siempre en los mismos sitios, abiertos hasta las 6 h o más tarde. Aunque el house es la fuerza dominante, está respaldada por la música jungle, tecno, salsa, tango y étnica de todo el planeta.

noche de marcha

↓ los mejores locales

Les Bains Douches

La reciente mejora de los DJ de esta discoteca no cambia el hecho de que sea la más esnob de París. La opulenta decoración alberga garage o house francés de manera regular, junto con diversas noches de ensueño (desfiles de moda, lanzamientos publicitarios).
Fiesta «Supafly», funk y hip-hop de la vieja escuela (miér.).

7 rue du Bourg l'Abbé, 3° | Le Marais
☎ 01.48.87.01.80 Ⓜ Étienne Marcel; Réaumur Sébastopol 170F ◑ *23.30-tarde, cada día* arreglado/a la moda ❑

Batofar

Alojada en un gran barco rojo, la disco más elegante de París es un escaparate totalmente ecléctico y experimental para los nuevos artistas electrónicos. Espere lo inesperado, desde percusión y bajo en directo hasta veladas Ninja Tune con el singular y famoso DJ. Además, clientes amables.
«Kwality», después de la fiesta (4 h-mediodía dom.).
❶ Los fines de semana llegue antes de las 23 h para evitar colas.

Opposite 11 quai François Mauriac, 13° | Quai de la Gare ☎ 01.56.29.10.00 **w** www.batofar.lagare.fr Ⓜ Bibliothèque F Mitterrand; Quai de la Gare 40F–100F ◑ *20-tarde, cada día* tapas y kémías 2

Le Cithéa

Le Cithéa estaba *en vogue* mucho antes que el área circundante de Ménilmontant. Jazz, hip-hop, breakbeat, DJ en un ambiente acogedor.
Jazz acústico en directo (miér.); «Dancefloor Jazz» en todas sus formas, desde percusión y bajo a salsa (vier. y sáb.).
En la barra, extraño sistema de bonos.

114 rue Oberkampf, 11° | Ménilmontant
☎ 01.40.21.70.95 **w** www.cithea.com
Ⓜ Ménilmontant 30F-60F
◑ *22-6 h, cada día* ❑

Le Divan du Monde

Antiguo teatro convertido en un templo global. Hay actuaciones en directo seguidas de DJ. Con su decoración llena de curiosidades y su agradable ambiente, *es* el sitio ideal para una noche alternativa.
Noche rai, «oriental» (3er vier., meses alternos); «Noitos do Brasil» (3er sáb. de cada mes); «La Comparsa», noche cubana, último sáb. de cada mes; «Je hais les dimanches», música y comida ecléctica tres dom. al mes.

75 rue des Martyrs, 18° | Pigalle
☎ 01.44.92.77.66 **w** virtuel.cplus.fr/divan.htm
Ⓜ Pigalle 40F-80F ◑ *19.30-5 h, cada día (desde 17 h dom.)* dom. ❑

➔ más clubes

la noche singular

Black Label: La única tienda de discos de París exclusivamente de jungle/breakbeat [→95] *también invita a la flor y nata de los DJ (RU) a actuar en diversas fiestas. 100F por adelantado. Información en la tienda o en* **w** *www.blacklabel-records.com.*

TGV: Una noche de house modernísima organizada en el recargado Salle Wagram. El genial DJ Grégoru lleva a un DJ invitado. ☎ 01.40.35.22.74 (infoline) ◑ A partir de las 23.30 h. 100 F.

La revista Crash organiza noches «Parano» cada mes con DJ modernos y sus extravagantes amigos en soirées new-wave... ¿el futuro, quizá, de las noches de París?

Kings: Monta actuaciones en directo de gente importante como Daft Punk, Cassius y Laurent Garnier (¡todos la misma noche!) en el Eysée-Montmartre (último sáb. de cada mes).

Organizadores Magic Garden de noches tecno y house. Para más información visite **w** *www.teknonet.com/magic o www.magicgarden.org.*

Les Folies' Pigalle

Otro viejo teatro de cabaré, en pleno centro de una de las zonas más sórdidas de París, con una decoración y un ambiente a juego. Los que bailan en el estrado son más amanerados que porno y siempre hay una atmósfera excelente, ¡incluso a las 9 h de un domingo por la mañana! No es sitio para los apocados.
«Push», después de la fiesta (6 h-mediodía sáb. y dom.); «Free», house (miér.).

11 place Pigalle, 9° | Pigalle
01.48.78.25.26 **w** www.folies-pigalle.fr
Ⓜ Pigalle gratuito-100F *23 h-tarde, mar.-dom.* mixto pero amanerado

Le Gibus

Le Gibus compensa su deslustrado estilo con una propuesta que gana la competición de calle. House, garage, trance y jungle; el Gibus tiene de todo, y además cada semana.
«Virtuel Moon», trance (miér.); «Get Busy», importantes DJ de house internacional (jue.); «Sugarz», garage, grandes DJ invitados (vier.); noches temáticas... cantantes invitados (sáb.); «Tease Me» después de la fiesta (desde 6h dom.).
Ciertas noches, entradas gratuitas repartidas por tiendas gay del Marais.

18 rue du Fg du Temple, 11° | Canal St Martin
01.47.00.78.88 Ⓜ République gratuito-100F *24 h-tarde, mar.-sáb.* muy gay, pero aceptan heterosexuales

La Java

Este local underground para mover las caderas es el corazón latino de París. Cada noche tiene un sabor diferente, sea tango, salsa o samba. Grupos habituales que actúan en directo garantizan que la fiesta prosiga hasta la madrugada.
«Cabaré Tango», donde se puede participar (clases desde las 23 h) o sólo mirar (miér.); «Java do Brasil», conciertos brasileños (jue.); «El Palacio de la Salsa», salsa (vier.). Los fines de semana es más variado.

105 rue du Fg du Temple, 11° | Canal St Martin
01.42.02.20.52 Ⓜ Goncourt; Belleville
80F–100F *23-5 h, jue.-sáb.*

Le Queen

El mayor club gay de París saltó a la fama con «Respect», un espectáculo que revolucionó la noche parisina, al presentar actuaciones francesas e internacionales gratis. «Secret», su sustituto, conserva el mismo tono alegre e innovador. Otras noches sobre todo gay y house.
«Secret», house francés vanguardista (miér.); disco Supercamp (lun.).
Ciertas noches no se permite entrar a las mujeres.
Información en la prensa sobre noches de «barra libre».

102 av des Champs Élysées, 8° | Champs Élysées 01.53.89.08.90 **w** www.queen.fr
Ⓜ George V 30F–150F *22-tarde, cada día* aceptan heterosexuales mar. y miér.

Rex Club

El lugar tecno más famoso de París y uno de los pioneros. Por aquí andan los mejores DJ franceses e internacionales.
«Legends» house, DJ Deep invita a un famoso, por lo general americano (1er jue. del mes); «Automatik», tecno (vier.); «Les Samedis du Rex», house (sáb.)
El techo bajo puede contribuir a crear una atmósfera bastante claustrofóbica.
Llegue antes de las 23 h para ver a los peces gordos.

5 bd Poissonnière, 2° | Grands Boulevards 01.42.36.83.98 **w** www.rex-club.com
Ⓜ Bonne Nouvelle gratuito-110F
23.30-tarde, cada día

Le Tango

Como prueba de que la comunidad gay de París escucha algo más que house, Le Tango, pese a su decoración inclasificable, tiene un ambiente despreocupado sin más. Llame a la puerta, susurre algo a través del buzón, como en los viejos tiempos, y *c'est parti!* Los bailes gay estilo cabaré de los viernes y sábados exhiben una larga serie de clásicos, desde Abba a melodías *guinguette* francesas de los treinta. La pista entera ejecutando un madison perfectamente sincronizado es una gozada.
Esencial dejarse los prejuicios en casa.

13 rue au Maire, 3° | Le Marais
01.42.72.17.78 Ⓜ Arts et Métiers 40F
22.30-tarde vier.-dom. muy gay; se aceptan heterosexuales

información práctica

*Para conocer la información más actualizada sobre clubes, pruebe las siguientes alternativas: Radio FG 98.2FM (sobre todo house y garage) emite una guía a las 7.40, 8.40 y 11.40 h lun.-sáb. (**w** www.radiofg.com); la revista, la radio (101.5FM) y la página Nova (**w** www.novaplanet.com) pueden sugerir toda clase de bons plans; **w** www.france-techno.com es una página web exhaustiva hecha por y para discotequeros.*

Un par de clubes, de los más elegantes y ostentosos, tienen physionomistes que examinan el estilo de los clientes. En general, las normas de vestimenta son bastante flexibles.

Normalmente de 20 a 4 h. Las discos suelen estar mejor los fines de semana. Los otros días la entrada es más barata, por lo que hay bastantes estudiantes.

A menos que haya un letrero que ponga «Pas de chèques ni CB», todos los clubes aceptan Visa. Las otras tarjetas, menos.

Desde la pantalla grande al teatro, del hip-hop a los éxitos musicales, París es una ciudad cultural.

espectáculos

↓ esté al día

periódicos

Las calles de París están salpicadas de quioscos que exhiben un surtido de publicaciones para los adictos a la información. A partir de las 15 h ya puede comprar un ejemplar de *Le Monde* (serio, de centro izquierda, exhaustivo en lo nacional) del día siguiente. El diario de la mañana *Libération*, de izquierdas y visualmente innovador, más conocido como *Libé*, destaca por sus reportajes tanto sobre noticias nacionales como culturales. Otros diarios importantes son *Le Figaro*, de centroderecha, y el vespertino *France Soir*, disponible a partir de las 15 h. *Le Figaroscope*, el suplemento artístico de los jueves de *Le Figaro*, ofrece información sobre cultura alternativa. La comunidad financiera lee *Les Échos*, y los aficionados al deporte se llevan *L'Équipe*, el más popular de Francia. El único que sale los domingos es el raquítico *Le Journal du Dimanche*. Para una lectura más animada, eche un vistazo a *Le Canard Enchaîné*, elogiado por su humor y la calidad de sus artículos de investigación. Para noticias e historietas satíricas, compre el semanario *Charlie Hebdo*. Un tono más serio tiene *L'Humanité*, el portavoz de la izquierda radical. Es fácil conseguir periódicos internacionales.

guías de ocio

Las más útiles son *l'Officiel des Spectacles* o *Pariscope*, que llegan a los quioscos los miércoles e incluyen exhaustivas listas de espectáculos. Aparte del precio, la única diferencia entre las dos es que *Periscope* tiene una amplia sección de reseñas cinematográficas. La mensual y más moderna *Nova* sirve una dosis mayor de opciones alternativas y contraculturales sobre conciertos, clubes, bares y *rencontres*. La semanal *Télérama* ofrece la programación de TV y ofrece reseñas rutinarias sobre películas, restaurantes, teatro, etc. *Paris Voice*, una de las gratuitas y líder del género (está en todas las librerías inglesas, la American Church y numerosos bares y restaurantes). *Where Paris* tiene unas listas excelentes, pero sólo está disponible en algunos hoteles muy selectos.

radio

La radio francesa está monopolizada por un puñado de poderosas emisoras nacionales y un cierto número de empresas independientes más pequeñas. He aquí algunas sugerencias: **France Inter** (87.8), sólo noticias; **RFI 1** (89.0), noticias y música internacionales; **Nostalgie** (90.4), éxitos de siempre; **France Culture** (93.5), 24 h de cobertura cultural; **BFM** (96.4), noticias y entrevistas de negocios; **ADO** (97.8), hip-hop y el rap; **Radio Latina** (99.0), la omnipresente emisora de salsa; la muy comercial **NRJ** (100.3), pronunciada «energy»; **Radio Nova** (101.5), todo, desde rap, funk y dub a ritmos africanos y latinos; **FIP** (105.1), siempre música (sobre todo jazz); **Radio FIP** (105.1), música clásica; **Fréquence Gaie** (FG) (98.2), 24 h de emisora gay... la única de Europa.

televisión

La TV francesa no tiene una gran fama. Los principales canales son: **TF1** (privado y comercial), **France 2** y **France 3** (estatales), **Canal +** (abonados parciales a channel 4), **Arte** (la mejor emisora cultural franco-alemana) y **M6**. Las redes de cable y satélite ofrecen una amplia gama de programas de todo el mundo, aunque París tiene su propio canal cultural, **Paris Première**. El canal de música francesa **MCM** tiene actuaciones en directo y vídeos durante 24 h en los que promociona a nuevos cantantes franceses.

minitel y páginas en internet

Antes casi todas las casas y los hoteles franceses disponían de acceso gratuito a las guías así como servicios gratuitos y de pago, incluyendo información sobre vuelos (3615 HORAV), entradas para conciertos (3615 VIRGIN, 3615 FNAC) y servicios sobre «horarios y fechas» (3615 CUM). Tras un largo proceso de adaptación, Francia por fin ha abrazado la cultura Web. **w** www.voila.fr es uno de los mejores buscadores franceses. Buena cobertura de museos, actos culturales, teatro y exposiciones en **w** www.musexpo.com. **w** www.paris-anglo.com ofrece gran cantidad de información para visitantes de pocos días y residentes anglohablantes. Para artículos actualizados relacionados con París vaya a **w** www.goodmorning paris.com. Para buenos cibercafés →141.

➜ cine | música

↓ la gran pantalla

El cine tiene un papel destacado en la vida francesa, y el gobierno promueve la cultura gala tanto en el país como en el extranjero. En París –la ciudad donde en 1885 los hermanos Lumière proyectaron por primera vez imágenes en movimiento– el cine goza de un notable prestigio.

Con Éric Rohmer, Alain Resnais, Claude Chabrol y Jean-Luc Godard aún en activo –casi todos los de la generación de la Nouvelle Vague (falta François Truffaut, que murió en 1984)–, las audiencias locales respaldan a los grandes y viejos nombres del cine francés. De todas formas, también hay nuevos directores: Mathieu Kassovitz, Pascal Ferran, Tonie Marshall, Catherine Breillat y el dúo más controvertido: Agnès Jaoui y Jean-Pierre Bacri. Sin embargo, Hollywood sigue ejerciendo una gran influencia.

La obsesión de París por el cine se refleja en la elevada concentración de salas comerciales: 382 pantallas con 77.520 asientos para una población de apenas dos millones. Cada semana se puede escoger entre unas 250 películas, y ello sin tener en cuenta el **Forum des Images**, donde se proyectan hasta siete largometrajes diarios. Así, en París hay una constante actividad cinematográfica: si va a cualquiera de las siguientes paradas de Metro: Odéon, Châtelet-Les Halles, Franklin D Roosevelt, Montparnasse, Place de Clichy, Opéra, y lanza una piedra le dará a un cine, si bien en las dos últimas casi todo son películas extranjeras dobladas. En otros sitios la mayoría de las pantallas exhiben filmes extranjeros en VO, es decir, versión original con subtítulos en francés.

París presume de un gran número de multisalas modernas, sobre todo a lo largo de los Champs Élysées, en Montparnasse, y en torno al Forum des Halles, sede de las 19 pantallas de UGC Ciné Cité, el mayor complejo de la ciudad. Las tres principales cadenas, **UGC, Gaumont** (Gaumont Place d'Italie es la mayor pantalla de París) y **Pathé** han hecho grandes inversiones en cómodos asientos, hileras de visión dominante y sonido de gran calidad. La cadena **MK2** tiene 32 pantallas por toda la ciudad: las seis reunidas cerca del Centre Pompidou ofrecen la gama más amplia de películas. La mayor parte de las multisalas exhiben una acertada mezcla de películas francesas y extranjeras, grandes éxitos y producciones independientes de bajo presupuesto. Sin embargo, París todavía alardea de unos cuantos cines vanguardistas. La mayor concentración se da con diferencia en el Barrio Latino: el **Studio des Ursulines**, con el encanto de una ópera en miniatura, es la sala más antigua de la ciudad, dedicada a exhibir películas clásicas y a menudo desconocidas. **Studio 28**, en Montmartre, fundado en 1928, es también un paraíso de los entendidos. **Mac-Mahon** organiza reposiciones de clásicos americanos, igual que las venerables salas **Action**, y **Le Champo**. Para los que quieran una y otra vez distorsiones imaginarias del espacio respecto al tiempo, se exhibe *The Rocky Horror Picture Show* los viernes y sábados por la noche en

entradas y reseñas

Las noches de los viernes y sábados son las más concurridas. Si quiere asegurarse una entrada para ver un estreno de éxito, intente ir durante el día o a la penúltima sesión durante la semana. Muchas salas venden entradas (sin asiento numerado) hasta con una semana de antelación. Se aceptan tarjetas de crédito en la mayoría de cines (gasto mínimo de 100 F). Allo Cine es un servicio de reservas: ☎ 01.40.30.20.10 o **w** www.allocine.fr.

🕐 Las películas cambian cada semana (miér.). La primera sesión de algunos multicines empieza a las 9 h; la última, entre las 21 h y las 22.30 h. Unas cuantas salas comerciales añaden una sesión golfa el viernes y el sábado, mientras que algunas independientes no cierran en toda la noche. La mayoría de sesiones comienzan con 10-25 min. dedicados a anuncios y *trailers*.

F El precio de la entrada oscila entre 35 y 50F; precio rebajado (unos 29F) en la última sesión antes del mediodía, y descuentos lun. y miér., así como para estudiantes. La tarjeta múltiple UGC ofrece atractivos descuentos si va a ver al menos 5 filmes.

❶ Consulte las carteleras de *Pariscope* y *L'Officiel des Spectacles*.

festivales

El **Forum des Images** organiza todo el año festivales en los que se exhiben filmes de todos los horizontes. La **Quinzaine des Réalisateurs** (mayo) es el más famoso y promociona a directores jóvenes, mientras que **Rencontres Internationales de Cinéma** (oct.) dispone de una sobresaliente oferta global. El **Festival du Film de Femmes** ☎ 01.43.99.22.11 (abril) de Créteil tiene gran alcance. El festival gratuito de **Cinéma en Plein Air** [→130] ☎ 01.40.03.75.75 (jul.-agos.) en una pantalla gigante atrae a grandes multitudes al parque de La Villette. Todas las salas participan en la anual **Fête du Cinéma** [→130] ☎ 08.36.68.31.12 (final jun.). A últimos de febrero, se organiza el **18 heures/18F** [→131] ☎ 08.36.68.31.12, con entradas a 18F a las sesiones de las seis en punto.

Studio Galande, donde también se pueden ver otros filmes de culto, como *La naranja mecánica*. El **Racine** –ubicado en el Odéon– tiene noches temáticas de medianoche hasta la madrugada.

Lo más singular que se puede encontrar en los cines del Barrio Latino es la joya arquitectónica de **Le Grand Rex**, construido en 1932, la mayor sala de la ciudad con 2.800 asientos. Por Navidad presenta una obra extravagante, puro kitsch, con fuentes que bailan y luces de colores. Más reciente, creado en 1996 por la ARP (Asociación de directores y productores franceses), el **Cinéma des Cinéastes** exhibe una fabulosa mezcla de creaciones actuales, retrospectivas, documentales y furtivos tráilers en su local de tres salas.

↓ parís a tope

Si pasa unas cuantas horas en la capital, tendrá la oportunidad de escuchar desde músicos ambulantes hasta conciertos de gran éxito. En todo caso, los parisinos jóvenes son ávidos seguidores del rock anglosajón, y la ciudad es un punto clave en las giras de la mayoría de los artistas. **Zénith** y las grandes salas de conciertos **Élysée-Montmartre** y **La Cigale** organizan actuaciones nacionales e internacionales. Los más pequeños **Bataclan** y **Café de la Danse** promocionan artistas internacionales. Entre los músicos franceses que adquieren popularidad están Manu Chao (rock acústico latino), Yann Tiersen (rock celta clásico), Sinclaire (funk), Louise Attaque (rock acústico folk) y los roqueros de Burdeos Noir Désir, que tocan el rock típico thang pero mezclado con música de DJ. Sentados en algún sofá del tranquilo **Glaz'art** podéis escuchar a bandas francesas prometedoras, como Orange Blossom (tecno/world) y Les Ogres de Barback *(chanson réaliste)*. **La Flèche d'Or** alberga una mezcla de underground y música celta. El **Péniche Blues Café** tiene noches temáticas (desde punk a reggae), mientras **Batofar**, un viejo barco, es morada del tecno, electro, hardcore, rhythmic house y experimental. **Le Gibus** es la sede de la música estilo trance (en directo y DJ).

La comunidad del África occidental en París es tan importante que los ritmos africanos aparecen con frecuencia en el circuito de la música en directo. La música reggae y de inspiración caribeña sigue siendo popular. En los últimos años, sin embargo, el estilo surgido de la comunidad argelina ha llegado a tener tanto impacto que Rachid Taha y Faudel pueden llenar las 18.000 localidades del **Palais Omnisports de Paris Bercy**. La música world también existe en sus formas puras, y el mejor lugar para escuchar grupos indios tradicionales es el vistoso **Théâtre de la Ville**; y para música del Próximo Oriente mire quién está anunciado en el **Institut du Monde Arabe**. Otros lugares con un repertorio más variado son **Le Divan du Monde**, el acogedor **Satellit** y **Péniche Makara**, con mucho reggae y salsa.

La Java es otro antro con tono latino y donde a menudo hay bandas de salsa en directo hasta la madrugada.

El jazz de la bohemia Rive Gauche se asocia tradicionalmente con St Germain des Prés y el Barrio Latino. Aunque aquellos días de humo y boina ya son historia, el jazz aún tiene gancho. Para actuaciones tradicionales, **Duc des Lombards**, con su típico ambiente de club de jazz. En la misma calle, están **Le Baiser Salé** y **Sunset**. El **New Morning** también ofrece actuaciones internacionales. Para jazz Dixieland vaya a **Le Petit Journal Montparnasse**.

Se puede oír jazz más experimental en **Les Instants Chavirés**, más allá del bulevar periférico del

entradas y reseñas

Para actuaciones populares debe reservar con antelación en Fnac o Virgin [→129], o llamar a France Billet ☎ 08.03.02.00.40, ya que las entradas se acaban enseguida. Si está desesperado, intente en la reventa *(revendeurs)*. En locales más pequeños, haga la reserva directamente.

Los grupos poco conocidos empiezan temprano (18 h), o a las 23.30 h. Las actuaciones más destacadas comienzan a las 9-9.30 h (teloneros salen hora antes).

F La entrada de los conciertos internacionales cuesta 150-400F; los lugares medios, a partir de 80F; y los más pequeños, 40-50F. De vez en cuando es *gratuit* (se paga una copa).

LYLO es la mejor guía de conciertos (gratuita; sale 3 veces a la semana; en tiendas Fnac y locales). Reseñas musicales en *Nova* o en su página de internet [→119], o en **w** www.parisconcerts.com. *Les inrockuptibles* tiene crónicas sobre el mundo del rock, y el suplemento de *Le Monde*, ADEN, un listado exhaustivo de lo que hay durante la semana y los grandes conciertos de los meses siguientes. *L'Affiche* se ocupa específicamente del rap y el hip-hop. Muchos locales tienen sus propias listas de los próximos conciertos y espectáculos... esté ojo avizor.

más música | música clásica y ópera | danza

→directorio 129

municipio de Montreuil. **Le Cithéa** alberga a músicos que mezclan música de moda, acid y funk bajo el paraguas del jazz, y en el **Caveau de la Huchette** hay jazz en directo cada noche a partir de las 21.30 h.

La *chanson*, que recuerda la tradición medieval de poner música a los poemas de amor, gusta a los franceses de cualquier edad. Jacques Brel y Georges Brassens siguen siendo los favoritos, mientras Charles Aznavour y Serge Gainsbourgh se han abierto paso incluso en el mundo anglosajón. Los músicos de la *chanson* contemporánea han inventado la *nouvelle chanson*, que mantiene el énfasis en la poesía pero añade una base de jazz. Entre los buenos locales para escuchar *chanson* está **Ailleurs**, el lugar ideal para enterarse de las nuevas actuaciones. **L'Olympia**, donde solían cantar los grandes como Piaf, aún se utiliza para conciertos ocasionales. **Au Lapin Agile** ofrece *chanson* a la manera tradicional: los artistas son excelentes y el marco sublime (aunque un poco turístico). Otro sitio bueno es **Le Cabaret Sauvage**, donde hay una mezcla de estilos, entre ellos la *chanson*.

El rap presenta un curioso paralelismo con la *chanson* por el hecho de que el texto es esencial. Surgido ante todo entre los parisinos africanos urbanos, tiene en Francia su mayor número de seguidores... después de los EE. UU., por supuesto. El **Batofar** ofrece un programa regular de rap para artistas que empiezan.

festivales

La **Fête de la Musique** [→130] ☎ 01.40.03.94.70 (21 jun.) es una gran fiesta gratuita. También en verano, en el **Paris Jazz Festival** [→130] ☎ 01.43.43.92.95 (mayo-sept.) hay conciertos gratuitos, y **La Villette Jazz Festival** [→130] ☎ 08.03.07.50.75 (principios jul.) atrae a algunas de las principales figuras internacionales. El anual **Techno Parade** [→131] ☎ 08.36.68.94.94 (mediados sept.) es importante para los fans del tecno. **Le Festival des Inrockuptibles** [→131] ☎ 01.42.22.16.16 es importante para grupos alternativos (nov.). **Africolor** [→131] ☎ 01.48.13.70.00 en St Denis (finales dic.) es una prueba concluyente de la popularidad de la música africana.

↓ ¿es esto armonía?

La escena musical clásica de París saca provecho de los generosos subsidios públicos, muy superiores a los de otras ciudades europeas. La **Opéra National de Paris** está ubicada en el espléndido **Palais Garnier** y el llamativo y moderno edificio de la **Bastille**, que goza de una curiosa acústica. Las actuaciones en ambos sitios ofrecen el desfile habitual de estrellas mundiales, y las producciones oscilan entre las aburridas y las extravagantes. El único rival operístico de estas dos instituciones es el **TMP** (Théâtre Musical de Paris), en el Théâtre du Châtelet. Financiado por la ciudad más que por el gobierno, realiza producciones que a menudo han superado con creces a la Opéra National. Los últimos años, el nivel de los cantantes ha subido espectacularmente y Francia puede ahora presumir de tener algunas estrellas del país, como la soprano Nathalie Dessay o el barítono Jean-Philippe Lafont. Últimamente, la **Opéra Comique**, ha perdido prestigio, pero se espera que el nuevo director, Jérôme Savary, la haga revivir.

La capital tiene tres orquestas sinfónicas importantes: la Orchestre National, la Orchestre Philharmonique de Radio France y la Orchestre de Paris (tocan sobre todo en las principales salas de conciertos). El nivel va de provincial a internacional. Los grupos de cámara de las principales orquestas revelan la calidad de los intérpretes individuales. Un desafortunado rasgo de la movida musical son las interferencias políticas, ya que un cambio de gobierno conlleva despidos masivos que tienen un efecto desestabilizador. Las principales salas son la **Salle Pleyel** y la **Salle Olivier Messiaen**, en el complejo de Radio France. El independiente **Théâtre des Champs Élysées** también organiza una buena temporada y contrata los mejores solistas y orquestas del mundo, así como óperas y ballets muy representados. Los auditorios más pequeños son la atractiva **Salle Gaveau** y la íntima **Salle Cortot**, en la École Normale de Musique. Los museos más importantes, como el **Louvre** (en su auditorio) y el **Musée d'Orsay**, también organizan grandes conciertos de música de cámara. Peter Brook y Stefane Lissner han introducido también un importante elemento de música de cámara en la programación de la compañía de teatro **Les Bouffes du Nord**.

En la última década la música antigua se ha puesto de moda gracias a los CD. **Les Arts Florissants** (sin sede permanente), bajo la gestión de William Christie y con directores de orquesta como Malgloire, Rousset, Broeggen y Jacobs, huyen de la tiranía política de las grandes organizaciones y garantizan un alto nivel de autenticidad sin parangón.

Las iglesias son lugares populares para recitales de órgano y música sacra.

Para más detalles, mire los carteles de los cafés de toda la ciudad. No hay que perderse el órgano de Notre-Dame a pleno rendimiento; por lo demás, los niveles de coros y oratorios pueden ser algo inciertos.

Una larga tradición de música contemporánea bajo la influencia del compositor Pierre Boulez, fundador del Ensemble Intercontemporain, significa que los compositores jóvenes tienen un oído de un perfil superior. Incluso los teatros de ópera y las orquestas están deseosos de nuevas creaciones. Si lo que le gusta es la atonalidad, disfrutará con las creaciones del centro de investigaciones de música underground del **IRCAM** (Institut de Recherche et Coordination Musicale), debajo del Centre Pompidou, y también en el magnífico nuevo Conservatoire y su auditorio contiguo, en **La Cité de la Musique**. Junto a la programación estelar, también brinda la posibilidad de escuchar a los jóvenes músicos del futuro. Otro lugar para localizar a alguna figura en alza, el **Théâtre du Tambour Royal**, da a muchos cantantes e instrumentistas la primera oportunidad en su camino al estrellato.

entradas y reseñas

Tendrá que reservar según el artista. Algunos teatros tienen líneas telefónicas de información, o facilitan las reservas en Minitel [→119] o internet. Si va a comprar entradas en la reventa, compruebe la fecha y el precio antes de pagar. Si se trata de nombres famosos, se corre pronto la voz de que no hay entradas, pero siempre vale la pena mirar si hay devoluciones.

No hay que llevar etiqueta.

En sept.-jun./jul., hay sesiones todas las noches, incluyendo ópera los domingos. Hora de comienzo en torno a las 18 h o entre las 19 h y las 20.30 h.

F Precios entre 50F para un espectáculo poco importante y más de 500F por un buen asiento en la Opéra. Los menores de 26 años pueden conseguir descuentos en teatros y salas una hora antes de la actuación (si hay entradas); en Radio France se puede comprar un *Passe Musique* que incluye entradas con descuento para cuatro conciertos en la Salle Olivier Messiaen. Se usan mucho las tarjetas de crédito, sin recargo, en gastos superiores a 100 F.

Buenas carteleras en *Pariscope* y el *Officiel des Spectacles*. Hay dos excelentes revistas mensuales de música, *Diapason* y *Le Monde de la Musique*. *Opéra International* es mensual, para entusiastas de la ópera. En los mismos auditorios dan folletos publicitarios de los próximos conciertos, además de dos buenas guías mensuales gratuitas: *Cadences* y *La Terrasse*. Las reseñas más fiables de los diarios están en *Le Monde*, *Le Figaro* y *Libération*, normalmente un par de días después del estreno. En la red, entre en **w** www.parisconcerts.com.

festivales

Entre los más estables están el **Festival d'Art Sacré** [→131] ☎ 01.44.70.64.10, con música clásica y religiosa de calidad (dic.), y la **Fête de la Musique**, en toda la ciudad, ☎ 01.40.03.94.70 (21 jun.), en que todos los espectáculos son gratuitos y las calles de París retumban como una cacofonía musical. La temporada de verano recibe un estímulo con el festival **Paris Quartier d'Été** [→130] ☎ 01.44.94.98.00 y los conciertos de música clásica los fines de semana durante el **Festival de Musique en l'Île** [→130] ☎ 01.44.62.00.55 Hay también **recitales de piano a la luz de las velas** en L'Orangerie de Bagatelle del Bois de Boulogne ☎ 01.40.67.97.00 (jun.-jul.) y conciertos al aire libre en el **Festival Classique au Vert** [→131] (mayo-sept.) ☎ 01.44.83.64.40.

más danza | teatro

↓ de puntillas

A principios del siglo XX, las pioneras americanas Isadora Duncan y Loie Fuller desarrollaron aquí la danza moderna. Pero de 1910 a 1920, los legendarios ballets rusos de Diaghilev gozaron de la fama con las primeras superestrellas del mundo de la danza: Vaslav Nijinsky y Anna Pavlova. En los últimos 20 años, gracias a los fondos aparentemente ilimitados del Ministerio de Cultura, París se ha convertido en la meca de la danza en Europa, y junto a Nueva York es el lugar más apasionante para los bailarines.

Luis XIV creó la primera compañía subsidiada por el estado, la *Académie Royale de Danse*, en 1661. Hoy, el Ballet de la Ópera de París (como se le llama ahora) es una de las mejores y más versátiles compañías de ballet del mundo. Además de producir los grandes éxitos románticos del siglo XIX, sigue añadiendo tres o cuatro creaciones contemporáneas a su repertorio y recibe a compañías internacionales cada temporada. También se ha aventurado en un territorio más experimental, al invitar a innovadores coreógrafos, como Angelin Preljocaj o

→directorio 129

José Montalvo, a que compusieran producciones multimedia vanguardistas. El 80 % de las actuaciones de la compañía se celebran en el **Palais Garnier**.

En los últimos años, la palabra clave ha sido descentralización: la mayoría de las compañías profesionales de ballet se han instalado en provincias, aunque hacen frecuentes representaciones en París; entre ellas, Lyon Ballet y Marseilles Ballet, fundadas por Roland Petit, que consiguen un hueco en la Opéra de Paris cada dos años. Locales con una gran capacidad, como el **Théâtre des Champs Élysées**, la futurista **Cité de la Musique** y el **Palais des Congrés** acogen a unas cuantas compañías internacionales al año, como Bolshoi y Kirov. El recién renovado **Centre Georges Pompidou** y el **IRCAM** ofrecen danza con un sesgo intelectual, al incorporar la música de vanguardia y nuevas tecnologías.

Sin embargo, lo más de moda es la danza contemporánea y el hip-hop. Aproximadamente 200 compañías, la mayoría de 2-5 miembros, luchan a cada instante por sobrevivir actuando en cafés, patios, aparcamientos, academias de baile e iglesias. En el punto más alto, el **Théâtre de la Ville**, con 1.000 localidades, ha sido el local de danza *branché* (de moda) y con precios más asequibles desde los setenta; durante la temporada, cada jueves se estrena un espectáculo de una compañía contemporánea importante que permanece en cartel cinco días. Se da prioridad a las compañías afiliadas a los centros de danza nacionales dirigidos por reputados coreógrafos como Mathilde Monnier y Odile Duboc; y a continuación opta por grupos extranjeros de renombre como el de Pina Bausch, que actúa cada primavera. También hay programas coreográficos en locales más pequeños y acogedores (como **Studio Danse Théâtre & Music**, o **DTM**, y **Ménagerie de Verre**), a los que les gusta asumir riesgos y promocionar creaciones más irreverentes y políticamente incorrectas. Si busca algo excéntrico pero de calidad, vaya al famoso **Théâtre de la Bastille** (temporada de danza, feb.-marzo), al **Théâtre Dunois** o al **Regard du Cygne Studio**, un establo reconvertido, en el este de París, que sigue desempeñando un importante papel en la promoción de futuros talentos.

entradas y reseñas

La mayor parte de los teatros de París han fijado atractivas tarifas para cuatro o más representaciones, con descuentos de hasta el 50 %, por lo que en muchos de los espectáculos de la ciudad hay reservas con meses de antelación. Es casi imposible comprar una entrada a última hora en la mayoría de las producciones del Théâtre de la Ville, aunque en algunos sitios como el Palais Garnier se consiguen hasta una hora antes de levantar el telón a precios reducidos. Para algunos de los espectáculos internacionales se pueden encontrar entradas en **Fnac** y **Virgin Megastore** [→129].

Temporada de danza: mediados sept.-finales jun. Las sesiones suelen empezar a las 19.30 h en la Opéra y a las 20.30 h en otros sitios. En algunos locales más pequeños hay sesiones matinales para los niños. La mayoría de teatros cierran lun.

En los teatros más pequeños, los asistentes no se numeran, así que llegue al menos 30 min. antes.

Las entradas del Ballet Opéra de Paris oscilan entre 30F y 420F; en el Théâtre de la Ville, van de 95F a 190F. En los más pequeños, de 60F a 80F. Tarjetas de crédito sólo en los teatros grandes.

Officiel des Spectacles y *Pariscope* [→121] incluyen buena información sobre danza. Los jueves, en *Le Monde* y *Libération*, hay una sección especial, y *Le Figaro* también publica un grueso suplemento, *Figaroscope*. En el mensual *Paris Voice* figura un avance de los espectáculos y una página de ofertas por estilos. Se pueden leer reseñas en todos los diarios, y también en dos excelentes revistas mensuales: *Les Saison de la Danse* y *Danser*.

festivales

El **Festival d'Automme** [→131] ☎ 01.53.45.17.00 (sept.-dic.) dedica una tercera parte de su programación a la danza. Otros festivales de menor relevancia son: **Île de Danse** ☎ 01.42.65.58 (nov.-dic.), en París y alrededores; **Presqu'îles** ☎ 01.43.13.50.50 (feb.), en el Théâtre de la Cité Internationale; **Regard du Cuygne Studio-Worksweeks Series** ☎ 01.43.58.55.93 (oct., enero, marzo y mayo), donde se destacan los solos y dúos cortos y creaciones en curso; y la **Étoile du Nord Théâtre** ☎ 01.42.26.47.47 (enero, mayo, jun., sept. y oct.), con tres espectáculos de danza contemporánea al año. El único festival de verano de danza es **Estivales Danse** [→130] ☎ 01.48.07.13.39 (finales jun./principios de jul.). En el festival **Paris Quartier d'Été** [→130] ☎ 01.44.94.98.00 (jul.-agos.) actúan las principales compañías internacionales. Cada dos años (mediados de sept. de 2001), el **Paris International Dance Festival** ☎ 01.49.52.50.50, presidido por Bernadette Chirac, presenta tres o más famosas compañías de ballet en el Théâtre des Champs Élysées.

entre en escena

En la capital, la financiación pública del teatro es muy elevada, por lo que a la hora de experimentar con creaciones contemporáneas los teatros subsidiados tienen ventaja sobre los locales más comerciales que hay en los Grands Boulevards y Montparnasse. Así que, curiosamente, encontramos las producciones más vanguardistas, mientras que el sector privado juega más sobre seguro porque ha de obtener beneficios.

Los teatros privados proporcionan a los parisinos de clase media una dieta ligera de comedias y obras que han gozado de aureola en Broadway o en el West End de Londres. Los éxitos importados y ya contrastados de obras de David Hare y David Mamet se representan en teatros como el **Gaîté-Montparnasse**, **Hébertot o Marigny**. El interés por el *théâtre anglo-saxon* aumenta el repertorio en inglés en locales como el **Petit Hébertot**, que paradójicamente puso en escena la versión inglesa de *Art*, de la francesa Yashmina Reza.

Para ver creaciones contemporáneas vaya al **Théâtre National de la Colline**. El **Théâtre de la Bastille** y el **Théâtre Paris-Villette** se especializan en producciones experimentales multimedia, mientras que el famoso **Théâtre du Soleil** debe la fama a las espectaculares y vanguardistas producciones bajo la dirección de Ariane Mnouchkine. La **Cartoucherie**, en una fábrica reconvertida del Bois de Vincennes, contiene otros cinco teatros independientes (Théâtre de la Tempête, Théâtre de l'Aquarium, Théâtre de l'Épée de Bois, Théâtre du Chaudron). El **Théâtre des Abbesses** combina una impresionante arquitectura contemporánea con una selección de vanguardia. Para un teatro más íntimo, pruebe en **Guichet-Montparnasse**, **Ménagerie de Verre** o **Aktéon Théâtre**, todos con un estilo alternativo y espectáculos nada convencionales. La **Lucernaire** es un agradable centro artístico de la Rive Gauche que alberga varios teatros pequeños en los que se exhibe una mezcla de creaciones clásicas y actuales. **Les Bouffes du Nord**, de Peter Brook, es famoso por su teatro experimental; en el repertorio se incluyen producciones de la compañía de Brook, CICT, así como de grupos internacionales, ópera y otros espectáculos musicales. La mayor parte del teatro público de vanguardia se hace en los barrios: **Théâtre Gérard-Philippe** de St Denis, **Théâtre de Nantere-Amandiers**, **Maison des Arts de Créteil**, o **Bobigny MC93**, donde actúan a menudo directores y compañías internacionales (Deborah Warner, Robert Wilson, etc.), normalmente como parte del Festival d'Automme [→131]. El **Comédie Française Studio-Théâtre** (bajo la pirámide del Louvre) ofrece un gran surtido de obras clásicas y contemporáneas que se ponen en escena a primera hora de la noche.

Para ver clásicos, vaya a la tricentenaria **Comédie Française**, principal teatro nacional de Francia, encargado de preservar su herencia teatral de Francia (aunque autores extranjeros como Tom Stoppard forman también parte del repertorio). Prepárese para un estilo declamatorio, contundente, en la mejor tradición francesa. El **Vieux Colombier**, otro local de la Comédie Française, también ofrece clásicos junto a obras de éxito, más modernas y de calidad. Teatros como el maravillosamente recargado **Théâtre de l'Athénée**, el espectacular **Théâtre National de Chaillot**, en el Trocadéro, y

entradas y reseñas

Haga las reservas telefoneando al teatro, o mediante el Kiosque Théâtre de la Madeleine y Montparnasse (frente a 15 pl de la Madeleine; sin teléfono; o enfrente de la Gare Montparnasse; sin teléfono). Ambos abren de 12 a 20 h (mar.-dom.). También en el Right Bank Agence Chèque Théâtre (33 rue Le Peletier, 9° ☎ 01.42.46.72.40; abierto de 10 a 18.45 h, lun.-sáb.). Al reservar el precio se rebaja en un 20-25 %, según la agencia. Se pueden conseguir buenos descuentos el mismo día en muchos teatros privados.

La mayoría de los teatros cierran los lunes, pero organizan sesiones nocturnas de lunes a sábado, y matinales los domingos. Actuaciones entre las 20 h y las 21 h (15-17 h, dom.); algunos teatros tienen sesiones a una hora más temprana una noche a la semana.

Las entradas para los teatros estatales y municipales suelen ser más baratas que en el sector comercial: 80-200F por una localidad en la Comédie Française o en Chaillot, y 120F más en los teatros comerciales. Los cinco teatros nacionales ofrecen entradas a 50F todos los jueves.

Para información de lo que ponen, busque en *Pariscope*, *L'Officiel du Spectacle* o *Figaroscope* (suplemento semanal de *Le Figaro* [→121]). Para críticas de más peso, lea *Le Monde*, *Le Nouvel Observateur* o *Libération*. Hay también una revista mensual gratuita llamada *La Terrasse*, que distribuyen en la puerta de los teatros, mientras que a los entusiastas les gustará más la elegante revista trimestral *Le Théâtre*.

→directorio 129

el **Odéon Théâtre de L'Europe** ofrecen producciones de clásicos franceses tradicionales y del siglo XX.

Destacan los directores como Philippe Adrien, Jérôme Savary (Chaillot), Georges Lavaudant (Odéon), y Patrice Kerbrat. Para un enfoque más vanguardista, piense en Stanislas Nordey (Théâtre Gérard-Philippe) y Olivier Py. Los dramaturgos contemporáneos más asequibles son Jean-Claude Grumberg, Éric-Emmanuel Schmitt, Jean-Marie Besset, Yasmina Reza y Xavier Durringer. Otros autores experimentales son Philippe Minyana, Noëlle Renaude, Jean-Luc Lagarce, Didier-Georges Gabily y Eugène Durif: estos y muchos otros se representan regularmente en el **Théâtre Ouvert**, teatro nacional para el desarrollo de la dramaturgia contemporánea.

festivales

En París hay dos festivales de teatro importantes: el anual Festival d'Automme [→131] ☎ 01.53.45.17.00, que pone en escena a un gran número de famosos directores y compañías. En verano, cuando en la capital desaparece casi toda la vida teatral, el festival de Paris Quartiers d'Été [→130] ☎ 01.44.94.98.00 asegura una buena oferta en cartel.

↓ a pasarlo bien

Una de las imágenes de París es la de una chica que baila cancán y enseña con descaro sus bragas con volantes en un cabaré atestado y lleno de humo. Sin embargo, Josephine Baker murió, y los famosos cabarés son ahora factorías estereotipadas con sesiones turísticas a precios por las nubes. Lo que queda de la tradición francesa del cabaré se plasma en lugares auténticos, como los locales más pequeños y los cafés-teatro.

entradas y reseñas

Reserve con antelación, en el mismo local o por teléfono. Para espectáculos más importantes, se pueden comprar entradas en Fnac o Virgin Megastore [→129].

F Precios desde 50F en los café-teatros hasta 1.000F por una cena espectáculo en los cabarés grandes; un taburete en la barra en el Moulin Rouge, sale por 390F. Si tiene un presupuesto limitado, cene antes de la actuación: la «cena-espectáculo» duplica el precio.

La mayoría de las actuaciones comienzan a las 20 h; en el Lido y el Molin Rouge hay una sesión adicional a las 23 h. El espectáculo dura más o menos dos horas.

Carteleras exhaustivas en revistas semanales como *Pariscope*. Los cabarés grandes tienen páginas en internet (www.moulin-rouge.fr, www.lido.fr y www.paradislatin.com).

Los cabarés más grandes, **Le Lido** y el **Moulin Rouge**, exhiben extravagantes espectáculos de revista. **Le Paradis Latin** es mejor y sin duda más francés. El interior, diseñado por Gustave Eiffel, es impresionante, y en la representación se incluye algo de *chanson* [→124] y un alucinante final de cancán. El **Crazy Horse Saloon** es seguramente el sex show más distinguido del mundo. La abarrotada *salle*, toda de terciopelo rojo, realza la atmósfera sexual, mientras que los nombres del escenario (Chica Libre de Impuestos, Pesadilla Soñolienta, etc.) ya hacen alusión a lo que se avecina. Aquí no hay plumas, sólo cuerpos totalmente desnudos y una coreografía inmaculada.

En los espectáculos de travestis de **Chez Michou** y **Chez Madame Arthur**, las «chicas» sincronizan los labios con los de sus divas favoritas. Michou es una celebridad francesa, y quizá le reciba en la puerta. Madame Arthur se dedica a acosar a la audiencia: los guaperas pueden esperar un impresionante beso francés de los 90 kilos de Betty Boop.

El café-teatro, entre lo alternativo y lo cómico, vivió su apogeo a finales de los sesenta. Aún goza de buena salud **Le Café de la Gare**, donde empezaron Coluche y Miou-Miou, y los cercanos **Les Blancs Manteaux** y **Point Virgule**; también hay que ir a **Au Bec Fin**, por su noche de aficionados de los lunes (una miscelánea de actuaciones). Para cómicos británicos de categoría está Laughing Matters, una noche de humor (dom., lun. y mar.) en el **Hôtel du Nord**.

circo

*En Francia, el circo se toma muy en serio como expresión artística. Inspirado por Archaos, la anárquica compañía que saltó a escena a finales de los ochenta, el circo alternativo vive un gran momento. Hay siempre circos tradicionales (con actuaciones de animales) en las afueras de la ciudad (consulte las revistas). El Espace Chapiteaux, en el Parc de la Villette [→74], es la mejor opción para circos alternativos como **Cirque Plume** o los trapecistas de Les Arts Sauts. Las compañías tradicionales son el **Cirque Diana Moreno Bormann**, el más caro **Cirque National Alexius Gruss** (caballos haciendo corvetas y funciones de teatro disparatadas), **Cirque Bouglione** (magnífica mezcla de tradicional y alternativo), y el **Romanès Cirque Tzigane**, con un espectáculo conmovedor que se inicia con la melancólica melodía de un violín gitano.*

directorio de locales

Action
☎ 01.43.54.47.62

Aktéon Théâtre
☎ 01.43.38.74.62

Ailleurs
☎ 01.44.59.82.82

Les Arts Florissants
☎ 01.43.87.98.88

Le Baiser Salé
☎ 01.42.33.37.71

Bataclan
☎ 01.43.14.35.35

Batofar
☎ 01.56.29.10.00

Au Bec Fin
☎ 01.42.96.29.35

Les Blancs Manteaux
☎ 01.48.87.15.84

Bobigny MC93
☎ 01.41.60.72.72

Les Bouffes du Nord
☎ 01.46.07.34.50

Le Cabaret Sauvage
☎ 01.46.07.34.50

Café de la Danse
☎ 01.47.00.57.59

Le Café de la Gare
☎ 01.42.78.52.51

Cartoucherie
☎ 01.48.08.20.07

Caveau de la Huchette
☎ 01.43.26.65.05

Centre Georges Pompidou
☎ 01.44.78.12.33

Le Champo
☎ 01.43.54.51.60

Chez Madame Arthur
☎ 01.42.64.48.27

Chez Michou
☎ 01.46.06.16.04

La Cigale
☎ 01.42.23.15.15

Cinéma des Cinéastes
☎ 01.53.42.40.20

Cirque Bouglione
☎ 06.80.11.11.98

Cirque Diana Moreno Bormann
☎ 01.45.00.23.01

Cirque National Alexis Gruss
☎ 01.40.36.08.00

Cirque Plume
☎ 03.81.81.38.80

La Cité de la Musique
☎ 01.44.84.45.45 (información)
☎ 01.44.84.44.84 (reservas)

Le Cithéa
☎ 01.40.21.70.95

Crazy Horse Saloon
☎ 01.47.23.32.32

Comédie Française
☎ 01.44.58.55.55

Comédie Française Studio-Théâtre
☎ 01.44.58.98.58 (miér.-lun.)

Le Divan du Monde
☎ 01.44.92.77.66

Duc des Lombards
☎ 01.42.33.22.88

Élysées-Montmartre
☎ 01.55.07.06.00

La Flèche d'Or
☎ 01.43.72.04.23

Forum des Images
☎ 01.44.76.62.00

Gaîté-Montparnasse
☎ 01.43.22.16.18

Gaumont
☎ 08.36.68.75.55

Gibus
☎ 01.47.00.78.88

Glaz'art
☎ 01.40.36.55.65

Le Grand Rex
☎ 08.36.68.70.23

Guichet-Montparnasse
☎ 01.43.27.88.61

Hébertot
☎ 01.43.87.23.23

Hôtel du Nord
☎ 01.48.06.01.20

Les Instants Chavirés
☎ 01.42.87.25.91

Institut du Monde Arabe
☎ 01.40.51.38.14

IRCAM
☎ 01.44.78.48.16

La Java
☎ 01.42.02.20 52

Au Lapin Agile
☎ 01.46.06.85.87

Le Lido
☎ 01.40.76.56.10

Louvre
☎ 01.40.20.84.00

Lucernaire
☎ 01.45.44.57.34

Mac-Mahon
☎ 01.43.80.24.81

Maison des Arts de Créteil
☎ 01.45.13.19.19

Ménagerie de Verre
☎ 01.43.38.33.44

MK2
☎ 08.36.68.14.07

Marigny
☎ 01.42.56.04.41

Moulin Rouge
☎ 01.53.09.82.82

Musée d'Orsay
☎ 01.40.49.47.17

New Morning
☎ 01.45.23.51.41

Odéon Théâtre de L'Europe
☎ 01.44.41.36.36

L'Olympia
☎ 01.47.42.25.49

Opéra Comique
☎ 01.42.44.45.46

Opéra National de Paris – Palais Garnier y Bastille
☎ 08.36.69.78.68

Palais des Congrès
☎ 01.40.68.00.05

Palais Omnisports de Paris Bercy
☎ 01.40.02.60.60

Le Paradis Latin
☎ 01.43.25.28.28

Pathé
☎ 08.36.68.22.88

Péniche Blues Café
☎ 01.45.84.24.88

Péniche Makara
☎ 01.44.24.09.00

Petit Hébertot
☎ 01.44.70.06.69

Le Petit Journal Montparnasse
☎ 01.43.21.56.70

Point Virgule
☎ 01.42.78.67.03

Racine
☎ 01.43.26.19.68

Regard du Cygne Studio
☎ 01.43.58.55.93

Romanès Cirque Tzigane
☎ 01.43.87.16.38

Salle Cortot
☎ 01.42.67.10.09

Salle Gaveau
☎ 01.49.53.05.07

Salle Olivier Messiaen
☎ 01.42.30.15.16

Salle Pleyel
☎ 01.45.61.53.01

Satellit
☎ 01.47.00.48.87

Studio Galande
☎ 01.43.26.94.08

Studio Danse Théâtre & Musique
☎ 01.47.00.19.60

Studio des Ursulines
☎ 01.43.26.19.09

Studio 28
☎ 01 46.06.36.07

Sunset
☎ 01.40.26.46.60

Théâtre des Abbesses
☎ 01.42.74.22.77

Théâtre de l'Athénée
☎ 01.53.05.19.19

Théâtre de la Bastille
☎ 01.43.57.42.14

Théâtre des Champs-Élysées
☎ 01.49.52.50.50

Théâtre Dunois
☎ 01.45.84.72.00

Théâtre Gérard-Philippe
☎ 01.48.13.70.00

TMP
☎ 01.40.28.28.40

Théâtre de Nanterre-Amandiers
☎ 01.46.14.70.00

Théâtre National de Chaillot
☎ 01.53.65.30.00

Théâtre National de la Colline
☎ 01.44.62.52.52

Théâtre Ouvert
☎ 01.42.62.59.49

Théâtre Paris-Villette
☎ 01.42.02.02.68

Théâtre du Soleil
☎ 01.43.74.24.08

Théâtre du Tambour Royal
☎ 01.48.06.72.34

Théâtre de la Ville
☎ 01.42.74.22.77

UGC
☎ 08.36.68.68.58

Vieux Colombier
☎ 01.44.39.87.00

Zénith
☎ 01.42.45.51.48

Fnac

Fnac Étoile
26–30 av des Ternes, 17°
☎ 01.44.09.18.00

Fnac Forum des Halles
1–7 rue Pierre Lescot, 1°
☎ 01.40.41.40.00

Fnac Montparnasse
136 rue de Rennes, 6°
☎ 01.49.54.30.00

Fnac Saint Lazare
109 rue Saint Lazare, 9°
☎ 01.55.31.20.00

Fnac Bastille
4 place de la Bastille, 12°
☎ 01.43.42.04.04

Fnac Champs Élysées
74 av des Champs Élysées, 8°
☎ 01.53.53.64.64
www.fnac.fr for booking tickets

Virgin

Virgin Megastore Champs Élysées
52–60 av des Champs Élysées, 8°
☎ 01.49.53.50.00

Virgin Megastore Carrousel du Louvre
99 rue de Rivoli, 1°
☎ 01.49.53.50.00

agenda de parís

Un año de eventos y espectáculos en París y alrededores

verano

Festival Classique au Vert

Lleve la merienda, una manta y una pareja para un tranquilo concierto de domingo en la hierba (16.30 h).

mayo-sept.
Parc Floral de Paris, Bois de Vincennes, 12°
01.43.43.92.95 Ⓜ Château de Vincennes gratuito

Festival Onze

La modernidad de rue Oberkampf se derrama por el 11° *arrondissement* durante un festival de 11 días con espectáculos culturales y musicales en bares y galerías.

mayo-jun.
varios lugares, Ménilmontant
01.53.27.11.47 Ⓜ Bastille gratuito

Paris Jazz Festival

Actuaciones del jazz daddy-O (sáb. 16.30 h).

mayo-sept.
Parc Floral de Paris, Bois de Vincennes, 12°
01.43.43.92.95 Ⓜ Château de Vincennes gratuito

Fête du Cinéma

Todo el cine que se pueda ver en un día por el precio de un pase válido en todas las salas.

jun.
varios lugares
08.36.68.31.12 50F pase

Fête des Tuileries

Una feria chapada a la antigua, con noria, montaña rusa y todo lo demás.

finales jun.-finales agos.
Jardin des Tuileries, 1°
08.36.68.31.12
Ⓜ Tuileries gratuito

Le Geste d'Art

Exposiciones e instalaciones en estudios y galerías durante un fin de semana en las arcadas debajo de la *promenade plantée* [→74].

jun.
Viaduc des Arts, 9–129 av Daumesnil, 12°
01.43.40.75.75
Ⓜ RER Gare de Lyon gratuito

Marché de la Poésie

Cientos de poetas y escritores se reúnen en la Rive Gauche durante un fin de semana de lecturas de poemas, conciertos, y firma de libros.

mediados jun.
varios lugares
01.44.32.18.68
Ⓜ St Sulpice gratuito

Estivales Danses

Festival de danza contemporánea de una semana; muestra estilos de coreógrafos experimentales.

finales jun.-principios jul.
Varios lugares
01.48.07.13.39 70F-120F

Fête de la Musique

Conciertos simultáneos monumentos, museos, iglesias y parques importantes en el solsticio de verano.

21 jun.
Varios lugares
01.40.03.94.70 gratuito

Lesbian & Gay Pride Parade

Música fuerte, vestidos extravagantes y entusiasmo contagioso en los desfiles por los derechos de gays y lesbianas.

24 jun.
Place de la Bastille a place de la Concorde 01.56.52.06.06
Ⓜ Bastille gratuito

La Villette Jazz Festival

En los festivales que animan la escena jazzística parisina el mes de julio, las bandas que tocan en La Villette son siempre las mejores.

30 jun.-9 jul.
Parc de la Villette, 211 av Jean Jaurès, 19°
01.40.03.77.21 (mayo-jul.)
Ⓜ Porte de Pantin
gratuito y 145F–170F

Cinéma en Plein Air

Los cinéfilos van con mantas y sillas a ver películas en una pantalla gigante por la noche.

jul-agos.
Parc de la Villette, 211 av Jean Jaurès, 19°
01.40.03.75.75 Ⓜ Porte de Pantin gratuito

Bal des Pompiers

Largas colas, pero vale la pena esperar para entrar en estas fiestas organizadas en parques de bomberos.

13 jul.
Todos los *arrondissements*
08.36.68.31.12 gratuito

Fête du 14 Juillet

El día empieza con un desfile militar y una impresionante exhibición aeronáutica. Al anochecer, hogueras y conciertos hacen que todo el mundo entre en calor.

14 jul.
Parade along av des Champs Élysées, 8° 08.36.68.31.12
Ⓜ RER Charles de Gaulle-Étoile
gratuito

Festival de Musique en l'Île

Conciertos de música clásica los fines de semana a cargo de coros y orquestas internacionales en una hermosa iglesia barroca.

jul.-principios sept.
Église St Louis en l'Île, 19bis rue St Louis en l'Île, 4°
01.44.62.00.55 Ⓜ Pont Marie
100F–120F

Paris Quartier d'Été

Festival de arte, música, cine, teatro y danza con entradas baratas y programación ecléctica.

14 jul.-15 agos.
Varios lugares
01.44.94.98.00 varía

Tour de France

En los Champs Élysées se concentran aficionados y mirones para aclamar al ganador de esta famosa carrera ciclista.

23 jul.
Av des Champs Élysées, 8°
01.41.33.15.00 Ⓜ RER Charles de Gaulle-Étoile gratuito

otoño

Fête de la Seine

Un fin de semana de música, fuegos artificiales, concursos de embarcaciones y excursiones arquitectónicas. Se proyectan en el Sena diapositivas de obras de arte de los museos de París.

1-3 sept.
Varios lugares
08.36.68.31.12 gratuito

Défilés de Mode

Desfiles de moda «prêt à porter» y confección para mujer «who's next».

8-11 sept.; 26-29 enero
Paris Expo, pl de la Porte de Versailles, 15° 01.44.94.70.00
Ⓜ Porte de Versailles
sólo con invitación

Fête des Jardins

En los 426 parques y jardines de la ciudad se organizan paseos, conciertos, teatro y danza, actividades infantiles, y exposiciones de arte y jardinería.

23 sept.
varios lugares
01.40.71.75.60. gratuito

Journées du Patrimoine

Fin de semana de puertas abiertas de museos, monumentos y edificios, incluidos los que normalmente están cerrados al público.

◑ *16 y 17 sept.*
varios lugares
01.40.15.37.37 gratuito

Techno Parade

Discotequeros conmocionan la noche y el día con baile y DJ en directo en 40 carrozas.

◑ *16-17 sept.*
Desde pl de la République, 10°
a Pelouse de Reuilly, 12°
☎ 08.36.68.94.94
Ⓜ République gratuito

Festival d'Automne

Festival famoso por exhibir los mejores artistas, actores, músicos y bailarines de vanguardia del mundo.

◑ *21 sept.-30 dic.*
Varios lugares
☎ 01.53.45.17.00
01.53.45.17.17 (durante el festival) 70F-200F

Fête des Vendanges

Un día para beber y divertirse mientras se cata el vino de las viñas de Montmartre.

◑ *7 oct.*
Place du Tertre, 18°
☎ 01.42.62.21.21 Ⓜ Abbesses; Lamarck-Caulaincourt
gratuito

La Semaine du Goût

Una semana de actos con una fiesta en el Cordon Bleu, un mercado de chocolate y una degustación de vino sin límite.

◑ *finales oct.*
varios lugares
☎ 01.42.85.18.20 varía

invierno

FIAC

Es la feria donde va la gente guapa a dejarse ver... y ver las últimas tendencias en arte contemporáneo.

◑ *24-30 oct.*
Pavillon du Parc, Paris Expo, pl de la Porte de Versailles, 15°
08.36.68.00.51 Ⓜ Porte de Versailles 70F

Festival d'Art Sacré

Música clásica y religiosa interpretada por orquestas y coros internacionales en algunas de las iglesias más hermosas de Paris.

◑ *mediados nov.-finales dic.*
Varios lugares
☎ 01.44.70.64.10 50F

Le Mois de la Photo

Mes de exposiciones fotográficas internacionales. Durante un fin de semana, feria «Paris Photo» en el vestíbulo comercial del Carrousel du Louvre.

◑ *nov.*
Varios lugares. Local principal: Maison Européenne de la Photographie, 82 rue François Miron, 4° ☎ 01.44.78.75.08
Ⓜ St Paul principalmente gratis

Festival des Inrockuptibles

Reúne grupos rockeros durante tres noches cañeras de conciertos en directo.

◑ *Principios nov.*
La Cigale, 120 bd Rochechouart, 18°; Le Divan du Monde, 75 rue des Martyrs, 18°
☎ 01.42.44.16.16
100F-150F

Africolor

Actuaciones y jam session toda la noche (24 dic.) con músicos de África occidental.

◑ *22-24 dic.*
Théâtre Gérard Philippe, 59 bd Jules Guesde, St Denis
☎ 01.48.13.70.00
Ⓜ Basilique St Denis 50F

Messe de Noël à Notre Dame (Misa del Gallo)

Para estos concurridos oficios religiosos tendrá que reservar sitio en el banco de la iglesia.

◑ *24-25 dic.*
Cathédrale Notre Dame de Paris, 4° ☎ 01.42.34.56.10
Ⓜ RER St-Michel gratuito

Fête de la Saint Sylvestre

La mayor juerga de Nochevieja se celebra en los Champs Élysées, pero se puede oír a gente que grita «Bonne année» hasta entrada la madrugada por toda la ciudad.

◑ *31 dic.*
Av des Champs Élysées, 8°
08.36.68.31.12 Ⓜ RER Charles de Gaulle-Étoile gratuito

Grande Parade de Paris

Americanísimo desfile de *cheer-leaders* y bandas de música por las calles de Montmartre (14 h-15 h).

◑ *1 enero*
Bd Rochechouart (en rue des Martyrs), 18°
☎ 01.44.27.45.67 Ⓜ Anvers; Pigalle; Abbesses gratuito

Grand Marché de l'Art Contemporain

Feria de arte contemporáneo al lado del Bassin de l'Arsenal; atrae a un gran número de galerías y artistas internacionales.

◑ *enero*
Port de l'Arsenal, 10°
☎ 01.56.53.93.93 Ⓜ Bastille
gratuito

Nouvel An Chinois

Los petardos explotan, los dragones bailan por las calles de Chinatown de Paris, y el olor a arroz frito la atmósfera en el Año Nuevo Chino.

◑ *febrero*
Av d'Ivry (en av de Choisy), 13°
☎ 01.49.52.53.54 Ⓜ Porte d'Ivry gratuito

18 Heures, 18 Francs

Una de las fiestas preferidas de los parisinos. Durante 10 días, los cines venden entradas a 18F para la sesión de las 18 h.

◑ *principios feb.*
Varios lugares
08.36.68.31.12

primavera

Le Printemps des Rues

Cuando asoma la primavera, los parisinos invaden las calles para disfrutar de conciertos, exposiciones, desfiles y fuegos artificiales.

◑ *marzo*
pl de la Bastille, 11°
☎ 01.43.56.15.16 Ⓜ Bastille
gratuito

Foire du Trône

Situado entre el templo budista y el zoo de Vincennes, el mayor carnaval de Francia instruye sobre el zen de la diversión [→73].

◑ *finales marzo-principios jun.*
Pelouse de Reuilly, Bois de Vincennes, 12°
08.36.68.31.12 Ⓜ Porte Dorée gratuito

Marathon de Paris

Unos 25.000 corredores entregados retumban en las calles adoquinadas de Paris.

◑ *abril*
Inicio: av des Champs Élysées
☎ 01.41.33.15.68 Ⓜ RER Charles de Gaulle-Étoile gratuito

Festival de l'Imaginaire

Festival internacional de artes teatrales que lleva a Paris creaciones tradicionales y manieristas de todo el mundo.

◑ *27 abril-25 jun.*
Maison des Cultures du Monde, 101 bd Raspail, 6°
01.45.44.41.42 Ⓜ St Placide; Notre Dame des Champs
60F-100F

Foire de Paris

En realidad, son 25 ferias en una. ¡Pruebe gratis la comida y el vino del país!

◑ *finales abril-principios mayo*
Paris Expo, pl de la Porte de Versailles, 15°
08.36.69.50.00 Ⓜ Porte de Versailles; Balard 25F-50F

Portes Ouvertes: les Ateliers d'Artistes de Belleville

220 artistas abren sus *ateliers* (estudios) al público durante un fin de semana que incluye conciertos y espectáculos.

◑ *Mayo*
varios lugares
☎ 01.46.36.44.09 gratuito

Roland Garros French Open

Las estrellas internacionales de tenis compiten en este prestigioso campeonato.

◑ *finales mayo-principios jun.*
Stade Roland Garros, 2 av Gordon Bennett, 16°
☎ 01.47.43.48.00 Ⓜ Porte d'Auteuil 50F-300F

De suntuosos palacios cuyos huéspedes son monarcas, modelos y estrellas del rock al íntimo encanto de las habitaciones de la Rive Gauche o la nueva generación de pequeños hoteles de diseño, en París no falta alojamiento. Sin embargo, la tendencia a las habitaciones pequeñas es un rasgo común. De todos modos, estará poco en la habitación.

en su casa

¿qué y dónde?

↓ champs élysées

Balzac | 2200F [→137]

Bristol | 3400F [→133]

Four Seasons Hotel George V | 3835F [→137]

Lancaster | 2350F [→137]

Plaza Athénée | 3000F [→133]

Prince de Galles | 2495F [→138]

San Régis | 2300F [→136]

↓ grands boulevards

Le Lavoisier | 1190F [→137]

↓ madeleine–palais royal

Costes | 2250F [→133]

Crillon | 3500F [→133]

Hôtel du Louvre | 2050F [→137]

Hôtel Meurice | 3200F [→138]

Hôtel de Vendôme | 2800F [→138]

Relais du Louvre | 850F [→135]

Ritz | 3600F [→133]

Scribe | 2275F [→136]

Sofitel le Faubourg | 1900F [→138]

↓ le marais

Hôtel de la Bretonnerie | 660F [→134]

Hôtel de la Place des Vosges | 660F [→139]

Jeu de Paume | 1250F [→136]

Pavillon de la Reine | 1900F [→136]

Rivoli Notre Dame | 700F [→135]

↓ montmartre

Eldorado | 300F [→139]

Royal Fromentin | 490F [→139]

Terrass Hotel | 1470F [→135]

↓ montorgueil–les halles

Grand Hôtel de Besançon | 720F [→134]

↓ barrio latino

Hôtel des Grandes Écoles | 530F [→139]

Jardins du Luxembourg | 810F [→139]

Saint Jacques | 420F [→xxx]

↓ république

Beaumarchais | 490F [→138–139]

↓ rue du bac

Duc de Saint Simon | 1075F [→135]

Montalembert | 1750F [→134]

Verneuil | 720F [→135]

↓ st germain des prés

L'Abbaye| 1050F [→135]

Buci Latin | 970F [→134]

L'Hôtel | 800F [→135]

Hôtel d'Angleterre | 700F [→136]

Hôtel d'Aubusson | 1200F [→136]

Hôtel de Buci | 1400F [→137]

Hôtel de Nesle | 350F [→139]

Hôtel des Saints Pères | 650F [→134]

Lutétia | 1800F [→138]

La Villa | 1200F [→134]

↓ trocadéro–étoile

Le Dokhan's | 2100F [→136]

Paris K Palace | 1990F [→134]

Raphaël | 2340F [→133]

Saint James Paris | 2100F [→138]

precios mínimos por una habitación doble en temporada alta (excepto si se dice lo contrario)

famosísimos

Bristol 112 rue du faubourg Saint Honoré, 75008 | Champs Élysées

A unos pasos del Palais de l'Élysée, este hotel es famoso por su atento servicio. Una clientela de elite se siente cómoda en soleados salones y espaciosos jardines que parecen muy lejos del bullicio. Baños enormes de mármol blanco y artículos de tocador de Hermès completan las elegantes habitaciones llenas de antigüedades. El diseño es francés clásico. La piscina cubierta y el solario son puro vicio.

01.53.43.43.00 **F** 01.53.43.43.01 **W** www.hotel-bristol.com Ⓜ Miromesnil 180 todas **FFFF** (individuales desde 2.800F; dobles desde 3.400F)

Crillon 10 place de la Concorde, 75008 | Madeleine–Palais Royal

Seguramente el hotel más visible de París y de estilo más palaciego. Muchas de sus famosas suites (hay 40) tienen una espectacular vista del Sena. Las habitaciones son inmensas. En todas hay arañas y primorosas molduras de madera. No sorprende que su libro de registro esté lleno de famosos, desde el rey Juan Carlos de España a Madonna.

01.44.71.15.00 **F** 01.44.71.15.02 **W** www.crillon-paris.com Ⓜ Concorde 163 todas **FFFF** (individuales desde 2.950F; dobles desde 3.500F)

Plaza Athénée 25 avenue Montaigne, 75008 | Champs Élysées

La bien cuidada fachada del siglo XIX es un signo de la perfección del interior. Las proporciones permiten más intimidad que en los otros hoteles «palacio»: se podría calificar de residencial de lujo. Una cuarta parte de las habitaciones *belle époque* son suites o apartamentos, y la mayoría están rodeadas por patios cubiertos de hiedra. Comience el día con uno de los mejores desayunos de París.

01.53.67.66.65 **F** 01.53.67.66.66 Ⓜ Alma-Marceau 185 todas **FFFF** (individuales y dobles desde 3.000F)

Raphaël 17 avenue Kléber, 75116 | Trocadéro–Étoile

A pocos pasos del Arc de Triomphe, es uno de los hoteles más románticos de la ciudad. Nada recargado, ha disfrutado de una cierta reputación desde que el cantante Serge Gainsbourg se alojó en él. Goce de una vista de 360° de París desde la terraza, admire el cuadro de Turner del vestíbulo o ronde por el bar junto a un grupo joven y sofisticado.

01.44.28.00.28 **F** 01.45.01.21.50 Ⓜ Kléber 87 todas **FFF** (individuales y dobles desde 2.400F)

Ritz 15 place Vendôme, 75001 | Madeleine–Palais Royal

Lugar legendario desde que César Ritz lo inauguró en 1898. Cada una de las magníficas habitaciones llenas de antigüedades, desde estilo Luis XV a estilo imperial, tiene algo singular. Todas han sido modernizadas, aunque con discreción, para adaptarse a las necesidades actuales. La irresistible suite Coco Chanel tiene el mobiliario chino lacado preferido de Mademoiselle; se evocan otros recuerdos en el lujoso Bar Hemingway (→ 114). Vale la pena hacer una visita al centro de salud, que parece unas termas romanas donde los clientes nadan bajo un techo pintado al fresco.

01.43.16.30.30 **F** 01.43.16.31.78 **W** www.ritzparis.com Ⓜ Madeleine; Opéra 187 todas **FFFF** (individuales desde 3.000F; dobles desde 3.600F)

de diseño

Costes 239 rue Saint Honoré, 75001 | Madeleine–Palais Royal

Este apellido ha sido mucho tiempo sinónimo de estilo. Para su primer hotel, Costes recurrió a Jacques Garcia a fin de crear una estética retro segundo imperio. En el salón y las habitaciones, rojos subidos, iluminación tenue, orlas y borlas se mezclan con antigüedades de Italia o la India. Las habitaciones de la primera planta tienen una terraza con plantas que da al jardín.

01.42.44.50.00 **F** 01.42.44.50.01 Ⓜ Concorde 83 todas **FFF** (individuales desde 1.750F; dobles desde 2.250F)

Impuestos incluidos en todos los precios

más hoteles

Montalembert 3 rue Montalembert, 75007 | Rue du Bac

Es un lugar con clase en un barrio igualmente sofisticado, con un vestíbulo lleno de luz y un restaurante que dan a galerías de arte y elegantes boutiques. Edredones a rayas azul marino y blancas procuran a cada habitación un aire algo napoleónico, si bien los baños de piedra y cromados son muy modernos.

01.45.49.68.68 F 01.45.49.69.49 W www.montalembert.com Ⓜ Rue du Bac RER Musée d'Orsay 56 todas FF (individuales y dobles desde 1.750F)

Paris K Palace 81 avenue Kléber, 75116 | Trocadéro–Étoile

Hotel extraño (para París) y modernista diseñado por el arquitecto español Ricardo Bofill. Definido por la pureza de líneas, los sofás de cuero negro y los suelos de mármol blanco. Los muebles de sicomoro y los curiosos candelabros de pared confieren a las habitaciones un tono acogedor pero contemporáneo. La mayoría de éstas dan al verde patio interio.

01.44.05.75.75 F 01.44.05.74.74 W www.kpalace.net Ⓜ Boissière 83 P todas FFF (individuales y dobles desde 1.990F)

La Villa 29 rue Jacob, 75006 | St Germain des Prés

Algo moderno en el centro mismo del histórico Saint Germain; tiene lo mejor de ambos mundos y causó sensación como primer hotel de diseño de la ciudad. Las habitaciones son de color azul fuerte o naranja, y además incluyen modernos taburetes y llamativas cabeceras. Todo es muy cómodo.

01.43.26.60.00 F 01.46.34.63.63 Ⓜ St Germain des Prés 32 todas FF (individuales desde 900F; dobles desde 1200F)

encanto discreto

Buci Latin 34 rue de Buci, 75006 | St Germain des Prés

El arte está en el corazón de Saint Germain des Prés y el Buci Latin no desentona. La puerta de cada habitación ha sido pintada por un artista distinto, y es evidente un estilo ingenioso en las sillas tapizadas con rayas de cebra o en los neobarrocos candelabros de pared. Las camas, con sus altas cabeceras de madera y sus edredones blancos, son tentadoras.

01.43.29.07.20 F 01.43.29.67.44 W www.bucilatin.com Ⓜ Mabillon 27 todas FF (individuales y dobles desde 970F)

Grand Hôtel de Besançon 56 rue Montorgueil, 75002 | Les Halles–Montorgueil

La ubicación ideal para la gente que va de compras y las vistas a un animado mercado hacen de él una verdadera joya. Los dueños son amables, y las habitaciones cómodas y modernas. La única pega es que hay que subir un tramo de escaleras para llegar al vestíbulo y al escensor.

01.42.36.41.08 F 01.45.08.08.79 W www.gd-besançon.com Ⓜ Étienne Marcel; Sentier RER Châtelet-Les Halles 20 todas FF (individuales desde 650F; dobles desde 720F)

Hôtel de la Bretonnerie 22 rue Sainte Croix de la Bretonnerie, 75004 | Le Marais

Atalaya privilegiada para contemplar los bares y la escena cultural del Marais y del ambiente gay. Cada habitación de esta mansión del siglo XVII tiene sus rasgos distintivos. En muchas hay camas con dosel o techos con las vigas al descubierto; las que hacen esquina son especialmente soleadas.

01.48.87.77.63 F 01.42.77.26.78 W www.HoteldelaBretonnerie.com Ⓜ Hôtel de Ville RER Châtelet-Les Halles 30 MC, V FF (individuales y dobles desde 660F)

Hôtel des Saints Pères 65 rue des Saints Pères, 75006 | St Germain des Prés

En el centro del 6° *arrondissement*, es un hotel tradicional, espacioso y muy agradable. Reserve la habitación «de los frescos», grande y doble, que tiene una pintura que cubre todo el techo: seguro que las nubes y los ángeles le brindarán magníficos sueños. Si hace buen tiempo, se puede desayunar en el jardín.

01.45.44.50.00 F 01.45.44.90.83 e hotelsts.pères@wanadoo.fr Ⓜ St Germain des Prés; Sèvres-Babylone 40 AE/MC/V FF (individuales desde 550F; dobles desde 650F)

Relais du Louvre 19 rue des Prêtres St Germain l'Auxerrois, 75001 | Madeleine–Palais Royal

Este íntimo hotel tiene una ubicación de ensueño, a una calle tanto del Sena como del Louvre. Los tonos verde y vino del vestíbulo dan paso a otros más suaves en las cómodas habitaciones, que incluyen grandes camas, muebles de época e incluso una caja protegida con una tela que contiene la televisión.

☎ 01.40.41.96.42 **F** 01.40.41.96.44 Ⓜ Louvre-Rivoli; Pont Neuf RER Châtelet-Les Halles 20 todas **FF** (individuales desde 620F; dobles desde 850F)

Rivoli-Notre Dame 19 rue du Bourg Tibourg, 75004 | Le Marais

En el corazón del Marais, este hotel es una acertada combinación de interiores tradicionales y comodidades modernas. Las habitaciones son luminosas y de un agradable estilo rústico. Las de la sexta planta son algo más grandes.

☎ 01.42.78.47.39 **F** 01.40.29.07.00 **W** www.hotelrivolinotredame.com Ⓜ Hôtel de Ville 31 todas **FF** (individuales desde 550F; dobles desde 700F)

Terrass 12–14 rue Joseph de Maistre, 75018 | Montmartre

El mejor hotel de Montmartre ofrece una impresionante vista de París desde el restaurante de la última planta, así como desde muchas de las habitaciones. Más cerca del suelo, en el gran vestíbulo, el piano bar y un restaurante más informal hay una gran actividad. Es un hotel muy tradicional. Con sus grandes camas, las habitaciones más pequeñas adolecen de falta de espacio.

☎ 01.46.06.72.85 **F** 01.42.52.29.11 **e** terrass@FranceNet.fr Ⓜ Place de Clichy 101 todas **FF** (individuales desde 880F; dobles desde 1.470F)

Verneuil 8 rue de Verneuil, 75007 | Rue du Bac

Una entrada discreta comunica una calle tranquila con un hotel elegante y primorosamente decorado que compensa la pequeñez de las habitaciones con excelentes grabados enmarcados y magníficos baños antiguos y modernos. La mezcla de estampados rojos y a cuadros crea un atractivo estilo de casa solariega.

☎ 01.42.60.82.14 **F** 01.42.61.40.38 **W** www.france-hotel-guide.com Ⓜ St Germain des Prés 26 (no todas las hab.) todas **FF** (individuales desde 670F; dobles desde 720F)

habitaciones de época

L'Abbaye 10 rue Cassette, 75006 | St Germain des Prés

En este hotel cercano al Jardin du Luxembourg reina un ambiente de comodidad privilegiada. La arquitectura del siglo XVIII otorga habitaciones con ventanas y techos altos. El no va más es un apartamento dúplex con terraza.

☎ 01.45.44.38.11 **F** 01.45.48.07.86 **W** www.Hotel-Abbaye.com Ⓜ St Sulpice 46 AE/MC/V **FF** (individuales desde 1.000F; dobles desde 1.050F)

Duc de Saint Simon 14 rue de Saint Simon, 75007 | Rue du Bac

En una calle tranquila, sólo una pequeña placa indica la entrada de este hotel: lo último en discreción y elegancia. Además, las habitaciones son tradicionales y de buen gusto; muchas dan al jardín o están en soleadas esquinas. No es de extrañar que a los comerciantes en arte y antigüedades les guste alojarse aquí.

☎ 01.44.39.20.20 **F** 01.45.48.68.25 Ⓜ Rue du Bac 34 AE/MC/V **FF** (individuales y dobles desde 1.075F)

L'Hôtel 13 rue des Beaux Arts, 75006 | St Germain des Prés

Originalidad e historia van de la mano en este encantador hotel rematado por una rotonda clásica de seis plantas. Aquí vivió y murió Oscar Wilde: la habitación nº 16 es una reconstrucción exacta del alojamiento del escritor; hay otra muy peculiar, Art Déco, con muebles llenos de espejos, que en otro tiempo fue de una famosa artista de striptease.

☎ 01.44.41.99.00 **F** 01.43.25.64.81 **W** www.l-hotel.com Ⓜ St Germain des Prés 27 todas **FF** (individuales y dobles desde 800F)

Impuestos incluidos en todos los precios

más hoteles

Hôtel d'Angleterre 44 rue Jacob, 75006 | St Germain des Prés

Elegante y acogedor hotel, un verdadero monumento histórico: en esta antigua embajada británica se firmó en 1783 el tratado para la Independencia de EE.UU. En la actualidad, la decoración es clásica y no hay dos habitaciones iguales. Algunas tienen camas con dosel, otras techos con vigas. Pida una que dé al jardín.

01.42.60.34.72 F 01.42.60.16.93 Ⓜ St Germain des Prés 27 todas
FF (individuales y dobles desde 700F)

Hôtel d'Aubusson 33 rue Dauphine, 75006 | St Germain des Prés

Así llamado por el tapiz Aubusson que cuelga en el salón de desayunos, este hotel presume de las habitaciones más grandes de la Rive Gauche. También tiene un pequeño pabellón al otro lado del patio con una suite familiar. Las habitaciones tienen techos altos y muebles tradicionales: los cuartos de baño son Art Déco.

01.43.29.43.43 F 01.43.29.12.62 w www.hoteldaubusson.com Ⓜ Odéon 50 AE/MC/V FF (individuales y dobles desde 1.200F)

Jeu de Paume 54 rue Saint Louis en l'Île, 75004 | Le Marais

¿Hay retiro más envidiable que una isla en mitad del Sena? El primer *jeu de paume* (verdadera pista de tenis) de París se construyó en 1634 para distracción de los amigos del rey. Actualmente, es un hotel alegre y romántico. Las bien amuebladas habitaciones de colores divertidos le ayudarán a relajarse; la antigua pista de tenis se ha transformado en un salón de desayunos inundado de luz.

01.43.26.14.18 F 01.40.46.02.76 w www.JeudePaumehotel.com Ⓜ Pont Marie 32 todas FF (individuales desde 950F; dobles desde 1.250F)

Pavillon de la Reine 28 place des Vosges, 75003 | Le Marais

Este elegante hotel está bajo las arcadas de una de las plazas reales más hermosas de París. Desde la recepción hasta el vestíbulo revestido de madera, parece más una mansión particular. Las habitaciones individuales tienen un tono refinado y romántico: cabeceras pintadas a mano, vigas al descubierto y lámparas con borlas.

01.40.29.19.19 F 01.40.29.19.20 e pavillon@club-internet.fr Ⓜ Bastille; Chemin Vert 55 todas FFF (individuales desde 1.700F; dobles desde 1.900F)

San Régis 12 rue Jean Goujon, 75008 | Champs Élysées

En una calle tranquila entre el Grand Palais y las tiendas de avenue Montaigne, este lujoso hotel tiene un interior bellamente proporcionado. En otro tiempo residencia urbana, la entrada es muy discreta, y los vestíbulos se revelan como elegantes salones. Las paredes cubiertas de grabados franceses tradicionales marcan el tono de las cómodas habitaciones.

01.44.95.16.16 F 01.45.61.05.48 w www.hotel-sanregis.fr Ⓜ Franklin D Roosevelt 44 todas FFF (individuales desde 1.700F; dobles desde 2.300F)

Scribe 1 rue Scribe, 75009 | Madeleine–Palais Royal

Aquí residió Josephine Baker y los hermanos Lumière hicieron su primera proyección. Hoy día, este estupendo hotel es lugar de encuentro de artistas, y en él se celebran varias exposiciones y actos culturales al año. Napoléon se encontraría como en casa en las cómodas habitaciones de época, entre ellas una suite estilo egipcio.

01.44.71.24.24 F 01.42.65.39.97 w www.sofitel.com Ⓜ Opéra 217 todas
FFF (individuales desde 1.625F; dobles desde 2.275F)

↓ lugares íntimos

Le Dokhan's 117 rue Lauriston, 75116 | Trocadéro–Étoile

Es un oasis de lujo. Detalles como las cortinas acabadas a mano, los dibujos originales de Picasso y Matisse o la neoclásica rotonda encima de la entrada seducen, pero no agobian. Las habitaciones, con almohadas de blanco inmaculado y grabados antiguos enmarcados, parecen las de una residencia privada.

☎ 01.53.65.66.99 F 01.53.65.66.88 W www.sofitel.com Ⓜ Trocadéro 45 todas
FFF (individuales desde 1.900F; dobles desde 2.100F)

Hôtel de Buci 22 rue de Buci, 75006 | St Germain des Prés

Situado en la calle de un bullicioso mercado, este elegante hotel combina sofisticación cosmopolita con encanto de la vieja Europa. El vestíbulo es típico de los treinta: sillas tapizadas, grabados originales y una recepción completa, incluida la ventanilla del cajero. Las habitaciones están magníficamente decoradas con flores de lis rojas o doradas o estampados *toile de Jouy*. Muy de moda.

☎ 01.55.42.74.74 F 01.55.42.74.44 W www.hotelbuci.fr Ⓜ Mabillon 24 todas
FF (individuales desde 1.050F; dobles desde 1.400F)

Lancaster 7 rue de Berri, 75008 | Champs Élysées

El buen gusto define esta residencia urbana del siglo XIX convertida en hotel. Situado junto a los Camps Élysées, es fácil no ver la entrada disimulada entre vecinos más llamativos. Con todo, Marlene Dietrich vivió aquí. Dentro, clásicos modernos combinan a la perfección con antigüedades del segundo imperio. Todas las habitaciones son distintas, y también espaciosas y elegantes hasta en los detalles de la ropa de cama Porthault. Fíjese en los maravillosos baños zen, con lavabos engastados en sólidos bloques de mármol.

☎ 01.40.76.40.76 F 01.40.76.40.00 W www.hotel-lancaster.fr Ⓜ George V 60
todas FFF (individuales desde 1.650F; dobles desde 2.350F)

Le Lavoisier 21 rue Lavoisier, 75008 | Grands Boulevards

Hotel nuevo, pequeño y chic que muy pronto tuvo sus acólitos en el mundo de la moda y la publicidad. El joven diseñador francés Jean-Philippe Nuel utilizó montones de elegantes rayas y caoba negra para modernizar esta residencia urbana del siglo XIX. Se sentirá como en casa.

☎ 01.53.30.06.06 F 01.53.30.23.00 W www.hotellavoisier.com Ⓜ St Augustin 30
AE/MC/V FF (dobles desde 1.190F)

el último grito del lujo

Balzac 6 rue Balzac, 75008 | Champs Élysées

Remanso de paz cerca de los Champs Élysées, este distinguido hotel tiene una finura tranquila y seductora. La recepción se abre a un invernadero de tejado de vidrio bañado en colores cálidos y lleno de tentadores sofás. En las pulcras habitaciones hay magníficos grabados y artículos de tocador de Bulgari, y las suites con terraza ofrecen vistas de la Torre Eiffel. Pierre Gagnaire, uno de los chefs más brillantes del país, tiene su restaurante en el hotel.

☎ 01.44.35.18.00 F 01.44.35.18.05 Ⓜ George V; Charles de Gaulle-Étoile RER Charles de Gaulle-Étoile
70 todas FFF (individuales desde 2.000F; dobles desde 2.200F)

Four Seasons Hôtel George V 31 avenue George V, 75008 | Champs Élysées

Tras la espléndida fachada Art Déco en su prestigiosa ubicación cerca de los Champs Élysées, este famoso hotel ha sido totalmente renovado. Grandes habitaciones de color amarillo, azul o verde son ahora de estilo *belle époque*: 30 tienen balcones privados, todas con dos líneas de teléfono y acceso a internet, y en los vistosos baños, las duchas y las bañeras están separadas. Las salas de reuniones son impresionantes. Preparan cestas de merienda para un *déjeuner sur l'herbe*.

☎ 01.49.52.70.00 F 01.49.52.70.10 W www.fourseasons.com Ⓜ Alma-Marceau 245
todas FFFF (individuales desde 3.575F; dobles desde 3.835F)

Hôtel du Louvre place André Malraux, 75001 | Madeleine–Palais Royal

Desde este enclave refinado y palaciego, se divisa la Opéra Garnier, el Palais Royale o el Louvre. Dentro, interiores *style directoire* admiten ligeros toques como los jarrones colgantes de la recepción o el interior de felpa roja del bar. El no va más del lujo es la bañera rinconera de la habitación 551, que da a la avenue de l'Opéra.

☎ 01.44.58.38.38 F 01.44.58.38.01 W www.hoteldulouvre.com Ⓜ Palais Royal-Musée du Louvre
200 todas FFF (dobles desde 2.050F)

Impuestos incluidos en todos los precios

más hoteles

Hôtel Meurice 228 rue de Rivoli, 75001 | Madeleine–Palais Royal

Totalmente restaurado, este hotel ha cobrado un nuevo impulso. Las singulares habitaciones tienen curiosos vestíbulos y modernos baños de mármol, la mayoría con luz natural. Un toque de distinción son los revestimientos de madera pintados a mano a cada lado de la cama. Hay una sensacional buhardilla con vistas panorámicas y un exótico ático adornado como la tienda de un sultán.

01.44.58.10.10 **F** 01.44.58.10.17 **W** www.meuricehotel.com Ⓜ Tuileries 160 todas **FFFF** (individuales desde 2.950F; dobles desde 3.200F)

Hôtel de Vendôme 1 place Vendôme, 75001 | Madeleine–Palais Royal

Este hotel, en el que abundan las borlas, los dorados y el mármol, da un nuevo significado al lujo. Actualmente, es uno de los hoteles pequeños más opulentos de París. Las habitaciones disponen de videófono para saber quién llama a la puerta. Artículos de tocador de Guerlain y metros de tela en las ventanas completan el lujoso cuadro segundo imperio.

01.55.04.55.00 **F** 01.49.27.97.89 **W** www.francehotelreservation.com/devendome Ⓜ Concorde; Tuileries 30 todas **FFF** (individuales desde 2.300F; dobles desde 2.800F)

Lutétia 45 boulevard Raspail, 75006 | St Germain des Prés

El único hotel «palacio» de la Rive Gauche es una obra maestra Art Déco. Candelabros de Lalique y tumbonas rojas dan paso a tonos más cálidos en las habitaciones de estilo años treinta. Si la decoración le provoca unas repentinas ganas de jazz, no se preocupe, en el vestíbulo hay un piano bar.

01.49.54.46.46 **F** 01.49.54.46.00 **W** www.lutetia-paris.com Ⓜ Sèvres Babylone 250 todas **FFF** (individuales y dobles desde 1.800F)

Prince de Galles 33 avenue George V, 75008 | Champs Élysées

En este hotel Art Déco se combinan a la perfección un sentido francés del estilo y un sentido inglés del servicio. Aunque hay algunos adornos dorados y techos pintados, el conjunto exhibe la elegancia informal de la vieja Europa. Aquí nada de parientes pobres. Las habitaciones azul y blanco, o blanco y amarillo, presumen de camas enormes y ventanas altas con elegantes cortinas.

01.53.23.77.77 **F** 01.53.23.78.78 **W** www.luxurycollection.com Ⓜ George V; Alma-Marceau 168 AE/MC/V/DC **FFF** (individuales y dobles desde 2.495F)

Saint James Paris 43 avenue Bugeaud, 75116 | Trocadéro–Étoile

Es un château transformado en hotel al que se puede entrar en automóvil por el patio ajardinado. La atmósfera de época del interior es obra del diseñador Andrée Putman, aunque dos de los rasgos más excepcionales, la histórica biblioteca (ahora el bar) y el atrio de arcadas, es lo que queda de una antigua residencia de estudiantes de elite. Cada habitación, espaciosa y de altos techos, tiene una decoración distinta.

01.44.05.81.81 **F** 01.44.05.81.82 **E** stjames@club-internet.fr Ⓜ Victor Hugo; Porte Dauphine 48 todas **FFF** (individuales desde 1.800F; dobles desde 2.100F)

Sofitel le Faubourg 15 rue Boissy d'Anglas, 75008 | Madeleine–Palais Royal

Diseñado por el arquitecto Richard Martinet, ofrece una sofisticada puesta al día de la elegancia francesa. En espaciosas habitaciones se mezclan grabados *toile de Jouy* en mostaza o beige con diseños contemporáneos. Dispone de servicios modernos (móviles, TV, conexión a internet). El restaurante es sublime (→ 111).

01.44.94.14.14 **F** 01.44.94.14.28 **W** www.sofitel.com Ⓜ Concorde; Madeleine 174 todas **FFF** (dobles desde 1.900F)

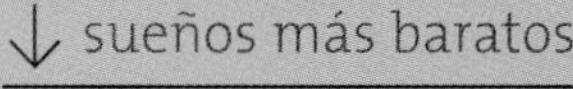

↓ sueños más baratos

Beaumarchais 3 rue Oberkampf, 75011 | République

A medio camino entre los fabulosos bares de la Bastille y el moderno Marais, es perfecto para las aves nocturnas. Los colores vivos, el mobiliario modular y las lámparas de estilo italiano crean un ambiente animado y original. En las habitaciones hay baños privados y secadores de pelo. Buena relación precio-calidad.

☎ 01.53.36.86.86 F 01.43.38.32.86 Ⓜ Oberkampf; Filles du Calvaire 33 AE/MC/V
F (individuales desde 350F; dobles desde 490F)

Eldorado 18 rue des Dames, 75017 | Montmartre

Hotel moderno y agradable con magníficas paredes azules y suelos de mosaico para alegrar el diminuto vestíbulo. Cuelgan cuadros por todas partes. En las grandes y originales habitaciones hay mullidas alfombras, estampados étnicos y chimeneas: las de más éxito son las de la residencia del otro lado del patio, tras el edificio principal. En los vestíbulos hay teléfono y fax; y el desayuno se sirve en la vinatería contigua.

☎ 01.45.22.35.21 F 01.43.87.25 97 Ⓜ Place de Clichy 40 todas
F (individuales desde 250F; dobles desde 300F)

Hôtel des Grandes Écoles 75 rue du Cardinal Lemoine, 75005 | Barrio Latino

Escondite romántico al final de un corredor lleno de plantas. Pida una habitación en uno de los tres pabellones de colores pastel que dan al encantador jardín central. En las acogedoras habitaciones no hay TV.

☎ 01.43.26.79.23 F 01.43.25.28.15 W www.hotel-grandes-ecoles.com Ⓜ Monge; Cardinal Lemoine
51 P MC/V F (dobles desde 530F)

Hôtel de Nesle 7 rue de Nesle, 75006 | St Germain des Prés

Hotel imaginativo y excéntrico donde viven los bohemios de la Rive Gauche. Las paredes de cada habitación tienen pintada una escena distinta de la historia de París. Las más baratas no tienen baño. No se hacen reservas.

☎ 01.43.54.62.41 F 01.43.54.31.88 Ⓜ Odéon 20 MC/V
F (individuales y dobles desde 350F)

Hôtel de la Place des Vosges 12 rue de Birague, 75004 | Le Marais

Íntimo y agradable hotel en un edificio del siglo XVII. Las habitaciones son pequeñas y sus muebles sencillos, y las que tienen baño (ducha o bañera) están bien equipadas. La ubicación y la relación precio-calidad son estupendas.

☎ 01.42.72.60.46 F 01.42.72.02.64 Ⓜ Bastille 16 todas
FF (individuales desde 495F; dobles desde 660F)

Jardins du Luxembourg 5 Impasse Royer-Collard, 75005 | Barrio Latino

Desde la calle, este edificio parece más una mansión que un hotel. Así que es una espléndida sorpresa descubrir dentro alegres kilims y una decoración creativa y llena de color. La recepción de madera pulida hace también las veces de bar. Hay sauna. Las elegantes habitaciones son a la vez agradables y sofisticadas, con techos altos y muebles de buen gusto.

☎ 01.40.46.08.88 F 01.40.46.02.28 Ⓜ Cluny-La Sorbonne RER Luxembourg 26 todas
FF (individuales desde 790F; dobles desde 810F)

Royal Fromentin 11 rue Fromentin, 75009 | Montmartre

Este cabaré de los treinta reconvertido en hotel tiene mucho éxito entre los músicos que actúan en la ciudad: aquí han estado Blondie, Nirvana y las Spice Girls. Las habitaciones tienen muebles sencillos y son acogedoras; muchas tienen vistas del Sacré Coeur, y algunas pequeños balcones.

☎ 01.48.74.85.93 F 01.42.81.02.33 Ⓜ Pigalle; Blanche 47 MC/V
F (individuales desde 390F; dobles desde 490F)

Saint Jacques 35 rue des Écoles, 75005 | Barrio Latino

Murales *trompe-l'oeil* y románticos infunden buen ánimo a este hotel distinguido pero de precios razonables. Situado en un amplio bulevar, es la puerta de entrada al legendario Barrio Latino. En las habitaciones grandes y soleadas hay cornisas y molduras de un cierto encanto burgués, y aparatos modernos como el fax.

☎ 01.44.07.45.45 F 01.43.25.65.50 Ⓜ Maubert-Mutualité 35 MC/V
F (individuales desde 250F; dobles desde 420F)

↓ llegada y partida

En París hay dos aeropuertos grandes: Roissy-Charles de Gaulle y Orly. No obstante, desde la implantación de los servicios Thalys y Eurostar de alta velocidad cada vez hay más gente que viaja en tren, lo que ha redefinido los viajes entre París y el resto de Europa.

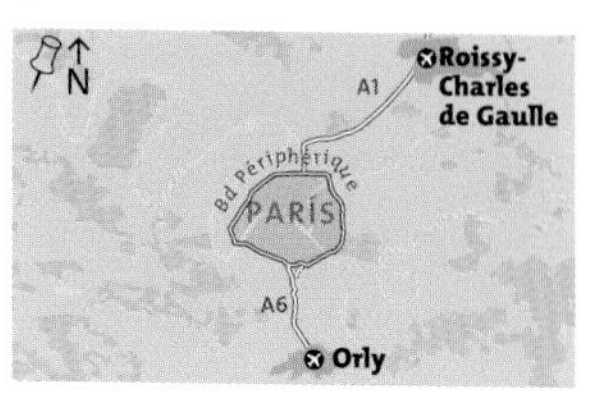

en avión

Roissy-Charles de Gaulle [CDG]

Roissy-Charles de Gaulle es el aeropuerto de más movimiento de Francia. Tiene tres terminales (CDG1 para compañías internacionales; CDG2 para Air France y sus socios; y T9 para vuelos chárter) que atienden a más de 200 destinos y más de 90 compañías con unos 40 millones de pasajeros al año.

opciones de transporte

vehículos air france

1| Aprox. 40 min. a/desde Charles de Gaulle-Étoile y Porte Maillot; 2| unos 50 min. a/desde Gare de Lyon y Montparnasse

1| 5.50-23 h cada 20 min. 2| 7-21 h cada 30 min.

1| 60F 2| 70F

Pueden comprarse los billetes en el autobús.

01.41.56.89.00

RER [→143]

45 min. a/desde centro de París en la línea RER B. Conecta con servicio lanzadera gratuito a/desde las terminales.

5-24 h cada 15 min.

49F

Via Gare du Nord, Châtelet-les-Halles, Denfert-Rochereau y Antony/Orlyval para el aeropuerto de Orly.

Duración del viaje fiable.

No es fácil pasar con equipaje por el torniquete.

1| Compruebe su terminal de salida de París, pues hay dos paradas en Roissy-Charles de Gaulle (la 1ª para CDG1 y T9 y la 2ª para CDG2). 2| Conserve el billete de Metro. Le hará falta para salir por el torniquete del RER. 3| Espere a que la persona de delante haya pasado por el torniquete; de lo contrario se puede quedar atrancado. 4| El RER a/desde el aeropuerto de Orly tarda unos 70 min.

6-22.30 h cada 15 min.

106F

01.53.90.20.20

roissybus

Aprox. 45 min. a/desde pl de l'Opéra.

5.45-23 h todos los días cada 15 min.

48F

Los billetes también se venden en el autobús.

01.48.04.18.24

autobuses lanzadera

Aprox. 45-90 min. a/desde centro de París.

Aprox. 6-20 h cada día.

85F-150F por persona según el número de viajeros.

1| Servicio puerta a puerta. 2| Más barato que el taxi. 3| Bien para grupos de más de cuatro.

Reserve por adelantado los viajes al aeropuerto.

Airport Connection
01.44.18.36.02

Airport Shuttle
01.45.38.55.72

Paris Airports Service
01.49.62.78.78

PariShuttle
01.43.90.91.91

taxis y limusinas

Aprox. 45-75 min. a/desde el centro de París.

Aprox. 250F (taxis); 550F (limusinas).

Los taxis sólo aceptan tres pasajeros.

Servicio limusinas-aeropuerto
01.40.71.84.62

teléfono útiles

Información general: 01.48.62.22.80
w www.adp.fr
CDG1: 01.48.62.13.34
CDG2: 01.48.64.25.94
Aparcamiento: 01.48.62.14.23
Centro de convenciones: 01.48.62.22.90
Policía: 01.48.62.31.22
Aduana: 01.48.62.62.85
Ibis: 01.49.19.19.20
Hilton: 01.49.19.77.77

Aeropuerto de Orly [ORY]

Orly tiene capacidad para casi 25 millones de pasajeros al año. Más de 30 compañías utilizan sus dos terminales, incluyendo todas las compañías nacionales (excepto Air France). Casi el 50 % de los vuelos son interiores.

opciones de transporte

vehículos air france

Aprox. 40 min. a/desde Invalides y Montparnasse.

6-23 h diario cada 12 min.

45F

Se pueden comprar los billetes en el autobús.

RER [→143]

1| 30 min. a/desde centro de París. La lanzadera Orlyval sale cada 4-8 min. para conectar con estación Antony en línea RER B. 2| 35 min. a/desde centro de París en línea RER C, con lanzadera gratuita a/desde terminales.

1| 6-22.30 h cada 15 min. 2| 5.50-23 h cada 15 min. (cada 30 min. después de 21 h).

→ Metro y plano de RER del centro de París en contraportada

1| 57F (RER y Orlyval) 2| 30F

Via 1| Denfert-Rochereau, Châtelet-les Halles, Gare du Nord y Roissy-Charles de Gaulle; 2| Gare d'Austerlitz, St Michel/Notre Dame y Musée d'Orsay.

1| RER B es barato y fiable. 2| RER C entra en servicio después de que Orlyval haya cerrado.

1| La lanzadera Orlyval se detiene aprox. a las 22 h. 2| RER C es poco fiable y lento.

1| Conserve el billete de Metro. Le hará falta para salir por los torniquetes del RER. 2| Espere a que la persona de delante haya pasado por el torniquete, de lo contrario es fácil quedar atrapado.
01.53.90.20.20

orlybus

Aprox. 25 min. a/desde Denfert-Rochereau.

6-23 h a diario cada 12 min.

35F

Mucho más agradable que el RER y más cómodo si hay mucho equipaje.

Se pueden comprar los billetes en el autobús.

01.48.04.18.24
01.41.56.89.00 (24 h)

autobuses lanzadera

Aprox. 45-90 min. a/desde el centro de París.

5-20 h cada día.

85F-150F por persona según los viajeros.

1| Servicio puerta a puerta. 2| Más barato que un taxi. 3| Bueno para grupos de más de cuatro.

Para viajes al aeropuerto reserve con antelación.

Vea detalles de Roissy-De Gaulle [→140]

taxis y limusinas

Aprox. 30-120 min. a/desde el centro de París.

Aprox. 150-200F (taxis); 450F (limusinas).

Los taxis sólo suelen admitir tres pasajeros.

Servicio aeropuerto-limusina:
01.40.71.84.62

teléfonos útiles

Información general: 01.49.75.15.15 (6am–midnight)
w www.adp.fr
Orly South: 01.49.75.34.10
Orly West: 01.49.75.42.34
Aparcamiento: 01.49.75.03.24
Centro de convenciones: 01.49.75.12.33
Policía: 01.49.75.43.04
Aduana: 01.49.75.09.10
Ibis: 01.46.87.33.50
Hilton: 01.45.12.45.12

en tren y autobús

Para viajar por toda Francia se utiliza mucho el tren. Por lo general, el sistema nacional de ferrocarriles (SNCF) es eficiente, normalmente la opción de transporte más rápida y resulta relativamente barata. El autobús se usa más en zonas rurales.

elementos esenciales del tren

- Pregunte por precios especiales, pues el SNCF tiene una gran variedad de ofertas. En general, cuanto antes reserve, más barato será.
- Cuando haga la reserva para un tren de largo recorrido y alta velocidad pida un asiento (20F). El billete sólo da el derecho a viajar en el tren.

Reserve cuanto antes.

- No olvide validar *(composter)* el billete en una de las cajas anaranjadas de la entrada al andén.
- Evite viajar en festivos [→148].
- Los empleados del SNCF hacen huelga *(grève)* de vez en cuando.
- El SNCF dispone de un servicio para guardar su equipaje y entregárselo en su destino. 95F primera bolsa; 60F cada uno de los demás bultos. 08.03.84.58.45

enlaces viarios

Gare du Nord: trenes del norte de Francia y suburbanos del norte de París. También trenes Eurostar y Thalys.
Gare de l'Est: trenes del este de Francia y suburbanos del este de París. También los de Luxemburgo, Alemania, Austria.
Gare de Lyon: trenes del sureste de Francia y suburbanos del sureste de París. También de Italia y algunas partes de Suiza.
Gare d'Austerlitz: trenes del centro y suroeste de Francia y suburbanos del sur de París. También de España y Portugal.
Gare Montparnasse: trenes del oeste de Francia y suburbanos del oeste de París.
Gare St Lazare: trenes del noroeste de Francia y suburbanos del noroeste de París.

eurostar y thalys

Eurostar es un tren de alta velocidad que tarda 3 h desde Londres.

6.30-21.15 h a diario con salidas cada hora.

890F (ida y vuelta de fin de semana pasando la noche del sábado en Londres).

Registre el equipaje 20 min. antes de la salida; si no, le pueden denegar el acceso al tren. Se pueden reservar asientos hasta 30 min. antes de la salida, aunque hacerlo con más antelación suele salir más barato.

08.36.35.35.39

Thalys es un tren de alta velocidad que llega a Bruselas en 1 h 25 min., a Amsterdam en 4 h 15 min. y a Colonia en 4 h.

Bruselas: 7-22.30 h, 20 salidas diarias (478F por ida y vuelta).

Amsterdam y Colonia: 7-19 h, 5 salidas diarias (648F (Amsterdam) y 614F (Colonia) por ida y vuelta.

08.36.35.35.36

consigna

En las principales estaciones. 30-35F diarios por bulto. Taquillas con llave: 5-20F diarios, según capacidad. Taquillas electrónicos: 15-30F hasta un máximo de 3 días según capacidad.

teléfonos útiles

principales líneas ferroviarias (Francia y Europa)
08.36.35.35.35 (7-22 h)
08.36.67.68.69 (24 h)
trenes suburbanos
01.53.90.20.20
w www.sncf.fr
objetos perdidos
01.55.76.20.00

elementos esenciales del autobús

- La estación de autobuses (Gare Routière Internationale de Paris-Galliéni) está en Porte de Bagnolet, al este de París (acceso directo desde Ⓜ Galliéni).

teléfonos útiles

Eurolines es la principal empresa con enlaces con ciudades de toda Europa.
08.36.69.52.52
w www.eurolines.fr

más transporte

desplazamientos

El transporte público parisino (RATP) es rápido, seguro y barato: hay 14 líneas de Metro, cinco RER, un funicular [→22], un autobús fluvial, y unas 60 rutas de autobuses.

información general

billetes y abonos

- Valen los mismos billetes para Metro, RER y autobús.
- París está dividida en zonas. Cuantas más zonas se cruzan, más caro es el billete. Los siguientes precios son los de las zonas 1 y 2, que abarcan toda la ciudad.
- Un billete sencillo cuesta 8F, aunque es más barato un abono *(carnet)* de 10 (55F).
- Un billete *Mobilis* es válido para todo un día de Metro, RER y autobús (32F).
- *Carte Orange* es una tarjeta (con foto) que permite usar sin límite el transporte público en las zonas consignadas. Semanal (lun.-dom. 82F) o mensual (279F).
- *Paris Visite* es una tarjeta (sin foto) pensada para los turistas, con la misma utilidad que la *Carte Orange*. Puede ser para uno (55F), dos (90F), tres (120F) o cinco días (175F), pero es bastante más cara que *Mobilis* o *Carte Orange*. Garantiza descuentos en muchos museos, atracciones turísticas y tiendas (pida el folleto pertinente en cualquier estación de Metro).

Conserve los billetes en buen estado, pues si se doblan no funcionan.

Hay planos gratuitos del Metro, el RER y las líneas de autobuses en las taquillas de las estaciones de Metro.

suplementos y multas

Conserve el billete durante todo el viaje: los inspectores pueden imponer multas. Si se pagan en el momento, oscilan entre 100F y 250F; 400F si se hacen efectivas en la comisaría de policía en el plazo de dos meses.

niños

Los niños de menos de 4 años no pagan. Entre 4 y 12 años, pagan la mitad *(tarif réduit)*. Hay algunos descuentos para estudiantes (12-25 años), pero suelen resérvese a los residentes franceses.

discapacitados

Los sistemas del Metro y los autobuses no se diseñaron pensando en los discapacitados. Sólo hay una línea de Metro (14) y tres de autobús (20, 88, 91) aptas para silla de ruedas. Las estaciones de RER suelen estar mejor equipadas. Para más detalles llamar a **Información**. Les Compagnons du Voyage ayudan a personas que necesitan cierta ayuda. El único criterio es que hay que ser físicamente capaz de utilizar el sistema, de modo que no se puede complacer a los que van en silla de ruedas. El precio varía según la naturaleza de la petición (mínimo, 75F). Llame al menos con 48 h de antelación.

01.45.83.67.77

teléfonos útiles

Información: 08.36.68.77.14 or 01.44.68.20.20
Objetos perdidos: 01.40.30.52.00

patinar y pasear

El centro de París es relativamente pequeño, así que es fácil ir a pie *(à pied)*. Así también se pueden descubrir algunos rincones encantadores, pero lleve siempre un plano: en algunas zonas el trazado de las calles es confuso y puede despistar. Atención a los pasos de peatones: en las calles de sentido único las motos y bicicletas suelen ir en contra dirección. Cada vez se usan más los patines para recorrer las congestionadas calles de la ciudad. Hay varios sitios para alquilarlos [→77]; pero asegúrese de llevar también los accesorios protectores adecuados.

opciones de transporte

Ⓜ Metro

El sistema es fácil de utilizar y lleva prácticamente por todo París. Las líneas de Metro están numeradas y tienen un color específico. La dirección en la que va el tren se identifica por la estación del final de la línea: para desplazarse con rapidez y recuerde siempre la estación final de la línea (y la dirección) que quiere tomar. En todas las estaciones hay planos; generalmente, uno en el vestíbulo de entrada y varios en los andenes.

◑	!
5.30-0.30 h, cada día, cada 2-7 min.	▸ Meta el billete en la ranura de la máquina; no se olvide de recogerlo. ▸ En los trenes más viejos, para abrir las puertas alce el tirador metálico (en los más modernos no hace falta). ▸ Normalmente la distancia entre estaciones es bastante corta. ▸ Por lo general, en las estaciones más grandes con varias salidas hay planos en el vestíbulo que muestran la ubicación de aquéllas para que salga al lado deseado de la calle. ▸ Algunas entradas son para los que tienen ya billete. Si se queda atascados, salga y busque la entrada principal. ▸ En principio está prohibido fumar en el Metro, y las multas son de hasta 250F; pero casi nunca se hace cumplir la norma. ▸ Los carteristas y los mendigos no suponen gran peligro; pero están por todas partes.

→ Metro y plano de RER del centro de París en contraportada

RER

Los trenes RER (red de expresos regionales) hacen el recorrido entre París y la Île de France. En el centro de París hay unas cuantas paradas, en las cuales hay enlace con el Metro, que dependen de la RATP. La SNCF es responsable del resto de la red.

◑	!
5.30-0.30 h, cada día, cada 5-10 min.	▸ Compre el billete para el número de zonas por las que piense desplazarse. Tan pronto los trenes RER salen de la estación central de París, ya está en la zona 3. ▸ Conserve el billete para poder pasar los controles de salida. Cuando se entra en el sistema RER, si los controles están abiertos, no pase: están así para la gente que sale, y programados para cerrarse de golpe cuando detectan que entra alguien. ▸ En algunas de las estaciones de transbordo RER/Metro, los músicos ambulantes tienen permiso para tocar. Una comisión de «jueces» de RATP les ha hecho un examen, les ha dado un permiso (en caso de haber aprobado) y les ha asignado un lugar en la estación (pero no en los trenes). Algunos de ellos son «ilegales» y se arriesgan a que les pongan una multa. Auber RER organiza conciertos regularmente; Châtelet-les-Halles es otro buen sitio para oír jazz, world y música clásica.

autobús

En las paradas hay planos lineales; el destino final aparece en la parte delantera del autobús y en los lados (con el punto de partida y las paradas principales). La gran ventaja es sin duda el panorama de que se disfruta; durante el día los autobuses suelen ir relativamente vacíos. Las líneas 29 y 56 todavía tienen plataformas descubiertas en la parte trasera, aunque con la contaminación que hay en París, verá si es una buena idea.

◑	!
5.30-20.30 h (a veces hasta 0.30 h), cada 7-15 min.	▸ Introduzca un billete individual en la máquina al lado del conductor para validarlo *(composter)*. Un billete es valedero para todo el viaje. ▸ Se pueden comprar billetes individuales al conductor. ▸ Con un billete sencillo no puede hacer transbordo. ▸ Enseñe la tarjeta de viaje al conductor, pero no introduzca la parte del billete en la máquina, porque ésta la invalidará. ▸ Dentro de los autobuses hay buenos planos con todas las paradas. ▸ En general, se sube a los autobuses por delante, no por las puertas del medio o de atrás: a menos que se especifique otra cosa distinta de *interdit*, éstas son sólo para los pasajeros que bajan. ▸ Para bajar, pulse el botón rojo de las barras. Se encenderá una señal de *arrêt demandé* en la parte delantera.
(autobús nocturno): 1-5.30 h; cada 30 min.	▸ Hay 18 líneas Noctambus que salen de place du Châtelet/plaza de la Tour St Jacques (en el 1er *arrondissement*) y van a los barrios. ▸ El billete cuesta 15F, y con él se puede hacer transbordo a otra línea Noctambus. También son válidas las tarjetas de viaje en las zonas consignadas en el billete.
Balabus: 1.30-20 h dom. y festivos (abril-sept.)	▸ Balabus es un autobús RATP que recorre muchos lugares turísticos; sale de la Gare de Lyon-Grande Arche de la Défense y hace más de 30 paradas (marcadas con una Bb). ▸ Utilice billetes o tarjetas de viaje válidas para las zonas consignadas en el billete (el viaje completo va de la zona 1 a la 3).

batobus (autobús fluvial)

Es una manera alternativa de contemplar París, aunque no especialmente rápida ni barata. Las ventajas son, obviamente, las maravillosas vistas y un enfoque distinto de la ciudad, lejos del bullicio de la vida cotidiana.

◑	F	☎	!
10-19 h (10 abril-11 oct.) 10-22 h (jul.-agos.) cada día	Billetes sencillos: 20F–60F según el número de paradas. Abono de un día: 60F; abono de 2 días: 90F.	01.44.11.33.99	▸ Hay seis paradas a lo largo del río, y unos 25 min. de espera en cada una: a la Rive Droite, Hôtel de Ville y Louvre; en la izquierda, Torre Eiffel, Musée d'Orsay, St Germain des Prés y Notre Dame.

otras posibilidades de transporte

taxi

Como norma, tome los taxis en las paradas. Cuando circulan, los taxis sólo aceptan pasajeros si llevan encendida la luz de arriba. Sin embargo, que estén libres no siempre significa que vayan a detenerse. A veces hay que intentarlo tres o cuatro veces. No desespere. Le pasa a todo el mundo. Por la noche, algunos taxistas que están a punto de acabar su jornada sólo aceptan pasajeros si van en su misma dirección (o sea, a casa).

F	☎	!
El taxímetro empieza con 13F. En el centro de París, salta 3,58F por km (7-19 h, lun.-sáb.) y 5,90F (7-19 h, dom. y festivos). Un viaje corto cuesta 30-50F; uno largo, 50-100F.	**Alpha taxis** ☎ 01.45.85.85.85 **Artaxi** ☎ 01.42.03.50.50 **Taxis bleus** ☎ 01.49.36.10.10 **Taxis G7** ☎ 01.47.39.47.39	▸ Los taxistas no suben pasajeros a menos de 100 m de una parada (generalmente situadas en cruces amplios, plazas y estaciones de tren y Metro). ▸ En las estaciones de tren cobran un suplemento de 5F. Pero puede caminar una manzana y parar uno que circule. ▸ Se pagan 6F por cada maleta que supere los 6 kg y cada bulto pesado. Pero nada por las sillas de ruedas y los perros guía. ▸ Se admiten sólo 3 pasajeros; si el conductor acepta otro, son 13F más. ▸ Si telefonea a un taxi, el taxímetro empieza a contar cuando el vehículo se pone en marcha. Si son 4, especifíquelo.

automóviles y motocicletas

Para conducir un automóvil o una moto por París hacen falta un corazón fuerte y un claxon que funcione. Los automóviles van bien para salir un día de la ciudad... si no, mejor ir en transporte público.

F	☎	!
Automóviles: aprox. 1.200-1.600F el fin de semana (más depósito) si el conductor tiene más de 25 años y carné de conducir desde hace al menos un año. Entre 21 y 25 años, deberá pagar un suplemento de 130-150F. Motos: aprox. 1.500-2.000F el fin de semana por una motocicleta de la gama media de 500 cc más un depósito (25.000-30.000F).	alquiler de vehículos: Ada ☎ 01.48.78.18.08 Avis ☎ 01.46.07.82.45 Budget ☎ 01.40.35.33.33 Europcar ☎ 01.30.43.82.82 Hertz ☎ 01.39.38.38.38 alquiler de motos: Cimo Expo ☎ 01.53.06.60.60 Auto Moto Contact Location ☎ 01.56.68.05.06 Segem ☎ 01.44.93.04.03	▸ Es obligatorio el cinturón de seguridad para el conductor y los pasajeros. ▸ Se conduce por la derecha. ▸ Los vehículos que vienen por la derecha tienen prioridad, pero en el boulevard Périphérique la prioridad es de los que entran. ▸ Los automóviles tienen prioridad en las plazas circulares salvo en las de gran tamaño: entonces la tienen los que entran por la derecha. ▸ Límite de velocidad: 50 km/h en la ciudad y zonas urbanizadas; 90 km/h fuera de la ciudad; y 130 km/h en las autopistas. ▸ Si bebe no conduzca; los controles de la policía son frecuentes y las multas, elevadas. ▸ La gasolina *(essence)* es cara (aunque algo más barata fuera de la ciudad). ▸ Los parquímetros funcionan de 9-19 h lun.-vier. y cuestan 10F la hora con un máximo de dos horas. A menudo el aparcamiento es gratuito los domingos y en agosto en las áreas residenciales: compruébelo en el parquímetro. ▸ El aparcamiento subterráneo (P grande y azul) es más caro, pero no hay límite de tiempo y el automóvil está seguro. ▸ Si la grúa se ha llevado el automóvil, acuda a la policía local. En París hay 11 depósitos de vehículos.

bicicletas

Cada vez hay más ciclistas que invaden las calles de París; pero si va con ellos, no espere mucha deferencia de los automovilistas.

F	☎	!
50F–80F por día: también alquiler por hora, por medio día y por fin de semana. Más depósito de 1.000F–2.000F.	**La Maison Roue Libre** (gestionada por el RATP) 95 bis rue Rambuteau, 1° ☎ 01.53.46.43.77 (también hacen rutas). **Paris Vélo**, 2 rue du Fer à Moulin, 5° ☎01.43.37.59.22 **Paris à Vélo, C'est Sympa**, 37 bd Bourdon, 4° ☎ 01.48.87.60.01 (también hacen rutas).	▸ Siga las normas de circulación para evitar multas. ▸ Vaya sólo por carriles bici o por calles apartadas más tranquilas. ▸ De noche use las luces. ▸ Lleve casco.

aduanas y tiendas libres de impuestos

En los aeropuertos no hay dos vías separadas para declarar o no declarar. Si lleva cosas que declarar, antes de abandonar el aeropuerto debe ir al mostrador de aduanas, en el área de recogida de equipajes. Atención: se hacen inspecciones al azar. Está permitido llevar hasta 50.000F en efectivo sin declarar. Los visitantes de fuera de la UE pueden llevar uno o dos (de menos del 20%) litros de alcohol, 200 cigarrillos y 50 puros. Cuando se viaja dentro de la UE no hay exención de impuestos. Aunque se establece un límite en la cantidad de alcohol y cigarrillos que se puede llevar desde otro país de la UE, hay una imposibilidad física de superarlo. No existe cuarentena para los animales si se tiene el certificado que demuestre que ha recibido las vacunas e inyecciones antirrábicas regulares y un informe veterinario de menos de 10 días que garantice la buena salud del animal.

agencias de viajes

Entre las agencias de viajes de confianza para vuelos baratos se incluye **Voyageurs du Monde** 55 rue Ste Anne, 2° ☎ 01.42.86.14.00. Para tarifas de estudiantes en avión, tren y autobús: **Wasteels** 12 rue de la Banque, 2° ☎ 08.03.88.70.01 (también otras sucursales). **USIT Voyages** 14 rue Vivienne, 2° ☎ 01.44.55.32.60 (también otras sucursales).

bancos

Los bancos abren entre 9.30-17.30 h, lun.-vier. Muchas sucursales cierran al mediodía (12.30-13.30 h) y todo el lunes, y algunas están abiertas los sábados de 9.30-16.30 h, con un descanso para comer. Los domingos y festivos cierran todos. Los principales son **Banque Nationale de Paris (BNP)**, **Bred**, **Banque Populaire**, **Caisse d'Épargne**, **CIC Paris**, **Crédit Lyonnais**, **Société Générale**. Tienen sucursales por toda la ciudad, pero no todos cambian moneda. Todos tienen cajeros automáticos (ATM). Para hacer transferencias de dinero desde el extranjero, **Western Union**, 4 rue du Cloître Notre-Dame, 75004 ☎ 01.43.54.46.12

bares

[→cafés]

cafés y bares

Horarios: se puede comer casi en cualquier momento del día. Normalmente, los cafés abren a las 7 h y no suelen cerrar hasta las 21 h. Los cafés y bares abiertos hasta las 2 h casi nunca inician la jornada antes de las 11 h. Algunos permanecen abiertos hasta la madrugada (→ 114-118). La mayoría cierra durante todo el mes de agosto.
Consumición: se pueden pedir las bebidas en la barra o esperar a que el camarero vaya a la mesa. Si se toman en la barra son más baratas, y bastante más caras en una terraza.
Fumar: [→fumar]

cheques de viaje

Los cheques de viaje son todavía la forma más segura de llevar el dinero. Anote los números de cheque para poder pedir el reembolso en caso de pérdida o robo. Visa y American Express son las más admitidas, y las mejores divisas, los francos y los dólares americanos. Se pueden hacer efectivos en la mayoría de los bancos [→bancos] u oficinas de cambio [→oficinas de cambio].

clubes

Entrada: durante la semana, en general gratuita. Los fines de semana puede oscilar entre 50 y 150F, aunque a menudo se incluye una bebida.
Vestimenta/normas de entrada: en algunos de los clubes más grandes y prestigiosos hay normas de vestimenta específicas; antes de empezar la juerga indague un poco.
Cartelera: *Pariscope* (→ 121), que sale cada miércoles, da una idea clara de lo que hay. Mire también la revista *Nova* o su página web **w** www.novaplanet.com.
Horario: generalmente, 23-6 h.

conducción de vehículos

En Francia se puede utilizar un carné de conducir extranjero siempre y cuando esté escrito en caracteres latinos; si no, hay que disponer de un carné internacional [→144]

consejo y ayuda

Alcohólicos Anónimos ☎ 01.48.06.43.68
Información sobre drogas ☎ 08.00.23.13.13
Línea de ayuda a suicidas ☎ 01.45.39.40.00
SOS Amitié ☎ 01.40.96.26.26 (*24 h*) para ayudarle a superar una depresión o a encontrar un médico, un dentista, etc.

consignas

En las principales estaciones de ferrocarril hay consignas para equipaje [→141].

correos

Oficinas de correos ◑ 8-19 h, lun.-vier.; 8-12 h, sáb. La central está en 52 rue du Louvre, 1° ☎ 01.40.28.20.00 ◑ 24 h. Los **buzones** son amarillos y se hallan junto a estaciones de Metro y estancos *(tabacs)*. Tienen una ranura para París y alrededores, y otra para el resto de Francia o el extranjero *(province et étranger)*. La última recogida es a las 16 h en los buzones y a las 19 h en las oficinas de correos.
Se pueden comprar **sellos** en las oficinas de correos y los estancos, que se identifican fácilmente mediante el gran signo rojo en forma de diamante que cuelga fuera de muchos cafés. Los sellos de primera clase para Francia y Europa cuestan 3F, y para Norteamérica 4,60F, y se pueden comprar en paquetes de 10 *(un carnet)*.
Poste restante: para recibir correo, las cartas deben enviarse a: Poste restante, dirección de la oficina de correos (incluyendo el código postal), París. El correo dirigido a «Poste restante-París» se enviará automáticamente a la principal oficina de la ciudad. Para recogerlo, vaya al mostrador denominado Recette Principale con algún documento de identidad que tenga foto.

cuestiones médicas

Medicina general: los ciudadanos de la UE que tengan el formulario E111 han de pagar los honorarios de la consulta inmediatamente; después podrán reclamar el reembolso a la compañía de seguros o a la autoridad sanitaria [→compañías de seguros].
Especialistas: se puede pedir visita con un especialista, pero la autoridad sanitaria sólo

reembolsará los honorarios si aquél es *conventionné* (registrado en el servicio nacional de salud). Las farmacias o los siguientes servicios pueden ayudaros a encontrar un médico: **SOS Médecins** 87 bd de Port Royal, 13° ☎ 01.47.07.77.77.
Urgences Médicales de Paris 57 rue Labrouste, 15° $ 01.48.28.40.04.

dentistas

En Francia no hay atención dental gratuita, así que conserve las facturas para reclamar luego a la compañía de seguros [→compañías de seguros].
Urgencias dentales: SOS Dentaire, 87 bd de Port Royal, 13° ☎ 01.43.37.51.00
◑ *8.30-23.30 h, lun.-vier.; 24 h sáb. y dom.*
Urgences dentaires de Paris ☎ 01.47.07.44.44
◑ *6-22 h* (teléfono de ayuda urgencias dentales).

electricidad

El voltaje es de 220 voltios AC, y los enchufes de dos polos redondos. Puede comprar un adaptador en los aeropuertos, tiendas de material eléctrico y grandes almacenes.

e-mail e internet

Francia ha tardado en subirse al carro de la cultura web, pero está recuperando terreno, y surgen cibercafés por todas partes. Unos 30F por 30 min. de navegación.
Cyber Cube
5 rue Mignon, 6° ☎ 01.53.10.30.50
12 rue Daval, 11° ☎ 01.49.29.67.67)
es más que un cibercafé: también se pueden procesar textos, hacer escáneres, fotocopias, etc. Mire también en el **Web Bar** (32 rue de Picardie, 3° ☎ 01.42.72.66.55).

embajadas y consulados

Argentina 6 rue Cimarosa ☎ 01.44.05.27.00
Chile 2 avenue de la Motte-Picquet ☎ 01.44.18.59.60
Colombia 22 rue de l'Elysée ☎ 01.42.65.46.08
España 22 avenue Marceau ☎ 01.44.43.18.00
México 9 rue de Longchamp ☎ 01.53.70.27.70
Uruguay 15 rue Le Sueur ☎ 01.45.00.81.37/53.32
Venezuela 11 rue Copernic ☎ 01.45.53.29.98

entradas

Todos los museos y monumentos cobran una entrada (15 y 40F). Si es fan de los museos, compre el pase de museos de Paris *(carte musées-monuments)* (→ 54). Todos los museos nacionales (excepto el del Château de Versailles) son gratuitos un dom. al mes; algunos cierran tarde una vez a la semana; otros son gratuitos los dom. por la mañana.

estudiantes

Los estudiantes que dispongan de un carné que les acredite como tal (ISIC) tienen derecho a descuentos en viajes, cine y museos. El documento cuesta 60F y se puede conseguir en las agencias de viajes USIT. Hace falta una foto y una prueba de la condición de estudiante a tiempo completo.

fecha y hora

Las fechas abreviadas se dan en formato día/mes/año. Francia va una hora por delante de la hora promedio de Greenwich (GMT). Adopta el horario de verano (GMT+2) a finales de marzo, y en octubre vuelve a atrasarse. La hora se expresa utilizando las 24 h: por ej., las 5 de la tarde son las 17 h.

Hora por teléfono ☎ 36.99

festivos

En Francia hay unas cuantas festividades en que cierran los bancos y las oficinas, pero algunas tiendas permanecen abiertas, sobre todo los supermercados. Si el festivo es martes o jueves, es posible que algunos bancos u oficinas hagan puente.
Año Nuevo – 1 enero
Semana Santa – marzo-abril (variable)
Día del Trabajo – 1 mayo
Victoria en Europa (Segunda Guerra Mundial) – 8 mayo
Día de la Ascensión – 6° jue. después de Semana Santa (variable)
Pentecostés y Lunes de Pentecostés – 2° dom. y lun. después del Día de la Ascensión (variable)
Día de la Bastilla – 14 jul.
La Asunción – 15 agost.
Día de Todos los Santos – 1 nov.
Día del Armisticio (Primera Guerra Mundial) – 11 nov.
Navidad – 25 dic.

fotografía

Servicio de revelado en una hora en:
Fnac Photo 22 rue St Antoine, 4° ☎ 01.42.78.86.55
84 rue Mouffetard, 5° ☎ 01.45.87.05.10 (otras tiendas)
Photo Service 10 rue des Pyramides, 1° ☎ 01.40.29.94.20
15 bd Sebastopol, 1° ☎ 01.42.36.14.21
Para reparaciones: **Formosaflash** 65 rue de la Grange aux Belles, 10° ☎ 01.42.06.54.55
Atelier Photo-Ciné MS 3 rue Charles Baudelaire, 12° ☎ 01.44.75.73.73

fumar

En la patria de los Gauloises de humo azulado las campañas antitabaco lo tienen difícil. Aunque el porcentaje de fumadores está bajando, es todavía un hábito muy tolerado. La ley prohíbe fumar en lugares públicos, restaurantes, bares y cafés y en el transporte público, pero se incumple de manera sistemática.

hoteles

Tasas: un impuesto obligatorio de ocupación oscila entre 3F por persona y noche en un hotel de una estrella a 7F en uno de cuatro. El sistema de las estrellas se basa en las instalaciones de que dispone. La categoría de los hoteles fluctúa entre una estrella para un hotel sencillo, y cuatro y cuatro L para los de clase superior y de lujo. El IVA está comprendido en el precio de la habitación, y algunos hoteles baratos incluyen un desayuno continental. La mayoría le cobrarán la estancia de una noche si avisa de su marcha con menos de 24 h de antelación. En hoteles más distinguidos, si es temporada baja y van a ser varias noches, se puede negociar el precio.
Reservas: indispensables. Los hoteles de Paris se llenan deprisa. La mayoría piden confirmación por fax y un número de tarjeta de crédito. No obstante, si quiere arriesgarse, en el mostrador de información ADP de ambos aeropuertos constan las habitaciones libres de ese día (en todas las categorías) con un descuento de un 30-50 %. Cuando se hace la reserva, se da a la ADP una paga y señal que después se deduce de la factura del hotel.
Contactos útiles: la oficina de turismo de Paris ayuda a encontrar alojamiento y dispone de un servicio central de reservas

que le libra de llamar a cada hotel.
☎ 08.36.68.31.12 ◑ *9-20 h (lun.-sáb.); 11-18 h (dom. y festivos).*
w www.paris-touristoffice.com
Gracias a los servicios centrales de reservas no tendrá por qué llamar a cada hotel.
Centrale de Réservation Inter Hôtel 100 rue Petit, 75019 ☎ 01.42.06.43.27
w www. inter-hotel.fr (para hoteles de 2 y 3 estrellas) **Paris Hôtel**, 28 rue Caumartin, 75009 ☎ 01.44.51.19.52 **F** 01.44.51.19.59
El único cámping de la ciudad está en el Bois de Boulogne, 2 allée du Bord de l'Eau, 75016 ☎ 01.45.24.30.00

impuestos

En Francia todos los precios de bienes y servicios incluyen IVA. En la mayoría de los productos, es del 20,6%; en otros, como la comida o los libros, del 5,5%.

información meteorológica

Météo France: para toda Francia
☎ 08.36.68.01.01
Para París y alrededores: ☎ 08.36.68.02.75

información turística

La principal oficina de turismo de París está situada en 127 av des Champs-Élysées, 8° ☎ 08.36.68.31.12.
◑ *9-20 h lun.-sáb. (11-18 h dom. y durante la temporada alta).* **w** www.paris-touristoffice.com.
Hay muchísima información en 65 quai d'Orsay, 7° ☎ 01.40.62.05.00.
Para una buena fuente de contactos esenciales en París, **w** www.paris-anglo.com.

inmigración y visados

Los ciudadanos de la UE no necesitan visado para entrar en Francia, pueden quedarse 90 días sin visado, así como los ciudadanos de una treintena más de países (entre los que se incluyen Argentina, Brasil, Chile, Costa Rica, Ecuador, México, Paraguay, Uruguay y Venezuela). Los ciudadanos de otros países y para estancias superiores a tres meses, hay que solicitar un visado antes de iniciar el viaje. Los pertenecientes a otras nacionalidades han de enterarse de los requisitos. Para más información, **w** www.diplomatie.fr

medicina y farmacias

La señal de una cruz y una serpiente de neón verde identifica las farmacias. Para problemas no urgentes, pida consejo al farmacéutico: están habilitados legalmente para vender medicamentos que en otros países requerirían receta médica.
◑ Por lo general, 9-20 h. Si la farmacia está cerrada, habrá una lista de farmacias cercanas de turno *(pharmacie de garde)*.
Pharmacie des Champs 84 av des Champs Élysées, 8° ☎ 01.45.62.02.41 ◑ *24 horas.*

mensajeros

Chronopost es un servicio postal nacional e internacional muy eficaz dirigido por *La Poste* (oficina de correos) [→servicios postales].
Para otros servicios internacionales:
DHL ☎ 08.00.20.25.25
FedEx ☎ 08.00.12.38.00
UPS ☎ 08.00.87.78.77

moneda

El franco francés (F) tiene 100 céntimos (c). Las monedas son de 5, 10 y 20 c (todas amarillas); 50 c, 1F, 2F y 5F (de plata); 10F y 20F (plata con un borde amarillo). Atención a las monedas de 20F. Pese a ser poco frecuentes, se pueden confundir con las de 10F. Los billetes son de 20F (rosa grisáceo), 50F (azul), 100F (marrón), 200F (rosa) y 500F (verde). Francia ha adoptado la moneda única, pero los billetes de euros no estarán en circulación hasta el 1 de enero de 2002. La mayoría de tiendas muestran sus precios en ambas monedas, y muchos mayoristas aceptan pagos en euros con cheques y tarjetas de crédito de otros países de la moneda única. 1 euro = 6,5F.

mujeres

Los hombres franceses, como buenos latinos, a veces hacen comentarios a las mujeres y se pasan de la raya al intentar charlar con ellas, pero en general son amables e inofensivos. La mejor manera de hacerles frente, no prestándoles atención y seguir andando. Si alguien le molesta de verdad, entre en el primer café y pida ayuda. Los hombres franceses también son tipos caballerosos: no les gusta que otros hombres importunen a las mujeres.

niños

Actividades: en la pequeña revista mensual *Frimousse* se listan actividades, museos, espectáculos, etc., para niños. Hay secciones infantiles en *Pariscope* (**w** www.pariscope.fr) y *L'Officiel des Spectacles* [→121] bajo el título *«enfants»* o *«jeunes»*.
Los ayuntamientos *(mairies)* también dan información sobre actividades infantiles.
Niñeras: 35-40F la hora, más unos 60-70F diarios a la agenciapor día.
Ababa ☎ 01.45.49.46.46.
Kid Service ☎ 01.42.61.90.00.
Ti-Doudou ☎ 01.45.45.59.26 (también llevarán al niño a hacer actividades por la ciudad).
Inter-Service Parents ☎ 01.44.93.44.93.
◑ 9.30-12.30 h, lun.-miér. y vier.; 13.30-17 h, lun.-mar. y jue.vier. Esta línea en francés brinda consejo sobre todo lo relativo a niños, incluidas las agencias de niñeras y las actividades.
Hoteles: la mayoría de los hoteles permiten que los niños estén en la habitación de los padres sin cobrar ningún suplemento; pero llame antes para verificarlo.
Restaurantes, cafés y bares: algunos restaurantes tienen menús especiales para niños; en otros les servirán raciones más pequeñas. Los niños son bienvenidos en bares y cafés, aunque no por la noche.

objetos perdidos

En la comisaría de policía de 49 pl Marché St Honoré, 4° ☎ 01.55.76.20.20 hay una oficina de objetos perdidos. Informe de cualquier extravío a la policía para justificar la reclamación a la compañía de seguros. Si pierde el pasaporte, informe a la embajada o al consulado. Para objetos perdidos en aeropuertos, taxis o transporte público, llame a los números pertinentes [→140-144].

oficinas de cambio

Las oficinas de cambio pueden ofrecer a menudo mejores tipos que los bancos, pero se aprecian grandes diferencias, así que busque y compare. Las oficinas más competitivas están en rue Vivienne, cerca de la Bolsa de París *(La Bourse)*. Muchas cierran los fines de semana y en agosto.
CGF 36 rue Vivienne, 2° ☎ 01.40.26.42.97
Joubert 38bis rue Vivienne, 2°
☎ 01.42.36.20.39
Para otras oficinas:

➔ más información práctica

Société Française de Change 21 rue Chanoinesse, 4° ☎ 01.43.26.01.84
Chequepoint (24 h) 150 av des Champs-Élysées, 8° ☎ 01.49.53.02.51
Muchas oficinas de cambio dicen que no cobran comisión: simplemente incorporan el coste al tipo de cambio. En la zona del euro hay una comisión fija de al menos un 2 %.

ópticas

Para comprar unas gafas hace falta una receta. En la cadena **Grand Optical** hay un servicio sumamente educado y eficaz: 138 av des Champs Élysées, 8° ☎ 01.40.76.00.13 (también otras sucursales). Para urgencias en cuestiones ópticas, pruebe en **SOS Optique** 78 rue de la Roquette, 11°
☎ 01.48.07.22.00 ◑ 24 h.
En Francia, la asistencia oftalmológica no es gratuita; guarde todas las facturas para poder reclamar después.

planos

Hay varios planos buenos de París, como el de Michelin (número 11), *Le Plan de Paris* y *Paris-Éclair*, que se venden en la mayoría de los quioscos y librerías *(libreries)*.

policía

La policía y los agentes de aduanas le pueden pedir el carné de identidad o pasaporte en cualquier momento. Es algo normal. Haga exactamente lo que le digan. Para comisarías de policía local, mire en las páginas amarillas, Administration de l'Interieur, o llame a información ☎ 12. Para urgencias llame al ☎ 17. La comisaría central de policía está en 49 pl du Marché St Honoré, 1°,
☎ 01.47.03.60.00.

propinas

La propina no es tan habitual como en otros países.
Hoteles: sólo es verdaderamente común, aunque no obligatoria, en los hoteles ultraelegantes. Dé al mozo 5-10F por bulto y unos 50F al personal de limpieza o al conserje si la estancia es de una semana.
Restaurantes: hay un cargo de servicio que se añade automáticamente a la cuenta. Estas propinas están gravadas por el gobierno, por lo que los camareros agradecerán algunas monedas de más. Entre 1-2F en un café, y 15-20F tras una comida.
Taxis: redondee el precio hasta unos 5F.

religión

Anglicana ☎ 01.47.20.22.51
Baptista ☎ 01.42.61.13.95
Budista ☎ 01.43.41.54.48
Católica ☎ 01.42.27.28.56
Iglesia de Inglaterra ☎ 01.47.42.70.88
Judía ☎ 01.47.04.37.27
Musulmana ☎ 01.45.35.97.33
Otras direcciones en las páginas amarillas en *Cultes et Eglises*.

restaurantes

Reservas: hágalas lo antes posible, pues los restaurantes famosos suelen tener las mesas reservadas con meses de antelación (si bien al mediodía suele ser más fácil). La mayoría de los otros restaurantes son más flexibles y se puede reservar el día (u horas) antes. Procure llegar puntual, pues los más concurridos suelen reservar más mesas de las disponibles.
Horario: en general, los restaurantes sirven 12-14 h para comer y 19.30-22.30 h para cenar. Algunos, como las brasseries, tienen permiso para cerrar tarde, por lo que se puede comer después de medianoche. La mayoría cierra un mes en verano.
Precios: la mayoría ofrece menús de tres platos (100-150F). Si se come à la carte los precios se disparan. Fumar: véase más arriba.

seguridad

Tome las medidas de seguridad habituales en cualquier gran ciudad. A altas horas de la noche procure no ir solo ni llevar objetos de valor encima. Vigile donde deja el dinero o las tarjetas de crédito, y no pierda de vista sus pertenencias. Atención a los tirones y los carteristas del centro de París o las estaciones de Metro. Unas zonas son más peligrosas que otras, sobre todo los *arrondissements* más periféricos. Los sábados hay que evitar el área que rodea el Forum des Halles, especialmente los jardines; es cuando jóvenes de los barrios *(banlieues)* bajan a la ciudad a divertirse.

seguros

Se recomienda un seguro médico y de viaje a todo riesgo, en especial a los que no pertenecen a la UE. Los de la UE deben cumplimentar previamente un impreso E111 para poder reclamar el reembolso de cualquier gasto médico justificado.

servicios de oficina

En general, los hoteles de lujo proporcionan servicios de oficina sólo a los residentes. Algunos cibercafés también tienen medios adecuados [→e-mail e internet].
La mayoría de las oficinas de correos tienen fotocopiadoras que funcionan con monedas; y en París hay muchas copisterías:
Beaubourg Copie 37 bd Sébastopol, 1°
☎ 01.40.28.98.99
Copy Quick 16 bd Beaumarchais, 11°
☎ 01.48.06.48.55
Accord Interprètes ofrece servicios de traducción de todos los idiomas: 44 rue René Boulanger, 10° ☎ 01.42.49.38.38

tarjetas de crédito y débito

Se puede pagar con tarjetas de crédito internacionales en casi todas partes, aunque algunas tiendas exigen un gasto mínimo (100-150F), y los restaurantes pequeños quizá no las acepten. Con ellas se puede sacar dinero de los cajeros automáticos. Las comisiones varían según el banco emisor y el tipo de tarjeta. Para comunicar pérdida o robo, llame a:
American Express ☎ 01.47.77.72.00
Diners Club ☎ 01.49.06.17.50
Mastercard/Eurocard ☎ 08.36.69.08.80
Visa ☎ 08.00.90.20.33

teléfonos

Cobro revertido: para llamadas a cobro revertido (en francés, *PCV*) ☎ 36.50.
Guías telefónicas ☎ 12.
Guías telefónicas internacionales
☎ 00.33.32 + el código del país del número que buscamos
w www.francetelecom.fr.
Para servicios clasificados por categorías, mire en las *Pages Jaunes* (páginas amarillas) $ www.pagesjaunes.fr.
Para números particulares y de empresas ordenados alfabéticamente, mire en las *Pages Blanches* (páginas blancas)
w www.pagesblanches.fr.

Se pueden consultar las guías en oficinas de correos, hoteles y cafés.
Códigos internacionales ☎ 00 + código del país. **Argentina**, 54; **Chile**, 56; **Colombia**, 57; **España**, 34; **México**, 52; **Uruguay**, 598; **Venezuela**, 58.
Códigos locales: todos los números franceses tienen 10 dígitos. Todos los números de Paris y alrededores empiezan con 01. El código es parte del número de 10 dígitos y debe marcarse cada vez que se llama dentro de Francia.
Alquiler de móviles: Cellhire France ☎ 01.41.43.79.40. Si tiene un móvil que funciona en la frecuencia 900 mhz GSM, puede comprar tarjetas.
Cabinas: la mayoría de las cabinas sólo aceptan tarjetas de teléfonos *(carte téléphonique)* o a veces tarjetas de crédito. El coste mínimo es una unidad (1F). Por lo general, dentro de la cabina hay instrucciones y aparecen los avisos en la pantalla: *Décrochez*, tomar el receptor. *Introduire votre carte*, introducir la tarjeta. Si en la pantalla sale *crédit épuisé*, significa que ya no quedan unidades disponibles. *Patientez*, esperar. *Numérotez*, marcar el número. Las unidades que quedan en la tarjeta van apareciendo a lo largo de la llamada. Si hay alguna dificultad, cuelgue e inténtelo de nuevo. Cuelgue también si en algún momento la pantalla dice *raccrochez*. No olvide recuperar la tarjeta al terminar (un pitido agudo se lo recordará). En los cafés suele haber aparatos que funcionan con monedas cuyo precio mínimo es 2F.
Tarjetas de teléfonos: de dos tipos: de 50 unidades a 49F, y de 120 unidades a 97,50F. Se pueden comprar en oficinas de correos, distribuidores de France Telecom, cafés con la señal roja del tabaco y puestos de periódicos.
Tarifas telefónicas: las llamadas nacionales e internacionales varían en precio, pero son más baratas después de las 19 h lun.-vier., el sáb. después de las 24 h, y todo el dom. Para llamadas locales desde teléfonos corrientes, hay una cuota de conexión de 0,74F que permite hablar tres minutos. Después se pagan 0,28F por minuto en las horas de máxima actividad (8-19 h lun.-vier.; 8-24 h sáb.) o 0,14F en las otras. Las llamadas desde cabinas cuestan un 10-12 % más que desde teléfonos normales.
Sonidos telefónicos: «brrrrr» constante significa que se puede marcar; un tono largo y agudo con breves pausas, señal de llamada; pitidos repetidos y cortos, comunica; pitido de tres tonos crecientes, no se puede conectar con el número.
Tarifas especiales: los números que empiezan con los dígitos siguientes pagan tarifas especiales: 08.00 (gratuito); 08.01 (tarifa local); 08.02 (0,79F por min.); 08.03 (0,99F por min.); 08.36 (2,23F por min.). Por desgracia, muchas líneas de información, como las del transporte público, comienzan con 08.36, y a estos números normalmente no se puede acceder desde el extranjero.

tiendas

Artículos de exportación: los que viven fuera de la UE pueden reclamar el IVA de las compras hechas en tiendas que tengan el letrero *détaxe*, generalmente grandes almacenes y cadenas. Pero tienen que gastar más de 1.500F diarios por tienda y llevar el pasaporte. También deben abandonar el país con los artículos comprados en el plazo de tres meses, y los oficiales de aduana del aeropuerto han de sellarles el formulario.
Horario: en general, de 9.30/10-19 h, lun.-sáb., aunque muchas cierran el lunes por la mañana. La mayoría de los grandes almacenes cierran a altas horas o a las 21-22 h los jueves. Algunos supermercados abren el domingo de 10 a 13 h. En diciembre, las tiendas suelen abrir los domingos de 10 a 17 h: muchas cerrarán todo julio o agosto.
Pago: se puede pagar en efectivo, con talón (francos o euros) o con tarjeta de crédito. Para aceptar cheques y tarjetas se suele exigir un gasto mínimo (en torno a 100-150F).
Devoluciones: conserve las facturas para reembolsos o cambios. Las tiendas han de cambiar o arreglar el artículo si es defectuoso. Algunas le dejarán canjearlo si habéis cambiado de opinión, pero suele haber un límite de tiempo.
Rebajas: en Francia, las rebajas de invierno empiezan a mediados de enero, y las de verano a mediados de julio.

transporte

[→140–144]

urgencias

bomberos ☎ 18
servicios médicos de urgencias (SAMU) ☎ 15
policía ☎ 17
Todos los hospitales importantes tienen un servicio de accidentes y urgencias.
Hôtel Dieu, 1 pl du Parvis Notre-Dame, 4° ☎ 01.42.34.82.34
Hôpital Lariboisière, 2 rue Ambroise Paré, 10° ☎ 01.49.95.65.65
Hôpital Pitié Salpétrière, 47 bd de l'Hôpital, 13° ☎ 01.42.16.00.00
Hôpital St Antoine, 184 rue du Fbg St Antoine, 12° ☎ 01.49.28.20.00

visitantes discapacitados

París no es nada cómodo para las personas discapacitadas. Incluso cruzar la calle puede ser toda una aventura, pues los parisinos aparcan en pasos de peatones. Para información sobre cómo moverse por París, contacte con el Comité national français de liaison pour la réadaptation des handicapés, 236bis, rue de Tolbiac, 75013 ☎ 01.53.80.66.66. La organización también publica guías culturales y de ocio para los discapacitados que van a París. Para una compañía particular que les ayude a desplazarse, llame a: ASA 148-150 bd de la Villette, 75019 ☎ 01.42.03.61.67

índice general

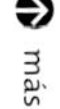

más índice

↓ índice de compras

más índice

índice de comidas

↓ agradecimientos

Virgin Publishing Ltd. agradece a todas las galerías, museos, tiendas, restaurantes, bares y otros establecimientos el permiso para realizar fotografías.

Virgin Publishing Ltd. desea manifestar su agradecimiento a las siguientes personas e instituciones por el permiso para reproducir sus fotografías (a=arriba, b=abajo, c=centro): Le Divan du Monde [5b] | Christian Liaigre, 42 rue du Bac © Elke Hesser [51b] | La Pyramide du Louvre, IM Pei © Musée du Louvre [4a] [59a] | Musée d'Art Moderne de la Ville de Paris, foto de C Walter [60a] | Centre Georges Pompidou © Piano & Rogers [35a] [56c] | Passerelle de Solférino © M Mimram Ingénierie [57b] | Bibliothèque Nationale de France – Mitterand, D Perrault © ADAGP, Paris y DACS, Londres 2000 [57a] | Institut du Monde Arabe, Jean Nouvelle © ADAGP, Paris y DACS, Londres 2000 [56b] | Opéra National de Paris – Palais Garnier © Jacques Moatti [57c] | Cours de Cuisine à l'École Ritz Escoffier, Ritz Paris [78a] | Magasin Louis Vuitton, 101 av des Champs Élysées [3a] [4b] [26b] [84a] | Hôtel de Crillon: Suite 158 [5b] [132 a] | Thalassothys™, Institut Sothys, A Richard, Porter Novelli [80a] | Grande Galerie de l'Evolution: *les Animaux de la Savane* © Laurent Bessol, MNHN [77a] | © Musée de l'Érotisme [65a] | *Vénus Anadyomène*, Georges Sabbagh (1887–1951) © Musée des Années 30, 1992 [66b] | *Le Penseur*, Auguste Rodin © J Manoukian, Musée Rodin [4a] [71a] | Menorah © Musée d'Art et d'Histoire du Judaïsme [63a]. El Metro de Paris y los mapas de KER, tranvía y autobús se han reproducido con el permiso de RATP.

Fotografía de portada: Torre Eiffel, Chris Ladd (INDEX)

Título original: *Paris, a Virgin guide*

Traducción: Laura Paredes

1.ª edición: febrero, 2001

Esta obra ha sido concebida, editada y diseñada por Virgin Publishing Ltd., Londres

Ésta es una coedición de Ediciones B, S. A., y Ediciones B Argentina, S. A., con Virgin Publishing Ltd, Londres

Planos producidos por: Draughtsman Ltd., Londres

Impreso en Bélgica - Printed in Belgium
ISBN: 84 666-0157-0

Colaboradores.
Para orientarse: Nicholas Nesson | **Introducciones a los barrios:** Maryanne Blacker, Corinne LaBalme, Nicholas Nesson, Julie Street, Alexandra Zagalsky, Kat Gordon, Allen S Weiss | **Puntos de interés, museos y galerías:** Michael Ellis, Brent Gregston, Leighton W Klein, Nicholas Nesson, Alexandra Zagalsky, | **Parques:** Tobias Grey | **Niños:** Kate Needham, Scott Steedman | **Juegos y actividades:** Kat Gordon | **Cuerpo y alma:** Karalyn Schenk | **Espectáculos deportivos:** Alexandra Arfi | **Para orientarse, zonas de compras:** Julie Street | **Tiendas:** Patricia Brien, Gemma Elwin Harris, James Martin, Scott Steedman, Julie Street, Claire Wilson | **Para orientarse, lugares de marcha:** James Martin | **Restaurantes y cafés:** Maryanne Blacker, Gemma Elwin Harris, Corinne LaBalme, Stephen Mudge, Nicholas Nesson, Naomi Peck, Karalyn Schenk, Allen S Weiss | **Pubes y bares:** Kat Gordon, James Martin | **Clubes:** James Martin | **Medios de comunciación:** David Applefield | **Música:** Patricia Brien | **Cine:** Lisa Nesselson | **Cabarés y circo:** Scott Steedman | **Teatro:** Annie Sparks | **Danza:** Carol Pratl | **Ópera y música clásica:** Stephen Mudge | **Eventos:** Karalyn Schenk | **Hoteles:** Claire Downey | **Información práctica y tansporte:** Jacqueline Pietsch | **Asesores:** David Applefield, Corinne LaBalme, Julie Street, James Martin

hablar bien

pronunciación

Consonantes

ce/ci/ça	como en *sal*
ca/co/qu	como en *casa*
ge/gi/j	como en *yegua* (más bien una mezcla entre y + ch)
r	como la *r* de *color*
t/th	como en *toro*
w	como en *volcán*

sonidos vocálicos

a	como en *gato*
ai/è/ei/er	*e* más abierta que en castellano
au	como en *loro*
e	más cerrada que en castellano
eau/o	como en *loro*
é	más cerrada que en castellano
eu/oeu	*e* gutural, profunda
i	como en *fino*
oi	como en *suave*
ou	como en *puma*
u/ue	como en *fino*

combinaciones

aile/el/elle	como en *él*
ain/ein/in/un	parecido a *an*
on	como una *o* nasal
ette	como en *carnet*
euil(le)/oeil	parecido a *ey*
ien	como *en*, pero más nasal
ière	la *e* final muda
ill	como una *i* normal
oin	como *oi* (*suave*), pero más nasal

En francés el acento tónico recae siempre sobre la última sílaba cuando ésta no es muda (journal). Cuando la última sílaba es muda, el acento tónico recae sobre la penúltima (cathedrale)

Básico

hola	*bonjour/salut*	bonyur/sali
adiós	*au revoir*	o revua
sí	*oui*	ui
no	*non*	no
no sé	*je ne sais pas*	ye ne se pa
por favor	*s'il vous plait*	sil vu ple
gracias	*merci*	mersi
lo siento	*désolé*	desole
disculpe	*pardon*	pardon
¿cómo está?	*comment-allez vous?*	coman tale vu?
bien	*bien*	bian
mal	*mal*	mal
de acuerdo	*d'accord*	dacor
abierto	*ouvert*	uver
cerrado	*fermé*	ferme
entrada	*entrée*	antre
salida	*sortie*	sorti
lavabo	*toilettes*	tualet
izquierda	*gauche*	goch
derecha	*droite*	druat
ayuda	*à l'aide*	a led
urgencia	*urgence*	iryans
bomberos	*brigade des pompiers*	brigad de pompie
precepto	*ordonnance*	ordonans
¿qué?	*quoi?*	cua?
¿cuándo?	*quand?*	can?
¿cómo?	*comment?*	coman?
¿cuánto?	*combien?*	combian?
información	*renseignements*	ranseñemon
¿habla inglés?	*parlez-vous anglais?*	parle-vu ongle?
no hablo francés	*je ne parle pas français*	ye ne parle pa fganse
¿puede repetir	*pouvez-vous répeter*	puve vu repete sil vu ple?
eso por favor?	*s'il vous plaît?*	
¿aceptan tarjetas de crédito/ cheques de viaje?	*acceptez-vous les cartes de credit/traveller's chèques?*	Acsepte vu le carte de credi/travele chek?
tengo una reserva para...	*j'ai une réservation pour...*	ye in reservasion pug...

Transporte

Quiero ir a...	*je veux aller à...*	ye ve ale a...
¿cuánto cuesta el billete para...?	*combien coûte un billet por...?*	combian cut an biye pur...?
¿dónde está la parada más cercana?	*où est l'arrêt le plus proche?*	u e larret le pli proch?
autobús	*bus*	bi
tren	*train*	tran
metro	*métro*	metro
andén	*quai*	quey
billete	*billet*	biye
aeropuerto	*aéroport*	aeropor
aduana	*douanne*	duan
resgistro	*enregistrement*	anreyistremon
llegadas	*arrivées*	arrive
salidas	*départs*	depar
demora	*retard*	retarr
billete sencillo/ de ida y vuelta	*aller simple/ aller retour*	ale sempl/ ale retur

Teléfono

teléfono	*téléphone*	telefon
cabina telefónica	*cabine téléphonique*	cabin telefonik
guía telefónica	*annuaire*	anier
operador	*opérateur*	operater
monedas	*pièces de monnai*	piese de mone
tarjeta de teléfonos	*télécarte*	telecart
fuera de servicio	*en dérangement*	an deranyeman

Cartas

correo	*poste*	post
carta	*lettre*	letre
postal	*carte postale*	carte postal
paquete	*colis*	coli
sello	*timbre*	tambre
extranjero	*à l'entranger*	a letranye

Hoteles

¿tiene habitaciones?	*avez-vous des chambres libres?*	ave vu de chambre libre?
¿cuál es el precio por noche?	*quel est le prix par nuit?*	quel e le pri pag nui?
individual	*simple*	sampl
doble	*double*	dubl
con baño/ducha/ lavabo	*avec baignoir/ douche/toilettes*	avec beñua/ duch/tualet
pensión media/completa	*demi-pension/ pension complète*	demi pansion/ pansion complet

Compras

panadería	*boulanger*	bulanye
librería	*librairie*	libreri
quesería	*fromagerie*	fromayeri
farmacia	*pharmacie*	farmasi
delicatessen	*traiteur*	treter
estanco	*tabac*	taba
supermercado	*supermarché*	sipermarche
precio	*prix*	pri
rebajas	*solde*	sold
segunda mano	*d'occasion*	docasion

Espectáculos

taquilla	*location*	locasion
palco	*loge*	loch
platea	*orchestre*	orquestre
descuento	*tarif réduit*	tarif redii

La hora

son las... cinco en punto	*il est... cinq heures*	il e sank er
las cinco y media	*cinq heures et demi*	sank er e demi
las cinco y cuarto	*cinq heures et quart*	sank er e car
las cinco menos cuarto	*cinq heures moins le quart*	sank er muan le car
las cinco y diez	*cinq heures dix*	sank er di

menú

assiete de charcuterie	*asiet de charquiteri*	surtido de embutidos
bisque	*bisk*	estofado de marisco
cuisses de grenouilles	*cuise de grenuil*	ancas de rana
rillettes	*riyet*	picadillo de carne
aiguillettes	*eguiyet*	trozos finos de pato
andouillette	*anduiyet*	salchicha de cerdo
blanquette de veau	*blanquet de vo*	estofado de ternera
boeuf bourguignon	*bef burguiñon*	estofado de buey
boudin blanc	*budén blan*	salchicha de ternera
boudin noir	*budén nuar*	budín negro
brandade de morue	*brandad de mori*	brandada de bacalao
broquette	*brochet*	kebab
cassoulet	*casule*	estofado de cerdo y judias
choucroute (garni)	*chucrut (garni)*	col fermentada (con jamón y salchichas)
en croûte	*an crut*	en empanada
galette	*galet*	torta de alforfón
hachis parmentier	*achi parmontie*	guiso de carnero, tomate y cebollas
gigot d'agneau paupiettes	*yigo daño popiet*	pierna de cordero pescado o carne con relleno de carne
petit sâlé aux lentilles	*peti sale o lentiyo*	cerdo con lentejas
pipérade	*piperad*	huevos revueltos con jamón, cebolla y pimientos
pot au feu	*pota fe*	ternera cocida y verduras
quenelles	*cueney*	albóndigas de pescado escalfado
ris de veau	*ri de vo*	mollejas de ternera
steak tartare	*steic tar-tar*	carne picada cruda y huevo
suprême de volaille	*suprem de volar*	pechuga de pollo en salsa cremosa
merguez	*mer-gueis*	salchicha especiada
pommes vapeur	*pom va-per*	patats hervidas
croque-monsieur (croque-madame)	*croc messie (croc ma-dam)*	sándwich tostado de queso y jamón (con 1 huevo)
crème anglaise	*crem ohn-glaiz*	natillas
tarte tatin	*tart ta-tan*	tarta de manzana con caramelo

Días y meses

lunes	*lundi*	landi
martes	*mardi*	mardi
miércoles	*mercredi*	mercredi
jueves	*jeudi*	yodi
viernes	*vendredi*	vandredi
sábado	*samedi*	samedi
domingo	*dimanche*	dimanch
enero	*janvier*	yanvie
febrero	*février*	febrie
marzo	*mars*	mar
abril	*avril*	avril
mayo	*mai*	me
junio	*juin*	yun
julio	*juillet*	yuiye
agosto	*août*	ut
setiembre	*septembre*	septambre
octubre	*octobre*	octobre
noviembre	*novembre*	novambre
diciembre	*décembre*	disambre

Comida y bebida

tengo una reserva para...	*j'ai une reservation pour...*	ye in reservasion pur...
¿tiene una mesa para...?	*avez-vous une table pour...?*	ave vu in tabl pur...?
me gustaría...	*je voudrais...*	ye vudre...
menú	*menu*	meni
menú fijo	*formule*	formil
precio fijo	*prix fixe*	pri fix
carta de vinos	*carte des vins*	cart de van
cuenta	*l'addition*	ladision
vaso	*verre*	verr
botella/jarra	*bouteille/carafe*	butey/caraf
salud	*santé/tchin*	sante/chin
servicio (no) incluido	*servie (non) compris*	servis (no) compri
leche	*lait*	le
té	*thé*	te
café	*café*	cafe
zumo de naranja	*jus d'orange*	yu doranch
vino tinto/blanco	*vin rouge/blanc*	van ruch/blan
cerveza	*bière*	bier
agua del grifo	*eau du robinet*	o di robine
agua (sin) con gas	*eau (non) gazeuse*	o (no) gases
desayuno	*petit déjeuner*	peti deyene
entrante	*entrée*	ontre
plato principal	*plat de résistence*	pla de resistons
sopa	*potage/soupe*	potach/sup
pan	*pain*	pen
mantequilla	*beurre*	berr
azúcar	*sucre*	sicre
sal y pimienta	*sel & poivre*	sel e puavre
ajo	*aïl*	ai
arroz	*riz*	ri
huevo(s)	*oeuf(s)*	ef(s)
queso (de cabra)	*fromage (chèvre)*	fromach (chevre)
salchichón	*saucisson sec*	sosison sec
riñones	*rognons*	roñon
cordero	*agneau*	año
buey	*boeuf*	bef
pollo	*poulet*	pule
cerdo	*porc*	por
ternera	*veau*	vo
pato	*canard*	canar
conejo	*lapin*	lapen
salchicha	*saucisse*	so-sis
jamón	*jambon*	yambon
caracoles	*escargots*	escargo
escalopa	*coquilles St-Jacques*	coquiye Sanyac
salmón	*saumon*	somon
gambas	*crevettes*	crevet
mejillones	*moules*	mul
trucha	*truite*	truit
atún	*thon*	ton
besugo	*dorade*	dorad
marisco	*fruits de mer*	frui de mer
patatas fritas	*frites*	frit
patatas	*pommes de terre*	pom de ter
espárragos	*asperges*	asperye
pimientos	*poivrons*	puavron
champiñones	*champignons*	champiñon
lechuga	*laitue*	leti
judías (verdes)	*haricots (verts)*	arico
helado	*glace*	glas

Números

1	*un*	on
2	*deux*	de
3	*trois*	trua
4	*quatre*	catr
5	*cinq*	sanc
6	*six*	sis
7	*sept*	set
8	*huit*	uit
9	*neuf*	nef
10	*dix*	dis
11	*onze*	ons
12	*douze*	dus
13	*treize*	tres
14	*quatorze*	cators
15	*quinze*	cans
16	*seize*	ses
17	*dix-sept*	di**set**
18	*dix-huit*	dis**huit**
19	*dix-neuf*	di**nef**
20	*vingt*	van
21	*vingt-et-un*	van**tean**
30	*trente*	trant
40	*quarante*	carant
50	*cinquante*	san**cont**
60	*soixante*	sua**sont**
70	*soixante-dix*	suasont**dis**
80	*quatre-vingts*	catre**van**
90	*quatre-vingt-dix*	catrevan**dis**
100	*cent*	son
1000	*mille*	mil

símbolos

- teléfono
- F fax
- e e-mail
- w web
- importante
- positivo
- negativo
- horarios
- acceso en silla de ruedas *(llame antes)*
- tienda
- restaurante/café o posibilidad de comer
- bar/pub
- ☆ actuaciones en vivo
- hotel
- precio
- frecuencia/horas
- flecha de fotografía
- referencia en el mapa
- museo/local pequeño
- museo/local mediano
- museo/ local grande
- **tarjetas de crédito**
  AE = American Express
  DC = Diners Club
  MC = MasterCard
  V = Visa
  todas = AE/DC/MC/V
- ★ recomendado *(incluido en las listas)*

leyenda de los mapas

calles blancas = calles con muchas tiendas restaurantes, bares, etc.

bloque gris = edificio importante

puntos de interés, museos, galerías y parques

- información grabada
- visitas guiadas
- guías de audio
- actividades infantiles/edades
- deportes y actividades
- patines

restaurantes y cafés, bares y clubes

- capacidad
- zona de no fumadores
- aire acondicionado
- jardín/zona exterior
- música en vivo
- V buena selección vegetariana
- R reserva recomendada
- F menú fijo
- *happy hour*
- disc-jockeys
- TV por satélite/cable
- modo de vestir
- gays bien recibidos
- F barato (plato principal menos de 50F sin impuestos)
- FF moderado (plato principal 50-100F con impuestos)
- FFF caro (plato principal más de 100F con impuestos

tiendas

- F barata
- FF moderada
- FFF cara

hoteles

- camas disponibles
- desayuno incluido
- aire acondicionado
- servicio de habitaciones 24 h
- piscina
- gimnasio
- negocios
- zona exterior/jardín
- F menos de 500F
- FF 500F–1.000F
- FFF 1.000F–3.000F
- FFFF más de 3.000F

transporte

- M Metro
- RER RER
- autobús urbano/autocar ciudad
- autobús lanzadera
- tranvía
- taxi
- aeropuerto
- embarcadero batobus
- ambarcadero crucero en barco
- bicicleta